《见证——红寺堡开发建设之路》编委会

JIANZHENG

红寺堡开发建设之路

《见证——红寺堡开发建设之路》编委会 编

HONGSIBU KAIFA JIANSHE ZHILU

HONGSIBU KAIFA JIANSHE ZHILU

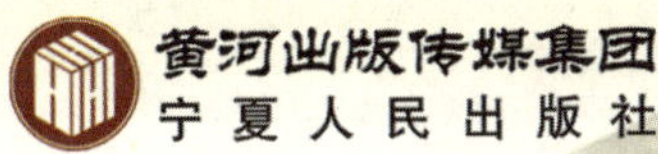

图书在版编目(CIP)数据

见证:红寺堡开发建设之路:全3册 /《见证:红寺堡开发建设之路》编委会编. —银川:宁夏人民出版社, 2014.9

ISBN 978-7-227-05835-9

Ⅰ.①见… Ⅱ.①见… Ⅲ.①区(城市)—社会主义建设成就—吴忠市 Ⅳ.①D619.433

中国版本图书馆CIP数据核字(2014)第214070号

见证——红寺堡开发建设之路(中卷)

《见证——红寺堡开发建设之路》编委会 编

责任编辑 丁 佳 闫金萍 赵学佳 李彦斌
封面设计 张 宁
责任印制 李宗妮

黄河出版传媒集团
宁夏人民出版社 出版发行

地 址 银川市北京东路139号出版大厦(750001)
网 址 http://www. yrpubm.com
网上书店 http://www.hh-book.com
电子信箱 renminshe@yrpubm.com
邮购电话 0951-5052104
经 销 全国新华书店
印刷装订 宁夏精捷彩色印务有限公司
印刷委托书号 (宁)0016393

开 本 720mm×980mm 1/16
印 张 27.25
字 数 500千字
印 数 5000册
版 次 2014年9月第1版
印 次 2014年9月第1次印刷
书 号 ISBN 978-7-227-05835-9/D·409

定 价 369.00元(全3册)

目录 CONTENTS

第一篇 在希望的田野上

见证

红寺堡开发建设之路

HONGSIBUKAIFAJIANSHEZHILU

伴随着国家西部大开发战略的全面实施，宁夏扶贫扬黄灌溉工程的建设迈出铿锵步伐，大规模开发的浪潮震撼着红寺堡大地。滚滚不息的黄河水扬上红寺堡这片荒原，流入干涸的土地，千年荒原深处崛起一座园林城市。在中国共产党的坚强领导下，红寺堡开发区工委、管委会带领万千移民，齐心协力、艰苦创业，积极改变传统耕作方式，适应灌溉农业，大力培育特色优势产业，努力营造生态优美新家园，开启走向致富之路的大门，用勤劳的双手在这一穷二白的土地上描绘出了一幅多彩的画卷。

到 2008 年，历经十年的开发建设，红寺堡风平了、地绿了、沙静了；国家在这里累计完成投资 22.5 亿元，开发土地 50 万亩，形成了 4 个乡镇、47 个行政村、搬迁移民近 20 万人的规模；完成地区生产总值 5 亿元，地方财政一般预算收入 2100 万元；移民群众的生产生活得到了极大改善，人均纯收入由开发初期不足 500 元达到 2660 元，一个经济发展、社会稳定、群众安居乐业的移民新区正在亘古荒原上崛起。

第一章　旱塬之春

红寺堡的建设发展源于黄河水，受益于黄河水。开发建设以来，随着宁夏扶贫扬黄灌溉工程的建成并投入使用，红寺堡逐步开发的50万亩土地浇灌上了黄河水，20万移民改变了过去“靠天吃饭”的贫困境况，走向了全新发展之路。红寺堡，这块名副其实的旱塬迎来了期盼已久的春天。

第一节　黄河之水天上来

“举全区之力，加快工程建设，绝不把贫穷留给下世纪！”这是宁夏回族自治区党委、政府扶贫攻坚的决心。自宁夏扶贫扬黄灌溉工程建设以来，一批又一批拓荒者开进亘古荒原，顶风沙、冒酷暑，奋战在建设工地上。扬黄工程于1994年9月18日开始筹建，1996年5月11日奠基，1998年3月20日主体工程开工，1998年9月16日开始向试点村供水，2005年10月18日实现全线试通水。至此，水利骨干、供电、通信、农业、移民、人饮等六大工程已按设计全部建成。至此，被誉为“世纪之交的德政工程”“新时期的红旗渠”的宁夏扶贫扬黄灌溉工程屹立在荒原上，并开始发挥效益。

▲ 扬黄水

站在红寺堡三泵站上，可见九根 2.5 米粗的输水管道，在强大的水泵压力下，将黄河水上扬到 299 米高的荒原上。红寺堡灌区的主干渠里，滚滚黄河水从中宁一级泵站到红寺堡，穿越了一座又一座的山丘，跨越了一条又一条的壕沟，行程 104.4 千米，将生命之水注入红寺堡灌区，唤醒了这片沉睡了千年的荒原。

◎ 小视窗

扬黄骨干工程建设 5 年多来，工程建设者们风餐露宿，披星戴月，携手并肩，务实苦干，书写了一篇又一篇可歌可泣的开发史诗。座座泵站拔地而起，条条渠道蜿蜒前伸，新的灌区应运而生，人工绿洲迅速扩展，一个花园般的新兴城市——红寺堡中心镇在荒漠中崛起了。看着这奇迹般的变化，建设者们忘记了创业初期睡地窝、盖沙子的艰苦经历，忘记了拌着沙子吃饭的特殊感受，也忘记了长期别离娇妻爱子的感情煎熬，心里暖洋洋的。

水利骨干工程

包括水源工程、红寺堡扬水工程和固海扩灌扬水工程。

水源工程　由扬水水源和自流水源两个取水点组成。扬水水源在中宁县泉眼山黄河岸边建一座设计流量30立方米/秒的泵站，扬水入扩整的19.4千米高干渠。自流水源从黄河中卫县申滩自流增加引水8立方米/秒，通过扩整28.4千米的七星渠，自流入扩整后的高干渠。两个水源合计设计引水流量38立方米/秒。主要输水建筑物有：泵站1座，各类建筑物220座。其中：节制闸8座，退水闸4座，渡槽11座，涵洞6座，桥40座，排洪槽2座，尾水31座，陡坡3座，斗口115座。水源工程由宁夏水利水电工程局、固海扬水管理处工程公司、七星渠水利工程公司、夏禹水利水电工程公司、中宁县水利工程队等单位承建。高干渠扩整于1998年4月开工，1999年4月完工；七星渠扩整于1997年3月开工，2001年10月完工；黄河泵站于2000年3月开工，2001年10月26日首台机组试运行；大部分项目2002年通过验收，所有项目于2003年12月全部通过验收。

▲ 泵站输水管道

◎小视窗

扬黄造绿洲，万民皆开颜——宁夏扶贫扬黄工程黄河泵站通水

2001年10月26日上午，宁夏扶贫扬黄工程黄河泵站彩旗飘扬，锣鼓喧天，鞭炮齐鸣，场面喜庆热烈。上午11时10分，出席通水典礼的自治区主席马启智在泵站机房主控电脑前轻轻点动鼠标，启动电机，奔腾的黄河水便顺着泵站管道拾级而上，喷涌而出，黄河泵站正式通水运行。

自治区党政军领导任启兴、卢普阳、陈进玉等出席了通水典礼。水利部水利水电规划设计总院、水利部黄河水利委员会规划计划局、黄委会黄河中上游管理局及自治区有关部门负责人，固原、吴忠两地市负责同志、参加工程建设的工人代表和红寺堡开发区的移民代表共900多人参加了通水典礼。

黄河泵站是宁夏扶贫扬黄工程的控制性工程和新灌区的主要水源。泵站站址位于中宁县康滩乡境内。工程由我区自行设计建造，设计流量30立方米/秒，最大供水能力40立方米/秒，总扬程21米，总装机容量11200千瓦，工程投资6800万元。泵站可同时满足红寺堡灌区和固海扩灌灌区130万亩灌溉用水，是目前黄河流域控制灌溉面积最大和我区唯一实现综合自动化管理的大型扬水泵站。从2000年4月开工以来，工程建设者克服重重困难，经过18个月的艰苦奋战，现全部建成并投入使用。工程的建成，不仅使扶贫扬黄工程形成了独立的供水体系，从根本上解决了新灌区的用水问题，而且对加快新灌区生态建设具有十分重要的意义。

自治区副主席陈进玉在通水典礼上讲了话。他说，建设黄河泵站是宁夏扶贫扬黄工程建设中的一项重大决策，这一决策使输水干渠缩短了28.5公里，减少了管理人员和管理费用，又使扶贫扬黄工程的灌溉系统自成体系，有利于工程运行管理和新灌区生态建设及农业生产，有利于减轻财政负担。该工程首次采用轻钢结构厂房，首次实现自动化管理，体现了21世纪扬水工程建设的新理念，标志着我区水利工程设计与施工能力已跃上新台阶。

陈进玉说，宁夏扶贫扬黄工程总指挥部按照“工程建设质量第一、农业

开发效益第一、移民安置稳定第一”的原则和“边建设边发挥效益”的建设方针，快速推进了各项工作。

黄河泵站开闸后，滚滚黄河水源源不断地通过泵站流向扶贫扬黄灌区。（选自《宁夏日报》，2001年10月27日。）

红寺堡扬水工程　按照工程设计，红寺堡扬水工程从扩整后的高干渠19+400米处取水25立方米/秒，经104.36千米干渠和84.3千米支干渠输水至全灌区，共布置主泵站5级，支泵站8座。灌区最大累计扬水高度299.1米，平均扬水高度196.4米，总装机容量10.16万千瓦。年引水量3.04亿立方米，亩均用水量405立方米，扬水工程运行成本每立方米0.181元。

主要输水建筑物有：主泵站5座，支泵站8座，各类建筑物501座。其中：

▲ 黄河泵站通水典礼

▲ 三泵站

渡槽 64 座，沟涵 26 座，节制闸 15 座，退水闸 18 座，倒虹 3 座，排洪槽 18 座，桥 160 座，斗口 137 座。红寺堡扬水工程由宁夏水利水电工程局、内蒙古黄河工程局、甘肃省水利水电工程局、宁夏同心水利综合开发公司以及区内三级资质企业等单位承建。红寺堡 1–3 泵站、1 干渠、2 干渠及 3 干渠前 28 公里于 1998 年 3 月 20 日开工，1998 年 9 月 16 日通水，实现当年建设冬灌目标；红寺堡三干渠 23~62 千米渠道工程，1999 年 6 月开工，1999 年 11 月完工；红寺堡 4–5 泵站，2005 年 3 月开工，11 月完工；红寺堡支渠工程 2001 年 4 月开工，2002 年 9 月完工；大部分项目 2002 年通过验收，2005 年 11 月 10 日，1–5 泵站及 1–5 干渠全线通水；2006 年 5 月全部通过验收。

固海扩灌扬水工程　固海扩灌扬水分为东线工程和西线工程两部分。东线工程从扩整后的高干渠 13+100 米处取水 12.7 立方米 / 秒，经 176.1 千米干渠和 92.4 千米支干渠输水至全灌区，共布置主泵站 12 级，支泵站 10 座，设计灌溉面积 38 万亩，灌区最大累计扬水高度 470.2 米，平均扬水高度 351.1 米，总装机容量9.81万千瓦，年引水量1.33亿立方米，亩均用水量350立方米；西线工程通过对固海扬水泵站、渠道的改造和其灌区内部节水挖潜5.67立方米/秒，年引水量0.69亿立方米，增加灌溉面积17万亩，其中：干渠边缘4片扬水10.83万亩，灌区内部配套6.17万亩，亩均用水量405立方米。扬水工程运行成本每立方米0.273元。主要输水建筑物有：主泵站12座，支泵站10座，各类建筑物1020座。其中：渡槽109座、沟涵145座，渠涵48座，节制闸38座，退水闸13座，倒虹8座，排洪槽63座，桥367座，陡坡8座，溢流堰5座，斗口213座。固海扩灌灌区工程由宁夏水利工程局，中水二局、十一局、十三局，中铁十六、十八工程局集团公司等单位承建。1-12泵站及1-12干渠全线通水，大部分项目2003年通过验收，2003年11月全部通过验收。以上水利骨干工程建设投资19.77亿元。

红寺堡灌区支干渠建筑物统计表

单位：座、米、个

干渠	渡槽（座/米）	涵洞	排洪槽	渠涵	退水	节制闸	桥梁	支斗口	陡坡
1、干渠	20/3590	49	16	2	10	2	61	77	—
一干渠	1/65	9	1	—	—	—	1	—	—
二干渠	—	6	4	2	1	—	2	5	—
三干渠	16/2910	33	8	—	4	2	41	37	—
四干渠	—	—	—	—	1	—	1	1	—
五干渠	3/615	—	3	—	3	—	16	34	—
2、支干渠	50/7995	63	7	2	4	12	123	177	33
新圈一支干渠	6/643	3	2	2	—	—	2	2	—
新圈二支干渠	8/1742	9	—	—	—	1	6	12	—
新庄集一支干渠	8/860	6	—	—	1	2	16	16	—
新庄集二支干渠	2/250	3	—	—	—	—	13	13	—
新庄集三支干渠	8/950	13	—	—	1	2	10	14	—
新庄集四支干渠	2/576	3	—	—	1	—	14	21	—
新庄集五支干渠	3/464	9	—	—	1	—	13	25	—
海子塘一支干渠	—	—	—	—	—	—	2	2	—
海子塘二支干渠	—	1	—	—	—	2	5	7	—
孙家滩支干渠	7/840	4	—	—	—	2	13	23	25
苦水河东支干区	4/1400	4	—	—	—	—		30	8
二一支干渠	—	5	—	—	—	1	3	5	—
四一支干渠	3/270	3	5	—	—	2	10	7	—

供电工程

供电工程主要为扬水工程服务，同时包括向移民村镇供电。一期工程电力总负荷21.1万千瓦，其中泵站负荷18.75万千瓦，地方负荷3.35万千瓦，年供电量5.34亿千瓦时。根据扬水工程布置和移民村镇规划，电力工程新建6千伏~110千伏变电所37座，扩建6座，变电所总容量506兆伏安，建设6千伏~110千伏电力线路413千米，供电工程建设投资为2.25亿元。

通信工程

扶贫扬黄灌溉一期工程的通信工程由专用通信网工程和公用通信网工程两部分组成。

▲ 电力先行

水利专用通信网　水利专用通信采用与水利厅调度网相同的通信系统、设备和网络结构，对调度网进行延伸与扩容，构成本工程水利专用通信网。专用通信网由程控交换系统、微波一点多址通信系统和800兆集群移动通信系统组成，给各级泵站、主管理站提供固定式和移动式两种通信手段，保障管理人员对水利专用通信的要求，保证紧急情况下通信能畅通无阻。

公用通信网　公用通信网分为红寺堡灌区和固海扩灌区两部分。其中红寺堡灌区通信网由交换系统、传输通信系统和用户接入系统组成，在红寺堡中心镇设置交换中心，初期容量为电话512门，中继电路720条。

◎ **小视窗**

宁夏扶贫扬黄灌溉工程规划的调整

随着工程建设的推进和灌区开发的深入，一些影响工程进度和灌区可持续发展的深层次问题逐步显现出来，使工程建设者对搞好项目建设有了更深入的了解和认识，他们发现初步设计中确实存在一些不足和漏项，特别是大规模跨地域安置移民和在风沙干旱带上大面积垦荒，在规划设计中存在较多问题。为此，根据中央领导同志的指示精神和自治区党委、政府的部署，从2000年初，总指挥部开始组织有关方面的专家对一期工程，特别是红寺堡灌区进行调查研究，按照实事求是、与时俱进的精神，重新审视了扶贫扬黄一期工程出现的问题。经过两年的研究论证，2002年形成了《宁夏扶贫扬黄一期工程红寺堡灌区开发与可持续发展研究报告》（以下简称为《研究报告》），2002年7月通过了两院有关院士和专家的评审。在此基础上，由宁夏水利水电勘测设计院于2002年11月完成了《宁夏扶贫扬黄灌溉工程规划调整报告》（以下简称为《规划调整报告》）。

根据《研究报告》的研究结论和《规划调整报告》，宁夏扶贫扬黄一期工程在以后的建设中对以下方面进行了适当调整。

1. 工程建设目标调整。宁夏扶贫扬黄一期工程的建设目标将由单纯解决移民温饱为主要内容的传统农业，转变为以脱贫致富求发展，实现项目区人口、资源、环境相协调和经济、社会、生态的可持续发展。

2. 工程建设规模调整。灌区土地开发按照先易后难，有目标、分阶段开发灌区的原则，优先选择土层深厚、开发成本较低的荒地和旱改水地进行开发，对地面起伏大、土层薄、质地差、存有盐化、开发成本高的荒地，先采取生态措施保护，恢复其植被，待新灌区生态绿洲体系基本形成后，在逐步开发，适当压缩一期工程的开发规模。在移民安置方面，考虑到大规模移民开荒的复杂性，宜适当减少移民规模，减缓移民进度，在不断总结经验和巩固成果的基础上发展。根据灌区土地承载能力、环境承载能力和满足工程良性运行等方面的综合分析，确定适宜的移民规模。

3. 农业和农村经济结构调整。根据建设目标的调整，相应调整灌区的农业产业结构。将过去以粮食为主，调整为以种植业为基础、林业为重点、畜牧业为主导的高效、节水、特色、生态农业。

经调整后，一期工程设计灌溉面积由 130 万亩调整为 80 万亩，共计调减了 50 万亩。移民总规模在骨干工程建设完成之后的五年内按 40 万人控制，按照人均2亩耕地分配土地,在计入灌区骨干防护林、庭院林草等生态用地后，人均毛土地 2.5 亩。水利骨干工程建设，取消了红寺堡灌区苦水河 2 条支干渠 38.8 千米，以及相应的灌区 14.3 万亩；调整了五泵站站址，延长了四干渠；固海扩灌取消了桃山扬水灌区，完善了马家塘灌区和对老固海扬水渠挖潜改造。农业和农村结构通过调整，新灌区将形成以种植业为基础，林业为重点、畜牧业为主导的高效、节水、特色、生态农业。在红寺堡荒漠区形成粮饲作物占 35%、经济作物占 30%、人工种草占 35% 的三元种植结构。在固海扩灌旱改水区，在旱地改为水地后，按照粮、饲等种植业占 50%，瓜、菜、经果林等特色产业占 20%，牧草业占 30% 的结构进行产业结构调整。

4. 十一泵站以上土地调整。为解决固海扩灌东线十一泵站以上灌区调减下来的 20 万亩旱耕地灌溉问题以及区域内人畜饮水问题，国家发改委要求自治区编制一个以解决区域内人畜饮水为主结合节水高效和特色农业的建设项目，国家发改委另行审批。

5. 从“1236”到“4848”。随着宁夏扶贫扬黄灌溉工程建设的全面推进，移民搬迁、土地沙化和盐渍化等一系列影响工程建设和新灌区可持续发展的深层次问题也逐步显现。工程逐步暴露出人口、资源和环境问题。总指挥部围绕工程建设和灌区开发思路，开展了大量的研究工作，主持完成了《宁夏扶贫扬黄工程开发与可持续发展研究》和《工程规模调整论证报告和投资调整报告》，将原规划的“1236”工程即“1（搬迁100万移民）、2（开发200万亩土地）、3（投资30亿元）、6（6年时间完成）”，调整为“4848”工程即“4（搬迁40万移民）、8（开发80万亩土地）、4（投资约40亿元）、8（8年时间完成）”。其中红寺堡灌区搬迁移民控制在20万以内。

农业及田间配套工程

“渠网纵横引活水，一朝不再望天收。”为了让移民群众能够尽快地发展生

▲ 一泵站

产，红寺堡开发区坚持“边开发，边建设”的原则，先后平整土地40万亩，建设农田配套渠道1200公里，纵横交错的渠系网络就如同分布在红寺堡大地上的血管一样，为红寺堡的开发建设提供了源源不断的动力。

灌区配套工程　2001年生态林地配套工程：配套盐兴公路两侧（部分）和红寺堡中心镇北侧及滚新公路部分生态林地5000亩。2002年种苗基地和生态林地配套工程：开发配套面积2370亩，其中：新庄集一支干11支种苗基地配套1000亩；滚新公路白墩段林地配套378亩；红崖基地林地配套152亩；红九公路林地配套620亩；红三干32-1支林地配套220亩。2002年各县田间配套工程：开发配套面积共49731亩。其中：彭阳县指挥部开发配套新庄集三支干3-4支3621亩，新圈一支干填平补齐2365亩，共计开发配套面积5986亩；西吉县指挥部开发配套新庄集三支干12-14支6302亩，新圈一支干9-12支2625亩，填平补齐3494亩，调增109亩，共计开发配套面积12530亩；海原县指挥部开发配套新庄集三支干15-17支4665亩，新圈一支干1-8支3295亩，填平补齐1963亩，调增2253亩，共计开发配套面积12176亩；泾源县指挥部开发配套新庄集三支干1-2支4135亩，填平补齐面积1586亩，共计开发配套面积5721亩；隆德县指挥部开发配套新庄集三支干5-6支5920亩，填平补齐面积1284亩，调增227亩，共计开发配套面积7431亩；红寺堡指挥部开发配套5887亩。2003年田间配套工程：开发配套面积共31867亩。其中：红寺堡开发区指挥部开发配套新庄集四支干低口2、3、4、4-1、9支、红三干31支部分、新庄集一支干11支渠共11467亩（含支干渠两侧林地1500亩），调减410亩，共计配套11057亩；隆德县指挥部开发配套新庄集四支干低口5支4437亩，调减128亩，共计配套4309亩；西吉县指挥部开发配套新庄集四支干低口6-8支5472亩，调减198亩，共计配套5274亩；泾源县指挥部开发配套新庄集四支干低口9、9-1支3199亩，调增821亩，共计配套4020亩；彭阳县指挥部开发配套新庄集四支干低口10支2479亩，调增420亩，共计配套2899亩；海原县指挥部开发配套红三干7支4220亩，调增88亩，共计配套4308亩。2004年田间配套工程：开发配套面积共15000亩。其中：彭阳县指挥部开发配套新庄集四支干高口1支1000亩；泾源县指挥部开发配套新庄集四支干高口2、

3 支 2400 亩；隆德县指挥部开发配套新庄集四支干高口 4、5 支 2900 亩；西吉县指挥部开发配套新庄集四支干高口 6-8 支 3682 亩；马兴明开发配套新庄集四支干高口 8 支 1018 亩；红寺堡开发区指挥部开发配套新庄集四支干高口 9、10 支 4000 亩。2005 年田间配套工程：开发配套面积共 8789 亩。其中：开发区指挥部开发配套新庄集四支干高口 3922 亩（1 支 440 亩、9 支 1059 亩、10 支 2423 亩）；泾源县指挥部开发配套新庄集四支干高口 2 支 227 亩；隆德县指挥部开发配套高口 5 支 800 亩；西吉县指挥部开发配套新庄集四支干高口 7 支 662 亩；红寺堡灌区海子塘二支干西支开发配套 2462 亩；红三干 9 支开发配套 200 亩、10 支 238 亩、22 支 278 亩。2006 年田间配套工程：开发配套面积共 28266 亩。其中：彭阳县指挥部开发配套红四干 2 支 833 亩，7 支庭院 190 亩；西吉县指挥部开发配套红四干 7 支 1969 亩、8 支 1949 亩，共开发配套 3918 亩；隆德县指挥部开发配

▲ 支 渠

套新圈三支渠4300亩；海原县指挥部开发配套红三干7支2500亩；泾源县指挥部开发配套红三干45支1740亩；开发区指挥部开发配套红四干3-6支、红三干44、46支14975亩。2006年红寺堡灌区田间配套工程（红四干渠7、8支支渠工程）：支渠总长4.8公里，其中7支2.1公里，8支2.7公里；红四干7、8支配套面积2017亩；海子塘开发配套土地1565亩；红三干21支四分支北侧开发配套325亩。红寺堡灌区田间配套工程毛渠砌护：毛渠砌护面积7052亩，其中红三干21支2分支1169亩、西吉县指挥部开发建设的光彩支渠1171亩、新庄集一支干6支渠3849亩、彭阳县指挥部开发建设的31支下段863亩。2007年红三干41支田间配套工程（1-6支，13-14分支）：开发配套红三干41支1-2斗、1-6分支、13-14支共7977亩。2007年田间配套工程：开发配套新庄集四支干高口6支2400亩、8支1600亩，共4000亩。红寺堡灌区田间配套补充协议：增加开发配套面积3787亩。其中：2002年田间配套增加面积2490亩，2003年低口田间配套增加面积598亩，2006年田间配套增加面积699亩。

支渠工程　2001年红寺堡灌区海子塘支渠工程：完成海子塘一支干1.55公里和海子塘一支干3支1.3公里、4支1.75公里支渠土石方及建筑物工程。2002年红寺堡灌区支渠工程：完成新庄集三支干1-6、12-17支支渠和新圈一支干1-8支支渠、新庄集三支干10、11支支渠和新圈一支干9-12支共26条54.3公里内土石方、砌护、道路及建筑物工程。2003年红寺堡灌区支渠工程：完成新庄集四支干低口1-10支、红三干21支下段支渠及主干道共13条26.55公里内的土石方、砌护、建筑物和主干道工程的土方、铺沙、碾压等。其中：红寺堡指挥部完成新庄集四支干低口2-4-1支支渠及主干道（长6.8公里）西吉县指挥部完成新庄集四支干低口6-8支支渠及主干道（长4.85公里）；隆德县指挥部完成新庄集四支干低口1、5支支渠及主干道（长4.9公里）；泾源县指挥部完成新庄集四支干低口9、9-1支和红三干31支下段支渠及主干道（长7.7公里）；彭阳县指挥部完成新庄集四支干低口10支支渠及主干道（长2.3公里）。2003年红寺堡灌区支渠工程：完成新庄集一支干西支渠和1、2、3分支及红三干7-3分支共5条6.3公里支渠及田间主干道工程内的土石方、砌护、建筑物及主干道工程的土方、铺沙、

红寺堡灌区配套面积统计表（支渠汇总）

单位：亩

序号	渠道名称	已实施技施面积				累计开发验收面积				斗农渠占地					
		小计	分配土地	林地	其他	小计	分配土地	林地	其他	小计		斗渠		农渠	
										长度（km）	面积	长度（km）	面积	长度（km）	面积
	合计	469394	425518	39849	4027	427527	370944	39918	16665	1669	16303	741.9	8235	927.4	8068
一	红二干	19685	16447	3238	0	14891	13341	1550	0	60.0	586	26.7	296	33.4	290
二	红三干	193481	174229	19252	0	172892	148105	17071	7716	666.5	6509	296.2	3288	370.3	3221
三	红四干	19747	19747	0	0	21223	19380	1843	0	87.2	852	38.8	430	48.5	422
四	红五干	16595	16595	0	0	18596	18227	369	0	82.0	801	36.5	405	45.6	396
五	新圈	34129	31431	2698	0	22786	20389	2397	0	91.8	896	40.8	453	51.0	443
（一）	新圈一支干	7328	6708	620	0	5686	5176	510	0	23.3	227	10.4	115	12.9	113
（二）	新圈二支干	22501	20423	2078	0	17100	15213	1887	0	68.5	669	30.4	338	38.0	331
（三）	小扬水（管）	4300	4300	0	0	0	0	0	0	0.0	0	0.0	0	0.0	0
六	新庄集	178316	167069	11247	0	169698	151502	13274	4922	681.8	6659	303.0	3363	378.8	3295
（一）	新庄集一支干	53183	50337	2846	0	51817	43452	3443	4922	195.5	1910	86.9	965	108.6	945
（二）	新庄集二支干	33035	30884	2151	0	34440	31461	2979	0	141.6	1383	62.9	698	78.7	684
（三）	新庄集三支干	37544	34952	2592	0	39859	36582	3277	0	164.6	1608	73.2	812	91.5	796
（四）	新庄集四支干低口	25577	24088	1489	0	23275	21385	1890	0	96.2	940	42.8	475	53.5	465
（五）	新庄集四支干高口	28977	26808	2169	0	20307	18622	1685	0	83.8	818	37.2	413	46.6	405
七	海子塘	7441	0	3414	4027	7441	0	3414	4027	0.0	0	0.0	0	0.0	0

碾压等。2004年红寺堡灌区支渠工程：完成新庄集四支干高口1-10支支渠砌护20.716公里及主干道建设。其中：彭阳县指挥部完成高口1支支渠及主干道（1.63公里）；泾源县指挥部完成高口2、3支支渠及主干道（1.76公里）；隆德县指挥部完成高口4、5支支渠及主干道（2.9公里）；西吉县指挥部完成高口6、7、8支支渠及主干道（6.72公里）；开发区指挥部完成高口9、10支支渠及主干道（7.71公里）。新庄集、新圈、海子塘支干渠斗门房管理费：建成新庄集、新圈、海子塘支干渠斗门房共计98座。2003年红寺堡灌区支干渠维修工程：完成对2000年红寺堡灌区新庄集一、二支干闸斗门等2000余套，1998年至2000年红寺堡灌区红三干16、17支等支渠和田间配套工程中部分现浇渠道进行维修。2006年红寺堡灌区支干渠工程：完成红三干44-46支、红四干1-3支、红四干5-8支支渠及主干道建设。2007年新建海子塘二支干8支红三干41支支渠工程。

扶贫移民工程

移民试点　红寺堡灌区先期建成有8个移民试点村，主要分布在大河乡，后经开发区机构调整，8个村合并为4个村，分别是开元村、麻黄沟村、碱井村、红河村，移民主要来自固原（原州区）、隆德、泾源和中宁等县（区）。

通过不断优化种植结构，移民试点村初步形成了“一村一品”的产业格局雏形，移民群众生产生活条件发生了根本改变。固原原州区移民村的规范化种植、中宁移民村的枸杞、隆德移民村的黄芪、泾源移民村种植的桑蚕已初具规模，经济效益较为明显。

开元村　1998年8月开始搬迁建设，固原移民搬迁142户668人，现有耕地1320亩。几年来，该村推行科学种田，进行麦套玉米、麦套黄豆、枸杞套种西瓜等种植方法探索，获得了成功，同时发展多种经营，走种养结合的路子移民群众生产生活条件得到明显改善。

麻黄沟村　1998年开始开发建设，累计安置中宁县移民81户418人，已开发土地2200亩。该村借鉴在老灌区种植枸杞的经验，在新开发的土地上发展枸杞种植，增加了移民的收入，也在新灌区起到了良好的示范带头作用。

碱井村　1998年开发建设以来，累计安置隆德县移民315户1642人，已开发土地2600亩。该村积极试种黄芪、甘草等中药材。总指挥部将该村作为以黄芪为主的中药材种植示范村，在资金方面给予支持。2001年种植中药材和瓜果、蔬菜等经济作物共1636亩，占农田总面积的57.5%，其中种植黄芪、甘草、大黄、板蓝根等中药材810亩，取得了较为明显的治理土地沙化的效果，也走出了一条脱贫致富的路子。

红河村　1998年开发建设以来，累计安置泾源县移民190户1062人，已开发土地1300亩。1999年开始种植桑蚕，是总指挥部和自治区科技厅扶持的种桑养蚕示范村。

总体搬迁　红寺堡灌区移民总体搬迁工作从1999年全面启动，截至2008年年底，累计搬迁宁夏南部山区各县及中宁县移民34195户169860人，各移民迁出县搬迁总体情况为：西吉县计划安置移民6524户30724人，开发配套土地72000亩；实际安置5760户30834人，分配土地58954亩。其中：大河乡搬迁安置2个移民点，共计762户4004人；南川乡搬迁安置4个移民点，共计1838户

▲ 迁建的移民房

9391人；红寺堡镇搬迁安置2个移民点，共计782户4552人；太阳山镇搬迁安置8个移民点，共计2719户14671人。彭阳县计划安置移民3323户16131人，开发配套土地33603亩；实际安置3411户16638人，分配土地31180亩。其中：大河乡搬迁安置1个移民点，248户1261人；南川乡搬迁安置3个移民点，共计884户4109人；红寺堡镇搬迁安置3个移民点，共计1572户7872人；太阳山镇搬迁安置3个移民点，共计707户3396人。

泾源县计划安置3462户15873人，开发配套土地31137亩，实际安置3177户16331人，分配土地30170亩。其中：大河乡搬迁安置1个移民点，190户1062人；南川乡搬迁安置3个移民点，共计1137户5715人；红寺堡镇搬迁安置2个移民点，共计850户4807人；太阳山镇搬迁安置3个移民点，共计1000户4747人。隆德县计划安置移民3961户17808人，开发配套土地35456亩，

▲ 整齐划一的移民新居

实际安置 4035 户 19132 人，分配土地 39612 亩。其中：大河乡搬迁安置 3 个移民点，976 户 4759 人；南川乡搬迁安置 4 个移民点，共计 2133 户 10317 人；太阳山镇搬迁安置 2 个移民点，共计 926 户 4056 人。海原县计划安置移民 7038 户 31673 人，开发配套土地 64897 亩，实际安置 6561 户 33302 人，分配土地 60936 亩。其中：大河乡搬迁安置 5 个移民点，1833 户 9116 人；红寺堡镇搬迁安置 2 个移民点，共计 1454 户 7396 人；南川乡搬迁安置 3 个移民点，共计 1038 户 5177 人；太阳山镇搬迁安置 4 个移民点，共计 2236 户 11613 人。中宁县计划安置移民 124 户 560 人，开发配套土地 2730 亩，实际安置 81 户 418 人，全部安置在大河乡，分配土地 2730 亩。原州区计划安置移民 310 户 1396 人，开发配套土地 2624 亩，实际安置 281 户 1268 人，分配土地 3153 亩。其中：大河乡搬迁安置 2 个移民点，共计 197 户 920 人；南川乡搬迁安置 1 个移民点 84 户 348 人。

红寺堡红寺堡就地旱改水计划安置移民 9419 户 45445 人，开发配套土地 116653 亩，实际安置 10889 户 51937 人，分配土地 115225 亩。其中：大河乡搬迁安置 2 个移民点，702 户 3574 人；红寺堡镇搬迁安置 4 个移民点，共计 4808 户 21663 人；南川乡搬迁安置 4 个移民点，共计 3299 户 15485 人；太阳山镇搬迁安置 4 个移民点，共计 2080 户 10310 人。

水保和环保　水土保持工程主要是通过工程措施、植物措施解决工程建设期间新增水土流失的治理，工程投资为 3254 万元；环境保护工程主要是项目的环境监测方面的费用，总计 347 万元。

道路工程　完成投资 2047 万元，硬化了四条 46.2 公里四级主干道，铺修了 310.95 公里沙石路面及乡村居民点道路。

生态移民工程

生态移民工程是继扶贫移民之后自治区党委、政府决定从宁南地区的退耕还林区、水库淹没区、集中封育区等区域中整体搬迁移民至新灌区，达到消除贫困和改善生态双重目标而实施的一项扶贫开发工程，工程在帮助移民摆脱贫困、减

红寺堡灌区 1998~2008 年移民安置情况汇总表

序号	移民县	分配土地（亩）	计划安置移民		到 2006 年底完成移民		到 2008 年底完成移民					累计安置移民		备注
							补迁移民		新增人口	小计				
			户数	人数	户数	人数	户数	人数		户数	人数	户数	人数	
	合计	335332	33770	160343	34536	177792	3172	13915	6741	4452	27177	39984	195585	
1	开发区	114577	9419	45445	8809	38626	1084	4511	4118	1084	8329	10889	51937	
2	泾源县	30170	3462	15873	2772	14190	405	1870	271	405	2141	3177	16331	
3	海原县	60936	6544	31673	5425	27765	1136	5080	457	1136	5537	6561	33302	
4	隆德县	34132	3961	17808	3602	16984	433	1958	190	433	2148	4035	19132	
5	西吉县	58954	6524	30724	5760	29962			872		872	5760	30834	
6	彭阳县	31180	3323	16131	3352	29962	59	244	798	59	1042	3411	16638	
7	原州区	2653	253	1267	226	999	55	252	17	55	269	281	1268	
8	中宁县	2730	284	1422	81	400			18		18	81	418	
	小计	335332	33770	160343	30027	158888	3172	13915	6741	3172	20356	34195	169860	
9	石炭沟搬迁人口				1334	6204						1334	6204	
10	非农人口				3175	12700						3175	12700	
	个体工商									1280	6821	1280	6821	
	小计				4509	18904				1280	6821	5789	25725	

轻环境资源压力、推动区域经济发展、促进民族团结、维护社会稳定等方面取得了明显成效，对于宁夏中部干旱带经济社会的和谐、健康发展产生了积极的推动作用。

移民安置　红寺堡生态移民工程于2002年正式实施，自治区发改委于2002年、2003年、2005年、2006年先后4次下达了对红寺堡灌区新圈、新庄集三支干、新庄集四支干（低口）、新庄集四支干（高口）、红四干渠5个移民扶贫搬迁试点工程项目区进行开发建设的批复和投资安置计划，国家累计投资达到11495万元。工程实施以来，红寺堡开发区紧紧围绕“发展经济，促进生产，造福移民”的目标，按照“边开发、边搬迁、边建设、边致富”的原则，搬迁安置宁夏南部山区六盘山林区、挂马沟林区、月亮山林区、南华山林区、罗山保护区和重点生态环境治理区、水库库区生态性移民17059户72145人，累计搬迁安置移民16925户81172人，安置规模为39个自然村，共计开发平整土地13.92万亩。

区内安置移民。红寺堡灌区搬迁安置同心县及就地旱改水生态移民5008户21422人，分别开发建设9个移民村。其中新圈项目区1个，为大河乡龙兴村，累计搬迁安置移民475户2398人；新庄集三支干项目区2个，为南川乡东川村、中川村，其中东川村安置659户3818人，中川村安置420户1892人；新庄集四支干低口项目区2个，为南川乡新台村、南川村，其中新台村安置480户2370人，南川村安置84户320人；新庄集四支干高口项目区1个，为南川乡红沟滩村，搬迁安置移民1495户6495人；红四干项目区3个，其中太阳山镇周新、买河村安置805户3624人，大河乡石坡子村安置401户2005人，李家村安置276户1240人。

异地移民安置。红寺堡灌区搬迁安置彭阳、海原、泾源、西吉、隆德、原州区异地生态移民8633户43241人。其中彭阳县搬迁安置4个移民村，安置移民1050户4853人；海原县搬迁安置4个移民村，安置移民2070户10393人；泾源县搬迁安置4个移民村，安置移民1273户6377人；西吉县搬迁安置5个移民村，安置移民1954户10695人；隆德县搬迁安置5个移民村，安置移民2147户10323人；原州区搬迁安置2个移民村，安置移民138户600人。

工程建设情况　整个生态项目工程建设内容主要分为，农田水利配套工程、基础设施建设工程、移民工程三大项。涉及农田水利工程、移民工程、防护林工程、道路工程、供饮水工程、供电工程等 6 个单项工程。

农田水利配套工程五个项目区，中央计划投资 3454 万元，已完成投资 3430 万元，占计划投资的 99%。其中：供水工程计划投资 1692 万元，完成投资 1654

红寺堡灌区 2002~2006 年生态移民安置情况统计表

移民县	年度	村名	支渠名称	区发改委下达计划		累计安置情况情况	
				户数（户）	人口（人）	户数（户）	人口（人）
合计				17139	73853	16925	81172
西吉县	小计			3165	13360	1954	10695
	2002	上源村	新三支干 12-14 支	779	3114	581	3461
		新圈村	新圈一支干 9-12 支	443	1772	257	1357
	2003	南川村	新四支干低口 6-8 支	717	2960	521	2662
	2005	洪沟滩村	新四支干高口 6 支	641	2883	350	1955
	2006	红四干	红四干 4、6 支	585	2631	245	1260
彭阳县	小计			1414	6095	1050	4853
	2002	红阳村	新三支干 3-4 支	486	1947	427	1957
	2003	南川村	四支干 1、10 支	497	2210	353	1652
	2005	红阳村	新四支干高口 1 支	268	1204	104	500
	2006	红四干	红四干 7 支	163	734	166	744
隆德县	小计			2426	10827	2147	10323
	2002	红崖村	新圈二支干 1-5 支	471	2120	407	1837
			新三支干 5-6 支	648	2918	631	2926
	2003	南川 3 村	新三支干 5-6 支	559	2419	555	2785
	2005	洪沟滩村	新四支干高口 4-5 支	306	1380	300	1495
	2006	新圈村	新圈三支渠	442	1990	254	1280
泾源县	小计			1461	6229	1273	6377
	2002	新源村	新三支干 1-2 支	556	2223	440	2141
	2003	南源村	低口 9-1 分支	390	1688	432	2017
	2005	洪沟滩村	新四支干高口 2-3 支	314	1412	265	1557
	2006	红四干	红四干 7-8 支	201	906	136	662
海原县	小计			2175	9613	2070	10393
	2002	东源村	新三支干 15-17 支	627	2508	731	3688
		白路村	新圈一支干 1-8 支	610	2440	314	1570
		龙泉村	新圈二支干 6-8 支	595	2974	520	2605
	2003	红七村	红三干 7 支	343	1691	505	2530
同心县	小计			161	645	944	3859
	2003	红海村	新一支干 11 支	161	645	944	3859
原州区	小计			124	575	139	600
	2003	白墩村	新一支干 16 支	69	325	84	348
	2006	乌沙塘村	新圈三支渠	55	250	55	252

续表

移民县	年度	村名	支渠名称	区发改委下达计划		累计安置情况情况	
				户数（户）	人口（人）	户数（户）	人口（人）
开发区	开发区总计			6213	26509	7348	34072
	南川乡合计			3657	15523	4633	21390
	2002	小计		1141	4564	1079	5710
		中川村	新三支干 7-8 支	1141	4564	420	1892
		东川村	新三支干 9-11 支			659	3818
	2003	小计		1622	6936	2059	9185
		新台村	新四支干低口 2-4 支	728	2913	480	2370
		9-1 支	9 支下段			84	320
	2005	洪沟滩村	新四支干高口 7-10 支	894	4023	1495	6495
	大河乡合计			765	3058	475	2398
		龙兴村	新圈二支干 9-12 支	765	3058	475	2398
	红寺堡镇合计			266	1064	844	3303
	2003	中圈塘	新二支干 9-10 支	266	1064	844	3303
	太阳山镇合计			1525	6864	1396	6981
	2006	买河村	红三干、红四干	1525	6864	1396	6981

万元，占计划投资的 98%，铺设输水管道 231.3 公里，完成各类建筑物 370 座，新建供水点 88 处，解决了 39 个村 8.01 万人的饮水困难。农田水利工程计划投资 1461 万元，已完成投资 1475.3 万元，占计划投资的 101％，平整农田及完善水利设施配套 6.89 万亩。防护林工程计划投资 301 万元，完成投资 301 万元，占计划投资的 100%，新建防护林带及村镇绿化 1.36 万亩，种植优质牧草 2.55 万亩。

基础设施建设工程计划投资 2415 万元，完成投资 2128 万元，占计划投资的 88%。其中：供电工程计划投资 284 万元，完成投资 82 万元，其余资金调整变更为生态林建设。道路工程计划投资 2131 万元，已完成投资 2047 万元，占计划投资的 96％，硬化了四条 46.2 公里四级主干道，铺修了 310.95 公里砂石路面及乡村居民点道路。红四干项目区的 14 公里柏油路计划 2009 年下半年开工建设。

移民工程计划投资 5376 万元（包括新庄集四支干高口异地移民费 718 万元），安置移民 17139 户 73853 人，实际完成投资 5386 万元（包括新庄集四支干高口异地移民费 718 万元），占计划投资的 100.1%。累计搬迁安置移民 16925 户 81172 人。

产业发展　根据生态移民项目区的资源优势和移民发展生产的意愿，开发区在新圈项目区和新庄集四支干低口项目区发展黄牛养殖和设施农业，在新庄集三支干项目区培育发展经果林产业和设施农业，在新庄集四支干高口项目区重点发展经果林产业。截至2008年年底，开发区采取集中连片种植和整村推进的方式，新建万亩葡萄基地3个，发展2个5千亩基地和5个1千亩基地，累计达到5.88万亩，科冕公司一期万吨葡萄酒加工项目落户开发区并已开工建设。以盐兴公路、滚新公路百公里“十字架”为依托，以太阳山镇、南川乡、大河乡为重点区域，累计发展以苹果、枸杞为主的经果林达到6.87万亩；设施农业扩规增效，累计达到2.65万亩，以乌沙塘现代高效设施农业园区为代表的设施农业园区建设开局良好，成效显著。

人饮工程

西部、中部供水工程　西部供水工程1997开始设计建设，2001年建成通水，总投资1900万元，工程使用中宁恩和水源地，建成输水管线79千米，泵站6座，深井水源3处，主要解决双井、红崖及二、三泵站及周边移民村生活用水。中部供水工程总投资2100万元完成，工程使用大罗山西麓水源地，建成输水管线132千米，深井水源站1座，探明深井水源9处，启用深井水源4处，供水范围为红

▲ 深井水出

寺堡镇、沙泉乡、大河乡、南川乡的部分村。

集中供水工程　2001年，由红寺堡开发区负责投资，建设沙泉、买河14个行政村人饮工程，受益人口3.6万人，2002年，继续扩大供水范围，并建成红崖、新圈、新庄集一二三支干、徐斌水和大冰沟等集中供水工程。2003年，投资390万元，解决新庄集四支干低口供水问题，受益人口1.3万人。2005年投资220万元，解决四支干高口供水问题，受益人口1.1万人。2005年年底，开发区42个行政村都设有集中供水点。集中供水受益人口达14万多人。

红寺堡二期供水扩建工程　由自治区发改委2004年批复建设，总投资1490.7万元，设计在水源地原有3600吨/日供水能力的基础上，新增5眼深井，单井出水量2000吨/日，新增8000吨/日供水能力。工程建设PN500—PN200输水管线16千米，有效解决19万城乡居民的人畜饮水问题，满足城市发展对供水的需求。

◎ **小视窗**

1999年，为了培养移民的节水意识，防范用水安全，按照宁夏扶贫扬黄灌溉总指挥部的要求，移民每户打窖1眼。2000年，开发区工委、管委会接管移民，鼓励移民打水窖蓄水，用来节水灌溉、人畜饮水。2003年，开发区在南川乡张家台、细沟子、田圈、徐斌水村实施人畜饮水窖工程，打窖1200眼。水窖由积水场、引水渠、沉沙池、拦污栅、进水管、窖口井台、水窖等系统组成。沉沙池一般长2~3米，宽1.5~2米，深1米，高于进水口2~3米；拦污栅设在进水管的前面，高于沉沙池底0.5米；窖口井台一般高于地面0.3~0.5米，平时封闭。2005年，累计打水窖1.1万多眼。对水敬畏的移民刚定居就有节水意识。（选自宁夏新闻网，2005年9月10日。）

节水灌溉工程

宁夏扶贫扬黄灌溉工程从设计到开发建设就引入节水理念和措施。红寺堡灌区工程设计引水流量25立方米/秒，主要用于节水农业灌溉。根据宁夏水资源开发利用总体规划，分配给扶贫扬黄灌溉一期工程5.1亿立方米水量不能突破。考虑到随着红寺堡灌区人口的不断增加，工业的发展，以及城镇规模的逐渐扩大，水资源的供需矛盾会随之加剧，宁夏扶贫扬黄灌溉工程总指挥部和红寺堡开发区工委、管委会尽早着手，考虑解决相关问题。

早在宁夏扶贫扬黄灌溉工程建设初期，工程总指挥部已组织专家就红寺堡灌区节水灌溉和给水农业开展专题研究。1998年7月，红寺堡节水灌溉示范区技术设计完成，年底建成了规模为5160亩的试验区，并建设泵站1座，配套拥有国外先进技术的悬臂式卷盘喷灌机4台、时针式喷灌机1台。2002~2003年，红寺堡以发展节水灌溉、建立节水型农业为目标，大力实施农田水利基本建设与农业开发，加快产业结构调整、科技兴农和生态建设步伐，大面积推广以渠道防渗、田间配套、喷、滴、渗灌示范为内容的节水灌溉工程建设。两年间，累计投资2000多万元，新增渠道防渗砌护660千米，新建配套建筑物2600多座，完成平田整地22.5万亩，建成高标准畦田8万亩，日光温室550座，(集雨)水窖1100眼，红寺堡灌区农业首次出现“精细化”种植模式。

2004~2005年，红寺堡制定节水农业“1234”总体思路，即以节水增效为中心，实现工程水利向资源水利、传统水利向现代节水高效型水利两个转变；以配套工程建设、高效节水和管护三项工作为主；水利工程配套建设与更新改造、常规节水与高效节水、水力资源开发利用与管护并重发展，切实做到发展节水农业与发展特色优势产业相结合，与农业综合开发相结合，与调整农业产业结构相结合，与发展生态农业相结合。在节水灌溉大思路的调整和带动下，红寺堡每年都于春、秋两季组织移民群众大规模开展农田水利基本建设，在加强水利工程维修管护的同时，加大土地平整力度，主攻田间工程改造和小畦灌溉推广工作，着力构建具有地方特色的节水型灌溉发展新模式。

第二节　农业产业新步伐

红寺堡发展的基础在农村，希望也在农村。10年大规模农业开发建设，开

▲ 节水灌溉

发区先后实施了移民搬迁、危房改造、塞上新居等一系列建设工程，让搬迁移民生产生活条件发生了极大改善。同时，农业科技的传播和清洁能源的广泛使用，揭开了新农村建设新篇章。

按照“一年搬迁、两年定居、三年脱贫、五年致富”的发展思路，宁夏历史上最大的以农业为主的移民开发建设工作在红寺堡开发区全面实施。为使移民“搬得来、稳得住、能致富”，开发区坚持以农业为主导，于 1999 年正式启动农业生产工作，当年，全开发区在戈壁沙滩上播种粮食作物 1.22 万亩。1999 年秋天，首批搬迁安置到大河乡的八个村的移民在开发区第一次获得了收成。这意味着红寺堡的移民生产生活条件将逐步得以改善，为开发区群众安心发展生产鼓足了信心。

2000 年 4 月，春风吹临红寺堡，绿意萌动。按照“边开发、边搬迁、边建设”的思路，开发区工委、管委会把抓好粮食生产、解决群众温饱问题当做头等大事来抓，在机械的轰鸣声中，红寺堡大规模农业生产全面拉开帷幕。

为实现解决群众温饱问题，带领移民尽快从“雨养农业”向“灌溉农业”过渡，2002 年以来，在人员少、技术力量不足的情况下，红寺堡综合运用培训、现场指导、推广新品种、立体复合种植等措施，全面推进灌区农业生产。通过大力推广灌区农业栽培技术，开发区粮食产量逐年提高。短短三年间，开发区开发土地近 17 万亩，完成田间配套 15 万亩，完成乡村、田间道路 160 公里。田地里有了好收成，移民定居率逐年提高了，两头跑的现象越来越少，广大移民群众越来

▲ 节水农业产业田

越真切地感触到农业开发所带来的变化……

2005年以来，通过认真实施国家粮食直补、化肥补贴、柴油补贴、良种补贴等强农惠农政策，坚持“多予、少取、放活”的方针，充分调动移民群众种粮的积极性，全开发区粮食作物播种面积稳定在26万亩左右，粮食产量连续三年超过1亿公斤。2008年，全开发区粮食总产量达到1.2亿公斤，实现人均户有粮食600公斤，粮食生产已向全面提高粮食品质、增加单产、提高规模效益上转变。

开发区二、三产业发展落后，但污染很少，是发展绿色有机食品的理想区域。立足开发潜力巨大的优势，红寺堡坚持调整和优化农业产业结构，充分发挥政策和科技效应，大力培育发展地方特色产业，促进农民持续增收。通过促进粮食种植结构调整，大力发展菜用马铃薯产业，各乡镇积极建设高产示范片，马铃薯种植规模由2006年的1.45万亩发展到2008年的10万亩，累计建设马铃薯贮藏窖1359眼，该产业已经成为开发区有效促进农民增收的特色产业之一。

◎ **小视窗**

红寺堡区积极调整产业结构，葡萄、红枣、设施农业和黄牛养殖四大特色优势产业稳步推进。红寺堡区面对黄河供水量逐年减少、农业生产形势不容乐观的现实，积极调整种植结构，优化产业区域布局，加快实现“一村一品”“多村一品”的种植模式，建设了一批专业村、专业户和专业基地。在种植业结构调整中，红寺堡开发区推行“33211”模式，即50万亩土地中30%的土地种植麦套玉米，30%的土地发展葡萄和经果林，20%的土地种植马铃薯和油料作物，10%的土地种植中药材、秋杂粮和牧草等特色作物，10%的土地发展设施农业。2009年，该区按照“稳定面积、调整结构、优化品质、主攻单产”的原则，压夏增秋，全区粮食播种面积稳定在31万亩，创建粮食高产示范面积3万亩，预计粮食总产量将达12万吨。在稳定粮食综合生产能力的同时，该区集中力量抓好葡萄、红枣、设施农业和黄牛四大特色优势产业发展。目前，葡萄产业发展提质增效，建成千亩示范点20个，新增种植面积2.6万亩。红枣产业以企业大户为主，新增种植面积1万亩。

设施农业以“巩固提高、提质增效”为重点，以建设科技示范园区和标准化示范基地为抓手，新增设施农业2.5亩。（选自农业部政务网，2009年10月。）

高效节水生态农业

我国水资源短缺，发展节水农业是关系到国民经济健康发展的全局性战略。红寺堡可利用水资源十分有限，年灌溉用水指标为1.5亿立方米，种植传统作物每亩需要灌水500立方米，40万亩土地全部种植传统作物每年短缺用水0.5亿立方米，灌溉用水不足已经成为影响红寺堡发展、社会稳定、群众安居乐业的“遥控阀”，成为制约开发区农业跨越式发展的主要瓶颈。

2007年以来，红寺堡将“高效、节水、生态”农业作为战略性工程实施，积极探索适宜红寺堡农业生产发展之路，不断加快结构调整步伐，确定了“3211”产业发展思路，即计划利用5年左右的时间，发展葡萄30万亩，以红枣为主的经果林20万亩，设施农业10万亩，发展黄牛10万头，提出了把红寺堡建成全国最大的酿酒葡萄基地，自治区最大的生态节水示范区和中部干旱带上最大的生态区的发展目标。2008年，红寺堡高效、节水、生态农业面积达到全开发区种植面积的60%以上。

2008年、2009年，十届全国人大常委会副委员长盛华仁连续两次来红寺堡视察指导工作，对开发区实施的特色优势产业给予了高度的肯定，并联系北京燕山石化等企业对红寺堡进行大力援助，极大地鼓舞了开发区干部群众发展高效、节水、生态农业的信心和决心。

设施农业

按照特色优势农业发展战略，红寺堡及时调整农业工作思路，把发展设施农业作为发展现代农业、建设社会主义新农村的重要突破口，作为解决干旱带生存与发展、实现红寺堡新跨越的根本性举措。按照“政府引导、市场运作，整合项目、资金捆绑，科技支撑、效益驱动，乡镇牵头、部门联动，各司其职、各记其功，以地换绿、农民受益”的原则强力推进，设施农业从2006年不足500亩发展到2008年3.45万亩，其中日光温棚0.85万亩、大小拱棚2.6万亩，直接受益农户2

▲滴灌

万户。建设了玉池、杨柳、水套、城东、乌沙塘5个具有规模经营的设施农业示范园区。2009年，设施农业总规模达到5万亩，在城东建成了万亩集生态、种植、养殖、加工为一体的现代农业综合示范园区。

为做大做强设施农业这篇文章，使之真正成为开启移民致富的“金钥匙”，红寺堡以提质增效为重点，强化科技服务，狠抓技术、管理、市场三个关键环节，积极加大新技术推广与应用，做好试验示范，推行标准化生产，不断丰富和优化品种结构，打造高效、优质品牌。同时加强社会化服务体系建设，抽调科技人员深入生产一线，协助、指导、监督大棚作物种植，做好技术指导及市场供求信息的分析预测，规避风险，依靠品牌、特色抢占市场。

为有效解决设施农业建设经费不足的问题，红寺堡积极探索和创新企地、银地合作方式，拓宽融资渠道，加大招商引资力度，积极吸引公司、大户集中连片租赁土地，大规模开发。同时加大政府补贴力度和农业信贷支持，捆绑利用各类项目资金，加强设施农业园区基础设施建设。开发区设施农业扩规增效，农业综合生产能力明显提高。2008年，设施农业累计产值达到1.25亿元，占农村经济总收入的22.3%，实现设施农业种植户人均收入4500元，是种植传统农业收入的7~15倍。发展设施农业取得了明显的节水效果，开发区设施农业每亩年用水量不超过300立方米，比种植传统农业每亩节水200立方米左右，平均每立方米水产值达到12.16元，是传统农作物的7倍。通过园区建设，每年可解决剩余劳动力2200余人，创收1500余万元。2007年、2008年开发区分别获得宁夏全区设施农业先进县和设施农业先进县第一名的好成绩。

◎ **小视窗**

2007年，红寺堡开发区多方争取资金，建成6个高位蓄水池，为6个设施园区高效节水农业配套灌溉用水。仅一年时间，节省运水成本800万元；2008年，筹措资金建成870个高标准大棚。两年多时间里，设施园区已由原来的两个村增加到6个，面积由2006年以前的不足500亩扩大到2008年的2.8万亩，实现产值1.3亿元，增长了近6倍。（摘自《南国早报》，2009年8月28日。）

草畜产业

围绕草畜产业发展，红寺堡坚持把调整优化区域布局和品种结构、加快畜产品基地建设作为草畜产业发展的着力点，抓主抓重、整体推进，使草畜产业的生产规模不断扩大，产品产量大幅度增加，速度和效益同步增长。2005~2008年，累计实施草原围栏工程80万亩，人工种草留床面积5.2万亩。2008年，全开发区肉牛、羊、猪的饲养量分别达到3.6万头、36.2万只和1.98万头，禽类饲养量达50.2万只，草畜产业走上了规模拉动、示范带动、科技推动的良性发展的路子。

黄牛养殖

根据“3211”产业中“利用五年左右的时间发展黄牛10万头”的发展目标，红寺堡将肉牛养殖业作为发展农业、繁荣农村、富裕农民的有效措施，坚持从项目引进、基地建设、科技推广、疫病防治、流通增值入手，采取一系列补贴和扶持政策，鼓励移民积极发展养殖业，吸引客商来开发区投资兴业，使肉牛养殖业走上了区域化布局、规模化经营的良性发展轨道。草畜产业已成为增加农民收入的支柱产业和保护生态环境的绿色产业。

开发区采取“龙头企业带动、大户联动、抓点带面、整村推进”的模式，走“品种优化、技术配套、机制创新、综合示范、产业升级”的发展路子，积极推进“一池三改”、圈棚建设、良种改良、繁育、饲草料加工、“三贮一化”、培训等项目建设，加快畜牧业结构调整和肉牛（羊）品种改良步伐。截至2008年年底，红寺堡肉牛饲养量达到3.67万头，存栏2.96万头；累计建设养殖暖棚12900座，建设“三贮一化池”12万立方米；建设黄牛改良点6个，改良肉牛7600头；投放中小型饲草料加工机械5400台，拥有机械农户占养殖户的14.7%，农作物秸秆利用率由原来的不足20%提高到80%；发展肉牛养殖大户387户，培育肉牛养殖专业合作组织3家，规模化肉牛养殖企业8家，建设肉牛养殖园区8个，在开发区4个乡镇采取整村推进模式发展肉牛养殖示范村11个。为确保融资渠道畅通，

▲ 黄牛养殖

尽快实现肉牛养殖扩规增效，2009 年，红寺堡全面启动养殖示范村和肉牛养殖大户小额贷款项目，并于 2009 年年底发放贷款总额达到 3000 万元，此举为开发区养殖户解决了“规模扩大、资金缺乏”的后顾之忧。

龙头企业培育

龙头企业带动能力弱是制约红寺堡农业产业发展的最大瓶颈，也是红寺堡农业产业发展的关键点所在。以做大做强龙头企业推进产业上档升级为突破口，红寺堡积极引进具有市场开拓能力、科技开发能力、加工流通能力、能带动农户发展商品生产，并为农户提供产前、产中、产后服务的农业龙头企业。按照“一个产业一个支柱型龙头企业”的要求，积极培育和扶持宁夏红寺堡兴农薯业有限公司、壹加壹农牧科技开发有限公司、宁夏科冕有限公司等三家自治区级龙头企业，采取整合资源、整合项目、整合资金的方式，帮助龙头企业搞好科研、技改、品牌培育、质量体系认证、基地建设等环节，实现农产品就地加工转化。通过培育和扶持农业龙头企业，拉长了产业链，带动移民群众参与特色产业的发展和品牌产业的生产，以“公司 + 基地 + 农户”的模式，把农户、龙头企业和市场有效地联结起来，使农户从中获得更多的收益，实现了增收的目标。

同时，针对农业产业化发展的需求，按照“政策扶持、社会支持、自主发展”的原则，开发区鼓励和促进农村合作经济组织发展，努力营造宽松的发展环境。先后成立了开发区中药材专业合作社、养殖协会、粮食购销协会、蔬菜协会、马铃薯产业协会等 13 个，这些农村合作经济组织体制健全，管理严密，参与市场竞争和应对风险的能力较强，辐射和带动作用十分明显，切实推动了葡萄、马铃薯、设施农业等一批优势产业的做大做强，有力地促进了农民增收、农业增效和农村经济繁荣发展。

◎ 小视窗

红寺堡兴农薯业有限公司是一家集马铃薯种薯引进、良种繁育、示范推广、订单生产、技术培训和服务、保险营销为一体的农业产业化龙头企业。公司属于自治区、吴忠市级农业产业化龙头企业。拥有马铃薯生产基地20000亩，其中良种繁育基地5000亩，建有2500平方米约7000吨储藏窖。年收购外销马铃薯6万吨，每年为农民创收3000万元，辐射带动红寺堡区种植马铃薯10.53万亩。兴农薯业有限公司还建设有肉牛养殖场一个。该养殖场是红寺堡区良种肉牛繁育和育肥的示范基地，也是红寺堡肉产业示范带动龙头企业，年创收利润200万元。

宁夏壹加壹农牧科技开发有限公司经红寺堡工商行政管理局注册核准，注册资金500万元。于2005年11月在红寺堡开发区鲁家窑正式挂牌成立，2007年被评为吴忠市农业产业化重点龙头企业，2008年被授予了自治区级重点农业产业化龙头企业。企业自成立以来，在红寺堡开发区农业灌区引导搬迁移民利用广大农村丰富的作物秸秆及其他废弃有机物质，通过生物转化

▲ 兴农薯业基地

技术发展养殖，为发展农村经济、提高农民收入、加强生态建设、改善人民生活环境做了大胆的探索和实践工作并取得了较好的成绩。截至2008年年底，公司已经发展成集生物蛋白饲料研究与开发、微贮饲料加工生产、肉牛养殖育肥于一体的多元化科技型经营实体。

该公司是以转变牛产业养殖方式和经营理念为突破口，结合牛产业发展规划，紧紧依靠现代农牧业高新技术，在红寺堡区投资2000万元建设了一个占地300亩的肉牛产业科技园区。完成建设面积为7560平方米：建设肉牛标准化育肥车间8个，饲料配送中心1个，600立方米沼气工厂一座、占地5000亩的为育肥中心配套的林草间作的饲草基地一个。其中饲料配送中心已制作青贮饲料15000吨。办公区占地800平方米。科技园区于2007年9月开始投产运营，有职工120人，专业技术人员10人。累计出栏育肥肉牛16000头。该公司还牵头成立了红寺堡区肉牛产业协会、红寺堡区利民肉牛养殖合作社。

农业科技与培训

在开发区农业产业化发展中，农村能源建设和能源利用开辟了农村新天地。2005~2008年，农业部门大力推进农村沼气池建设，农村改圈、改厕、改厨全面展开，成效明显，农业生产环境和农村环境状况得到进一步改善，有力地促进了开发区农业增产、农产品质量提高和农民增收。截至2008年，红寺堡累计建设沼气池10072座，改建圈棚5321座，改厨8132户。广大农户屋外煨炕屋内冒烟，房屋烟熏火燎一片漆黑的状况成为历史。在能源建设项目村，屋里屋外干净整洁的示范农户随处可见，形成了一幅“不见炊烟起，但闻饭菜香”的生态田园风景画。

不但要让农民脱贫，还要让他们在科技的引领下走上致富之路，这是红寺堡工委、管委会对红寺堡20万移民的庄严承诺。在红寺堡，农民培训和科技入户工作逐年得到加强，农业科技正成为推动农业发展的第一推动力。

2003年以来，围绕解决制约开发区农业产业发展关键技术问题和提高农民农业实用技术水平，红寺堡先后实施了“百万农民培训工程”“劳动力转移培训阳光工程”和“科技下乡”“科技入户工程”。围绕菜用马铃薯、设施农业和肉牛、

▲ 科技培训

肉羊、滩鸡等产业发展，截至 2009 年，累计培训农民 9.34 万人，发放科技资料 20.8 万余份，发放农业实用技术手册 5.2 万本，颁发农业实用技术证书 2.1 万本。累计集中农业技术优势人才 1215 人（次），实施科技到户、到田、到人，着力解决制约产业发展的关键技术问题，为农民提供产前、产中、产后技术跟踪服务，形成了一个产业一套技术的科技提升新格局。科技入户和农民科技培训工程的实施，使得一大批有知识、懂技术的新型农民成为新农村建设的生力军，面朝黄土背朝天的传统生产方式已经成为遥远的回忆。新型农民科技培训工程如同一列春天里驰骋的致富快车，承载着希望和梦想，在红寺堡大地上快速奔驰……

第三节　新农村篇章

为了进一步加快灌区农业生产步伐，积极培育特色产业和支柱产业，红寺堡坚持走“高效、节水、生态”农业的路子，不断探索适宜红寺堡农业生产发展之路，不断加快结构调整步伐，立足开发区实际，确定了发展30万亩葡萄、20万亩以红枣为主的经果林、10万亩设施农业和10万头黄牛，并完成“一园两区”的建设任务的特色优势产业发展思路，现代农业逐渐取代了传统农业，精细农业逐渐取代了粗放农业。世世代代居住在宁夏南部山区的贫困群众，告别传统的“二牛抬杠”“靠天吃饭”的传统耕作模式，在这里盖起了砖瓦房，种上了水浇地，用上了清洁能源，修建起了养殖棚和蔬菜大棚，腰包里装满了硬铮铮的钞票，实现了祖祖辈辈“拔穷根、脱贫帽”的梦想。

移民搬迁到红寺堡灌区后，面对一排排规划整齐的住房、平整的水浇田、平坦的柏油村道、掩映在树荫下的村落，移民感慨万分。红寺堡灌区新农村的基础设施完备，生产生活环境的变化深深地吸引着这些大山里搬来的农民，他们喝着甜甜的自来水，沐浴着这里的暖阳时，思想悄悄地发生了变化……

移民放弃了固有的传统农业种植经验，适应灌溉农业和现代农业技术要求，实现了思想的伟大转变，更是思想的一次革命，其结果是由传统、保守思想束缚的农民变成掌握一定技能的“产业工人”，实现了破茧成蝶的美丽蜕变。

▲ 农村新貌

他们掌握了科学种植、养殖业，适应并掌握了设施农业、特色种植等技术，涌现了好多种养殖大户，为众多移民脱贫致富提供了榜样，有些移民掌握了装载机、汽车维修等技能，有的成了建筑行业的佼佼者，有的掌握技术后自主创业，不一而足，日子变好了，生活富足了，精神面貌焕发了。

他们在风俗和生活习惯上的差异、原来的封闭性和守旧性被摈弃，表现出互补性和开放性的特点，虽然各自带有比较强烈的地域性，但因各县（区）不同的生活方式相互影响，移民的眼界已经远比在原迁出地时开阔了许多。他们正在以勤劳的双手在这片土地上建设着美好的家园，在亘古荒原上演绎了天人合一的人间神话，使这块土地也发生了翻天覆地的巨变，一片充满生机和活力的绿洲在荒漠上崛起，十几万勤劳勇敢、积极进取的回汉儿女在这里用智慧和力量创建着他们美好的家园。

◎ **小视窗**

“这里住的是红寺堡开发区第一代移民，原来村民的房子是统一规划建造的。现在致富的农民已把房子翻新，有的都翻新两三次了。”走进了红寺堡大河乡开元村，我们听到如是说。

踏进开元村村民禹万喜家的小院子，记者们忍不住惊叹——院子宽敞明亮，青葡萄挂在架上，枣树硕果累累，贴了瓷砖的室内电视机、电冰箱、电脑等家居用品一应俱全。院子格局是典型的回族院落，院子中央铺着红砖，左侧是菜园和牛圈，紫色的喇叭花爬在墙上探头探脑，低头但见圆鼓鼓的西红柿，抬头就碰到了梨树上累累的青梨；牛圈里的6头黄牛正在惬意地吃草。禹万喜介绍，村里用的都是自来水，以前烧饭做菜用柴或炭，而今改用液化气。

如今，在红寺堡开发区广袤的田野里，一排排规划有序的高效节能日光温室，在阳光下闪着银光；蔬菜、水果、花卉基地正如雨后春笋般涌现。10年来，各级政府在红寺堡开发区投入建设资金累计达1.6亿元，迄今红寺堡开发区已完成了两件大事：一是生态恢复，二是移民致富。（摘自《南国早报》，2009年8月28日。）

随着移民的搬迁安置，为了更好地管理和服务移民，红寺堡成立了乡、村基层组织，并根据需要不断调整。

2001年12月7日，经自治区人民政府第80次常务会议讨论决定，批准成立红寺堡开发区红寺堡镇、沙泉乡、买河乡、大河乡、白墩乡。同年12月20日，自治区人民政府分别以宁政函〔2001〕227号、〔2001〕228号、〔2001〕229号、〔2001〕230号、〔2001〕231号文件对红寺堡开发区设立沙泉乡、白墩乡、大河乡、红寺堡镇、买河乡予以批复；2002年3月26日，红寺堡、大河、沙泉、买河四乡镇举行乡（镇）人民政府挂牌仪式。2002年6月10日，自治区编办根据自治区人民政府2001年第84次常务会议下发了《关于同心县新庄集乡划归红寺堡开发区管理后有关行政编制划转的通知》（宁编办发〔2002〕143号）。《通知》明确指出同心县新庄集乡成建制划归红寺堡开发区管理；同年9月30日，同心县石炭沟开发区（纪家乡北四村）正式成建制划归红寺堡开发区，同时将土坡煤矿一并划入开发区。2003年3月14日，顺利完成了石炭沟开发区的接管工作。至此，红寺堡开发区有7乡1镇。同年10月9日，自治区人民政府下发《关于调整红寺堡开发区乡镇行政区划的批复》（宁政函〔2003〕133号），该批复明确：红寺堡开发区7乡1镇调整为3乡1镇，撤销白墩乡、买河乡、红崖乡、石炭沟乡、新庄集乡，保留红寺堡镇、沙泉乡、大河乡，设立南川乡。2004年8月3日，红寺堡开发区工委研究决定成立中共太阳山镇工委和中共太阳山镇沙泉办事处总支，同时撤销沙泉乡党委。2005年12月1日，根据《自治区人民政府关于调整红寺堡开发区乡镇行政区划的批复》（宁政函〔2003〕133号）文件，将石炭沟开发区整建制并入大河乡。2006年10月21日，红寺堡开发区工委决定撤销沙泉办事处。当前，开发区有2乡2镇47个行政村。

2013年年底，吴忠市红寺堡区委决定将原太阳山镇调整为柳泉乡和太阳山镇1乡1镇，调整后的太阳山镇迁至太阳山工业园区办公，柳泉乡在原址办公。2014年1月23日，红寺堡区南川乡更名为新庄集乡。

2014年初，红寺堡区共辖3乡2镇1个街道办事处，62个行政村，2个社区。

大河乡

概况　大河乡位于红寺堡区西南，是“1236”扬黄灌溉工程建设和红寺堡移民搬迁建设第一乡。自1998年开发建设以来，已开发耕地8.34万亩、水浇地6.57万亩，搬迁安置宁南山区八县和中宁县贫困群众，其中回族人口2.4万人，占全乡总人口的70.6%，形成了13个行政村、总面积560.6平方公里的规模。

历时15年的开发建设，大河乡经济及社会各项事业取得了显著成效，综合经济实力明显增强，辖区内现有大中型企业11家，主要以风电、石料加工、煤炭、机砖场、预制场等为主；有中心学校1所、小学15所，共有教职工168人，在校学生4378人；卫生院所各1座，医护人员21名。全乡有13个党支部。交通便利，盐兴、恩红、红九公路贯穿全乡，共有乡村道路120公里，基本实现了乡村主干道通柏油路、村村通硬化路的目标。

建制变迁　2001年12月7日，经自治区人民政府第80次常务会议讨论决定，

▲ 大河乡政府

批准成立红寺堡开发区大河乡；同年12月20日，自治区人民政府以〔2001〕231号文件对红寺堡开发区设立大河乡予以批复。2002年3月26日，大河乡举行乡（镇）人民政府挂牌仪式；同年10月9日，自治区人民政府下发《关于调整红寺堡开发区乡镇行政区划的批复》（宁政函〔2003〕133号），该文件批复明确：红寺堡开发区7乡1镇调整为3乡1镇，撤销白墩乡、买河乡、红崖乡、石炭沟乡、新庄集乡，保留红寺堡镇、沙泉乡、大河乡，设立南川乡。2005年12月1日，根据《自治区人民政府关于调整红寺堡开发区乡镇行政区划的批复》（宁政函〔2003〕133号）文件，将石炭沟开发区成建制并入大河乡。大河乡现辖13个行政村。

龙源村为生态移民安置区，位于原红崖节水灌溉试验区，西以墩子湾沟为界，东至麻黄沟，南以1362米等高线控制，北至烟洞山。东西长约2.5千米，南北宽5千米，区域面积12.5平方千米。龙源村生态移民安置区规划安置生态移民450户2000人，就地安置自发移民360户1088人。安置区可利用土地面积约为11566亩，其中耕地5260亩。生态移民项目工程于2012年10月开工建设，2013年10月竣工。2014年初，项目区450套移民住房、大拱棚、道路、供水、小学、村部及其附属工程已全部建设完成，搬迁定居来自同心县及原州区的生态移民共计331户1486人。

经济社会发展　大河乡作为红寺堡开发最早建制的乡镇，始终坚持一村一业、多元互补培育产业的发展路子。2008年，全乡实现国内生产总值6000万元，人均纯收入达到2960元，是移民迁居初期的20倍，综合经济实力位居红寺堡开发区乡镇第二位。1999年，大河乡移民首种植粮食13850亩，产粮212.39万公斤，产值177万元，人均纯收入298.7元，实现了开发区农业生产零的突破。

2000年，大河乡工委、管委会成立，接管8个试点村。在开发区工委、管委会的正确领导下，以生态建设为重点，培植示范点，加强农业生产。当年全乡造林1183亩，植树1万余株；分别在大河麻黄沟村、开元村、红河村、碱井村建立枸杞、桑树和中药材种植等特色农业1817亩。全乡国民生产总值619.9万元，人均纯收入498元，全乡教育、计划生育等各项工作全面发展。

2001年，全乡大力调整产业结构，在稳定粮食生产的基础上，加强生态环境建设，大力发展高效生态农业，围绕“一村一品、一乡一业”的产业发展格局，发展枸杞、桑蚕、种草养畜和中药材种植业，全乡造林 2100 亩、27 万株；发展庭院经济林、枸杞、桑树 1700 亩；种草 2650 亩，发展奶牛 100 头，牛存栏达 364 头、羊存栏 4400 只；产粮 398.1 万公斤，全乡国民生产总值达到 1172.5 万元，农民人均纯收入 1073.6 元。

2002 年，全乡按照“夯实三个基础、发挥一个特色、做强两个产业、实现四个目标”的发展思路，大力发展“两高一优”农业、特色农业和牛、羊舍饲养殖业，造林 1646 亩，封山育林 1409.9 亩，经果林、枸杞、桑树面积达到 1700 亩，中药材 1200 亩。产粮 500.3 万公斤，牛存栏 395 头、羊存栏 5567 只，国民生产总值达到 1323.9 万元，农民人均纯收入 1300 元。

2003 年，按照开发区做大做强草畜业、桑蚕业和种植业三大产业的要求，全乡“围绕一个目标、做好十件大事、实现三大突破”，大力发展草畜产业，巩固桑蚕产业，提升枸杞种植业，现已种植苜蓿等优质畜草 5000 余亩，羊只存栏 10300 只、牛存栏 380 头。

▲ 小拱棚蔬菜

2004年，大河乡立足乡情，大力发展种植、养殖业，羊只存栏量达到7.5万只，牛存栏达到3539头。草畜产业逐步走上以草定畜、以草促畜的发展路子，水地种草共计3258亩。生态建设成效显著，共植树48万余株，造林面积达4890亩，发展庭院林2047.4亩。经济发展成果显著，国民生产总值达3891万元，劳务创收3843万元，个体工商创收15万元，农民人均纯收入达到2354元。

◎ **小 视 窗**

红崖村的种植业、养殖业

红崖村位于大河乡西南，是2001年开发建设的移民村，移民来自隆德、海原县。移民定居760户3680人，其中回族1855人，耕地面积为7200亩，全村两所学校，在校学生302名，村主干道硬化4.7千米。红崖村现有羊存栏5000余只，牛存栏300余头，种植中药材1500亩。

为加大产业调整步伐，增加农民收入。响应红寺堡区党委、政府发展“3211”产业政策，该村积极发展黄牛养殖产业，目前已建成黄牛养殖园区2处，已建成20米×6.5米标准化牛棚130座，建青贮氨化池130座3900立方米，计划养殖黄牛2000头。该村积极向农业银行争取贷款，为160户家庭每户争取了3~5万元的贷款，共计480万元。向农牧局争取发展黄牛养殖的项目，2009年农牧局为该村建设牛棚的家庭每平方米补助20元，每棚补助2600元，共计补助了130户33.8万元，已全部到位。

2013年，黄牛存栏800余头，户均6头左右。该村已派出村民代表在甘肃张掖、山东等地考察市场、学习观摩，争取把最适合红寺堡地区养殖的、最能促进农民增收的优良品种引进回来。坚持把园区建设成为红寺堡黄牛养殖的精品园区。

2009年，通过“一事一议”的方式决定将红崖村共5000亩土地全部种植葡萄。深入发展酿酒葡萄产业，进一步调结构、促发展。2009年年底开挖、平沟工作已接近尾声，春灌正在紧张开展中，各项工作稳步推进。该村将力争把酿酒葡萄基地建设成为红寺堡区高效、节水农业示范点。

2010年开始扶贫"双到工程"建档，建档数据为294户，2012年新增56户，全村扶贫"双到工程"扶持户达到350户，未覆盖410户。2012年"双到"资金投入10万元帮助65户农户发展黄牛养殖和肉羊养殖，2013年"双到"投入资金30万元，用于扶持150户农户发展中药材种植和黄牛养殖。

红崖村互助资金理事会于2011年成立，扶贫办提供发展资金30万元，75户农户参与入股，在2011年每户获得5000元贷款用于种养殖业发展，2012年红崖村互助资金滚动发展到38.5万元，共为77户农户每户提供5000元贷款。2013年，红崖村被确定为产业扶贫示范村，计划投资1457.6万元用于危房改造、村级道路建设、渠系配套、种养殖业发展等项目实施。

大河乡在红崖村村民马文生带领群众试验种植银柴胡。2012年，银柴胡市场持续走高，马文生等人获得了巨大的成功。针对中药材的行情较好，相对玉米等节水20%，产值是玉米的5倍多的种植效益。按照区政府提出压减1万亩玉米等高耗水作物的产业结构调整要求，2013年大力发展柴胡种植，年初组织种植大户和有关村干部到河北省安国市中药材交易市场对柴胡市场进行了考察，与收购商签订了意向性合同。

大河乡采取群众自愿、政府补贴（乡政府提供妇女小额创业贷款和籽种补贴）、合作经营的方式组织农户进行生产，引导村民发展中药材银柴胡种植。建立大河乡红崖村和平岭子村中药材种植基地，共发展中药材银柴胡种植2500亩。按照目前银柴胡市场行情，干货价格为96元/公斤。亩均产量为300公斤，两年后可获得中药材收入4320万元，亩均收入2.8万元，可有效提高农户收入，并有效缓解新圈支干和石炭沟灌区灌水紧张的问题。（大河乡供稿）

2005年，大河乡国民生产总值达3797万元。羊只存栏量7.2万只，牛存栏3437头，水地种草3218亩，使草畜产业逐步走上以草定畜、以草促畜的发展路子。全乡共植树50余万株，造林面积达4890亩，发展庭院林2047.4亩，生态建设成效显著。劳务创收3843万元，个体工商创收12.1万元，使农民人均纯收入达到

2457 元。

2006 年，大河乡经济社会发展稳步增长，建成高标准畦田 2800 亩，农作物种植面积达到 62922 亩。整修乡村道路、生产路 58 条 56 千米；新建“一池三改”沼气池 414 座；培育养殖示范户 200 多户。在公路主干线植树 320 亩 1.7 万株，农田林网新植 1784 亩 24.6 万株，发展经济林 800 多亩，荒山造林 4.5 万亩；全乡农村经济总收入达到 4363.6 万元。

认真实施“百万农民培训”工程，先后举办各类科技培训班 16 期，培训人员 5125 人次；共组织输出劳务人员 9281 人，实现劳务收入 1532.2 万元，农民人均纯收入达到 2100 元。人口出生率控制在 14‰以内，计划生育率达到 81.3%，节育措施落实及时率 87.7%，计划生育优质服务率达到 90%，“一无村”创建率达到 50%。“五苗”预防接达 95% 以上，传染病报告及时率达 100%。全乡适龄儿童入学率达到 99.4%。为 4395 名农村中小学生实行了“二免一补”政策，兑现补助金 106 万元；共落实农村制度性救助 2349 人，农民大病大灾救助 25 人；全乡未发生一起交通安全事故和农机责任事故。

2007 年，全乡经济社会继续保持了良好的发展势头，粮食总产量达到 3782 万公斤，农民人均纯收入达 2387 元，国民生产总值达到 4363.6 万元，农林牧产值达到 3070 万元，增长 6.5%。全乡农作物种植面积达到 62922 亩，建中药材基地一处 300 亩；牛、羊、猪、禽饲养量分别达到 4880 头、3.3 万只、1046 头和 2.8 万只。累计争取项目投资 300 多万元，新修红崖至龙泉 10.74 公里水泥路，毛渠砌护 4500 亩，建设高标准畦田 1 万亩涉及 10 个村 20 个点；启动了香园村、开元村自来水户户通工程。累计投资 111.6 万元，实现全乡建成沼气池 1460 座。投资 120 万元兴建移动通信基站一处。公共卫生环境整治 3.2 平方公里，彻底改变了过去“脏、乱、差”的现象；在公路主干线补植 1.1 万株，农田林网新植 530 亩共 5.8 万株，发展经济林 860 亩，荒山造林 2 万亩。全年共组织输出劳务人员 6652 人，实现劳务收入 1995 万元。先后组织举办各类科技培训班 28 期，培训人员 5.6 万人次。人口出生率控制在 11.7‰以内，计划生育率达到 86%，节育措施落实及时率 91%，计划生育优质服务率达到 90% 以上，综合节育率达到 92%，长效节育率达到88%。“三无村”创建率达到40%。征收社会抚养费4300元。“五苗”预防接种率达95%以上。全乡适龄儿童入学率达到99.4%，巩固率达到98%。共落实农村制度性救助1899户2990人，同时为21个“五保户”和48个军烈属、乙级伤残人员补助2万元。新型合作医疗参保率达到90%以上，危房改造178户。

▲ 舍饲养殖

2008年，全乡实现国内生产总值6000万元，综合经济实力位居红寺堡开发区乡镇第二位，年人均纯收入达到2960元，是移民迁居初期的20倍，实现了由吃饱肚子向腰包有钱的转变。

2009年大河乡以科学发展观统揽全局，以调整产业结构、发展优势产业富民为重点，以改善民生、建设社会主义新农村为目的，确保安全与稳定，促进经济社会更好更快发展。力争2009年全乡国民生产总值达到8000万元，比上年增长33%；固定资产投资要达到2500万元，比上年增长12%。种植设施农业及外围开发间作枣树2个10000亩（巩固乌沙塘设施农业5000亩的基础上，外围补灌种植枣树 5000 亩；开发月亮湾日光温棚间作枣树种植土地 10000 亩）、葡萄种植 8000 亩，枸杞栽植补植 8000 亩；完成开元、龙泉、石炭沟村连片 3 个 1000 亩的大拱棚建设任务，完成红崖、龙泉 1000 亩小拱棚建设任务。培育 3 个黄牛养殖重点村（开元、龙泉、石坡子村），新增黄牛 6000 头。农民人均纯收入达 3180 元，增长 9% 以上。

◎ **小视窗**

龙泉村的称呼变了

龙泉村位于大河乡西南，红九公路纵穿全村，是 2002 年开发建设的移民村，移民来自西吉、海原县，移民定居 840 户 4845 人，其中回族 3185 人，耕地面积 9600 亩。

2002 年以来，由于移民定居率低，群众思想观念落后，经济基础薄弱，把所有心思都放在了上访告状上，是出了名的“上访村”。乡党委、政府针对该村存在的问题，下大力气重点整治，对村“两委”班子进行了大调整、大换血，使一批年轻、有学历、办事公平、群众信得过的人进入了村“两委”班子，使该村各项事务走上了规范。新班子上任以来结合该村群众有种植西、甜瓜技术优势，抢抓燕山石化无偿援助农膜的机遇，采取大户带动、示范引导、集中连片的办法，积极发展节水高效设施农业，主要以搭建大拱棚种植西、甜瓜为主。项目于 2009 年 10 月 15 日开始组织实施，2009 年共计搭建精品大拱棚 250 亩 500 座；2011 年新增 300 亩 600 座；2012 年新增 300 亩 600 座。目前，共建成大拱棚 1700 座，建成 5 万立方米蓄水池，配套主管道 2.8 千米，支管道 3.6 千米，总投资为 540.2 万元。大拱棚为全钢架结构，跨度 7 米，高度 2 米，钢架 24 根，间距 3 米。

自搭建大拱棚以来，大拱棚种植户所种植的硒甜瓜于每年 6 月下旬上市，比大田西、甜瓜提前 1 个月上市，平均每棚产值在 3000 元左右。7 月中旬种植第二茬，第二茬一般种植萝卜、白菜、油菜、香菜、茼蒿等叶菜。10 月中下旬上市，棚均产值可以达到 1000 元左右。年均每座大拱棚保底收入3000~4000元，亩均产值6000~8000元，是种植大田作物的3~4倍。

同时积极争取部门帮扶项目，在产业结构上下大功夫，对村庄道路进行了硬化，大力推广黄牛产业，目前已建成标准化黄牛养殖园区一个，黄牛存栏300头。

通过近三年来的整治和建设，村“两委”班子的战斗力强了，得到了群众的认可，产业做起来了；村民的思想和心态变了；生活条件好了；龙泉村已由原来的“上访村”变成了现在产业村，该村党支部也被上级党委授予先进党支部等荣誉称号。（大河乡供稿）

2010年，全乡劳务输出9530人，实现劳务收入5563万元。完成国民生产总值11578万元，年均增长22.9%；农林牧产值达6705万元，年均增长18.9%；农

▲ 大拱棚甜瓜

民人均收入 3735 元，年均增长 20.8%。顺利通过“教育强乡镇”、计划生育“四星级”乡镇验收；被吴忠市命名为“优秀基层党组织”“两大工程绿化美化优胜乡镇”“无毒乡（镇）”“民族团结先进乡”“落实党风廉政建设责任制先进集体”等荣誉称号。

2011 年，以打造生态之乡、黄牛养殖之乡、设施农业之乡、法治之乡为目标，抢抓历史机遇，紧扣发展主题着力培育壮大特色优势产业。年内完成国民生产总值 14185 万元，年均增长 15%，农林牧产值达 8145 万元，年均增长 21.5%，农业人均纯收入达到 4298 元，年均增长 11.5%。

2012 年全乡完成国民生产总值 15745 万元，年均增长 11%，农林牧产值达 9112 万元，年均增长 12%，农业人均纯收入达到 4730 元，年均增长 10%。

2013 年，以增加农民收入为核心，以结构调整为主线，全年实现地区生产总值 1.83 亿元，增长 15.5%，农林牧产值 1.05 亿元，增长 15.2%，农民人均纯收入 5439 元，增长 15%。

引进了银川泰丰生物科技有限公司（宁夏百瑞源枸杞产业发展有限公司）签订投资总额为 1 亿元的建设 6000 亩枸杞种植基地及加工项目协议；引进了益友小额担保贷款公司，签订总投资 2000 万元小额贷款担保项目；引进了上海航天机电公司，签订总投资 1.2 亿元的大河乡一期 10 兆瓦光伏发电项目；实施了总投资 3000 万元的大河乡龙源村生态移民农贸市场一期工程建设，全年共协议引进招商引资项目资金 2.7 亿元，实际到位资金 1.7 亿元。全年共争取到大河乡节灌站生态移民农贸市场建设项目资金 180 万元；石炭沟流域洪沟治理项目资金 1800 万元；龙兴村幸福村庄建设项目资金 500 万元；龙泉村至麻黄沟连接线水泥硬化路项目及龙泉村村道硬化项目资金共计 760 万元；投入 198 万元，全力推进盐兴路和恩红路等主干道路大绿化大整治工程，强行拆除石炭沟 16 处违章建筑，拆除总面积 1630 平方米的危旧破损房屋 36 处，回填庭院土方 21000 多立方，修建围墙 149 户，村道整修 46 公里，拉坡、削坡 3.4 万平方米，动用土方 1.8 万立方；投入 50 万元，完成辖区内 7 条重点排洪沟的治理；争取项目资金投入 2070 万元，完成 7 个村 46 公里的村庄道路硬化；秋季农田建设投资 9487.89 万元完成田间道路整修36公里，节水灌溉1.2万亩。

移民开发　大河乡作为红寺堡开发区开发建设第一乡，为红寺堡灌区移民搬迁起到了试点带动、积累经验的作用。1998年，由自治区“1236”指挥部和宁南7县和中宁县扬黄工程指挥部在大河乡试点搬迁麻黄沟、龙坑、大河、扬黄、开元、红河、香园等8个村，2004年又先后接管新圈项目区红崖、白路、龙泉、龙兴、新圈等5个村，2005年成建制接管石炭沟乡开发区，2007年接管河西村，2009年接管乌沙塘村，形成了12个行政村、区域总面积560.6平方公里，开发耕地6.5万亩、水浇地50643亩，搬迁安置宁南山区7县和中宁县贫困群众29396人的规模。截至2014年4月，全乡共有总人口34017人。农业人口33956人，非农业人口61人。有行政村13个、区域总面积为560.6平方千米，耕地8.34万亩、水浇地6.57万亩。

特色产业　大河乡特色产业目前有设施农业、黄牛养殖、葡萄枸杞等经果林

▲辣椒采摘

种植和劳务输出等优势特色产业。设施农业全乡现有设施农业7500亩。全乡有黄牛存栏数2790头，肉羊养殖数量达到83192只，现有100头以上的养殖园区1个，培育出10~50头的养殖大户22户，养殖重点村（龙泉、石炭沟、开元、石坡子、河西）达到户均2头牛的标准。2013年坚持抓好扩量增收，实现全乡新增基础母牛数6156头的目标。重点推进以平岭子、龙兴、香园养殖大户集中规模化养殖为主，促进肉羊舍饲圈养。葡萄、枸杞等经果林种植分别在在大河乡河西村、龙泉村、麻黄沟村培育葡萄、高酸苹果、枸杞种植示范基地。近年来，大河乡把劳务输出作为一项产业来抓，取得了明显成效，每年劳务输出约为9749名，实现务工收入2456万元。

基层组织建设　截至2014年4月，大河乡共有13个党支部，12个村级党支部，1个机关党支部和1个教育党支部，共有388名党员，其中：红旗党支部1个，农村党员365人，占全乡党员总数的94%，女党员36名。已建成“五好党支部”5个。

柳泉乡

概况　柳泉乡位于红寺堡区东北部，东接盐池、南靠大罗山、北至利通区、西与红寺堡镇相连。东西长27.34千米，南北宽31.8千米，总面积约556平方千米，总人口26793人，其中少数民族人口占65.6%，搬迁移民主要来自宁南山区7县。2014年年初，辖9个行政村，分别为甜水河村、柳泉村、沙泉村、永新村、红塔村、豹子滩村、黄羊滩村、水套村、羊坊滩村。地势南高北低，属山间丘陵地貌区，大陆性气候特征十分明显，平均年气温8.4℃，降水很少，蒸发强烈。年平均降水277毫米，平均蒸发量高达2050毫米，积温平均为2963.1℃，积温有效性高，平均无霜期为155天左右，年太阳总辐射143.9千卡/平方厘米，年日照时数达3036.4小时，昼夜温差大，日照时间长，光能资源丰富。交通便利，区位优势明显，盐兴公路（304省道）连接东西，罗山大道贯穿南北，西气东输工程管道、中盐高速公路和太中（银）铁路横穿柳泉乡境内。乡政府驻地东距盐池县惠安堡镇45公里，西距桃山路口61.5公里，北距吴忠市利通区69.5公里，全乡现有耕地70990亩，人均占有水地2.6亩。农业生产用水主要来源于红寺堡扬水工程三干渠。

2008年实现地区生产总值达1.15亿元，其中农业总产值8500万元，年均递增12%，农民人均纯收入达到2680元。2013年实现地区生产总值达2.66亿元，年均递增12%，农民人均纯收入达到5276元。

建制变迁　2001年2月成立沙泉乡管理委员会。2001年12月7日，经自治区人民政府第80次常务会议讨论决定，批准成立红寺堡开发区沙泉乡，同年12月20日，自治区人民政府以宁政函〔2001〕228号文件对红寺堡开发区设立沙泉乡予以批复。2002年3月26日，举行了乡人民政府挂牌仪式。2003年9月买河乡并入沙泉乡，2004年9月沙泉乡撤销并入太阳山镇，成立沙泉办事处，辖1个沙泉办事处，10个村民委员会。2004年8月成立太阳山镇，总面积545.12平方千米，包括沙泉办事处440.02平方千米。2013年年底，吴忠市红寺堡区委决定将原太阳山镇调整为柳泉乡和太阳山镇一乡一镇，柳泉乡在原址办公。

移民开发　甜水河、柳泉村、沙泉村、永新村、红塔村和豹子滩村于1999年实施移民搬迁。甜水河移民主要来自泾源县、隆德县，现有721户2921人，开发土地9490亩；柳泉村移民主要来自海原县、泾源县，现有838户3902人，开发土地11490亩；沙泉村移民主要来自隆德县和同心县，现有615户2580人，开发土地6390亩；永新村移民主要来自海原县和西吉县的回族群众，现有729户3808人，开发土地8850亩；红塔村移民主要来自西吉县，现有699户3217人，开发土地8160亩；豹子滩村移民主要来自彭阳县和西吉县，现有645户2991人，开发土地7290亩；黄羊滩村于2000年实施移民开发，移民主要来自海原县，该村现有移民743户3596人，开发土地9520亩；水套村于2002年开发建设，移民主要来自同心县和西吉县。2010年，原水套村被重新划分为水套村和羊坊滩村。现水套村有移民431户2048人，共开发土地5350亩；羊坊滩村移民主要来自海原县和西吉县，共有移民355户1730人，开发土地4450亩。

基础设施建设　农田道路依托国土资源整理项目、农业综合开发项目、小流域综合治理项目，利用秋冬季农田水利基本建设，在柳泉、沙泉、永新、红塔、豹子滩、黄羊滩、水套村共平整土地共37700亩，修筑农村沙砾生产道路96公里，

▲ 2013年，红寺堡区区长徐军调研乡镇建设

在沙泉、永新、豹子滩村开挖排碱沟 8.8 公里，整治盐碱地 3000 多亩。借助财政奖补一事一议项目、少数民族发展资金和行政村畅通工程，共水泥硬化行政村道路 10.51 公里；柏油硬化行政村道路 12.93 公里；水泥硬化村庄道路 24.6 公里，极大地改善了群众出行难的问题。

环境整治　结合“两大工程”——农村环境综合整治、主干道路大整治大绿化工程专项整治和幸福示范村庄建设，群众爱护家园、保护环境的意识逐渐增强，农村乱搭乱建、乱堆乱放现象得到有效治理，“脏、乱、差”现象明显好转，人居环境得到了进一步优化。

交通运输　依托盐兴公路和利红快速通道交通枢纽和南原汽车站、沙泉客运汽车站，全乡共有各类短途公交及长途运输车辆近 30 多班次，日均流量 1000 余人次。

人畜饮水　全乡共接入自来水 5200 户，建成集中供水点 36 个，实现自来水入户率达 90%，覆盖率 100%。剩余黄羊滩村黄羊滩组 550 户和红塔村 26 户群众自来水问题，正在申报项目，有望于2014年年底得到彻底解决。

电力设施　于2002年2月建成沙泉供电所、买河供电营业站，已实现农户用电100%覆盖，实现电卡购电率达99%。

能源工程　共实施沼气池入户3415户，结合项目配发太阳能热水器375台、太阳灶2000多个，有效推进了洁净新能源的推广利用。

通信网络　全乡共有电信、移动、联通服务网点28个，实现电话、无线网络信号全覆盖，电话（含移动电话）普及率达99%，互联网用户1200多户，信息化社会正在逐步完善。

广播电视　借助2011年年末实施的农村户户通工程，共安装家庭卫星电视接收器5290户，入户率达91.6%，为信息传播及丰富农村文化奠定基础。

城镇建设　于2013年启动实施小城镇基础设施建设工程，完成硬化道路6.6公里，盐兴公路拓宽8米，并建设两侧各2米宽的人行道及各3米宽的道路林带，配套及改造给排水管道9.17公里，建设管道检查井55个，配套路灯112盏，栽植新疆杨、国槐等树木3000余株。结合小城镇基础设施建设完成情况，下一步将按照“谁投资、谁受益”的原则，通过政府审批图纸、监督质量、经营户自建和招商引资等方式，探索采取政府适当补贴的激励机制，提高经营户自建积极性，市场化运作盐兴公路两侧商品房改造1万平方米。筹划建设沙泉农贸综合市场、畜禽交易市场。结合304省道改线，筹备建设汽车维修、补给专业市场，进一步促进区域内商贸流通，将柳泉乡打造成盐兴公路红寺堡区过境段重点补给站。

生态建设　柳泉乡坚持林业多元化发展的方针，坚持生态林与经济林并举、乔灌结合的发展思路，按照“造一片，管一片”的目标，狠抓骨干林带、庭院绿化、经果林建设，不断扩大造林面积，改善生产和生存环境。累计建设林带3752亩，植树13万多株，林木成活率达到85%以上；栽植枸杞3700多亩，栽植枣树300亩，庭院小杂果2400多亩。实施退耕还林（草）1.8万亩，通过拆除野外圈舍、禁牧组巡查等方式，全乡禁牧工作得到进一步加强，偷牧和破坏生态建设的现象得到有效遏制。目前，全乡土地荒漠化现象得到明显遏制，生态环境明显改善。

▲ 枸杞丰收

经济发展　严格按照“产业富乡、商贸活乡、生态美乡、依法治乡”的工作思路，主攻两优（中药材、生态育苗）四特（葡萄、枸杞、牧草、瓜菜）一支柱（舍饲养殖）种养业和劳务产业，着力打造罗山大道现代农业产业带、沙泉中心集镇建设，在做大做强特色产业、改善农村基础设施、提高全乡经济实力和人民生活水平等方面实现新突破，实现了经济总量逐年持续平稳增长，移民由“温饱型”移民转变为“致富型”移民。

2009 年全乡种植葡萄 5000 亩、高酸苹果 1.11 万亩，建设设施农业大拱棚 5000 亩、小拱棚 5000 亩，实现肉牛饲养量 7169 头、羊饲养量 28979 只、家禽 32082 只，实现地区社会生产总值 1.25 亿元，农民人均纯收入 2600 元。

2010 年全乡种植玉米、小麦等粮食作物 9.2 万亩，完成甜水河、沙泉村、豹子滩村葡萄种植 1.5 万亩，在柳泉村发展设施农业大拱棚 100 座。在沙泉村发展设施农业小拱棚 2000 亩，建设永新村肉牛养殖示范园区。全乡牛、羊、猪、禽饲养量分别达到 18440 头、3.8 万只、3500 头、12 万只。实现地区社会生产总值 1.77 亿元，农民人均纯收入 3250 元。

2011 年全乡种植玉米、小麦等粮食作物 9.6 万亩。在柳泉、永新村发展设施农业大拱棚、成立阳光蔬菜合作社，流转土地 7500 亩。在柳泉、沙泉村推广种植露地蔬菜 2500 亩；在水套、黄羊滩村种植青贮玉米 5000 亩；在甜水河、永新等村种植枸杞 3210 亩；培育永新、豹子滩、黄羊滩、水套 4 个肉牛养殖示范村，建设标准化养殖暖棚 750 座，建设“三贮一化”池 0.8 万立方米，实现肉牛饲养量达 2.5 万头。实现社会生产总值 2.3 亿元，农民人均纯收入 3806 元。

2012 年全乡种植玉米、小麦等粮食作物 10.5 万亩，建成石子沟高效节水示范基地 1 万亩，在罗山大道现代农业产业示范带沿线种植枸杞 3500 亩，发展设施农业小拱棚西甜瓜 1247 亩，发展甜水河、柳泉、永新、黄羊滩、水套等 5 个肉牛养殖重点村，实现全乡牛、羊、禽饲养量分别达到 2.2 万头、8.1 万只、12.6 万只。实现全乡社会生产总值 2.3 亿元，农民人均纯收入大 4028 元。

2013 年继续以稳定粮食生产为前提，实现玉米种植 4.9 万亩、小麦 1.5 万亩、马铃薯 2.8 万亩、杂粮 0.4 万亩。积极进行农业产业结构调整，大力发展特色优势产业，共发展设施农业 1600 亩、种植露地西瓜 2000 亩、枸杞 3000 亩、黄花菜 1400 亩、优质牧草 9000 亩、生态育苗 2000 亩；鼓励企业集中连片发展葡萄 5000 亩。在养殖业方面，以柳泉、永新、甜水河、黄羊滩为重点村，大力发展肉牛养殖业，实现新增肉牛 1.4 万头，肉牛总饲养量达 2.5 万头以上。同时，不断加快劳务经济发展，共输出劳务 1.5 万人次，实现劳务创收 8277.9 万元。最终实现全乡社会生产总值 2.66 亿元，农民人均纯收入 5276 元。

2014 年柳泉乡继续按照红寺堡区委、区政府确定的改革发展、转型升级思路，在完成种植玉米 2.3 万亩、小麦 0.8 万亩、马铃薯 1.2 万亩、油料作物 0.5 万亩的基础上，大力推进“两优（中药材、生态育苗）、四特（葡萄、枸杞、牧草、瓜菜）、一支柱（舍饲养殖）”种养殖业，着力打造罗山大道现代农业产业示范带。在柳泉、沙泉、永新村发展设施农业 3200 亩（柳泉大拱棚 200 亩，沙泉大拱棚 500 亩，沙泉、永新设施瓜菜 2000 亩、羊坊滩日光温室 500 亩）；在甜水河、永新、豹子滩、红塔村发展枸杞 2500 亩；在甜水河、柳泉、沙泉、永新、黄羊滩和羊坊滩村种植优质牧草 5500 亩；在甜水河、柳泉、沙泉村通过土地流转形式种植中药材 3000 亩；在柳泉、沙泉、永新、红塔村生态育苗 2000 亩。同时，积极落实自治区养殖产业扶持政策，壮大永新肉牛养殖园区，新增甜水河、黄羊滩两个肉牛养殖示范村，引导水套等养羊大村发展滩羊舍饲养殖业。力争实现滩羊舍饲养殖量达 2.5 万只，肉牛总饲养量达 1.5 万头以上（新增肉牛 0.8 万头）。力争实现全乡社会生产总值突破 2 亿元、农民人均收入达到 5910 元、人口自然增长率控制在 12‰以内。

特色产业　以农民增为主线，以产业结构调整为突破口，大力发展肉牛养殖业，着力培育以设施农业、枸杞种植、生态育苗为主的优势、特色产业，促进种植结构进一步优化，粮食播种面积逐年减少，经济作物播种面积逐年增加，粮、经、饲三元种植结构初步形成。目前已建成石子沟万亩高效节水示范农业园区 1 座，

▲ 小麦玉米套种

在羊坊滩村发展设施农业园区种植日光温室170座500亩，在柳泉、沙泉村种植设施农业大拱棚500座900亩；在红塔、豹子滩等村种植枸杞3700亩；在沙泉、永新等村发展生态育苗3500亩；在永新村建设肉牛养殖园区1座，搭建标准化养殖圈棚81座，“三贮一化”池81座2916立方米，集约化养殖肉牛400多头。群众农业生产实现了由粗放式耕作向精细化耕作转变、由雨养农业向灌溉农业、现代设施高效农业的转变，农业生产技术水平有了质的提高，农业生产效益得到有效提高，初步实现农业增效、农民增收。

◎ **小视窗**

沙泉村致富新篇章

近年来，沙泉村积极进行农业产业结构调整，大力发展设施农业、生态育苗等优势特色产业，2013年实现农民人均纯收入5106元。

2013年，沙泉村党支部在听取民意、充分调研的基础上，以科技为支撑，以市场为导向，以培育优势产业为方向，以增加农民收入为目的，调优农业结构，通过争取闽宁对口帮扶项目、整合扶贫开发项目、集约资金、集成技术、合作推动的模式在本村沙泉组示范发展钢结构设施大拱棚304座，全部种植西、甜瓜。通过一年的种植，亩均产西、甜瓜3500公斤左右，提前上市的，批发价格达4元/公斤，亩均产值高达14000元，后期上市的批发价格也在2.5元/公斤左右，除过前期投入的4000元（棚膜2700元，种苗400元，灌溉用水等其他生产资料900元），亩均最终产值达到4700~8000元，经济效益十分显著。另外，根据测算，设施农业大拱棚每亩年用水量不超过300立方米，比种植传统农作物每亩年用水量少200立方米左右，平均每立方米水的产值达到12.16元，是种植传统农作物平均每立方米水产值的7倍，社会效益明显突出。（柳泉乡供稿）

设施农业　为进一步优化农业产业结构，促进农业增效、农民增收，柳泉乡紧紧围绕农业产业结构调整，以科技为支撑，以市场为导向，以培育优势产业为方向，通过政府引导、整合项目、集约资金、集成技术、合作推动的模式大力发展设施农业，以此辐射、带动全乡产业结构调整，逐步实现全乡设施农业春提早秋延后立体栽培的规模化、基地化、产业化发展。截至 2013 年年底，全乡共有种植有日光温室 170 座 500 亩，在柳泉、沙泉村种植有设施农业大拱棚 500 座 900 亩，在永新村发展有设施农业小拱棚 500 亩。设施农业大拱棚主要以种植西、甜瓜为主，亩均产量约 3500 公斤，如提前上市 1 个月，批发价格 4 元 / 公斤计算，亩均产值达 14000 元，农户除过前期投入 4000 元（棚膜 2700 元，种苗 400 元，水等其他生产资料 900 元），净收入 10000 元 / 亩。若与大田西、甜瓜同时上市，按 2.5 元 / 公斤计算，亩均产值 8750 元，除过投入净收入达 4750 元 / 亩，经济效益十分显著。

▲ 辣椒红了

葡萄种植　认真实施葡萄产业发展思路，按照“规模化经营，产业化发展”的思路，大力引进专业化种植公司，集约化、规模化、科学发展葡萄产业。目前，共引进中信公司在沙泉葡萄种植基地种植酿酒葡萄8000多亩，引进昌宏公司在茅头墩种植酿酒葡萄3000多亩。

特色经果林　为深入贯彻落实红寺堡区委、区政府关于“培育产业、调整结构、关注民生、维护稳定”的总体要求，柳泉乡积极利用群众多年来种植枸杞的经验和目前枸杞市场看好的前景，共在柳泉、红塔、豹子滩等村发展种植枸杞3742亩，每亩年均收入可达4500~5000元。

肉牛产业　按照“基地化建设，科学化管理，规范化经营，产业化发展”的思路，采取龙头牵动、帮扶拉动、典型带动等措施，大力发展以肉牛为主的舍饲养殖，全乡肉牛饲养量达到1.2万头，种植优质牧草5000多亩，建设青贮氨化池3763立方米。2014年，柳泉乡将继续贯彻落实自治区养殖产业扶持政策，壮大永新肉牛养殖园区，巩固提升柳泉、永新、甜水河、黄羊滩4个肉牛养殖示范村，引导水套村等养羊大村发展滩羊舍饲养殖业。力争实现滩羊舍饲养殖量达2.5万只，肉牛总饲养量达1.5万头以上，使畜牧养殖业成为拓宽群众增收的主要渠道。

劳务产业　柳泉乡人均耕地少，剩余劳动力多，当地就业岗位十分有限，因此，柳泉乡多年来一直把劳务输出作为农民增收的主要渠道，积极引导剩余劳动力依托弘德工业园区、太阳山工业园区和孙家滩现代农业示范基地劳动力外出务工，开展劳务技能培训，充分发挥劳务经纪人作用，培育专业务工队伍，使农民务工由体力型向技能服务型转变，就业模式由自主松散输出向组织输出转变。2009年以来，每年平均输出1.1万人次以上，年均实现劳务创收达650万元，使劳务产业收入占到农民人均纯收入的45%以上。

教育事业　全乡共有完全小学18所，有教师156名（教师学历合格率100%），有在校学生3652人，适龄儿童入学率达到100%。通过不断加大教育投入，改善办学条件和积极落实“三免一补”、营养计划等政策，全乡的教育教学工作逐步走上了良性发展轨道。2013年，柳泉乡取得教学成绩乡镇排名第一、红寺堡区排名第三，年度综合考核红寺堡区第三名的优异成绩。

医疗计生　服务体系逐步完善，共有卫生机构 17 个，其中乡级卫生院 1 个、村级卫生室 16 所。有医务人员 39 名，其中乡级卫生医务人员 23 名、村级医务人员 16 人。近年来，乡村卫生机构不断创新支付报销系统，极大方便了群众就近就便就医。同时，不断加强统筹城乡两险工作，引导群众积极参保参险，2014 年养老保险参保率达 92%，医疗保险参保率达 92.9%，有效解决了群众养老难、看病难的问题。

截至目前，全乡人口出生率为 5.43‰，人口自增率为 4.88‰，出生人口政策符合率达 81.08%，已婚育龄妇女综合节育措施率达 96%。认真实施“少生快富”“诚信计生”等工程，严格按照政策、程序确认奖励对象，并建立了计划生育个人档案系统。全乡人口和计划生育工作在 2007 年度被自治区政府审核评定为“一无”乡镇；2012 年被自治区评定为人口和计划生育工作“四星级乡镇”；2013 年被自治区评定为“依法行政示范乡镇”、吴忠市人口和计划生育工作社会抚养费征收先进单位。

社会保障　进一步落实民生保障机制，发放农村低保 4887 人 1760 万元，办理大病救助 650 人 320 万元，发放高龄津贴 173 人 70 万元，完成危房改造 860 户。发放残疾人津贴 332 人 39.84 万元，残疾人燃油补贴 45 人 1.17 万元，残疾人创业款 0.5 万元。发放救助款 230 万元，资助 500 多名贫困学子，使他们圆了大学梦。

基层组织建设　近年来，柳泉乡党委始终坚持“围绕经济抓党建，抓好党建促经济”的工作思路，进一步加强自身建设，党的执政能力明显提高。先后开展了“学习实践科学发展观”“党员评星定格”“创先争优”“转作风、强素质、树形象”“营造风清气正发展环境”和党的群众路线教育实践等活动，有效整治了党员干部中存在的“软、懒、散、慢、奢、浮”等不良现象，党员宗旨观念明显增强，党员干部作风得到有效转变，工作热情明显提升。坚持集体领导与分工负责相结合，认真执行党委议事制度、党政领导联系村、联系重点项目责任制度，完善了干部目标考核体系，干部队伍管理日趋规范。党委班子领导发展经济能力、驾驭全局能力、应对复杂局面能力、依法执政能力不断提高，乡党委的凝聚力、向心力、战斗力明显提高。另外，柳泉乡党委积极发挥农村基层党组织在维护农村稳定、带领农民致富中的领导核心作用，以村“两委”班子换届为契机，配齐配强了各村“两委”班子；以争创“五好”基层党组织为核心，狠抓乡村两级党组织规范化建设。共新建和改扩建村级活动场所5个，并配齐了办公设施，大大改善了村级组织办公条件，强化了村级党组织战斗堡垒作用。全面修订规范了村级各项制度，村村建立了便民服务站和村务公开栏。先后有10个村党支部被红寺堡区委评为“五好党支部”，有3个村被红寺堡区评为“先进基层党组织”，2个村被吴忠市评为“先进基层党组织”，1个村被自治区评为“农村党员现代远程教育示范站点”。同时有一大批作风过硬、工作能力较强的村党支部书记、村委会主任受到上级表彰。基层党员和后备干部队伍不断壮大，共

▲ 颂歌献给党

发展党员524名，其中回族党员300名，妇女党员82名，农村党员503名，机关党员21名。按照文化结构，小学及以下学历党员108人，初中学历259人，高中及以上学历157人。按照年龄结构，30岁以下80人，30~45岁210人，45~60岁174人，60岁以上60人。

文化建设　建设豹子滩村文化舞台1座、在各村配套建设农家书屋共计9间，成立甜水河、柳泉、红塔村农民社火队3个。积极利用“科技、文化、卫生”三下乡、春节、元宵节等平台开展文化宣传工作，在传播先进文化、丰富群众精神文化生活的同时，弘扬社会正气，为经济社会建设提供了强劲的精神动力。

积极开展文明单位、文明村、文明户评选及群众精神文明创建活动，促使乡容村貌、乡风民俗、群众素质和文明程度与全乡的经济社会同步协调发展。共创建吴忠市级文明村2个（豹子滩、沙泉），红寺堡区级文明村1个（柳泉村）。同时，以文化下乡活动为载体，加强社会主义核心价值观宣传教育，牢牢把握正确舆论导向，打好正面宣传主动仗，唱响加快发展的主旋律，促使全社会形成健康、文明、向上的社会风气。另外，积极配置和完善“农家书屋”、乡镇文化站、体育健身器材等，扶持壮大民间文化艺术团体，传承民间艺术，活跃农民精神文化生活，有效提高了全乡居民的文化素养。

◎小视窗

沙漠绿洲换新颜

豹子滩村位于红寺堡区以东，盐兴公路和三干渠以北，距柳泉乡人民政府驻地10公里。近几年来，在柳泉乡党委、政府的正确领导下，豹子滩村党支部、村委会以农民增收、美化环境、改善基础为中心，以强村富民、建设生态家园、创文明新村为目标，完善领导责任、工作方式、资金管理、社会帮扶四大机制，实行沟、渠、田、林、路综合治理，整村推进，综合开发，使全村人均收入由2009年的2600多元增加到5130元。豹子滩村不断创新工作方法，探索发展方式，最终走出了富村强民的新道路。

——走夯实基础之路。为了方便群众出行及农产品市场开拓，豹子滩村整合各类救助资金100多万元，改造主干路6公里，新修生产路5公里，接通断头路20处，解决村民最急切的灌水难、运输难等问题，通过集中投放全面改造，改善村级基础设施，提升便民利民服务水平。积极引导村民发展第二、第三产业，组织村民改善村内生产生活环境，整治“脏、乱、差”，使得村容村貌焕然一新。现在，村民们只要一个电话，商贩就能上门收购，良好的新农村形象彻底改变了人们对移民村固有的偏见，打响了豹子滩村的名号，保证了本村特色农产品流通渠道的畅通。

面对豹子滩村农业生产条件较为脆弱、农业发展受水资源缺乏制约大的困难局面，为发展地方经济，真正解决群众发展农业生产的瓶颈难题，豹子滩村“两委”班子采取一系列行之有效的方法改善了先天环境对本村农业经济发展的制约。豹子滩村“两委”班子紧紧围绕“水”字做文章，找出路谋发展。2012年，他们积极争取乡党委、政府的支持和帮助，将本村确定为柳泉乡当年秋冬季农田水利基本建设重点片区。在建设中，豹子滩村严格按

▲ 黄花菜种植

照“因地制宜、科学谋划、统筹兼顾、重点突破”的原则，细化工作措施，大投入整治、大规模发动、大兵团作战、大面积推进。共整治土地8000多亩，配套末级渠道5000亩，铺设U30渠100公里，利用激光平地仪进行高标准平田整地5000亩；硬化四级道路3.6公里，新修主干沙砾路9.6公里，整修次干生产路55.7公里；整治豹子滩组排碱沟1.05公里，整修沟道2公里；完成林带建设300亩，绿化植树3.3万株。同时，豹子滩村严格按照红寺堡区“以水定植、以供定需、总量控制”的原则，大力推行用水管理制度。为农户发放“用水指标分配明白卡”，建立健全指标用水管理台账，指导农户合理运用供水指标，按照按水定植、量水生产，有效缓解了豹子滩村长期以来存在的用水紧张局面。

——走特色种养之路。“观为花、食为菜、用为药”是人们对黄花菜功效的总结。豹子滩村委会通过学习考察，发现黄花菜“有市场、好养活、能赚钱”，是能够带领大家致富的好项目。通过了解，种植黄花菜经济效益十分明显，每亩黄花菜每年平均可摘干菜350斤左右，每斤价格在12元左右，纯收入可达4000元以上，比种植玉米、小麦，油葵等传统农作物高出几倍。另外，黄花菜种植每年只需灌水三次，比种植其他作物可少灌水两次，每亩可节约水费40元左右，还可节约种子费用100元、农药开支10元、化肥开支100元及减少用工量的投入。豹子滩村“两委”班子说干就干，他们采取群众自愿、合理规划、突出特色的方式，将黄花菜种植确定为本村主导产业来抓，迅速行动起来。为了减少投资风险，豹子滩村干部先是带领党员、致富能手和部分种植积极性高的群众到盐池县黄花菜种植基地进行观摩学习，并委派两名村干部专程去考察学习了有关黄花菜的种植技术、管护要求和销售渠道。

2012年秋季，他们先行在豹子滩组进行了黄花菜试种，通过反复的栽培试验，实践证明黄花菜对豹子滩村的土壤、气候特别适应，它扎根深、御旱能力强、成活率高。2013年年初，豹子滩村开始发动村民大面积种植黄花菜，并使其成为了本村的特色产业。目前全村有82户种植黄花菜，种植面积达500多亩。

为了带领全体村民早日脱贫致富，从2010年起，豹子滩村把畜牧业作为该村农民增收致富的增长点，鼓励发展规模化肉牛养殖，以此为突破口示范带动其他牧业经济的发展。近年来，全村养牛农户已经发展到196户，全村黄牛存栏437头，年内可出栏商品牛310只，依靠养殖业积造农家肥4000多立方米，节省化肥开支7万多元。通过规模养殖黄牛，全村人均增收460元。

为了让村民们的生活水平更上一层楼，2013年起，豹子滩村活机制、谋发展，大力调整产业结构，充分调动广大群众的积极性，围绕枸杞产业做文章，豹子滩村党支部对接自治区农科院种植资源研究所，为农民提供优质种苗，先后邀请了吴忠市、红寺堡区枸杞种植专家对村民进行了科技培训，短短几年时间，豹子滩村的枸杞产业逐步成型，已发展成为柳泉乡经果林种植示范村。

为了调动豹子滩村养殖、种植户的积极性和保障养殖、种植户的利益，豹子滩村2014年正着手成立肉牛养殖专业合作社和枸杞种植专业合作社，力争构建"农户＋专业合作社＋企业"的三元化发展体系。由专业合作社引导群众大力发展畜牧养殖业及枸杞种植产业，并由专业合作社引进新品种、提供技术指导，实现种植业和养殖业的科学化、规范化、标准化和市场化。最后，再由专业合作社联系企业，实现农产品的深加工及外包装，及时掌握农产品市场动态，实现种植和养殖户低价购入，高价售出，从而有力地保障了种植、养殖户的利益，真正地实现农业增产增效、农民增收致富。

——走劳务输出之路。为进一步拓宽群众增收渠道，提高群众人均收入，豹子滩村通过对劳务信息的整合，按照政策需求及本村的实际情况，科学引导村民外出务工。遵循先培训后就业、以培训促输出的原则，有针对性地开展电焊工、电工、挖掘机驾驶、装载机驾驶、中式烹饪等农民工技能培训，提高农村剩余劳动力的职业技能，让农民工"先进课堂后进城、身怀技术去务工"，实现了从数量型向质量型、由体能型向技能型的根本性转变。参加过劳务技能培训的村民李武曾经高兴地这样说过："通过技能培训，以后出门找工作就再也不用愁了，自从拿到“国家职业资格等级证书”，中宁老板就主动请我过去给他开装载机，管吃管住，一月给我6000元的工资，一年可挣五六万元呢。”随着村“两委”班子的不断努力，劳务输出产业已经成为豹子滩村的“铁杆庄稼”，平均每年输出劳务用工2000多人次，实现劳务创收近千万元，促进本村人均收入增加400元以上。

——走模范带动之路。为切实解决群众在生产和发展中存在的各类问题，豹子滩村干部常常深入到村民家中、田间地头进行实地走访考察，按照村民不同的家庭状况和生产习惯，鼓励他们科学合理地发展养殖、种植项目，为他们确定脱贫致富发展思路，引导他们走上小康之路。在确定发展思路的时候，豹子滩村“两委”班子讲求因地制宜、因人而异，具体问题具体对待，具体对象具体分析，得到帮扶群众的一致拥护和认可。通过示范引领，豹子滩村发展了一大批致富脱贫的示范户，其中有肉牛养殖专业户海生龙、王玉明，枸杞种植大户王秀同、仁国斌等，以他们为榜样示范带动其他村民，其

▲ 乡村文艺队

他村组大力进行农业产业结构调整，大力发展优势特色农业。豹子滩村经常组织致富示范户宣讲介绍致富经验，带领村民到这些专业户的产业片参观学习，增强村民们发家致富的决心和信心，也为部分群众进行农业生产指明了方向。现全村有65%以上的农户加入到了肉牛养殖、枸杞种植、黄花菜种植等特色农业当中，通过发展现代高效农业，群众的生活一天比一天好，日子一天比一天红火。

——走文化建设之路。在发展农业农村经济的同时，村“两委”班子发现村民的文化生活急需得到丰富。每遇农闲时节，村民只有通过麻将、打牌等方式来进行交流和娱乐，易发生聚众赌博等不法行为，乡村文化未能与本村经济水平的发展良好接轨。他们积极争取项目，先是设立农家书屋，添置了历史文学、科技医疗、种养技能等各方面的书籍，引导群众闲暇时间阅读。2012年，豹子滩村又积极争取财政奖补“一事一议”项目支持，在本村村部建设了文化舞台。另外，豹子滩村还成立了村级社火队，每年春节期间，积极参加红寺堡区及相关单位的文艺汇演。通过文化建设，不断完善农村思想文化阵地设施，开展思想道德、科学文化、法律法规、种植技术等教育和培训，组织开展经常性的群众文化体育活动，使广大农民群众学到了科学知识，掌握了致富本领，加深了对党的政策的理解和对社会主义和谐社会的认识，促进了农村各项社会事业的发展和农民素质的提高。

新的时期，豹子滩村的全体干部群众致富决心高涨，团结一致，凝心聚力，结合“党的群众路线教育实践活动”的开展，秉承艰苦创业的精神，为将豹子滩村建设成为绿洲之中的明珠而不断努力奋斗。（柳泉乡供稿）

新庄集乡

概况　新庄集乡地处红寺堡开发区东南端，北与红寺堡镇相连，南与同心县下马关乡接壤，东、西分别与太阳山镇、大河乡为邻，乡政府设在白墩村，距红寺堡城区5公里。滚新公路和三条生态路纵贯全境，交通便利。全乡行政区域面积663平方公里，至2014年4月，全乡辖14个行政村，共有11758户51280人（其中回族 27691 人），主要搬迁海原、西吉、隆德、泾源、彭阳、同心等县移民，截至 2014 年 4 月，新庄集乡政府有干部职工 36 人，行政编制 16 人，事业编制 20 人。辖区内有学校 15 所，在校学生 4823 人，教师 200 余名。有水浇地 97239 亩，草原面积 48 万亩，退耕还林 15 万亩。全乡种植酿酒葡萄 1.5 万亩，发展以枸杞、苹果、红枣为主的经果林 1 万亩，育苗 1 万亩，牧草 1 万亩，以大棚油桃、香瓜、中药材、食用仙人掌、番茄制种为主的设施农业 5000 亩，黄牛存栏 2.2 万头。建设千头仔猪养殖场 1 个，3000 头肉牛养殖园区 3 个，300 只养鹿场 1 个，秸秆加工厂 1 个。建成高标准节水示范田 6 万亩，建成蓄水池 6 个 60 万立方米，硬化村庄道路 240 公里，实现村村通公路，自来水入户率达到 100%。

机构变迁　2001 年 12 月 7 日，经自治区人民政府第 80 次常务会议讨论决定，批准成立红寺堡开发区白墩乡，同年 12 月 20 日，自治区人民政府以宁政函〔2001〕231 号文件予以批复。2002 年 6 月 10 日，自治区编办根据自治区人民政府第 84 次会议下发通知，通知明确指出同心县新庄集乡成建制划归红寺堡开

▲ 新庄集乡挂牌仪式

发区管理。2003 年 10 月 9 日，自治区人民政府下发《自治区人民政府关于调整红寺堡开发区乡镇区划的批复》（宁政函〔2001〕133 号），撤销白墩乡、新庄集乡，设立南川乡，由新庄集乡、石炭沟乡和白墩乡的新二支干渠以南区域合并组成，驻地白墩村。2014 年 1 月 23 日，红寺堡区南川乡更名为新庄集乡，同日上午 10 时挂牌仪式在新庄集乡隆重举行。

移民开发　1999 年，新庄集乡移民搬迁工作进入全面实施阶段，2000 年，第一个移民村白墩村开发建设。2000~2003 年相续从西吉县搬迁农户 664 户 4110 人，共开发土地 5159.9 亩，建设斗、农渠 7.75 千米。2000~2004 年以来，实施大规模移民搬迁安置工作，沙草墩村从隆德、海原县异地搬迁移民 799 户 3596 人，开发土地 9428 亩，于 2005 年移交；康庄村进行旱改水搬迁移民，累计搬迁同心县、海原县回族群众 1052 户 4850 人，开发土地 10458 亩，2005 年由红寺堡镇划归南川乡（新庄集乡前身）管辖；红阳村旱改水搬迁彭阳、泾源县异地移民 1183 户 5313 人，开发土地 9882 亩；中川村就地旱改水整村搬迁移民 499 户 1900 人，开发土地 4635.7 亩；东川村就地搬迁 628 户 2360 人，开发土地 9706.96 亩；杨柳村从隆德县异地搬迁移民 1330 户 7980 人，开发土地 11461.1 亩；南源村从固原县、西吉县、同心县计划搬迁 1117 户 5017 人，共开发土地 9215 亩；洪沟滩村就地搬迁群众 1427 户 5930 人，开发土地 12471.7 亩；新台村就地旱改水搬迁回族群众 480 户 2090 人，开发土地 4375.64 亩。2005 年西吉、彭阳、泾原、隆德 4 县移民指挥部开始开发建设。于 2006 年向阳村搬迁异地彭阳县 220 户 990 人，开发土地 1840 亩；柳树台村搬迁 437 户 2096 人，开发土地 3898.56 亩；西源村异地搬迁西吉县 354 户 1905 人，开发土地 3534 亩；菊花台村异地搬迁隆德县 300 户 1405 人，开发土地 2613.3 亩。2008 年移交归南川乡（新庄集乡前身）接管。

经济发展　新庄集乡是红寺堡区建设最晚、基础条件最差、人民群众生活水平最低的乡镇。自建区以来，在区委、政府以及乡党委的正确领导下，历届政府团结带领全乡广大干部群众，发扬“宁可苦自己，绝不误移民”的红寺堡精神，以加快转变经济发展方式为主线，调整优化农业结构，着力改善民生，经济结构继续优化升级，农村面貌更加整洁有序，群众生活得到新的改善。这片昔日没有道路、没有水源、没有村庄、没有学校、没有医院，没有绿树的亘古荒漠变成了绿树成荫、灌排畅通、田平路直、炊烟缭绕、人民安居乐业的福地。2013年粮食总产量3.9万吨，增长8.3%；农业总产值3.8亿元，增长18.4%；全乡人均纯收入4730元，增长11.6%。全乡总体经济实力明显增强，人民生活水平不断提高。

基础设施　突出生态环境建设，深入开展禁牧封育工作，生态环境日趋好转，全乡村与村之间的道路全部硬化，实现了村村通柏油路、通公交、通电视、通网络、通自来水目标，14个行政村村部都进行了美化绿化，农村面貌明显改观。

产业结构　坚持以产业结构调整为主线，突出培育优势产业，农村经济持续健康增长。2013年新增牧草5000亩，累计达1万亩，黄牛入栏3000头，存栏达到2.2万头；设施农业总面积达到5000亩，种植油桃、香瓜，大拱棚番茄制种600亩，种植中药材、食用仙人掌、黄豆、马铃薯等作物2800亩，发展以苹果、红枣、桃杏为主的经果林5000亩，其中在白墩、康庄建设标准化苹果园1719亩，全乡经果林面积达到1万亩。新增枸杞种植面积4700亩，累计种植达到1万亩；展覆膜西瓜1200亩，完成林木育苗3000亩，累计达到1万亩。

为了充分发挥党员的先锋模范带头作用，使广大党员真正成为农村致富奔小康的带头人，杨柳村党支部坚持经常性地对党员进行广泛深入地思想教育，利用党员冬训、“创先争优活动”、党员评星、党内民主生活会以及党员深入学习实践科学发展观、积极开展“一帮一联、双挂双创”活动等形式和方法，在党员中涌现出了一批思想活跃、开拓进取精神强的优秀分子，为农户致富奔小康做出了表率。有些还为乡村的经济发展做出

▲ 产业规划

▲红寺堡菊花台残疾人照料中心

了突出贡献。针对杨柳村是四级扬黄灌区，灌溉用水十分紧张，种植大田玉米根本没有出路的实际，支部及时召开村“两委”班子和群众代表经过仔细的考察和调研，决定调整杨柳村产业结构，发展葡萄产业和设施农业，这也正响应了开发区管委会“3211”产业政策。由此，“一村两品”开辟了杨柳村葡萄挂果创收致富的道路。杨柳村共种植葡萄 1.1 万亩，搭建大拱棚 860 座、日光温棚 40 座，实现了“一村两品，多项齐进”的村经济发展道路。如今，杨柳村从 2004 年人均收入不足 1000 元到现在 4720 元。调整产业结构实践证明，通过抓思想教育，明显地增强了党支部和党员的感召力，理顺了干群关系，有效地促进了杨柳村经济的发展。

社会事业　坚持把改善群众生活作为一切工作的出发点和落脚点，突出健全社会保障体系，社会事业全面进步。教育事业快速发展。截至 2013 年，全乡有

15所完全小学，在校教师200多人，在校学生4466人，2008年顺利通过自治区“普九”验收，教学质量不断提高，2010年通过教育强乡镇验收。群众文化生活丰富多彩。开发初期移民看不到电影、电视的状况一去不复返，农村用户卫星电视接收率达99%。已建成杨柳文化大院1个，成立的6个民间文化艺术团体，每年坚持舞蹈、秦腔、社火表演，极大地丰富了群众的业余文化生活。医疗卫生事业从无到有、由弱到强。截至2013年，全乡新型农村合作医疗覆盖率达100%。拥有1个乡级医疗卫生机构，卫生技术人员达20人，床位20张；村级医疗机构24个，村民看病难，就医难的问题得到有效改善。社会保障体系逐步健全。全乡纳入农村低保3598户4267人，纳入重度残疾人津贴558人，纳入孤儿津贴71人，新农合和农村养老保险参保率达96%；建成阳光家园照料中心，集中供养39人。

◎ **小视窗**

杨柳村的精神文化家园

杨柳村是从隆德县搬迁移民而来，有一定文化基础。2005年成立杨柳村村民秦腔剧团，有演职人员60名，固定资产20万元；有社火队1支，成员120名；舞台一处，占地192平方米；有文化大院1处，面积6400平方米；有科技图书室1间，面积30平方米，室外有乒乓球、羽毛球、篮球场等文体设施。在提高全村人民道德素质和文化素质，为村经济快速发展和社会全面进步提供强大的思想保障和精神动力。2007年，杨柳村动员本村群众组建秦腔剧团，自编自演了群众喜闻乐见的节目，将党的各项方针政策融入了节目中，并受邀请到外县演出，仅此一项每年可增加村级集体收入2万元，帮助解决了村级无钱办事的困境。杨柳村党支部借助多次在村演出机会，宣传党的政策方针、法律法规和红寺堡区“3211”产业工程，效果极佳，使杨柳村“一村两品”得到健康发展。由此，杨柳村被自治区文化厅和财政厅授予“全区村级示范文化室”荣誉称号。（新庄集乡供稿）

基层党建　截至2014年年初，建成标准化村部14个共2240平方米，标准化社区 1 个，配备了电脑、打印机、办公桌椅等办公设备，设了农家书屋、便民服务站、计划生育服务室、卫生室等服务窗口。按照各村人口规模，配备 5~10 名村干部，结合“强龙工程”及正在开展的党的群众路线教育实践活动，高标准打造了沙草墩、杨柳、菊花台、白墩村 4 个基层阵地，服务功能进一步提升。

◎ **小视窗**

沙草墩村 位于红寺堡区西南 15 公里、南川乡政府西 6 公里处，现辖 4 个自然村，于 2000 年由隆德、海原两县搬迁而来，属于回、汉杂居村，耕地面积 10664 亩，占地面积约 54 平方公里。现有农户 1146 户共 5864 人，其中回族占总人口的 73%；共有中共党员 68 名，其中流动党员 13 名、回族党员 41 名。近年来，在各级党委、政府的坚强领导下，在村“两委”班子

▲ 设施农业

成员和广大回汉移民群众的共同努力下，经过十几年的艰苦努力，全村各个方面都取得了可喜的变化，基础设施不断完善，村庄面貌明显改善，移民生活质量逐年提高，支柱产业中设施农业、劳务输出、交通运输及养殖业初具规模。目前全村经济社会发展、民族团结、社会和谐稳定。先后被评为吴忠市“普法依法治理示范村”“红寺堡区基层组织建设先进村”，连续三年被红寺堡区评为“农田建设先进集体”，农田水利建设成果迎接了区内外现场观摩。

新农村示范点于2010年10月由建设局统一规划、统一建设，共184户，2012年争取建设厅旧村整治项目，农户统一修建了围墙和大门，争取“一事一议”项目对村庄巷道进行了硬化。2013年争取林业局对示范点进行了统一绿化，目前，示范点村容村貌焕然一新，村风文明，符合新农村建设标准。

2011年宁夏武警总队援建沙草墩村文化大院一所，由帮扶单位协调对村级文化活动场所进行场地硬化，配备了健身器材，修建了围墙。武警总队又捐赠了部分体育器材。十八大召开后，沙草墩村成功举办了首届农民文化艺术节，为群众文化发展奠定了良好的基础。

近年来，在乡党委、政府的坚强领导下，沙草墩村大力调整产业结构，逐步形成了以日光温棚、大小拱棚为主的设施农业基地，目前设施农业已经成为该村的支柱产业之一。2011年，在农牧局的支持下，该村搭建大拱棚260座种植辣椒，亩均实现收入2000元。群众在对比发展设施农业与传统农业对比后，提高了认识、解放了思想，2012年该村在巩固提高历年搭建大拱棚的基础上新建大拱棚400多座。通过政府引导，成立了沙草墩村蔬菜专业合作社，并与武威安泰达种业责任有限公司签订了协议，采取“公司＋专业合作社＋基地＋农户”的订单番茄制种模式，由企业统一提供种子、统一提供技术服务、统一收购，预计全年亩均实现收入1.2万元。与此同时，该村还积极引进梅花鹿养殖企业落户，以带动群众进一步推广特色养殖业的发展规模；引进宁夏美宝种植科技有限公司在日光温室试种食用仙人掌，帮助日光温室种植户共同致富；申报批准并初步发展村级集体经济，育苗80亩，用以带动群众做好苗木及花卉产业发展壮大。大力发展中药材种植业，在全村示范种植板蓝根、银柴胡等中药材1000亩，改变了全村种植结构单一的局面。

2014年，该村继续与武威安泰达种业责任有限公司合作以订单农业的方式，集中发展甜瓜制种600亩，涉及135户农民。按照公司与合作社签订的合同提供种子，并明确市场保护价，对制出的种子全部报销，种植户消除了产品销售的后顾之忧。同时有公司指定的技术人员全程进行技术指导，把好种植各个环节的技术关口，提升了种植户的积极性，提高了种植户的收益。同时该村对56座日光温室进行维修加固，鼓励群众积极发展反季节蔬菜，不断提高群众收入。（新庄集乡供稿）

红寺堡镇

概况　红寺堡镇位于红寺堡区腹地，是红寺堡区政治经济文化中心，行政区划东起鸭爪子沟，西至红柳沟。现辖梨花、团结、兴旺、红关、红海、光彩、朝阳、玉池、东源、上源、中圈塘、和兴、绿科新村、弘德一村、弘德二村15个村，创业、振兴2个社区居委会。全镇人口共19340户92150人，其中回族10473户52525人，占总人口的57%，农业人口12420户59830人，占总人口的65%。幼儿园13所，在园幼儿2643人，专任教师103人；小学15所，在校学生5861人，专任教师181人，小学适龄儿童入学率100%；初、高中4所，在校学生10044人，专任教师530人；初中适龄人口入学率、小升初升学率、九年义务教育覆盖率均达100%；2010年顺利通过教育强乡镇验收。有镇干部50名，其中公务员28名，事业编制人员22名，下设党政办、农业综合管理站、土地管理所、林业站、卫生和计划生育服务站、司法所、民生服务中心、综治办等服务机构；下设党支部16个，共有党员936（其中农村党员808人，妇女党员159人，回族党员502人）。有“五好党支部”13个，红旗党支部2个。2013年，完成地区生产总值2.88亿元，同比增长14%；实现农业产值1.38亿元，同比增长16%；农民人均纯收入达到5725元，同比增长12%；城镇居民可支配收入达到15776元，同比增长15.1%。

▲ 红寺堡镇镇政府

自2009年以来，红寺堡镇先后被宁夏回族自治区评为环境优美乡镇，被吴忠市政府评为教育强镇、民族团结进步模范先进镇等。

机构变迁　2000年11月成立红寺堡镇管委会，2001年3月成立红寺堡镇机关党支部，同年12月，自治区人民政府批复成立红寺堡镇人民政府。12月24日开发区管委会批准红寺堡镇成立14个村委会，2003年原新庄集乡中圈塘村划归红寺堡镇管辖；2005年原沙泉乡管辖的朝阳村和玉池村划归红寺堡镇管，同时，将镇属的甜水河村（23支）和旧城村（24支）调整由沙泉乡管辖；2006年原南川乡管辖的上源村、东源村划归红寺堡镇管辖；2012年按照自治区“十二五”生态移民规划新建弘德一村、弘德二村。2014年3月18日挂牌成立新民街道办事处，与红寺堡镇合署办公。

生态建设　围绕“一水二林三农”的建设步骤和“因地制宜、适地适树、乔灌结合、林草套种、高低搭配”原则，采取围栏补植、封山绿化等综合措施，按照“营造一片、管好一片、成活一片、见效一片”的目标，抓骨干林带、农田林网、庭院绿化和经果林建设。加大封山禁牧工作力度，各村成立专门的管护组织，抽调专门的管护员加大各辖区林网管护。2002~2003 年植树 400 万株，建设条田林网、宽幅骨干林带植树 20 公里 6500 余亩，植树 190 多万株。2004~2005 年实施庭院绿化和经果林建设，在庭院中栽植四旁树及经果林 12000 亩，绿化覆盖率达到 20.6%。为了改良风积沙带的土质，扶持农民养畜种草、种植紫花苜蓿等牧草 1 万多亩。对盐兴、滚新等主干林带 500 亩承包到户，育林区责任到人。

2009 年以来，开展了恩红公路、滚新公路、团结村十九支条田的林网建设，进行了梨花村主干道补植补栽、朝阳村幸福村庄环村绿化，新民小区、和兴村、光彩村主干道路绿化，兴旺村经果林等春秋季绿化工作，累计发展宽幅林带 6400 亩、条田林网 10500 亩。绿化庭院 8000 亩，林木存活率达 95% 以上，完成退耕地柠条补种 2000 亩。为抓好封山禁牧工作，红寺堡镇成立了禁牧工作队，定期对辖区内的偷牧行为进行巡查。

2013 年开始，红寺堡镇计划通过 5 年建设，把城郊兴旺村打造成为红寺堡区万亩生态经果林产业园区。通过政策扶持，群众自发新栽植苹果、红枣 5500 亩。2014 年上半年，兴旺村继续发展苹果、红枣产业，种植规模达到 3500 亩，其中：红枣 1500 亩，苹果 2000 亩。通过坚持不懈的人工植树，红寺堡镇区域内环境气候得到明显改善，林木覆盖率达到了 38%，搬迁前的荒漠逐渐变成了新的绿洲。

◎ 小视窗

兴旺村经果林建设

兴旺村位于红寺堡城区西侧，距城区 2.5 公里，开发建设于 1999 年，移民主要来自彭阳、海原两县，现有土地 1.2 万亩，共 1121 户 5411 人。多年来，由于土地沙化严重，造成部分土地撂荒，无人耕种，农民收入较低，信访矛盾突出，致使兴旺村成为红寺堡镇后进村之一。

2013 年，为促进兴旺村经济快速发展，改变原有的面貌，镇党委、政府高度重视，根据兴旺村实际，配强村“两委”班子，加强党的建设，积极化解各类矛盾纠纷，把主要精力集中到发展产业上来。通过政府引导，党员

▲ 经果林

干部带头，政策扶持等措施，发展经果林产业，种植苹果、红枣 1500 亩。为了进一步提升农业综合生产能力，扩大经果林种植面积，增加农民收入，按照区委、区政府大力发展高效节水农业的总体思路，积极开展农田水利基本建设，修建蓄水池 2 座，发展高效节水灌溉面积 1.2 万亩，为经果林产业发展奠定坚实基础。

2014 年，规划种植苹果、红枣 3500 亩，其中：红枣 1500 亩，苹果 2000 亩。计划通过 5 年建设，把兴旺村打造成防风固沙、涵养水源、休闲旅游为一体的万亩生态经果林产业园区。（红寺堡镇供稿）

基础设施建设　2002 年以来，红寺堡镇组织发动群众新修渠系 2000 公里，畦田建设 8.7693 万亩，为各村配套供水点，自来水入户 1060 户，入户率达到

65%，协调完成了全镇农网改造。硬化村道100余公里，修筑农村沙砾道路110公里，沼气池入户1800户，落实塞上民居安置贫困户330户，MMDS覆盖率达到100%，住户电话拥有量达95%以上，实现了村村通柏油路、通电、通邮、通电话、通八套电视节目“五通”目标。通过“两大工程”专项整治，彻底改变了农村“脏、乱、差”的状况，优化了人居环境。

经济发展　十年来，坚持以经济建设为中心，狠抓农业基础设施建设，实施产业结构调整，积极争取各类项目支持，经济持续较快增长。

2000年年底，红寺堡镇成立并接管移民，主要以开发建设为中心，以稳定农村基本政策为前提，以扶贫攻坚为重点，以加强移民管理为突破口。由于当时移民生产条件差、生产技术落后、经营管理粗放，当年经济总收入1250万元，人均收入不足300元，80%的农户挣扎在温饱线上，部分群众生活极度困难，主要靠政府救济维持生活。

2001年，红寺堡镇着力夯实农业基础，改善生产生活条件，完成生产总值2246.2元，人均纯收入716元，粮食总产量1055万公斤，保证了移民正常生活口粮，增强了移民安心定居的决心和信心。

2002~2008年，随着农业产业结构的不断优化，移民生活条件发生巨大变化。红寺堡镇地区生产总值由2002年的933万元，跃升到2008年的15920万元，年平均增长13%；农民人均纯收入由2002年的1436元增长到2008年的3210元，年均增长13.4%；农业的科技含量不断提高，粮食单产逐年提高，粮食单产由2002年的210公斤/亩增长到2007年的750公斤/亩，粮食总产量由2002年的1436万公斤增长到2007年的4408万公斤，达到历史新高；劳务经济收入由2002年3410万元，上升到2008年的6709万元，年均增长15.5%；彩色电视机普及率达到90%以上，各种农业机械拥有率逐年上升，农村经济稳步发展，移民居住条件逐年得到改善。生产方式由传统农业向现代农业转变，由靠天吃饭向节水高效农业转变，逐步由“温饱型”移民转变为“致富型”移民。

2009~2013年年底，红寺堡镇坚持以经济建设为中心，狠抓农业基础设施建设，大力调整产业结构，积极争取各类项目支持，经济持续较快增长。地区生产总值由2009年的1.92万元，跃升到2013年的2.88亿元，年平均增长12.5%；农民人均纯收入由2009年的3900元增长到2013年的5725元，年均增长11.7%；全镇农作物总播种面积达11.5万亩，其中粮食播种面积6.5万亩，占农作物播种面积的56.5%。粮食作物以玉米为主，马铃薯和油葵次之。经济作物播种面积6.3万亩。家畜存栏10万头，其中黄牛存栏2317万头，羊只存栏9.4万只，鸡存栏10323只，猪存栏4169头。随着农业的科技含量不断提高，粮食单产量逐年增加，由2009年的400公斤/亩增长到2013年的550公斤/亩，粮食总产量由2009年的2.51万公斤增长到2013年的3.42万公斤，人均生产粮食达到915公斤，创历史新高；生产方式由传统农业逐步向现代农业转变。

特色产业　2003年以来，红寺堡镇在稳粮增收解决温饱的基础上，大胆探索农业产业结构调整，首先从鼓励推行“一村一品”开始，引导各村根据各自产业的优势发展特色产业。2003~2005年三年中形成了中药材、枸杞、经济作物种植的调整，发展黄芪、甘草、红葱、地膜西瓜、油葵、枣树等经济作物3528亩。

2005年以来，红寺堡镇农业产业由零星调整向规模调整转变，针对部分村组土地盐碱化严重的实际，协同农牧局积极联系科技厅进行帮扶，在光彩村试点种植枸杞，至2007年光彩村种植枸杞1900亩，年均纯收入达6500元/亩，最高达到8500元，取得了极好的经济和生态效益，并形成了成熟的栽植技术和销售渠道。在红关、红海两个村，大力发展药材种植，大面积推广甘草种植，目前甘草种植达到6000亩，成立了红海村甘草产销协会，并对农户采收的甘草进行归类加工，提升产品附加值。甘草产业已经形成规模，打开销路，产业发展势头良好。

2008年红寺堡镇完成了中圈塘万亩葡萄基地建设，并于当年在朝阳村开挖葡萄沟13860亩，种植13000亩。2008年春季上源葡萄基地栽植葡萄苗木1万亩342.9万株。截至2008年年底形成了朝阳、上源、中圈塘三个万亩葡萄基地，葡萄种植总面积达3.37万亩。2007年红寺堡镇建设玉池设施农业园区2000亩，按照“引进客商、示范带动”的办法，引进甘肃、靖远68户种植大户在玉池村建立了设施园区，发展温棚454座，并完成了通水通路等基础设施建设。

2009~2013年年底，经过全镇人民的共同努力，红寺堡镇“一个战略主导产业（葡萄产业）、两个支柱产业（草畜产业、瓜菜产业）、三个特色产业（经果林、中药材、枸杞）”的特色产业总体布局逐渐形成。中圈塘村成功打造成为红寺堡区第一个“万亩”酿酒葡萄种植基地，成为红寺堡区推进葡萄产业的“前沿阵地”和“火车头”。通过几年的发展，杨国文、乔文生等种植大户，种植葡萄年收入达到20万元以上，是移民之前收入的近十倍。2013年，红寺堡镇发展西红柿植种和科研项目设施农业达到7100亩；葡萄采收4600吨，销售收入1900余万元；打造了朝阳、东源、玉池和兴旺四个重点黄牛养殖示范村，黄牛养殖进入了提质增效阶段；光彩村枸杞种植规模达到6000亩；在梨花、团结、红关、红海四村发展中药材5200亩，种植品种主要为银柴胡、射干、黄芪、板蓝根、牛膝等。

◎ 小视窗

光彩村枸杞种植

光彩村位于红寺堡区盐兴路以北，距城区5公里，下辖2个村民小组。全村现居住430户2240人，其中回民210户1050人，占总人口的46.9%，耕地面积5650亩。

近年来，镇党委、政府针对光彩村土地沙化和盐渍化严重的情况，大力调整产业结构，发展枸杞种植，引进适合重度盐碱板结地生长的枸杞品种，目前枸杞栽植面积已达4300亩，占总耕地面积的72%，人均种植面积达1.9亩，每亩纯收入在5000元以上，是同期种植玉米等农作物收入的近5倍。光彩村种植枸杞不但使群众走上了脱贫致富的道路，而且枸杞采摘为其他村剩余劳动力就近务工、增加收入提供了就业渠道。

2014年，为做大做强枸杞产业，计划新增枸杞1300亩，主要种植品种为“宁杞7号”。同时，成立枸杞专业合作社，计划注册“光彩”牌枸杞商标，引进一家实力雄厚的企业，建设烘干、色选厂，真正使光彩枸杞产业走上产业化道路，成为红寺堡区枸杞种植、育苗、加工、包装一体化的特色产业。（红寺堡镇供稿）

民生工作　截至2014年年初，全镇享受农村低保2956户4789人，其中高龄225人、孤儿75人；“两险”参保、参合率分别达到了93%和98%。建成廉租房200套，经济适用房40套，改造危房1108户，落实“一池三改”1020户，妇女创业贷款达到1.1亿元。成功地实现了转型升级的喜人目标。大力开展在岗培训、劳动力转移培训等系统培训，适时开展实用技术、创业技能、农产品销售等短期培训，累计培训农民工2.1万人，带动农户科技推广590户，培训农民实用技术9800人次，实现农村劳动力转移就业3.5万人次。群众文化活动广泛开展，光彩、红海、中圈塘等农村社火队、秧歌队不断兴起，各类送科技送文化下乡活动受到农民朋友的普遍欢迎，不同程度地为各村配备文体器材，农民网校、农村青年活动中心、农民图书馆等群众文化设施在各村稳步发展。截至2014年年初，各村都建有老年人活动中心、塞上农村大舞台，全镇有村级文化活动中心14处，各类图书室14所，藏书8万余册，各类文化专业户14户，实现镇文化站、村文化室、农家书屋、体育健身器材全覆盖，极大丰富了群众的精神文化生活。

社会事业　红寺堡镇于2004年启动首批灾民建房工程，2005年启动农村危窑危房改造工作，并对光彩和兴旺土地盐碱严重的移民进行二次搬迁安置。截至2008年年底，有596户、2182人次城镇困难居民享受了城市低保待遇，有1950户3738名农村特困村民享受了农村最低生活保障待遇，基本做到了动态管理下的应保尽保。累计改造农村特困群众危房330户，残疾人权益得到保障，为残疾人优先办理低保，并争取残疾人爱心救助项目，解决残疾人轮椅50辆，组织为白内障患者做复明手术20例。截至2009年年初，共培养乡土科技推广人才46名，发展科技特派员11户，培育科技乡土人才30人，致富带头人75人。截至2014年年初，全镇有邮政局1处，代办所2处，报纸、杂志累计发行1.8万份，有电信企业1家，建立服务网点12个；建成电信、联通、移动信号服务基站，实现电话、无线网络信号全覆盖；电话（含移动电话）普及率达99%；互联网用户达3500多户。

教育、医疗计生工作　认真贯彻落实《义务教育法》，借助“普九”和“两基”建设机遇，加快校舍基础设施建设。2009年，生均校舍面积达到3.67平方米，

▲ 红寺堡区委副书记、政法委书记王金在红寺堡镇调研

师资力量得到充实，辍学现象得到控制，适龄儿童入学率达到 99.6%，巩固率达到 98%，女童入学率达到 99.2%，中小学毕业率达到 100%。公共卫生和基本医疗服务机制不断健全。各村建成了标准化卫生室，配备了医疗卫生人员，方便了群众的就医和疾病预防需要，解决了农村群众看病难的问题。2008 年顺利通过自治区“一无乡镇”的验收，创建计划生育合格村 5 个，“三无”村 5 个，计划生育率、人口出生率、节育措施及时率分别达到 86.4%、14.3‰和 95%。2013 年度，通过计划生育“四星级乡镇”验收。出生人口自 2010 年来逐年下降，自增率呈下降状态。截至 2014 年，人口出生率为 14.7‰，人口出生自增率为 12.5‰，出生人口符合政策率为 85.4%。建设标准化计划生育服务室有 5 个，计划生育基础取得了较大的突破。截至 2014 年年初，全镇有各级医疗卫生机构 4 个，标准化卫生室 14 所。

社会管理　红寺堡镇牢牢把握“预防为主、打防结合、群防群治、专群结合”的工作方针，建立了治保联防队伍，设立了警务室，完善镇、村、组三级联防信息网络，形成人民调解、司法调解、行政调解三级联调的矛盾纠纷排查化解机制，建立健全了15个社区、村两级人民调解组织机构，培养成14名专职人民调解员，及时有效地化解了各类矛盾纠纷。累计调处各类矛盾纠纷4200余件，调处成功率达到80%以上。

严把新建、扩建、翻建宗教活动场所的审批关，坚决制止滥建寺庙、私设聚会点等行为，推行宗教场所民主管理，建立健全宗教各项规章制度，实现财务公开管理。截至2014年年初，宗教场所消防安全“网格化”管理工作走在红寺堡区乡镇前列。

基层组织　红寺堡镇全面推进村级组织建设，逐步建立科学规范的村干部选拔任用制度，建立起一支高素质的村级干部队伍。目前，各村村“两委”班子健全，以党支部为核心，陆续建立了村委会、妇联、治保调解、村民小组等各种群众组织。各村党支部逐步规范健全了党建工作方案，建设或改造完成了标准化党员活动室，配套电教设备和村级信息化设备。修订了《村干部五项制度》《村级便民服务制度》《值班制度》等规章制度，通过一系列改革和活动，推进了村务公开和村级民主，夯实了基层组织基础，凝聚了人心，促进了社会和谐。

2007~2009年初，深入开展“一帮一联、双挂双创”活动，镇领导及村支部书记18人先后与18户党员贫困户及党员致富示范户上门“结亲”，承诺并办理事项36件，涉及资金38万元，为党员致富户协调周转项目资金29万元。普通党员共60人参与结成帮扶对子96对，承诺并办理事项96件，涉及资金15万元。同时，镇党委积极协调部门机关领导及普通干部与镇贫困党员及示范户结成帮扶对子64对，给予帮扶对象资金扶持、技术指导、争取项目、联系贷款、安排就业等扶持。2008年，林业局帮扶朝阳村贫困互助资金23000元，帮扶中圈塘村村部绿化经费5000元；党政办帮扶团结村3000元，运管所帮扶红海村5000元，国税局为光彩村的帮扶贫困户各订一份《宁夏日报》和《吴忠日报》。

2009年之后，红寺堡镇建设完善了标准化党员活动室9个，打造了红关、玉池两个党建示范村，各基层党组织战斗堡垒作用得到充分发挥。“阳光村务”“1+5模式”和“6个1”入户工程，做到了让群众明白、还干部清白，成为党风廉政建设的工作亮点。

2009年吴忠市红寺堡区设立之初，红寺堡城市面积为10平方公里，设有2个城镇社区，分别为振兴社区和创业社区，属红寺堡镇管辖，共有居民5115户17439人。作为红寺堡区政治、经济和文化中心的红寺堡镇是对外展示红寺堡形象的重要窗口。设区5年来，2个社区在红寺堡镇党委、政府的坚强领导下，社区党支部、居委会带领全体党员和广大居民同心同德、艰苦奋斗、齐抓共建，以“构建和谐社区”为目标，积极抓好社区建设，不断提高管理水平，提升服务质量，在基层党建、计划生育、社会综治、民生等方面取得了一定的工作成效。但是随着红寺堡城市建设和城镇化步伐的不断加快，城镇人口和流动人口数量也在不断增加，大量的农村人口涌入城市就业创业，辖区人口由原来的5115户17439人增加到8743户42089人，其中流动人口达1万多人，机关企事业单位39个，商业网点3111个。人口不断增加，问题不断凸显，尤其是流动人口多且稳定性差，再加上体制不顺，城市管理特别是城镇社会管理服务的任务越来越繁重，加强社区管理和服务工作迫在眉睫。在红寺堡区委、政府的大力争取下，2011年11月

▲ 新民街道办事处挂牌仪式

30日经自治区人民政府第104次会议决定设立红寺堡区新民街道办事处，解决了体制不顺的问题。

2014年3月18日，吴忠市红寺堡区新民街道办事处正式挂牌成立，与红寺堡镇合署办公，两块牌子，一班人员。成立红寺堡区新民街道办事处，是红寺堡区基层政权建设中的一件大事，是进一步完善红寺堡城市社会管理服务体制，加快推进红寺堡城镇基层组织建设的重要举措，也必将对推进红寺堡区城乡一体化建设步伐、提升城市管理和建设水平产生重要而深远的影响。

新的机构，面临着新的任务和要求，街道办前面的路任重而道远。为了能进快发挥职能作用，街道办尽快组建了工作班子，指定专门工作人员，明确职能定位，落实工作责任，确保办事处各项工作开好局、起好步。同时，结合群众路线教育实践活动，深入社区走访居民，排查摸底、了解情况，结合实际明确了下一步重点工作任务。

一是合理划分社区。针对目前红寺堡城区人多事杂、两个社区管理近5万人的现状，街道办下一步将结合实际对城区社区进行重新调整划分，为推行网格化

▲ 服务大厅

管理和服务做好铺垫。

二是在社区中推行网格化管理和服务工作模式。为规范和提高社区的管理和服务水平，加快推进社会转型和管理创新，探索社区工作网格化服务管理新模式，构建社区工作新格局，新民街道以开展党的群众路线教育实践活动为契机，结合实际，制订方案，在社区推行网格化管理与服务工作模式的实施方案。网格化管理与服务，即根据属地管理、地理布局、现状管理等原则，将管辖地域划分成若干网格状的单元，依托信息网络技术，对每一网格实施动态、全方位管理，对网格内的居民进行多元化、精细化、个性化服务，从而达到提高公共管理服务职能、密切党群干群关系、完善为民办实事长效机制的目的。

三是强化内部管理，狠抓队伍建设。学习借鉴周边县（市、区）街道、社区好的方法和经验，结合自身实际，制定完善街道办各项管理办法，完善管理制度，以第二批教育实践活动为契机，全面加强街道办和社区干部思想作风建设，全面提升业务能力和为民服务水平。

四是从基础工作抓起、搞好辖区居民服务。要强化宗旨意识，以维护和保障群众切实利益为出发点和落脚点，加强沟通配合，大力推进基础设施建设，协调社会事业发展，维护社会和谐稳定。切实加强对社区的综合管理与服务，努力拓展社区服务范围，便民为民，做群众信得过、靠得住、离不开的贴心人。

新民街道办事处的设立，是红寺堡区加快城市管理的新起点，我们坚信，有区委、政府的坚强领导，有大家共同努力，新民街道办必将立足新起点、找准新坐标，以更加先进的理念，更加务实的作风，不断开创城市管理工作新局面，为红寺堡经济社会发展做出贡献。

◎ **小视窗**

葡萄状元乔文生

乔文生，男，汉族，1967年生，中共党员，高中学历。现住吴忠市红寺堡区红寺堡镇中圈塘村，是一名普普通通的农民。担任过中圈塘村管水员、村委会副主任，葡萄种植技术员，红寺堡区专职调解员。他性格直爽，办事干净利落，在葡萄产业发展过程中，能充分发挥党员带头示范作用；在人民调解中，他能够耐下心来，听取双方的意见，公平、公正地处理每一起纠纷；在当村干部期间，任劳任怨。先后被吴忠市评为优秀人才，被红寺堡区评为葡萄“种植状元”。

5月初，是葡萄的出芽期。来到红寺堡镇中圈塘村时，人们便会被壮观的劳动场景所吸引。村庄对面就是万亩葡萄基地，远远望去，到处人头攒动。中圈塘村距城区10公里，现有804户3304人，这个坐落在美丽罗山脚下的小村子，因葡萄而被区内外知晓。这个在国家和自治区农业扶贫部门的关心支持下的移民村，经过7年的发展，现已发展成为自治区万亩酿酒葡萄种植基地。2013年，中圈塘村的葡萄又迎来丰收的一年，加上得天独厚的自然环境，葡萄含糖量达到25%，受到收购商的青睐。葡萄总产量达3300吨，销售总收入达1600万元，成为种植户的增收希望。

“几年前，政府在俺们村推广种植酿酒葡萄。说实话，当时老百姓心里

▲ 乔文生夫妇在田间劳作

都没底，但俺想政府的政策肯定是为了老百姓，作为一名共产党员和村干部，俺有义务带头往前干，给全村百姓‘趟’出富路。现在好了，每年收获的葡萄都能卖上好价钱，以后什么顾虑也没有了。”说这话时，正在田里对葡萄进行出土的红寺堡镇中塘村酿酒葡萄种植大户乔文生脸上堆满希望的喜悦。

这个中等个子黑黑的中年人，为中圈塘的葡萄发展操碎了心。当说起移民搬迁初的处境时和种植葡萄的辛酸史时，乔文生瞅着眼前的葡萄地时，久久没有出声。

2001 年，乔文生一家 4 口从山大沟深、十年九旱的原同心县新庄集乡移民搬迁到红寺堡区。和其他移民一样，乔文生加入了移民艰苦创业队伍中。当年，红寺堡是“一年一场风，从春刮到冬，天上无飞鸟，地上沙石跑”的情景，生态环境非常恶劣。许多移民被眼的前景象吓跑了，而乔文生一家没有退缩，与留下的移民一起奋斗，与困难战斗，与风沙赛跑。他带领一家人在自己家的 22 亩水浇地上，开始学着种水地，全家靠种植玉米为生，辛苦一年也就赚几千元。

几年下来，乔文生发现单凭种玉米仅够维持生活，大多数村民的光阴还在原地打转，没有丝毫起色，部分村民干脆将田撂荒，出外打工挣钱。“国家费了那么大的事，把咱从贫困山区搬到川区里，这样好的水田撂下不种怪可惜的”，乔文生常常这样想。可乡亲们辛辛苦苦一年种下来，手里落不了几个钢镚呀。

一晃到了 2007 年春天，红寺堡区在农业产业结构调整中将葡萄产业作为主导产业进行大力推广，并将中圈塘村确定为第一个整村推进的村。起初，该村大多数农户都为缺乏葡萄种植技术和销路担心，对发展此项产业心存疑虑。“政府免费为俺们种植葡萄开沟、提供架杆和架丝，还给生活补贴，这样的好事情，真是打着灯笼也难找呀”。乔文生第一个站了出来，带头将自家的 22 亩田全部种上了葡萄。当时，红寺堡开发区工委、管委会组织种植户到青铜峡、玉泉营等地学习种植葡萄技术。学习期间，大多数人都是凑热闹，而乔文生却打起自己的小算盘。他拿出自带的小本本详细记录技术员的讲解，私底下与种植大户进行交流，生怕错过学习的任何细节。参观学习回来，他和妻子天天都泡在自己的葡萄地里，像照顾孩子一样照顾这些“钱疙瘩”。农忙期间，找不上人，老两口起早贪黑，饿了就吃口自带的馍，渴了喝口凉水，晚上回家吃完饭已经深夜了。

一分耕耘，一分收获。2010年，乔文生种植的酿酒葡萄亩均产量超过1300公斤，每公斤卖3.3元，亩产值在4000元以上，总产值超过10万元。不仅如此，他种植的酿酒葡萄品质得到了区内外葡萄专家的高度评价，被封为红寺堡区葡萄“种植状元”，而且获得了5000元的奖励。在收获“甜头”的同时，乔文生没有停止种植的脚步，他把别人不种的8亩土地承包过来，继续种植葡萄。

有着高中文化程度的他，在葡萄种植期间，带头接受专业人员的技术指导，分享自己在外学习到的技术，不间断地参加各种与葡萄田间管理、病虫害防治有关的培训班，学到了不少专业技术。后来，他被群众推荐为中圈塘村葡萄田间管理技术组组长，成为了村里名副其实的葡萄专家。

“7年来，只要一有空闲，老乔就会在自家葡萄田里将学到的实用技术手把手地传授给亲朋好友和左邻右舍，他可为我们村葡萄产业的发展出了不少力，受的委屈最多，流的泪最多的人，走到今天这步，真的不容易。”中圈塘村党支部书记杨国文这样说。

2013年，通过全家人的努力，乔文生家种植的酿酒葡萄收入超过20万元。葡萄种植让乔文生得到了实惠，鼓起了腰包。通过一家人的不懈努力，乔文生买了一辆价值15万元的轿车，翻修了5间大瓦房。

坐在地头休息的乔文生说：“地绿了，葡萄品质好了，商客也来了。全村60%的主干道、巷道已硬化，剩余的现在也正在实施。土木房子已全部拆除，每家最少都盖3间以上砖混结合的大瓦房，现在有小车40余辆，80%的农户耕地已实现机械化。村里又结合大整治、大绿化工程，先后拆除多处违章建筑，绿化主干道的两侧林带，葡萄地渠道全部配齐。”

巍巍罗山情，淡淡葡萄香。丰厚的收益，永远是农民种地的最大动力。如今，中圈塘村在乔文生等人的带动下，全村90%的耕地都种葡萄，农民抢

种酿酒葡萄的意识，就像这葡萄苗，深深扎下了根，将中圈塘村造成最美的葡萄村庄。（红寺堡镇供稿）

太阳山镇

太阳山镇的名称起自于2005年1月，自治区人民政府批复撤销沙泉乡，成立太阳山镇，镇政府驻地设在今柳泉乡柳泉村。为了加强对太阳山开发区周边6个边远行政村的管理，有效解决群众办事难的问题，2013年年底，太阳山镇被划分为太阳山镇和柳泉乡（2014年2月14日正式挂牌）。2014年3月7日，太阳山镇政府迁往太阳山开发区，2014年3月18日，太阳山镇举行了成立揭牌仪式。

太阳山镇地处红寺堡区东部，东与盐池县相邻，南与同心县接壤，北与灵武市接连，西与柳泉乡毗邻。全镇共辖11个行政村，行政区划总面积806平方公里，人口3830户15265人，其中回族9219人，占总人口的60.4%。耕地面积90159亩，其中旱耕地42339亩，水浇地47820亩。镇区属山间丘陵地貌，大陆性气候特征十分明显，昼夜温差大，日照时间长，光能、风能等可再生资

▲ 太阳山镇挂牌仪式

源丰富，年平均气温8.4℃，降水量277毫米，蒸发量2050毫米。交通便利，区位优势明显，盐兴公路、定武高速公路和太中银（太原—中卫—银川）铁路横贯东西。

◎ 小视窗

周圈村——民族团结好榜样

太阳山镇周圈村区域面积21平方公里，位于红寺堡以东35公里处。周圈村全村现辖2个村民小组，总人口465户2654人，是一个纯回族村。庄点座落在买韦公路两侧，移民主要来自西吉、同心两县。其中彭庄子组148户，属同心县就地旱改水居民；西吉移民点317户，移民是2007年从西吉县陆续搬迁而来。

2010年，红寺堡区整体撤乡并镇期间，原周圈村、西吉移民点合并形成周圈村。合并初期，由于地域观念严重、思想观念不同，特别是就地旱改水居民认为搬迁移民占了他们的旱地、草原，分薄了他们祖辈留下的资源，开发初期的土地纠纷接连不断，群众的凝聚力、村级的向心力非常薄弱。

面对着错综复杂的村情，周圈村新筹建的“两委”班子首先从自身做起，正身立人。来自西吉点的村支书王勇和出自彭庄子同心点的村主任彭海强，经过商量，他们说，我们是共产党员，党培养我们几十年，目前，党着眼群众的长远发展做出了合村的决定，并把2600余口人的生计交给我们，我们就要为群众负责，为党负责。不论一个家庭，还是一个村、一个国家，发展的前提是社会稳定、人心思齐。周圈村要发展，必须先解决两个地方群众的思想隔阂，使群众团结起来，拧成一股绳，而不能三天两头窝里斗、自己制造麻烦，把精力耗在鸡毛蒜皮、争强斗狠上。在村党支部书记和村主任的示范带头下，村“两委”班子成员开诚布公地谈想法、摆问题、理思路，首先统一了班子内部的思想，然后分头负责，对各自掌握的群众进行逐一的思想教育和疏导。

由于红寺堡整体灌水紧张，导致两个村组群体性进行抢水事件，或因分配土地发生纠纷。周圈村村组干部及时介入协调，并说服村上阿訇和有威望的老人出面共同调节，使矛盾得到化解。经过不断的宣传教育，在村干部和其他人的努力下，周圈村同心点和西吉点的移民逐步消除了思想隔阂，争抢土地问题最终解决，群众和平相处。

建村以来，周圈村始终坚持把民族团结作为维护社会稳定、促进经济发展的头等大事来抓，民族团结教育和宗教和顺的局面初步形成。

2010年宁夏爱心协会会长、广州爱心协会负责人及卡塔尔和科威特两个国家的爱心人士来周圈村考察，资助建立了周圈村唯一的清真寺——和齐清真寺。寺名之意即在引导大家和睦相处，齐心协力共同维护本村的稳定发展。

清真寺建成，摆在村“两委”面前的困难随之而来。周圈村400多户人，囊括多个教派不同派系。按照老县的管理，都是每个派系有自己的清真寺，所请的阿訇也是本派阿訇。周圈村群众经济基础薄弱，各自分建清真寺显然不可能。然而，共同在一个清真寺进行礼拜，阿訇具体请哪一派的？不同派系的宗教活动怎样确定，如何防止群众因各自教义解读的差异引发矛盾、破坏和谐？面对这一系列问题，周圈村首先从各教派德高望重的老人入手，邀请他们共同坐在一起商议清真寺的运行模式，议定了和齐清真寺的寺管会人员组成、阿訇选配轮流办法、重大节日纪念日教民的参与遵循原则等基本的运行制度，用公开的办法使各教派认可了和齐清真寺的管理模式，从而使群众在知晓的基础上理解，在理解的前提下自觉遵循，和齐清真寺的运行管理逐步走上正轨。

多年来，周圈村本着民族团结、保障群众利益的基础，坚持“四注重”：一是注重发挥阿訇作用，利用教义教化群众求和求稳。二是注重发挥村级组织作用，开展经常性民族团结教育。三是注重公平，使群众心平气顺。四是注重听取民声民意。使各村民小组群众在座谈和各项活动中受教育，感召和激励他们提高理论素质，树立正确的民族宗教观，增强他们求同存异、识大体、顾大局的意识。（太阳山镇供稿）

第二章　旱塬之绿

红寺堡位于中国北方干旱区中部，常年干旱少雨，年降水量为 200 毫米，蒸发量达 2050 毫米以上。北部被毛乌素沙漠群包围，北部及中部有 14.18 万亩固定、半固定风沙土，沙化严重，植被稀少，为一片“白草黄沙、飞鸿过断”的旱塬。南部为黄土高原核心区域，土壤松散，气候干旱。

▲ 开发初期地貌

红寺堡移民开发之初，原始植被破坏殆尽，森林覆盖率不足2%，满目沙砾枯蒿，几近不毛之地。苍凉而又辽阔的大地上，只有生命力顽强的沙枣树坚强地挺立在荒漠上。绵延起伏的沙丘、经年不断的狂风是当时荒凉与冷清的真实写照。移民用“一年一场风，从春刮到冬，天上无飞鸟，地上砂石跑。”来形容当时的红寺堡。春夏之际，劲风吹起，沙尘骤起，铺天盖地从空中飘过，恶劣的环境让开发者们吃尽苦头，幼苗长出不久即被风沙掩埋。移民曾抱怨说：“红寺堡怎么是这么一个鬼地方啊，偌大的沙滩连个拴牲口的树都找不到。”极少数移民搬来之后，见风沙太大，又失望地返回了原迁出地。

生态环境是红寺堡开发之初关乎移民生存和发展的根本问题，旱塬播绿成为广大干部群众的首要工作。

第一节　生态立区百年计

建设初期，面对恶劣的生态环境，为了凝聚红寺堡区干部移民遏制风沙侵害，红寺堡开发区工委、管委会果断提出了“生态立区”的开发建设指导思想。随着生态环境的不断改善和农民增收的需要，2004~2006年，开发区又提出了“生态富区”发展战略，大力提倡经果林种植，大量种植枸杞和小杂果。2006~2008年，随着农业结构调整，以及产业化、专业化、节水化的需要，提出了发展特色优势产业工程的思路。在“生态立区”思想的指导下，红寺堡以“生态绿区”为主要目标，按照“边开发边建设、边建设边治理”的原则，以植树造林为重点，以公路、支渠道路、干渠沿线为骨架，以农田林网为网格，以城市重点区域、村庄居民点、机关、学校绿化为补充，认真营造生态建设工程。重点加强新开发区域和荒山、高地的造林绿化，逐步消灭裸地。通过营造农田防护林、围栏封育、荒山造林、围城造林等措施，构建良好的绿地生态系统。积极加强公路主干道两侧新开发土地和新搬迁移民点防护林带建设。通过加强“围城、围乡、围村”造林工程建设，努力建设绿色新家园。通过组织实施环城、环乡、环村宽幅林带建设，实现防风固沙和美化环境相统一；通过实施绿色通道工程，精心构筑起了城北、城西防护林体系，逐步形成了一片片绿色屏障。

在植树造林过程中，结合红寺堡实际，坚持“适地种树，乔灌结合”的原则，采取突击栽植、雨季抢植、雨后补植等灵活方式，确保栽植一片、成活一片、绿化一片。通过封、造、管、护多措并举，基本建成了盐中高速、滚红高速、盐兴公路、滚新公路、黄同公路、城北综合景观区、城南万亩林场等为主的“三纵三横”围城宽幅林带大屏障，逐步形成了以支斗渠、生产路、农田为主的小网格农田防护林体系，“围城林、围乡林、围村林”建设和居民点绿化得到了同步推进，农田林网化、沟渠林带化、道路林荫化、村庄园林化逐步实现，“荒山林草间作、灌区林网交错、城区园林点缀、庭院花果飘香”的绿色画卷徐徐铺开。风蚀沙化得到有效遏制，植被得到极大恢复，基本实现了从“沙逼人退”到“人进沙退”的巨大飞跃，生态环境取得了巨大成效。

▲ 生产路林带

第二节　林网屏障锁沙龙

1996 年 5 月 11 日，宁夏扶贫扬黄灌溉工程奠基典礼举行，红寺堡这片沉睡百年的荒漠在西部大开发的号角声中睁开了惺忪的双眼。1998 年秋，第一批移民从旱塬高坡落户到红寺堡，由此拉开了移民开发、建设绿色新家园的序幕。

面对干旱的荒漠，面对肆虐的风沙，红寺堡的拓荒者与建设者们克服种种困难，用辛劳的汗水和坚强的信念，描绘着一个不变的绿色梦想。

红寺堡各级党政组织从建设之初就牢固树立起“生态立区”思路，播绿成了一张红寺堡一代代开发者、一届届领导一绘到底的画卷。红寺堡首位工委书记、管委会主任姚建国同志在一次办公会上重重地敲击着挂在墙上的一幅简易地图：“我们人少事多，大家都很辛苦，但你们不要忘记，我们的群众更不容易，此刻，他们还吃住在风沙之中。所以，我们最需要的是一个良好的生存环境，我只有一个要求，我要你们，在这里种出一片绿来！”

按照“南保水土北治沙，扬黄灌区林网化”的总体思路，红寺堡广大干部群众扎根新家园，把林业建设作为维护生态安全，推动生态建设，建设绿色红寺堡，促进社会进步、经济发展、生态文明的首要任务，通过大力实施“三北”防护林体系建设、荒山荒地造林、天然林保护、平原绿化工程，退耕还林、城北生态造林等绿化工程，使红寺堡在十年间完成了从“三棵树”到“一片林”的巨大飞跃。

植绿步伐

移民开发以来，红寺堡广大党员干部及移民以蓝天为屋，以大地为纸，汗水当墨，锄头当笔，日复一日，年复一年，在红寺堡这块广袤的土地上种下了一棵棵绿色的幼苗，新树慢慢长大，绿色逐步延伸，风沙逐年减少，“黄龙”逐步降服。

2003 年 1 月 1 日，红寺堡全面实现封山禁牧。同年，红寺堡完成人工造林 62.257 万亩，植树 256 万株，其中退耕还林 58.59 万亩，农田防护林 3.367 万亩，经济林 0.3 万亩，全民义务植树 20 万株，育苗 300 亩，补植 2800 亩。

▲ 麦秆治沙

2004 年，完成人工造林 10.65 万亩，其中退耕还林约 9.48 万亩，“三北”防护林四期工程约 7730 亩，经济林 0.47 万亩，完成封山育林（续封）3.3 万亩，义务植树 20 万株。

2005 年，完成退耕还林工程 10.033 万亩，“三北”四期工程 1.9 万亩，经济林 1.2 万亩，共造林 13.133 万亩，426.7 万株，投资苗木费 640.1 万元。

2006 年，完成退耕还林工程 1.4993 万亩，“三北”四期防护林 5.5821 万亩，经济林 2.084 万亩，共造林 9.1654 万亩，植树 740.4 万株，投资苗木费 1406.76 万元。

2007 年，完成退耕还林工程 1 万亩，“三北”四期防护林 0.9 万亩，经济林 2.1 万亩，共造林 4 万亩，植树 262.7 万株，投资苗木费 499.13 万元。

2008 年，完成退耕还林工程 2.6275 万亩，“三北”四期防护林 0.4539 万亩，经济林 5.8129 万亩，共造林 8.8943 万亩，投资苗木费 4504.32 万元。

截至 2008 年年底，红寺堡开发区累计完成人工造林 124.6597 万亩，林木保存率达到 80% 以上，有效保护天然林 7.1 万亩，生态林业建设取得显著成效。

2009 年，红寺堡重点实施了“三北”四期防护林、退耕还林、天然林保护、林果产业、小渊基金绿化建设和中德财政合作荒漠化治理等生态建设项目，累计人工造林（含退耕还林、天然林保护、平原绿化、人工种草）125 万亩，林木存活率达到 85% 以上，实现林木绿化率 39%、绿地覆盖率 75%。植被覆盖率由开发之初的 4.9% 提高到 14.3%，实现了由“沙逼人退”向“人进沙退”的历史性转变。

红寺堡开发区各乡镇 1999~2008 年累计造林面积统计表

单位：万亩

造林单位	合计	太阳山镇	红寺堡镇	南川乡	大河乡
人工造林	124.6597	25.4183	28.31925	51.41817	19.504
1999~2002 年	16.56	2.905	7.38	2.67	3.605
2003 年	62.257	7.58	5.37	42.14	7.167
2004 年	10.65	3.4	3.1	2.14	2.01
2005 年	13.133	7.27	2.7	0.3	2.863
2006 年	9.1654	1.951	3.349	2.251	1.6144
2007 年	4	0.7	2	0.5	0.8
2008 年	8.8943	1.61225	4.42028	1.41717	1.4446

造林效益

1999~2009 年的 10 年间，红寺堡全力加快荒山荒地造林、天然林保护和平原绿化建设进程，累计投入资金 15925.5 万元，先后实施了“三北”防护林工程、退耕还林工程、天然林保护工程、绿色通道工程等大型生态环境保护工程，基本建成了以盐兴、滚新、黄同公路为主的“三纵三横”的宽幅林带大骨架、大屏障，累计完成人工造林 126 万亩，其中退耕还林 89 万亩，天然林保护 4.3 万亩，平原绿化造林 16.9 万亩 1790 余万株，经济林 19.1 万亩，林木保存率达到 80% 以上，植被覆盖率达到 39%。林业建设取得了良好的生态效益、经济效益和社会效益。

今春种下一棵苗，来年垂下万千绿。红寺堡区广大干部移民一年年挥汗如雨，一年一个台阶，在荒漠旱塬上矢志不移地植树造林、绿化新家园，使红寺堡由过去的一片荒芜之地、流沙地段发展到今天的林网交错、绿树成荫。昔日戈壁荒漠、茫茫沙丘，如今嬗变为处处绿洲、处处孕育希望的热土，一排排成荫绿树，一道道严阵以待的防风林，守护着罗山脚下一片片丰收在望的庄稼，绿色已成为了红寺堡的主色调，红寺堡这片绿洲平原已经崛起于宁夏中部腹地。

◎ 小视窗

西部大开发造就绿色红寺堡

红寺堡位于毛乌素沙漠边缘，气候干旱，土地沙化严重。十几年前，这里几近不毛之地。在这近2000平方公里的土地上，只有红寺堡旧城遗址附近的三棵树坚强地挺立着，也就是这三棵势单力薄的树，让开发者们看到了荒漠中那可贵的一抹绿色，坚定了开发者们心中荒漠变绿洲的信念。这个信念的基本点是：自己的新家园能尽快长出层林，抵御风沙的侵袭。这是生存的需要，也是发展的需要。

在这里种出一片绿，是一声号角。当第一车苗木经过长途颠簸运到红寺堡时，第一个抢上前去的是一位年近七旬的老大爷。没有分配具体的栽植任务，也没有人动员，广大干部群众争先在沙丘上、在石堆中、在坚硬的白浆土里掘开了对绿色的求索和向往。

在这里种出一片绿，是一张一代代人、一届届领导一绘到底的蓝图。11年来，植树已成为红寺堡人的义务。每年春暖花开，红寺堡的农户总要在庄园田埂上栽几棵绿化树；每年春秋两季，红寺堡都要组织几万人集中开展以"拓荒建设生态新区，拼搏再造秀美山川"为主题的大型绿化工程大决战。机关干部职工都要安排一两周时间植树播绿。一把钢锹、一身劳动衣、一套测量工具成为干部职工的三件"宝贝"。

在这里种出一片绿，是智慧的结晶。"活人栽死树""年年栽树不见树"最为红寺堡人切齿。为了探索造林绿化与生态建设的新机制，红寺堡采取捆绑资金、承包造林的方式确保成活率，引进大公司、大企业参与红寺堡生态建设，缓解资金压力。对苗木的采购、林带开挖、林木栽植、管护等各个环节进行监管，确保资金到位、人员到位、任务落实到位、技术要求实施到位，确保了红寺堡生态建设"三年迈大步、五年上台阶、十年大变样"目标如期实现。

在这里种出一片绿，是个大局意识。由于片面追求牲畜量的增长、粗放的自然放牧方式、只利用不建设超载放牧，导致红寺堡草场严重退化沙化。2003年，全面封山禁牧政策实施后，红寺堡人识大体顾大局，结束了千百年来传统的放牧历史，28.36万只羊和2.18万头牛全部舍饲圈养。自此，红寺堡60万亩草原围栏休养生息，5万亩严重退化沙化的草原被补播改良，封育治理区植被恢复面积达到了90%以上，土地沙化治理率达到40%。流动的沙丘被牢牢锁住，亮白的明沙被丛丛新绿覆盖，野马等野生动物在草原上生息繁衍，沙进人退逆转为人进沙退。

在这里种出一片绿，是一个兑现了的承诺。11年来，红寺堡累计投入资金25525.5万元，先后实施“三北”防护林、退耕还林还草、天然林保护、绿色通道等大型生态环境保护工程，累计完成人工造林129.1万亩。

所有的艰辛与努力终于换来了一片绿。目前，红寺堡森林覆盖率达

▲ 红寺堡原始地貌

到18.9%，林木保存率达到80%以上，林木绿化率达34%，农田林网化率达到85%，村庄绿化率达到85%，城市公共绿地12.086万平方米，城区绿地率31%，绿化覆盖率35%，城区人均公共绿地9平方米，单位面积森林蓄积量达12.7立方米，林业产业基地面积达到7740公顷，林业总产值达到3300万元。

这片绿是一幅山水园林画卷。如今，红寺堡基本建成以盐兴、滚新、黄同、滚红公路为主的宽幅林带大骨架、大屏障，逐步形成了以支斗渠、生产路、条天窄林带为主的小网格，“围城林、围乡林、围村林”建设和居民点绿化同步推进。昔日流沙地段已绿树成荫、草色青青，一道道严阵以待的防风林守护着一片片丰收在望的庄稼，绿色已成为了红寺堡的主色调。

生态是红寺堡立区的根基。不进行生态建设，拓荒者的一切努力都会被风沙吞噬；不进行生态建设，红寺堡就不会有如今绿绕城郭的人居福地；不进行生态建设，就不会有如今的红了枣子、熟了葡萄的田园美景；不进行生

▲ 田间林网密布

态建设，不会创造出荒漠变绿洲、穷汉成富翁的神话奇迹。

开发红寺堡的战略根本上就是为了生态建设。让我们再次温习一个11年前的概念——宁夏移民搬迁扶贫工程：把黄河水用工程措施抽取到有大量可耕荒地资源的项目区，用资源移民的办法把那些深受干旱之苦，在当地难以生存的人口迁移到项目区，通过水利、土地资源的有效结合和农业的综合开发来发展经济，摆脱贫困。细细咀嚼这个概念，会品出概念其实就是围绕着“生态”二字进行阐述，移民搬迁是为了迁出地与迁入地生态建设的双赢，因此红寺堡的移民有一个个性名称——生态移民。

自全面实施生态移民工程以来，红寺堡按照移民搬迁与小城镇建设相结合、与改善生态环境相结合、与移民脱贫致富相结合的思路，在红寺堡建设了新圈等5个生态移民搬迁点，搬迁安置宁南山区六盘山、挂马沟、月亮山、南华山、罗山等生态治理区17059户72145人。

如今，生态移民老家的破旧庄园已是满目翠绿，新家园渠水潺潺，树绿花红。

请看新亮点——滚红、盐中高速公路两侧2000亩宽幅林带，植树11万株，一条35公里长的绿色长廊在蜿蜒。城北景观区是红寺堡区着力打造的集生态、节水、现代农业为一体的重点工程。工程充分利用荒山荒地，依山造势，挖池筑山，蓄水绿化，高位补灌，引水活城。工程由蓄水和绿化工程两部分组成，累计完成投资近亿元。滚红、盐中高速公路两侧，滚红连接线及城北景观区绿化工程植树近55万株，绿化7200亩，配置色块及地被植物45万平方米。在绿水青山的掩映下，红寺堡的北大门变得异常靓丽。城南万亩林场一期工程完成投资3819万元，新建防护林1305亩，栽植垂柳、云杉等苗木6万多株，育苗500亩204万株；城东设施园区绿化480亩，栽植树木3.11万株。在昔日荒滩建起的红寺堡城区，如今是一幅“城在绿中，绿在城中”的美丽画卷，红寺堡的城市品位明显得到提升，自治区级园林城市呼之欲出。

太阳山工业园区栽植新疆杨、刺槐9万株，绿化面积903亩，这座生态园区成为投资商收金揽银的黄金宝地。

新建成谭庄子、石炭沟条田林网550亩，栽植新疆杨5.48万株；新建成红关、向阳等村农田林网1万亩，村庄绿化561亩……一座座如诗如画般的村庄装扮着红寺堡这片神奇的土地。

红寺堡，这位发展者行色匆匆，因为还有一段很长的路需要赶。他扛着“生态立区”的战略大旗，以经营生态的理念谋划着如何实现“生态建设、发展经果林、农民增收”的目标，实施“绿色通道工程”“生态乡、村、户创建工程”，加快“3211”产业扩规提质增效，努力把红寺堡建成“全国生态示范县（区）”“宁夏干旱带上的酿酒葡萄之乡”“宁夏重要的红枣基地”，打响“绿色红寺堡”品牌。

20万干部群众以新一轮西部大开发战略为契机，大力发扬“自力更生、艰苦创业、务实苦干、开拓创新”的红寺堡精神和“十百千”精神，做好“提升综合经济实力，提高人民生活水平，改善生态环境”三篇文章，奋力打造吴忠新的经济增长极、宁夏的崛起区。（宁夏新闻网，2010年9月。）

重点工程

红寺堡生态重点工程包括：“三北”四期防护林工程、退耕还林工程、天然林保护工程、林果产业工程、小渊基金绿化建设工程项目、中德财政合作荒漠化治理项目等。红寺堡在植被区划上属于温带草原东部草原亚区的宁中、宁北和间山平原缓坡丘陵荒漠草原及灌溉栽培植被区。共有林地面积107283.35公顷（红寺堡林地面积93676.97公顷，罗山国家级自然保护区林地面积13606.38公顷）。以柠条、沙冬青、酸枣、毛条、白茨、红砂等为主的天然林共有13.4万亩，主要分布在罗山保护区、柳泉乡、大河乡一带。

罗山自然保护区林区　罗山国家级自然保护区位于红寺堡东南26公里处，南北长36公

里，东西宽 18 公里，位于明显的生态过渡带上，是宁夏三大天然林区之一和三大水源涵养林区之一，也是宁夏中部干旱带上的水源涵养林区。罗山每日平均流水量约 826.8 吨，保护区内泉眼较多，大小达 30 余处，日流量达 930 吨，是周围贫困带近 10 万人的生存水源。保护区境内植被茂密，峰峦叠嶂，被喻为“瀚海绿洲”“荒漠翡翠”。2002 年 7 月，罗山晋升为国家级自然保护区，保护区面积为 33710 公顷，约为宁夏全区总面积的 0.51%，其中，林业用地面积为 6163.7 公顷，占保护区面积的 18.28%；森林面积为 3143.1 公顷，占林业用地的 9.32%。保护区内动植物物种丰富，是天然的生物种质基因库。保护区内植被可分为 3 个植被型组、4 个植被型、5 个植被亚型、8 个群系组、14 个群系、252 个群丛。保护区内高等植物有 65 科、170 属、275 种，分别占宁夏全区高等植物科、属、种数的 54.6%、28.7%、15.2%。有陆生野生动物 114 种和 82 个亚种，隶属 22 目、44 科，

▲ 罗山国家级自然保护区

占自治区陆生野生动物种类总数的 29.16%。其中，国家一类保护动物有 1 种，二类保护动物有 21 种。

酸枣梁天然林封育保护基地　位于柳泉乡境内的酸枣梁东与盐池接壤处，西靠苦水河，南临中盐高速公路和阴梁湾，北与灵武市交界，距离灵武市白芨滩国家级自然保护区 30 千米。封禁保护面积为 10000 公顷。封禁保护区为重要沙尘源区和沙尘暴路径区。封禁保护区沙化土地均为宜林沙荒地，权属均为国有，封禁保护区总实施面积 10000 公顷，其中：流动沙丘面积 2080 公顷，半固定沙地面积 4815 公顷，固定沙地面积 3105 公顷。主要植被有沙米、沙蒿、猫头刺、红砂、沙冬青、酸枣、老瓜头、苦豆子、白刺等矮小灌木和草类，植株稀疏，植被覆盖度为 20%。

红寺堡区天然毛条采种基地　基地位于红寺堡镇和柳泉乡的交界处，东至鸭爪子沟，北至甜水河，西到红寺堡镇甜水河村居民点，南接盐兴公路，总面积为 0.78 万亩。采种基地于 2001 年实施封育，2003 年 5 月全部实施围栏，原有植被很快

▲ 绿树守护着一片片农田

得以恢复。封育区内天然毛条生长茂盛，种类繁多，植被覆盖率达到了90%以上，有效地保护了周围近2万亩的农田，成为太阳山镇西北部的一道绿色屏障。

大河乡月亮湾沙冬青采种基地　基地位于红寺堡西南部，东起石炭沟，西至固海扩灌扬水干渠，东西长9公里，南北宽2.2～3公里，面积约3.2万亩。盐兴公路自东向西穿过项目区内，被新井沟、石炭沟等切割成面积不等的6片。2003年基地进行了围栏保护。主要植被有天然沙蒿、毛条、冬青等沙生灌木，平均覆盖度在30%左右，核心区在石炭沟大阴洼和骡子沟，面积1.5万亩，覆盖度平均在35%~45%。

灌木林　红寺堡荒山造林的主要灌林树种为柠条，柠条具有耐旱、耐瘠薄、抗逆性强的特点，直播和移植造林均获成功。红寺堡退耕还林以来，柠条主要用于灌区外围造林，长势和生长速度均超过天然柠条。

乔木林　红寺堡灌区造林数量最多的树种为新疆杨，新疆杨喜光，耐干旱和盐碱，在土层深厚、排水良好的土壤上生长最佳，根系较深，抗风力强。作为风景树、行道树及“四旁”绿化树种，是红寺堡城区外围、绿色通道、条田林网的主要造林树种，栽植面积最广，长势良好。在人工乔木林中，刺槐为落叶乔木，树高达30米，花有香味，是行道树、观赏树和沙地造林树种。刺槐适应性很强，由于生长快、耐力强而成为红寺堡最早营造的树种之一，适于红寺堡各地栽植，无论是混交林、纯林或独立树，其保存率都很高。刺槐虽有一定的抗旱能力，但不耐水湿，生长快，是世界上重要的速生树种。红寺堡区春季多风，比较干燥，通常采用春季截干造林，在红寺堡区育苗面积仅次于新疆杨。

第三节　绿染新区

向田园城迈进

1998年的红寺堡城区为一片荒漠所覆盖，在昔日的荒漠上，红寺堡人以沙作画，绘制蓝图，开始了建设移民新城的步伐。城市开发建设之初，资金极其紧缺，工作千头万绪，但绿化工作从未动摇过。10年的城市建设，见证了红寺堡20万

▲ 荒漠中崛起的新城

人民加强生态保护、共建绿色家园的艰辛历程。

2001 年，红寺堡城区绿化工作正式启动。

2002 年 3 月，建设与环保局挂牌成立，绿化工作由建设与环保局负责。

2003 年，城区内共栽植景观树木 9.9 万株，绿地面积达到了 79.2 万平方米，城镇绿化覆盖率从零提升到了 40%。完成了城区西、南、北方位的外围防护林带 3500 亩，成为城镇防风固沙的一道绿色屏障。2003 年年底，完成占地 2500 亩的城市周边宽幅防护林带的林地平整及冬水灌溉工作。

2004 年春季，完成了城市周边宽幅防护林带绿化政务，“城在林中，林在城中”的格局初步形成。

2005 年，按“三园、多带、一圈”的城市绿化网架，在城市周边湿地、新建道路两旁等地植树 70.9 万株，绿化面积 42 万平方米。5 月 17 日，绿化工作移交环保局管理。12 月 31 日，环保与城市公共事业管理服务中心成立，绿化工作归属服务中心管理，当时从事绿化工作的人员有 9 人，有绿化车辆 3 辆。城区种

植有常规树种 8.4 万余株，小榆树 35 万株，栽植芦竹 3000 余窝，各种树木成活率达到 70% 以上，城区绿化面积达到了 42 万平方米。

2007 年，城区春季共补植树木 3600 株。秋季主要对绿化林带进行垫土平整，共垫土方 37912 立方米，对广场、管委会门前等地段实行公司化的方式进行绿化，绿化面积达 1.7 万平方米。当年，红寺堡城区绿化总面积达到了 63.7 万平方米。

2008 年，全面开展了“城乡环境综合治理暨绿化美化”两大工程，投资 2158.57 万元，种植树木 68.8 万株，其中：乔木 26.43 万株，花冠木 41.6 万株，常青树 0.77 万株。当年城区新增绿化面积 143.84 万平方米，城区绿化总面积达到 320.52 万平方米。

2009 年，重点开展了黄河路灌木栽植、盐兴路东出口绿色长廊、街头游园、城区绿化带硬化修边建设，累计投入资金 4000 万元，栽植以红柳、花棒、木瓜、紫穗槐、杨柴、杨树、刺槐、臭椿、大乔木、小乔木、常青树、花灌木为主的树木 168.3433 万株。建设了居安园、金水园、文化园三个游园和城北水系景观，城区绿化水平进一步提升。

◎ **小视窗**

生态景观工程

城北紫光湖是 2009 年红寺堡开发区着力打造集生态、节水、休闲、现代农业为一体的综合性景观工程，工程占地面积 2720 亩，由蓄水和绿化工程两部分组成，累计完成投资近亿元。一期 2009 年开工建设，完成 510 亩的山体绿化，种植云杉、樟子松等 31 个树种 10 余万株，建造 68 万立方米蓄水池一座；二期 2010 年开工建设，主要完成环湖半岛绿化 223 亩及道路附属工程。自工程开工以来，严格按照“因地制宜，适地适树”的原则，高标准、高起点进行规划设计建设，在原有荒山荒地上依山造势，挖池筑山，蓄水绿化，高位补灌，引水活城，采取水体、乔、灌、花、草、石相结合的原则，绿化苗木多达50余种。蓄水及绿化工程的建成，为城区外围林地及城东设施园区提供了节水灌溉，同时为红寺堡区生态环境改善，打造绿色开放平台起到了积极作用。在绿水青山的掩映下，线型道路、石景、石阶小径编织成一幅恬静画面，波光粼粼的湖面上水鸟嬉戏，游鱼追逐。整齐成行或混杂群生的各种绿化树种错落有致，紫色的苜蓿花、怒放的秋菊及其他各色鲜花竞相开放，将红寺堡北大门装点得异常靓丽。站在小山之巅，近观湖光山色、鸟语花香，远望青山碧水包围着的移民新城，一幅人与自然和谐相处的绿色画卷徐徐展开，一个绿洲移民新城正蓄势待发。

城南叠翠湖公园位于红寺堡区城南，总占地面积9800亩。园区按“节水、高效、优质”的设计理念规划设计，截至2013年年底已建设林区道路13公里，宽幅林带681亩，节水葡萄示范种植基地1100亩，累计育苗面积1390亩，其中：乔木育苗644亩，常青树育苗393.8亩，经济林育苗352.2亩。园区建成10万立方米高位蓄水池一座及配套绿化灌溉系统工程，1100亩葡萄示范基地和681亩宽幅林带全部采用了滴灌设施进行灌溉，亩均年用水量240立方米，较传统漫灌亩均年节水160立方米，1781亩滴管区年节水量达到28.5万立方米。项目实施后，有效缓解了城南周边土地沙化趋势。

清云湖生态公园位于人民街以北、弘德街以南、黄河路以东、吴忠路以西，总面积700亩，是集休闲娱乐、观光旅游、大型集会、文化交流等多功能为一体的综合型开放式公园。2011年11月动工兴建，工程建设总投资2200万元。主要建设10万立方米的蓄水池一座、假山泵房一座，栽植苗木40余种共计53万株，修建双层八角亭、四角木亭，铺设长1110米草白玉环湖栏杆，安装9组张拉膜亭，建设2座公共卫生间，摆放12块景观石、桌椅12套、坐凳56个、垃圾桶47个，安装太阳能灯186盏，配备立体式防水草地音箱60个。生态公园充分展示了生态人文、功能互动与平衡发展的理念，体现了城市发展与自然环境的和谐，公园以植物造景为主，乔、灌、花、草相结合，实现了三季有花、四季常青、绿草茵茵的绿化效果。园区内搭配花坛以及园林小品和休憩设施亭、廊、花架、桌椅等，已成为红寺堡人民适宜休憩的最佳空间和休闲娱乐的理想场所。（园林局供稿）

美景全从手中来

今春种下一棵苗，来年垂下万千绿。经过红寺堡广大移民干部群众多年的辛勤植绿，如今红寺堡的大多数村庄已掩映在绿色中。水地、平原、绿野，罗山脚下红寺堡越来越显现出“塞上江南”的美好景象，红寺堡城市的天空愈加湛蓝，水愈加澄碧，天蓝、水清、树绿、花香的宜居移民城的美景已经逐步实现。红寺堡生态绿化建设取得的良好效果，为宁夏中部干旱带的荒漠治理作出了有益的探索，更为我国西部干旱荒漠地区生态环境建设与保护提供了丰富的实践经验，有力地推动了宁夏中部干旱带生态环境建设和全区经济社会全面、持续发展。“红莲出淤无尘埃，寺寒草枯黄沙埋，堡区人民英雄汉，美景全从手中来”，这是对红寺堡人民十年辛勤植绿、创造绿色家园的真实描写和最美褒奖。

▲ 绿在城中

第三章　旱塬之兴

从零起步，百业兴起，红寺堡开发区建设的路途中既充满荆棘，也蕴含发展的潜力和创新的机遇。为不断增强自我发展能力，实现在宁夏中南部地区率先脱贫致富，红寺堡开发区在总体规划上实行近期与远期目标相结合，按照“边建设、边发挥效益”及先地下、后地上，建一片、形成一片、服务一片的原则，以生态建设、城镇建设和交通基础设施建设为突破口，不遗余力改善移民生产生活环境，夯实持续健康发展基础。十余年来，坚持规划先行、项目带动、管理提质、服务增效的建设思路，白手起家、艰苦创业，一座新城在荒漠上奇迹般崛起。抓住与包兰铁路、中宝铁路、京藏高速、福银高速的便捷联络，与定武高速公路、中太铁路等国道、省道连接，以及与盐兴、滚新公路交汇的优势，以加强基础设施建设为保障，加快城乡道路、给排水、绿化、路灯设施和新农村的建设，全面推进社会各项事业建设，夯实民生保障基础，为改善移民的生活生产条件，实现移民区的腾飞，再次奏响了可持续发展的进行曲。

第一节　荒漠崛起一座城

开发建设之初，红寺堡可见到的建筑物只有一个个稀疏分散在荒原上的土羊圈。十年弹指一挥间，在干旱的荒漠深处，昔日的滚滚黄沙被一座座高楼、宽广的街道所取代，一座绿树成荫的现代化移民新城悄然崛起。

这座城市，规划有序，特色鲜明，完成了“五路六街”循环贯通、方便快捷的道路网络；这座城市，园林环绕，风静沙平，创造了人民适居、乐居、安居的良好生活环境。从常年干旱，一刮风就飞沙走石的不毛之地，到遍布白杨、青松、防护林带的新型生态移民城市，“敢叫日月换新天”的红寺堡人，不仅播下了绿色的希望，也使这片热土发生了翻天覆地的变化。

沙海绘宏图

翻开移民开发的历史，红寺堡城市建设发展的脉络历历在目，沧海桑田之后的红寺堡正在向现代化的移民城市迈进。回顾峥嵘岁月，红寺堡的美景浸渍着建

▲ 移民新城

设者辛勤的汗水。

规划是城市的先导。1997年，《红寺堡开发区城市总体规划》编制正式启动，这是红寺堡荒滩上有史以来第一幅气势恢宏的城市美景图，它绘就了红寺堡人民战天斗地的胆识和向往美好生活的理想，它规划出了红寺堡未来的生活环境、投资环境和社会生产力。随着城市建设的推进，这个规划于2004年年底进行规划修编，2005年5月组织实施。这个规划，根据红寺堡灌区的地方资源、交通优势、区域位置、工业基础等条件确定了城市性质，制定了城市人口发展规划，用地的近期、远期发展规模，明确划定了功能分区。按照“罗山连城、园林围城、三产兴城”的总体思路，确立了红寺堡未来建设新型生态移民城市景观轴、发展轴和生态轴，精心打造了一张展示移民开发建设成就的新名片。

根据城市总体规划，红寺堡城区规划面积为54平方公里，城市用地总面积13平方公里。采取北部大力发展、西部引导发展、东部适当发展和南部控制发展的模式，确定了“一心、二轴、三园、多带、一环”的生态园林城市形态，形成城市中心区、工业仓储区、群众居住区、文化体育区、旅游服务区五大功能组团，并充分利用红寺堡的交通优势、扬黄灌溉优势，依托地形，因地制宜，因势利导，规划形成“三园、多带、一圈”的城市绿色网架。同时，对城区道路、给排水工程、电力电信、燃气供热、环卫环保、抗震消防等基础设施建设工程按照城市发展需求进行了详细规划。切合区情的科学规划有力地促进了城市建设，并为建设社会主义新农村打下坚实基础。

构筑大网络

人民城市人民建，建设城市为人民。开发建设十年间，红寺堡开发区积极争取国家投资近2个亿，以完善城市服务功能为重点，先后实施了一大批市政基础设施、公共服务设施、生态环境设施等重点建设项目。以道路建设作为拉动城市发展的引擎，于2008年全面完成“五路六街”的城市道路框架，修建12条总长为37.76公里的道路，铺设41.16公里的排水管网和37.76公里的给水管网，全面实现了水、电、通信和电视光缆线一次性入地、道路景观和其他各项配套工程的

▲城市交通

建设，逐步形成了循环贯通、方便快捷的城市道路网络，让移民出行更加方便舒畅。

以稳步解决城市居民住房问题入手，先后建设了创业小区、恒馨苑、建兴小区、罗山花园等居民新区并完善相关配套设施；以提升城市品位、聚集城市人口为目标，投资 1000 万元建设红寺堡中心广场工程，使之成为居民文化、娱乐、休闲的活动场所和城市一道靓丽的风景线；以提升城市对外形象、营造良好发展环境为抓手，完成盐兴公路城区段道路、排水、电网及路灯工程的改造工程；以提升服务水平、强化服务职能为要求，科学布局、合理规划，先后建成红寺堡高级中学、二中、一小、二小、人民医院、妇幼计生中心等项目工程，有效缓解了城区居民子女入学、看病就医等难题，建设管委会、广播电视楼、检察院和法院等一大批单位办公楼，全面推进各项社会事务管理工作步入正轨。

为解决城市建设的资金问题，红寺堡运用市场经济的理念，抓住项目与资源统筹配置，以项目带动资源开发，以土地资源支撑项目建设的这条主线，按照“统一规划、有序开发”的思路和“谁投资、谁建设、谁经营、谁收益”的原则，大力吸引社会投资，活跃城区商贸。依靠优惠政策、优质服务，先后吸引陕西、山西、甘肃、内蒙古等区内外客商240多家投资3.6亿元，建设清真牛羊肉市场、红寺堡综合市场、罗山商城、建材市场、商贸流通中心、面粉厂、中药材加工厂、沿街商贸楼等各类项目，完成建筑面积50多万平方米，充分发挥了以商业启动、以项目拉动，繁荣搞活城市经济的作用。

随着城市建设不断推进，红寺堡已形成以农业银行、农村信用社和保险公司为主体的金融体系，移动、联通、电信网络覆盖全境，邮政、供销等社会服务体系初步健全，仓储、外运、广告、劳务、星级宾馆、旅游服务等服务机构齐备，新型生态移民城工业化、城市化已初见端倪。

▲ 居民住宅

绿染新城

红寺堡以经营城市为理念，大力实施美化、亮化、净化、绿化工程，力求城市更靓，品位更高，人气更足。按照“建成一条、绿化一片”的原则，确立了“以块为主、条块结合、上下配合、多方联动、分工负责”的城市绿化工作总要求，采取“以地换绿、公司化运作增绿、城市绿化队补植增绿、捆绑项目资金增绿、单位自筹资金增绿、干部职工义务植树增绿”六种模式全面提升城市绿化面积。

红寺堡城市绿化主要围绕创建自治区级园林城市的目标全面展开，通过合理规划，全面构建点线相结合的绿地系统，努力塑造城市山水园林特色。以“全民义务植树，共建宜居新城”为序幕，成立城市绿化队，开展“见缝插绿”式城区绿化工程作战，对城区内所有宜林地进行整修绿化和原绿化带补植、新植；以政府投资、企业承包经营的模式运作，对城区主要居住小区、主干道路两侧和交叉口等处裸露闲置地块进行绿化；通过捆绑项目资金，采取改造提升和景观绿化的方式，先后实施了中心广场、管委会、中小学校、主干道路绿化改造工程；各相关单位按照“新建单位庭院绿地率必须达到30%、改扩建单位庭院绿化绿地率必须达到25%以上”的规划要求，积极开展“园林式、花园式”单位创建活动；为提供城市绿化基础保障，采取招商认购和市场化运作的模式，建设育苗基地806亩，累计育苗333万株。

移民新城，绿意融融，风光无限。截至2008年，红寺堡城区绿化总面积达到248.77万平方米，人均公共绿地增加到57平方米，城区绿化率为29.15%，绿化覆盖面积2.898平方公里，绿地覆盖率达到27.01%。站在红寺堡看红寺堡，红寺堡新城强势崛起于亘古荒原；跳出红寺堡看红寺堡，历经十年艰苦奋斗的大步前进，这座从零起步、功能日趋完善的塞上生态移民新城，正以新的面貌、新的形象、新的姿态展示出了红寺堡更为美好的明天。

服务惠民

城市建设全面启动以来，红寺堡始终树立“管理就是服务”的理念，以提升服务水平、建设美丽城市为目标，精心经营好、管理好城市。针对因移民大面积迁建、建筑垃圾集中堆放、商业街秩序混乱等问题，下大力气开展整治工作。在治理裸土地面硬化绿化方面，政府发出动员令：有物业的由物业单位负责绿化、维修自己管辖的地面，没物业的由区直单位包管，各区、街、社区负责组织协调，单位、企业整饬自管院落，临街商家门前自包……在集中整治脏乱差上，全面打好三大战役：一是整顿城市的占道摊位和夜市，解决乱摆乱放问题。通过建立行政督查队伍，组织开展了户外牌匾广告、占道商亭、私搭滥建等专项整治行动，着力改变“房子前面有棚子、棚子前面有摊子、摊子前面有车子”的杂乱状况，还城市清爽、整洁的形象。二是集中解决“脏”的问题。健全清扫保洁队伍，区、

▲ 绿染城区

镇、社区三级齐抓共管，严格按照“定路段、定人员、定面积、定标准、定报酬、定奖罚”的六定方针，将清扫保洁两项任务捆在一起，实行“门前六包”责任制，明确坐落单位和居民的保洁任务，确保其环境的清新、干净。三是重点整顿交通，主要解决“差”的问题。各路车辆分流，实行定点停放，切实照章办事，分路行驶。同时建立健全专业执法执规队伍，全面负责城管执法工作，使城市环境得到了彻底解决。良好的服务管理措施，不仅使城市生态环境得到有效改善，也使群众生活质量得到明显提升，红寺堡生态园林移民城市的形象更加深入人心，建设发展也得到移民群众的认可与支持。

◎ **小视窗**

红寺堡金水广场，每天早上的秧歌队、太极拳练习队、广场舞队等活动成为红寺堡城市一道亮丽风景线。

太极拳练习者祁国泰说：“练太极已经十几年了，刚来时这里风沙大，没有场地，也没有氛围，我挺抱怨这里，短短几年，这里环境变好了，人的素质也提高了，晨练是我的必然选择，我真感觉到这个城市有品位了。”是的，本来属于老年人练习的秧歌舞中还出现了大部分年轻人，这些年轻身影为红寺堡增添了活力。

随着红寺堡城区建设范围的扩展，红寺堡区城区生态环境建设发生了巨大的变化，城市绿化品位逐渐提升，城区绿化由原来的“保活栽绿”转变为现在的“绿化美化”。红寺堡区城北建设的生态公园，现在已是“柳岸曲桥，波光粼粼”，成为当地居民休闲活动的主要场所；公园内儿童游乐场的建设，将为红寺堡区学龄前儿童提供一个亲子互动、益智游玩的娱乐场所。（选自宁夏新闻网，记者：海清亮，2012年12月7日。）

第二节　移民致富的飘带

在红寺堡，历经十余年艰辛开发的建设者们都会感慨地讲述一个个关于道路的故事。从开发建设初期的“辎重难行”“无路可走”，到如今已经形成以公路、高速公路和铁路为城市大动脉、“三纵三横”交通框架彰显出枢纽型城市地位，红寺堡道路交通建设创造了“大道通衢”“百业繁荣”的发展神话。如今，红寺堡境内有福银、京藏、定武三条高速公路相连通，盐兴公路、太中银铁路和滚红高速公路穿境而过，交通网络四通八达，占据了红寺堡在鄂尔多斯、宁东和榆林三大能源产业基地“金三角”顶点位置的突出优势。站在红寺堡制高点——管委会大楼极目四望，但见条条宽阔平坦的道路像飘带一般伸向远方，引领着新兴移民城市走向更加美好的明天。

大道通衢

红寺堡地处宁夏的中心位置，北临吴忠市利通区和青铜峡市、灵武市，南至同心县，东至盐池县，西北与中宁县接壤。北距首府银川市 127 公里，南距固原市 220 公里，西距甘肃省兰州市 360 公里，是通往兰州、西安、银川等大中城市最便捷的通道。然而，十几年前，开发建设初期的红寺堡，却没有一条柏油路面，仅有的砂石路高低不平，且晴天飞尘滚滚，雨天泥泞不堪，往来车辆很少。初到这里的人们依旧记得当时“吃一碗饭留半碗沙子”的情景。恶劣的生态环境导致建设之初的十几名管委会工作人员，一年内就有 4 人卷起铺盖离去。交通不便给建设者们的生活也带来了很大困难，新鲜蔬菜从吴忠、中宁拉到红寺堡就变成了干菜，建筑材料从外面拉进去，也是豆腐价变成了肉价，这无形中就加大了本地的生产生活成本。

◎ 小视窗

道路“吓走”开发商

1999 年，红寺堡开发建设伊始，道路交通条件较差。一位东北客商来红寺堡考察，准备在这里投资创业。然而，当这位满怀热情的投资商亲身体验了 70 公里的路程要用 4 个小时才能走完的现实后，热情锐减。等到了红寺堡再转一转，更是如当头浇了盆凉水。考察结束后，这位投资商以道路条件差为由，打消了投资的念头。红寺堡开发区宣传部长杨存葆打趣地说，现在红寺堡的很多干部都会开车，这得益于当时开发区刚刚起步时没有道路的“好处”：茫茫戈壁，没有川流不息的车辆的干扰，他们拥有了一个最好的练车场。（宁夏网，1999年。）

在盐兴公路没有改造成柏油路以前，移民搬迁速度非常缓慢，红寺堡城市建设更是举步维艰。修路无疑成为加快红寺堡开发建设迫在眉睫的事情。

改善红寺堡移民开发区的基础设施条件，一直是宁夏各级党委、政府常抓不懈的重点工作。为使移民“搬得进”“留得住”，自治区高度重视，积极调整资金投向，安排专项资金2.3亿元优先用于红寺堡的道路建设。2000年4月，自治

▲ 红寺堡高速公路入口

区交通厅投资开工建设盐兴公路，短短4个月时间，盐兴公路红寺堡过境段80公里的二级公路就建成通车。这是宁夏境内标准最高的二级公路。盐兴公路的建成使红寺堡开发区如沐春风，开发建设一路高歌。在此之后，境内石中高速公路、黄同公路、盐兴公路及惠平、滚新、恩红公路在红寺堡交汇，以高速公路、普通公路和铁路为城市大动脉、“三纵三横”的交通框架已经形成。京藏高速和定武高速，过境段总里程92公里；省道S304线红寺堡区过境段103公里；恩红二级公路红寺堡区过境段23公里……红寺堡境内纵横贯通、四通八达的交通骨架，从根本上改变了行路难的问题，道路交通的日趋完善为红寺堡创造了良好的发展环境，赢得了前所未有的发展机遇，红寺堡作为宁夏中部交通枢纽型城市的地位初步确立。

◎ 小视窗

公路建设催生出的“工程村”

红寺堡大河乡香原村是远近闻名的“工程村”，这个村之所以出名，用村支书马英成的话说“都是托了公路的福”。他告诉记者，1997年修建盐兴公路沙石路面时，他就买了一台推土机在工地上搞工程承包，也正是那一次使他掘得第一桶金。之后他又买了两辆汽车、一辆装载机投入到红寺堡城市建设大潮中。2000年自治区交通厅重新修建盐兴公路柏油路面时，他开始带领村民们一起承包工程，随后又参与了滚新公路的修建。可以说，是公路建设成就了他的事业和村民们的致富梦想。如今马英成固定资产已达近百万元，成为香原村第一个百万富翁。目前，村里的车辆农忙时下地，农闲时上路，而且除从事工程运输外，村民们还贩菜、贩水果和贩煤，收入颇丰。

提起今天生活的变化，村民马存富竖起大拇指：好日子要归功于这几条柏油路的建成通车。刚来红寺堡时，马存富搞粮食贩运，当时全是沙石路，路况不好，运输成本太大，一年下来落不下几个钱。现在路修好了，运输成本也下来了，钱赚起来顺畅多了。现在马存富仅粮食贩运年收入就达3万多元。不久前，他又买了辆出租车跑起了出租。像马存富这样依靠公路发家致富的典型在村里还真不少。

眼下香原村共有汽车、三轮车100多辆。2003年全村人均收入达到1600元，比1999年时的人均不足600元翻了两倍多。全村200户村民都走上了致富路。（选自《宁夏日报》，记者：冯涛、杨涛军，2004年2月11日。）

致富之路

开发建设10年间，红寺堡完成交通基础设施总投资2.63亿元，农村公路总里程达1710.8公里，通村公路19条231.2公里，通乡、通村油路15条223.2公里，实现红寺堡所有乡镇通油路，所有行政村通公路，等级以上公路通车里程达507公里，四通八达的道路交通网基本形成。恩红、滚新、盐兴等骨干道和乡村主干道两侧栽植8500亩97万株防护林。随着盐中高速、滚红高速公路等主干道路的建成通车，红寺堡位于宁夏中部干旱带的区位优势更加显现，聚焦交通运输业、交通旱码头作用已经凸显，农村公路密度达到每百平方公里30公里，位居宁南山区各县（区）首位。

▲ 村村通公交

便捷的公路促进了红寺堡道路运输业的蓬勃发展。截至2009年，红寺堡有二级客运汽车站1家，三级客运企业1家，客运公司1家，出租客运公司2家，城市公交公司1家，拥有营运汽车417辆，开通客运班线40条，红寺堡所有行政村全部通了客车。

随着红寺堡“国、省、县、乡、村”五级公路体系健全，投资环境大大改善，移动通信、邮政、银行、电力、供销、医疗卫生等社会服务机构相继在城镇内设立办事机构并开展业务，一批城镇商贸、建筑、修理、加工、建材、饮食、百货、服务等第二、第三产业在红寺堡镇落地生根。

◎ 小视窗

客运世家王俊先

45岁的王俊先是红寺堡沙泉乡水套村村民，目前一家5口全部在跑客运。老王有两辆中巴车，一辆跑红寺堡到韦州的线路，一辆跑红寺堡到惠安堡的

▲ 客运车队

线路，两辆车年收入在 8 万元左右。谈到这一可观的收入，老王说：“这在以前是做梦也不敢想的事。”

红寺堡建设初期，老王曾抱着试试看的想法买了辆二手中巴，跑韦州到红寺堡线路。当时汽车行驶犹如蜗牛一般，50 多公里的路，要跑近 4 个小时。因道路原因，车辆也极易损坏，每天跑完车后，本想休息一下的老王总要拖着疲惫的身躯修车。因此，在跑了一年车后，老王想转做他行。就在这时，盐兴公路的兴建打消了他改行的想法。平坦的柏油路修成后，原来到韦州三四个小时的路程现在只需一个多小时即可到达。司机跑起来轻松，乘客也越来越多。这不，老王把旧车卖掉换了一辆新车，一年后又接回了一辆新客车。如今父子四人跑得不亦乐乎。一位从事客运的小伙子补充道：“路好了，运行时间缩短了，以前一天只能跑一趟，现在一天能跑两趟，效益就是不一样。”老王则深有感触地说：“要想富，先修路的理没错！”

宁夏红寺堡率先实现城乡公交“一体化”。“原来是晴天一身土，雨天两脚泥，现在硬化路通到了家门口，公交车开到了村里头，大人们去城里、孩子们去上学都十分方便。”宁夏吴忠市红寺堡区南川乡九村 50 岁的陈玉琴高兴地说。

红寺堡区建区之初，曾是一片车无路、人无道的亘古荒原。看到现在农村道路的变化，10 年前从“苦甲天下”的固原市搬迁到红寺堡，如今成为红寺堡交通运输管理中心主任的董建国感触颇深地回忆起当年的情景：“我刚搬迁到红寺堡区时，这里是一片荒漠，有些地方根本就没有路，有些地方有路也是石子路，天晴时尘土飞扬，下雨时泥泞难行，不要说坐车，就是骑自行车或者步行都极不方便，现在的变化太大了！”

日前，记者在红寺堡区道路运输管理所得知，红寺堡区共有 4 个乡镇、47 个行政村、20 万城乡群众，基本都属于生态移民，以前各乡村群众的出行主要靠无牌、无照、无证经营的黑“摩的”（三轮摩托车），运营秩序混乱，交通安全也没有保障，每年因此引发的交通事故高达 200 多起，其中不乏车毁人亡的惨痛事故。

为彻底解决移民群众出行难的问题，近年来，红寺堡区把道路建设作为移民开发工作的重中之重，积极争取项目支持，千方百计加快农村道路建设。2004年，为给开发区城乡群众提供安全便利的出行条件，红寺堡提出“城乡公交一体化”，成立了宁夏南原公交公司红寺堡分公司，采取双管齐下的办法发展城乡公交：一方面通过按质折价收购“黑摩的”、组织培训“摩的”驾驶员并由公司聘用的方式，从源头上减少“黑摩的”的数量；一方面增加城乡公交车辆和线路，2007年城乡公交线路覆盖到所有行政村，2009年城乡公交车辆增加到79辆，完全满足了红寺堡城乡居民出行的需要。

不仅如此，红寺堡区运管所客运站站长王应权说，因为红寺堡区初高中学校大都设置在城里，进城上学的学生在10000人左右，周末需要乘车回家的学生人数在8000人左右。以前学校集中在周五下午放学，8000多名学生一下涌出学校，造成公交车的拥挤和超载问题。尽管运管所在路上设有检查点，但由于路线较长、稽查人员不足，很难起到明显效果。运管所与教育局联系，城内3所学校实现错天错时放学，此后再没有发生过一起交通事故。

红寺堡区委书记南武征告诉记者：“红寺堡区现在已经实现了乡乡通柏油路、村村通水泥路，在宁夏率先实现了城乡一体化公交目标，极大地方便了移民群众出行，农村公路密度和标准高居宁南山区前列，方便了移民出行，拴住了移民的心。”

“公路通，百业兴”，红寺堡区过去车无路、人无道的遍野荒丘，现在已形成阡陌纵横、四通八达的道路交通网。“国、省、县、乡、村”五级公路体系健全，交通事业发展的空间进一步增大，移民群众致富途径进一步扩展。大河乡香园村是远近闻名的“工程村”，村里有汽车、三轮车100多辆，车辆农忙时下地，农闲时从事工程运输，他们异口同声地说：“这都是托了农村公路的福啊！”

不仅如此，受惠于交通服务，红寺堡区有5000多名投资置业的外地客商带领移民走上“转型”大道。陕西榆林一名投资商来红寺堡之前，一直在陕北从事石油生意。他说：“如果不是高标准农村公路及石中高速公路贯穿而过，我就不会来这里建设宾馆，牵引我落户红寺堡的红线，是高密度的农村公路网。”（选自新华网，记者：武勇、张雯，2010年11月25日。）

红寺堡道路四通八达兴百业

日前，全长19公里的滚泉至红寺堡高速公路正在紧张施工。该工程将于2010年建成通车，连接京藏高速公路与盐中高速公路。这将使红寺堡形成五级道路网络格局，也将进一步打通开发区经济发展的脉络。

以前，红寺堡是一片车无路、人无道的荒原。如今，开发区农村等级公路达到近400公里，实现了乡乡通柏油路、村村通等级公路。开发区交通局局长李成武介绍，农村公路密度达到每百平方公里30公里，居山区前列，率先在全区县（区）实现柏油路覆盖所有移民村，而且高速公路和太中银铁路横穿开发区北大门，标志着开发区“国、省、县、乡、村”五级公路体系健全。

四通八达的道路条网，极大地方便了移民出行。王俊先是红寺堡沙泉乡水套村村民，他有2辆中巴车，年收入在8万元左右。大河乡香园村是远近闻名的“工程村”，村里有汽车、三轮车100多辆，车辆农忙时下地，农闲时从事工程运输。村支书马英成说：“这都是托了公路的福。”开发区还率先在全区实现了村村通公交车，公交半价让利学生等措施，方便了移民出行，拴住了移民的心。

道路条网拓宽了移民致富途径，连通了经济发展脉络。去年来红寺堡发展设施农业的甘肃靖远东湾镇三合村村主任李晓刚颇有感触地说：“完善的园区道路给我们带来了发展信心，极大地方便了设施农业发展。”陕西榆林客商高强说：“如果不是高标准农村公路及石中高速公路等贯穿而过，我不会来这里投资发展，也就不会有现在的红寺堡宾馆、鹏程预制厂和精细化工。”目前，受惠于交通服务，红寺堡有5000多名投资置业的外地客带领移民走上“转型”大道。开发区招商局局长杨云说：“近年来一些大的招商项目能够青睐红寺堡，关键在于四通八达的交通框架。”（选自新华网，记者：苏志龙，2007年8月。）

第四章　风雨兼程创业路

光阴荏苒，15 年弹指一挥间。抚今忆昔，我们心潮澎湃，充满感激。红寺堡，这个曾经人迹罕至的半荒漠旱地，在这个一穷二白、一望无际的沙滩上，白手起家的红寺堡人民，一切从零开始，以永不言败、绝不服输的昂扬斗志，与艰苦的生活环境斗，与落后的生产方式斗，顽强拼搏，奋发有为，建区短短十余年，红寺堡的 20 万回汉儿女用勤劳的双手创造了一个个创业奇迹，谱写了一曲曲感人至深的创业赞歌。

▲ 城区初具规模

第一节 奋进在党旗下

党建工作

1998年秋天，红寺堡移民搬迁工作正式拉开了序幕。这年，工委、管委会共有干部11名。办公条件差，工作任务重，吃住不便是当时干部面对的基本困难。为了切实加强党的建设，发挥党员干部带领移民的核心作用，工委、管委会高度重视党建工作，抓班子、带队伍、建机制、强功能，不断给广大党员交任务、压担子，使他们在工作中不断得到培养锻炼，并选准配强了乡镇党委书记和村级组织班子，有效保障了开发区各项工作的开展。

2001年至2003年，共吸收培养发展了566名新党员，党员队伍不断壮大。截至2003年10月，红寺堡开发区党员发展到1266名。至2009年8月，红寺堡共成立了7个党委，3个总支，92个支部（其中农村支部54个）。共有党员3092名（其中农民党员2300名，回族党员1421名，妇女党员412名）。共创建“五个好”党委2个，“红旗”党支部52个。

2006年以来，坚持统一规划设计、统一招标、统一使用资金、统一拍卖旧址、统一配置设备、统一组织验收的“六统一”原则，共新建村级组织活动场所34个，总建筑面积5392.2平方米，投入资金390万元，新建40个村的篮球场；共筹措资金38.3万元，为42个村配套办公桌126套、活动室桌椅885套、文件资料柜126组；投资10万元对新建的村级组织活动场所进行绿化、硬化，共植树5160多株，硬化5000平方米；多方筹资9万余元，统一对村级党员活动室进行布置，统一制作了党务、政务公示栏，并对村级组织活动场所功能进行了划分，有力提升了基层党建工作水平。

党员教育管理不断加强　切实加强党员的培训，各级党组织采取上党课、专题辅导等方式，积极开展党员培训。加强党员电化教育工作。多方筹措资金40余万元，为40个村党员电化教育点更换了电视机、VCD等电教设备，解决了红寺堡电教设备空白问题；标准化电化教育站乡镇覆盖率达到了100%，农村标准化电化教育点覆盖率达到90%，农村党组织充分利用电化教育、远程教育手段，努力学习致富知识和国内外发展动态，有效拓展了发展的思路和视野。人才队伍建设扎实推进。坚持党管人才原则，紧紧围绕红寺堡经济社会发展大局，以解放思想为先导，以改革创新为动力，以服务发展为根本，积极推进“人才强区”战略，突出抓好人才的培养、引进和使用三项重点工作，全力提升人才工作队伍素质，为红寺堡跨越式发展提供了源源不断的人才保证和智力支撑。至2009年7月，红寺堡有各级各类人才5557名。其中：党政领导人才175名，专业技术人才1485名，有23名被自治区评为学科带头人。企业经营管理人才37名。农村实用人才3860名，其中有影响的骨干型人才235名，约占人才数的6%；获得国家颁发技术资格证书的有2392名。

2009年9月红寺堡建区以来，区委、政府高度重视基层党组织建设工作，始终以“围绕中心，服务大局”为要求，不断创新载体，激发活力，建立了“横

▲ 组工干部专题学习

向到边、纵向到底”的责任体系，使党的建设焕发出勃勃生机。

阵地建设事业兴　以“三大体系”建设为抓手，积极创建服务型基层党组织。在强化服务保障上，积极推进农村基层组织创业和党员群众创业，建立上级党组织服务下级党组织的工作体系。通过深化“一帮一联、双挂双创”联村联户活动，推行1名党领导干部帮扶10户农村贫困党员户、联系10户党员致富示范户，机关、企事业单位党组织“一对一”挂钩帮扶村党组织，党员干部挂钩帮扶1户贫困户，将基层帮扶点作为服务型基层党组织建设工作的联系点，年初承诺，年中履诺，年底评诺。围绕“五个好”目标，开展服务型基层党组织示范点、示范带、示范群的创建，推行服务型基层党组织“星级”动态管理考评。有效地丰富了机关党员服务发展、服务基层、服务群众的新内涵，拓宽了机关党员发挥才能的空间，树立了机关党员的形象，提升了机关党建工作水平；在加强党内服务上，建立党组织服务党员工作体系。通过优化设置党组织，推行组织分类设置、党员分类管理，在社区网格、村民小组、产业园区和劳务输出等产业链上设立功能型党小组。结合设岗定责，组建志愿服务型、群众文化型、带动创业型等功能型党组织，在流动党员相对集中的地方建立流动党支部、流动党员站或网上党支部。在区、乡、村设立党员服务中心，为党员提供信息交流、扶贫帮困、关系接转、流动党员联络、学习教育等基本服务。推行公开承诺、履诺、评议和领导点评制，建立健全党员述学、考学、评学机制，提高党员队伍的整体素质；在创设服务平台方面，建立党组织和党员服务群众工作体系。通过探索推行城乡组织联建、组织生活联开、城乡党员联帮、先进典型联创、党员责任联管为主要内容的工作机制，在红寺堡区推行社区网格化管理，实现组织、人、物、事、地五大要素集中统一。建立乡镇便民服务大厅、村（社区）综合服务站、村民小组（居民小区）便民服务点，构建党组织和党员服务群众的三级服务平台，有针对性地开设就业培训、劳务输出、党内帮扶、政策法律咨询、民事纠纷调解、远程教育、农业实用技术推广等服务项目。进一步加大村级组织活动场所建设维修力度，规范场所布置，将村级活动场所建成教育培训中心、文化娱乐中心、便民服务中心、群众议事中心。

几年来，通过抓强村级党组织书记队伍、抓细党员队伍教育管理、抓新村级党组织服务理念、抓活村级组织活动场所、抓实基层党建工作载体，红寺堡区不断强化村级党组织服务功能，让基层党组织联系、服务群众“零距离”。村级带头人服务作用得以充分发挥，有效维护了稳定团结的局面，激发了群众发展致富的劲头。通过比党性、比思路、比能力、比发展的“四比”活动，村级党组织工作水平和服务群众能力大大提高。通过在全区47个村全面开展“民主议政日”活动，为村民提供一个说话的平台，村民有事能议、有事会议、议事能成，真正体现了公正、公开和公平，确保了基层群众话有地方说、事有专人办。

队伍稳、人心齐　红寺堡区围绕“坚持标准、保证质量、改善结构、慎重发展”的方针，以扩大民主、竞争择优、严肃程序、公开透明作为创新移民村发展党员工作的切入点，改进了原有的农村发展党员办法，建立了“四推三审两追究”的发展党员新机制。“四推”：群众“海推”、群团“共推”、党员大会“公推”、“两委”班子“联推”四种渠道推荐产生入党积极分子初步人选。“三审”：村党支部、乡（镇）党委和区委组织部三级审查党员发展全过程。“两追究”：区委组织部对在发展党员中出现的违纪问题，要追究乡镇党委责任人和村党支部书记的责任。为确保发展党员新机制落到实处，还建立了发展党员“三定”工作责任制和“三位一体”的监督机制。这种以党员群众推荐为基础、以相关党组织审查为动力的农村发展党员工作，促进了农村发展党员工作民主化、规范化，有效缓解了基层党组织人才缺乏、党员结构失调、移民参与民主政治生活积极性不高等问题，为移民村营造健康文明、积极向上的风气起到了推动作用。

近年来，大学生村官为基层党组织建设带来了新的活力。为了更好地用好用活这支全新的队伍，让他们“下得去、干得好、流得动”，红寺堡区采取“三三制”管理模式，在很大程度上激发了大学生村官的创新动力。通过为大学生村官上好任前“区情课、取经课、意识课”、认识“理论课”和工作“实践课”，建立“三位一体”管理机制，积极搭建交流平台，畅通三种渠道抓好培养，增强大学生村官主动工作、主动服务、主动接近人民群众的意识，真正做到沉得下去、安下心来、扎根农村、干事创业；通过建立激励机制、考核机制和关怀机制三项机制，让大学生村官带头创业有资金保障，工作实绩有量化考核，生活上有所依托，真正实现学有所用、用有所长；通过按照“区委组织部抓宏观、乡镇党委抓具体、村‘两委’抓日常”的管理模式，对大学生村官实行区管、乡（镇）管、村管三级管理，进一步强化了大学生村官这一岗位的工作实效性。实行“三三制”管理以来，有5人考取了公务员、特岗教师，2人办起了养殖场，26人次被各级党委、政府评为“优秀党员”“道德模范”“先进工作者”，2人的先进事迹被新华社、《中国人事报》等媒体报道。“三三制”管理经验先后被中国基层党建网等多家党建网站、报纸杂志和媒体宣传报道。被誉为“六朵金花”的李娜、刘豆宁、李妍蒿、马如兰、马琰、张凤丽等6名女大学生村官被宁夏电视台推荐入选“感动宁夏2010年度集体”。

▲柳泉村党支部书记李妍蒿汇报工作

◎ 小视窗

成长故事

在宁夏回族自治区吴忠市红寺堡区大地上灿烂绽放的“六朵金花”，她们是大学生村官，在这片土地上大写着“80后”的责任与锐气，用智慧和劳作刷新了“80后”形象。

看上去很坚强　大学生李娜，到红寺堡区太阳山镇甜水河村当支书助理还不到一个月。她的钢笔字写得很漂亮，决心书有一股初生牛犊不怕虎的气势：“村官之路我才开始走，这条路或许会遇到寒风暴雨，但有纯朴可爱的村民支持，我有足够的勇气和信心面对一切。”

“前辈”张凤丽看完李娜的这些文字，忍不住乐了：哭鼻子的时候在后头哪。张凤丽在红寺堡南川乡白墩村当村支书助理已经两年了，一直单身住在村部。孤单让这名好强的女大学生村官在被窝里哭了好几次。“白天上班，心情还可以。下班后，一幢大楼空荡荡的，就住我一个人，很想家，很心慌。但再一想，带着不好的心情面对身边的人，别人会说我太娇气。我学会了伪装，在别人跟前永远表现得很坚强。”

想儿是一把泪　如果说，流泪是单身女孩当村官的孤独过往，那么，哺育孩子的艰辛和思念孩子的扯心，则是已婚女大学生村官嚼咽的生活滋味。

李妍蕎是太阳山镇柳泉村的大学生村官。最近她一直在忙人口普查。由于白天超负荷工作，晚上睡得太实，经常是孩子从床上“扑通”掉在地上，惊醒一家人。为此，她受了婆婆的不少唠叨。

红寺堡镇光彩村大学生村官马如兰去年春天在村里宣传中央一号文件，正好遇上农民修剪枸杞树。小马就一边帮村民干活，一边说中央政策，好几次都忘了接孩子的事。有一次，小马去幼儿园接孩子时，孩子哭着说：“妈妈你能不能早一点，幼儿园只剩下我一个人了。”马如兰含着泪答应了孩子。可到了下次，由于太忙，还是不能按时接孩子。

太阳山镇沙泉村女大学生村官刘豆宁在QQ空间里说：“儿子10个月时，

我忍痛把儿子送回老家。现在，想儿子就是一把泪。每次去看儿子，我是哭着去哭着回来。儿子看见我就像见到陌生人一样，我抱他会吓哭他。儿子刚熟识了，知道了我就是妈妈，我又该走了。”

沉下去，就不生分了　每个人都有不一样的困难，每个人都需经过磨砺才能实现涅槃。

红寺堡区委常委、组织部部长汪洋要求大学生村官每年做一次深入调研、写一篇发展调研报告、联系一名党员致富示范户、帮扶一个贫困户、给村子出一个好点子、抓一户少生快富户、上一堂时事政治课、记一本民情日记，每周吃一天农家饭、干一天农活等。

落实组织的要求，就必须沉下身子开展工作。

张凤丽与枸杞种植户南秀娥成了忘年交。在一次闲聊中，张凤丽了解到南秀娥渴望了解更多枸杞种植技术，就在网上找了好多资料打印出来给她送过去。一来二去，两人就走得近了。一次，灶上做饭的阿姨说：“小张，这是有人给你送的东西。”在此地没亲没友的张凤丽很奇怪。打开装着黄瓜、西红柿、鸡蛋的袋子一看，一张纸条说明了缘由：“小张，这些东西是我家自己产的，你别嫌弃。”

现在，张凤丽成了村庄的一分子。有时候在路口等车，村里人碰见她，就笑着问：“去城里啊？来坐我的摩托走吧！”那一刻，很温暖。

红寺堡集中了宁夏各地方言，各说各的“土话”，连村镇干部都不说普通话。起初，红寺堡镇团结村大学生村官马琰好像置身于外国。一次，镇上开一个重要会议，镇长让马琰做会议记录。会议结束时，记录本上每隔几行“点缀”着几个字，一共才记了一页。发现将来要留作资料的会议记录是一张“白纸”，镇长着急了：“你怎么不记呀？”马琰快急哭了：“我听不懂。”在场干部全笑了起来，镇长也笑了：“女子，你咋不早说啊？”

马琰从此就下了狠功夫学方言。每天工作、吃饭跟着镇上干部，边听边学着说，听不懂就一字一句请教；后来能听懂了，就找农民说。慢慢地，有人夸了：“这女子精灵。”

2010年11月3日，强降温，刘豆宁入户填写人口普查表。没找见桌子，刘豆宁就找了个椅子，打算趴在炕沿上填写。就在刘豆宁找纸准备擦椅子上的灰尘时，刚进屋的大娘急忙用袖子抹灰尘。嘴里说着："看这灰尘，你别介意。"说着又来抹残余的尘土，不等她再抹，刘豆宁就一屁股坐下了。大娘着急地说："看这死女子撒，还有灰呢。"大娘说话的口气和动作像妈妈，一下子让刘豆宁浑身暖和起来。

对这片土地爱得深沉　村部来了大学生，村部的档案、资料整齐了，写汇报材料、做统计不再是天下最难的事了，村干部们学会了在网上学技术查信息了。女大学生村官们也深深地爱上了红寺堡这片土地。

2010年年初，太阳山镇柳泉村决定办预制厂壮大集体经济。为了筹资，李妍蕎每天都奔波在相关单位之间。有时，李妍蕎为了等领导签字，能在楼道站一上午。几经周折，投资60多万元的预制厂建成投产，其中，李妍蕎经过多方努力筹资23万元。

除了新村官李娜，红寺堡其他5名女大学生村官都在"超期服役"：两年聘期满后，在今年9月提出续聘申请，选择继续留在农村。其实，这5名女大学生村官在今年公务员考试中成绩都达到了合格线，正在等待面试。但说起要真正离开红寺堡，却很舍不得。

"女大学生干村官好像有点另类，我觉得这种另类表现在繁忙的工作消退了大学生的娇气，表现在基层务实工作校正了'80后'眼高手低的缺陷。"

"其实想说的是，那些困难，那些磨砺，那些温暖的流泪的过往，都是生活的馈赠，满满的回忆，以后都会懂得，都要感恩。"她们这样说。（选自《中国人事报》，作者：王玉平、陈永康，2010年12月1日。）

用人"有"、选人"优"　红寺堡区积极探索优秀年轻干部培养选拔工作规律，树立优秀年轻干部培养的舆论导向，坚持多种选拔方式，积极选拔使用素质好、能干事、群众公认的优秀年轻干部，形成了良好的用人选人新导向。科学规划"谋"选：制定出台了《关于进一步加大培养选拔年轻干部工作的实施意见》，建立优秀年轻干部培养后备库，对红寺堡区党政领导班子和干部队伍建设及后备干部队伍建设进行了科学规划，进一步优化各年龄段干部的结构。树立导向“比”选：除采取组织推荐、群众举荐和个人自荐等方式外，还注重从乡镇、生产一线，从红寺堡区重点工作和处理突发性事件中发现年轻干部。通过公开选拔、公推公选、竞争上岗、公开竞聘等多种形式，深化干部人事制度改革，大力推进竞争性选拔干部工作，畅通年轻干部的成长渠道。2012 年公开选拔了 5 名 35 岁以下副科级领导干部，其中 30 岁以下 3 名。2013 年，又拿出 4 个副科级职位公开选拔 30 岁以下的年轻干部，逐步形成有利于优秀年轻干部脱颖而出的干部选拔任用机制。工作需要“优”选：在乡镇党委、人大和政府换届工作中，明确班子配备的年轻化目标，注重选拔使用年轻干部，通过部门与乡镇干部交流任职等方式，将一批优秀年轻干部充实到乡镇领导班子中，提高年轻干部在班子配备中的比例。

纪检、监察

红寺堡开发区纪工委、监察局成立于 2002 年 3 月，下设办公室、案件检查室、案件审理室、纠风执法室 4 个内设机构。核定行政编制 10 人，事业编制 1 人，

▲ 开展廉政警示教育

截至2009年7月，共有工作人员5人。机构自成立以来，认真贯彻中央和自治区、吴忠市及红寺堡工委、管委会反腐倡廉工作的重大部署，以提高纪检监察干部队伍素质、执纪执法能力为着力点，坚持用科学发展观统领反腐倡廉工作，坚持与时俱进，认真履责，争创一流，形成了“党性强、勤学习、团结好、作风硬、纪律严、工作实”的良好作风，为红寺堡优化政务环境，实现跨越式发展做出了积极贡献。

创新信访工作流程，案件查处工作取得新突破　制定出台了《红寺堡开发区纪检监察信访举报工作九项制度》，有力规范了来信来访处理、查办、催办、情况报告、责任追究、信访监督工作。认真排查由干部失职渎职、违纪违法和侵害群众切身利益行为引发的联名信、集体访、异常访和上访老户，对重点案件进行走访调查，造册登记，包案到人，限期办理。对初信初访案件，明确专人和责任，提高初信初访一次办结率，减少了越级上访和重复信访。推行领导接待日制度和干部下访制度，建立案件督办检查领导小组，积极做好乡镇纪委和有关部门排查

▲2008年，“阳光村务”启动仪式

化解矛盾纠纷工作情况督导检查，对转办信件一律明确办结时限并回复结果，做好登记，明确专人，加强督办。自2002年纪工委、监察局成立以来，每年受理群众来信来访30多件，已立案查处62件，有力打击了违法违纪行为。

创新工作理念，在作风建设上实现新突破　一是完善行政管理。制定了《关于建立完善效能建设10项制度的意见》《红寺堡开发区关于进一步规范公务车辆管理的若干规定》。各乡镇全部设立了便民服务中心，开展了“建章立制、强化问责”集中整顿活动，有30个部门、单位的主要负责人在红寺堡电视台黄金时段公开亮相，承诺为民服务的宗旨、项目和举措。二是公开效能监察。对一些关乎民生的项目建设实行公开监督、公开测评和公开验收，聘请红寺堡人大代表、政协委员3次对红寺堡“3211”工程和“两大工程”工作进行实地观摩点评，现场以无记名投票的方式对工作成效进行打分排序，并对测评中落实任务好的乡镇给予现金重奖，对工作排在末位的乡镇部门负责人给予效能告诫和经济处罚。三是强化督查督办。采取现场督办的方式，定期不定期对机关工作人员上下班、上下班期间的工作纪律、工作作风进行明察暗访，对个别单位工作人员上班玩游戏的行为进行了公开曝光，并责令写出书面检查，由单位召开专门会议查找原因进行整改。在红寺堡初步形成了“定了干、干必成、成必优”的良好氛围。四是方便群众监督。开通“主任专线”和信箱，明确专人负责，快捷办理，全方面倾听群众呼声、帮助解决问题。自2008年7月1日开通专线和信箱以来，已累计受理灌溉用水、土地纠纷等方面的问题22件，办结18件，成为加强各部门和各行业政风行风建设的“监督站”。五是强化行政问责。成立效能建设督查举报中心，向社会公布举报电话、举报信箱，制定了惩戒性强、约束力严、操作性强的《红寺堡开发区机关效能建设责任追究办法（试行）》五章三十一条，向行政不作为、乱作为“开刀问斩”，共受理举报投诉26件，办结22件，开展效能专项检查85次，70多人次因会议迟到和无故不参会及不作为、乱作为等行为受到经济处罚和责任追究。六是强化考评问责。对日常工作，由工委督察室和纪工委开展平时督查和考核，通报工作开展情况。对工委、管委会重大决策和重点工作实行现场观摩点评、公开监督、公开测评和公开验收，现场兑现奖惩。年终开展了综合考核，由工委领导带队，抽调各部门、单位主要负责人和工作人员，采取听、查、看、问、实地查看等形式，对照目标责任书逐项考核，对存在的问题进行现场反馈。同时组织工委、管委会领导，各乡镇、各部门、各单位主要负责人，人大代表、政协委员，社会各界代表 102 人现场听取各单位工作汇报，进行公开民主评议，现场通报评议结果。对党风廉政建设责任制落实情况进行了专项考核，由工委、管委会主要领导带队，抽调纪检监察、组织等部门工作人员，通过述职述廉、查阅资料、民主评议等形式，进行了综合考评，有力促进了红寺堡党风廉政建设和反腐败工作的开展。

统战工作

作为一个民族地区，没有民族团结、宗教和顺的发展环境，就没有地区经济社会的稳步发展。红寺堡作为宁夏最大的民族移民区，有 16 个少数民族，民族团结稳定工作关系着移民区的发展和稳定大局。自 2005 年 10 月 31 日红寺堡统战、宗教工作机构成立以来，在红寺堡地方党委、政府的正确领导下，在区、市业务部门的精心指导下，统战和民族宗教工作牢牢把握“大团结、大联合”主题，着眼大局、谋划发展，创新思路、破解难题。

筑牢各民族“共同团结奋斗，共同繁荣发展”的基础，坚持把“围绕中心、服务大局”作为第一主题，把“凝心聚力、共谋发展”作为第一要务，把“维护民族团结、促进宗教和谐”作为第一责任，把“结成最广泛的联盟、共建和谐富裕新红寺堡”作为第一追求，以争创民族团结进步模范区为目标，抓好统战谋和谐、加强团结保稳定、围绕中心促发展，全面推进民族团结进步各项事业健康协调发展，使移民新区呈现出民族宗教领域团结和睦，社会稳定和谐，经济及社会各项事业繁荣发展的良好局面，成为自治区宗教事务规范管理工作的一个亮点，受到上级有关部门的充分肯定，并作为典型经验在宁夏范围内推广。

加强民族团结，发展民族经济，构建和谐融洽的民族关系　坚持“各民族共同团结奋斗、共同繁荣发展”主题，大力宣传党的民族宗教政策、法律法规及“三个离不开”思想，深入开展民族团结各项活动，促进回汉各民族群众和睦相处，和衷共济。全力改善少数民族群众的生产、生活条件，争取少数民族发展项目资金 147 万元，推动了红寺堡种植业、养殖业、基础设施建设的快速发展，增加了社会效益和经济效益，有力改善了回族群众的生产、生活条件。2003 年至 2008 年先后涌现出了民族团结进步先进集体 9 个、先进个人 33 人，分别受到自治区党委、政府和吴忠市委、政府及红寺堡工委、管委会的表彰。开展宗教领域矛盾纠纷排查调处，聘任 10 名宗教界人士为宗教矛盾纠纷排查调处首席调解员，调处因建寺（庙）、聘任教长、分坊建寺等方面引发的矛盾纠纷 17 起，调处率达 100%。坚持宗教事务规范化管理，各项宗教活动在法律范围内正常开展，化解了矛盾，理顺了关系，凝聚了人心，团结了力量，为推动红寺堡民族宗教领域团结稳定和经济、社会各项事业发展提供了广泛支持和有力保障。

依法管理宗教事务的能力和水平进一步提高　健全机制，着力集聚创建合力。一是建立协调领导机制。成立了民族宗教工作领导小组、“宗教界评先创优”创建活动领导小组和宗教矛盾纠纷排查调处工作领导小组，出台了《红寺堡开发区

▲ 红寺堡区 2012 年古尔邦节茶话会

关于加强统一战线和民族宗教工作的意见》《红寺堡开发区关于进一步加强宗教事务管理工作，构建和谐红寺堡实施方案》等管理制度，完善了宗教工作联席会议制度，定期研究解决宗教工作中出现的新情况、新问题。二是实行目标管理考核。与各乡镇、各部门、各单位签订《统战民族宗教工作责任书》，对“宗教界评先创优”活动进行细化、量化分解，实行“分级负责、属地管理”，任务包干、责任分配，从根本上改变了过去“不会管”“不敢管”“不愿管”的状况。三是为了巩固和提升评先创优活动，每年进行一次年检复核，对符合评选标准要求的，在原基础上加星或保留，对不符合评选标准的进行降星通报批评。命名表彰了“五好”清真寺 9 个、“五星级”宗教活动场所 15 个、“四星级”宗教活动场所 15 个。四是加大宣传引导力度。充分利用集体性的宗教活动，对信教群众进行党的宗教方针政策教育，从而使广大信教群众增强了“四种意识”。近年来，累计设置“三热爱”“四维护”宣传牌 23 个，制作“宗教界评先创优”创建活动专栏 159 个、宗教活动场所分布图 8 块。

▲ 信教群众踊跃向灾区捐款

完善措施，积极创新管理模式　一是以开展“宗教界评先创优”创建活动为契机，在各乡镇建立了“一档、二卡、二册、四表、四有、四证、六制”的管理模式，即建立一套民族宗教工作档案；建立宗教活动场所寺管会成员登记卡、宗教活动场所学员登记卡；制定宗教教职人员及寺管会成员学习培训考勤花名册、宗教工作三级信息网络成员花名册；完善宗教教职人员登记表、宗教活动场所登记申请表、宗教活动场所跨地区活动申请登记表、宗教教职人员和宗教场所审批表；设有宗教办公室、分管领导和专兼职宗教干事、民族宗教工作安排和总结记录；健全宗教活动场所登记证、土地证、阿訇证、聘任证；建立《民族宗教矛盾排查调处制度》等六项工作制度。二是在红寺堡159座宗教活动场所建立健全“二卡、三表、三有、四册、九制”的管理制度。即救助贫困学生卡、帮扶特困户脱贫履责卡；管理人员工作分工表、资金来源明细表、宗教活动场所财务收支公开表；有学习记录、有会议记录、有矛盾排查调解记录；有信教群众花名册、宗教活动场所固定资产（用品）登记册、寺管会成员花名册、义务投工投劳花名册；《宗教活动场所民主管理制度》等九项工作制度，做到了民主管理组织健全、各项规章制度完善、信息台账资料健全，规范了宗教事务管理。

强化培训，不断提升创建质量　一是以培养“五好”宗教教职人员为重点，完善了《宗教人士学习培训制度》，定期开展民族宗教干部、信教群众、教职人员、寺管会负责人培训活动，不断提高宗教人士的依法执教水平。近年来，累计举办宗教知识培训班18期，参训2300人次以上，印制《宗教事务条例》《红寺堡开发区统战民族宗教工作文件选编》等学习读本806本，发放宣传材料15000余份，先后选送66名中青年宗教人士到宁夏社会主义学院和宁夏经学院培训。二是严格按照资格定期审核制度和有关聘任程序，对96名宗教教职人员进行聘任上岗，确保“有群众基础，有学识造诣，有政治意识”的宗教代表人士能够在宗教领域得到任用。三是按照自治区宗教局有关文件精神，对符合条件的229名宗教教职人员资格进行审核登记备案和换证申报工作。

规范管理，加大依法治理力度　一是加强宗教活动场所的管理，严把宗教活动场所新建、翻建和扩建审批关，申报审批翻建清真寺33座、新建2座，对田圈和黄岭2座清真寺进行合建处理，依法取缔非法宗教聚会点2处，强制拆除违章建筑营业房240平方米，依法取缔私设收乜贴点4处。二是加强宗教事务活动管理。2008年2月，通过积极引导和耐心细致地做工作，对红寺堡镇和平、光彩等村清真寺信教群众的跨省区上坟进行了成功制止；对红寺堡镇南清真寺的经文班依法进行了解散。依法采取强有力措施，制止了“周泽群势力”以哲派马化龙忌日为名，串联区内外“周泽群势力”追随者在红寺堡进行尔麦里活动，受到自治区、吴忠市主要领导的充分肯定和表扬。组织动员宗教界人士向四川汶川抗震救灾捐款3.8万元，其中宗教人士邓向华捐款1万元；各宗教活动场所帮扶贫困户1.3万元、贫困学生1.2万元，绿化寺院造林2.5万株，召开不同形式的民族宗教教育座谈会32场次。三是开展宗教领域矛盾纠纷排查调处。建立了纠纷排查调处工作机制，聘任康伏海等10名同志为红寺堡宗教界纠纷排查调处首席调解员，调处因个别宗教活动场所内部教派（门宦）因建寺、聘任教长、分坊建寺等方面引发的矛盾纠纷17起，调处率100%，有效推进了红寺堡宗教领域社会持续稳定。

2007年9月，吴忠市依法管理宗教事务现场会在红寺堡顺利召开；2008年1月，红寺堡统战部被自治区统战部评为2007年度先进基层统战部；同年2月，红寺堡民族宗教事务局被自治区宗教事务局评为2007年度宗教工作先进集体。2008年6月，红寺堡开发区工委统战部党支部被吴忠市委评为抗震救灾先进基层党组织；9月，红寺堡开发区工委统战部被自治区党委、政府评为宁夏回族自治区民族团结进步事业先进集体。

档案、史志、政研

红寺堡成立以来，各单位由于职能缺失、体制不健全、人员少、工作任务重等原因造成了档案资料管理的混乱、家底不清、档案不全、档案遗失等现象，个别单位因为办公地点多次搬迁，造成了一些珍贵史料性档案的永久流失，给红寺堡档案编研利用工作带来了极大的困难。

2006年，正值红寺堡开发区成立7周年之际，档案史志馆正式批准设立，属红寺堡管委会直属正科级事业单位，主要负责红寺堡档案管理、史志编修、党史研究等工作，核定领导职数1正1副，编制8名，从教育部门调入5名工作人员。档案史志馆成立以来，在工委、管委会的坚强领导下，在区、市业务部门的大力支持下，迅速开展了相关业务工作。

2006年3月，档案史志馆全体人员在经济困难、史料匮缺的情况下，以“板凳须坐十年冷，文章不写一字空”的良好史风和坚强毅力，绞尽心力，奔走红寺堡内外，考证轶事、收集资料、日夜研阅、补缺纠谬、修志数月，搜集文字资料800多万字，实物图片1500多张，以及大量的口碑资料，经过几个月的笔删斧削、总装润色，几易其稿，编纂出第一部反映红寺堡移民开发建设的百科全书《红寺堡开发区志》。志书以移民开发建设为主线，以“工贸强区、草畜富区、生态绿区、环境活区、科教兴区、依法治区”为主题，以扶贫扬黄灌溉工程、生态建设、城市建设、工贸招商、教育卫生等为重点，共设17编75章301节4个专记，具有新观点、新材料、新方法以及鲜明的时代特点和地方特色。真实、完整、全面、

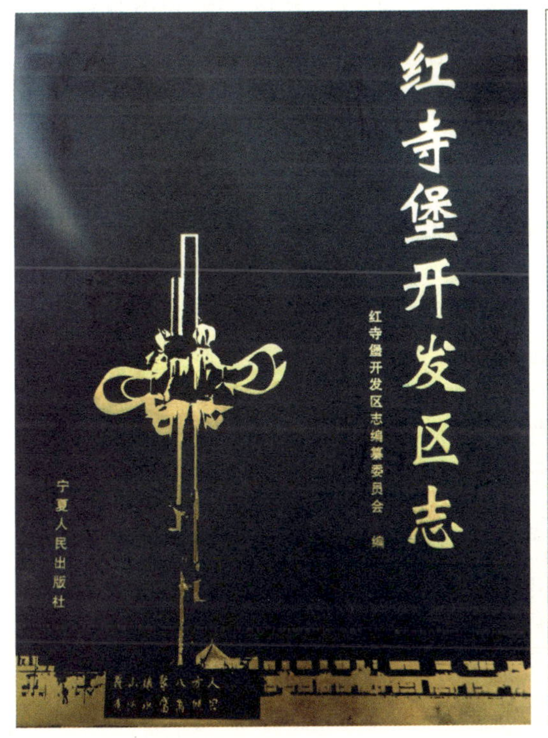

客观地记述了红寺堡的演变过程及红寺堡经济、社会各项事业从无到有、从小到大取得的辉煌成就。志书的编写开创了自治区方志史上的两个第一，即第一部反映移民开发建设的志书，第一部编纂时间最短的志书。2006 年度，档案史志馆也因此被宁夏地方志编审委员会评为自治区地方志先进集体单位。

2006 年以来，档案史志馆及时收集档案资料，为《滨河回乡》《宁夏年鉴》等编纂委员会编写上报红寺堡的相关内容 20 万字、图片 1000 张，为更好地宣传红寺堡搭建了媒介平台。2008 年，档案史志馆利用各单位积极提供的大量翔实的文字和图片资料，编纂出版了《宁夏中部干旱带（红寺堡）可持续发展论坛文集》。文集以“探索实践、共谋发展”为主题，真实、全面地记录了红寺堡开发区成立以来国务院、宁夏回族自治区、吴忠市关于发展现代农业方面的相关政策和具体举措以及专家的学术观点和科研理论，为红寺堡可持续发展提供了科学决策。

自机构成立以来，初步制定下发了《关于进一步加强红寺堡档案规范化管理工作的实施意见》《红寺堡开发区档案管理暂行办法》等规章制度和《关于加强实物档案收集工作的通知》《关于加强财务会计档案管理的通知》《关于加强最低生活保障档案管理的通知》等系列规范性文件，明确了档案管理职责及任务，规范了档案目标化管理，有力地促进了档案工作健康有序的发展。2008 年，制定下发了《红寺堡开发区档案工作规范化管理评估工作实施方案》。通过实地督查、发放反馈意见、复查等形式，对红寺堡各立档单位档案工作规范化管理进行了初步综合检查评估，为红寺堡的档案事业的发展奠定了坚实的基础。截至 2008 年年底，红寺堡共有 44 家立档单位，室藏档案总数达 4 万卷，标准档案室达 4 家，有 5 家单位达到了市级二级标准。

2008 年 1 月，档案史志馆挂靠于党政办公室，又承担起政研工作任务。为了更好地为党委科学决策服务，红寺堡政研人深入基层，紧紧围绕红寺堡经济和社会事业发展的热点和难点问题开展了有针对性的调研。通过研究和探讨一些带有方向性、全局性、战略性的课题，出思路、提参考。2008 年以来，共编发各类调研文章 20 余篇，为工委、管委会领导了解区情、科学决策提供了现实依据。自政研工作开展以来，通过在区、市政研刊物上积极报送政研成果，红寺堡政研工作得到了区、市两级政研室的认可。

工会工作

红寺堡开发区工会成立于 2005 年，按照自治区和吴忠市总工会及红寺堡开发区工委的部署，工会坚持中国特色社会主义工会发展道路，充分调动广大职工的积极性、主动性和创造性，以非公有制企业和农民工入会为重点，以工资集体协商为突破口，积极协调劳动关系，努力维护职工权益，支持职工参与企业管理，逐步形成了“党委领导、政府支持、各方配合、工会运作和职工参与”的工会工作新格局，使广大职工在构建和谐红寺堡和全面建设小康社会中发挥了主力军作用。

基层工会组建有了新突破。2005~2008 年，三年来，严格按照“组织起来、切实维权”和“扩大覆盖面，增强凝聚力”的工作方针，积极探索在非公有制企业和农民工中组建工会的路子，短短的三年内，共组建基层工会 56 家，发展会员 4770 人。

▲ 红寺堡区总工会女职工心理健康知识讲座

工会制度建设不断完善。建立健全了红寺堡开发区工会工作制度、困难职工帮扶制度、法律援助工作制度以及工会与管委会的联席会议制度和“三方协商机制”等为主要内容的各项工作制度，确保了工会工作有章可循、有据可依和规范操作。联合相关部门在企事业单位广泛开展了厂务公开、校务公开和院务公开的监督检查活动，并指导完善了以职代会为主要形式的各项民主管理制度，极大地调动了广大职工参与企事业民主管理工作的热情，使职工真正体味到了主人翁的地位、荣誉和尊严。

帮扶工作不断创新。一是坚持公开、公平、公正和透明的原则，深入基层调查摸底，建立了困难职工电子档案。二是在完善各项帮扶制度的同时，积极探索新时期工会帮扶工作的新路子，打破了过去只在“两节”来临时才集中解决困难职工存在问题的固有思维定势，并牢固确立了“职工（农民工）随时有困难，工会及时就帮助”的四季帮扶长效工作机制。三是积极协助开展送温暖活动，截至2009年年初，累计筹集资金28.62万元，帮扶困难职工、帮助重特大病患者和资助考入大学的特困职工子女上学等340人次。在四川汶川发生特大地震后，工会积极响应区、市总工会的号召，动员广大工会会员伸出援助之手，共向灾区募捐特殊会费5.22万元人民币。

维权工作稳步推进。坚持主动维权、依法维权和科学维权的原则，全力维护广大职工的合法权益和职工队伍的稳定。一是与司法局积极配合，共同努力，正式挂牌成立了红寺堡开发区职工（农民工）法律援助中心，为维护农民工的合法权益奠定了基础。二是开通了“12351”维权服务热线电话，为农民工提供了便利的咨询服务。三是成立了厂务公开领导小组，在企事业单位、学校、医院等开展了以职代会为主要形式的民主管理工作。四是从完善劳动关系协调机制入手，规范集体协商、集体合同制度，定期对企事业单位的集体劳动合同履行情况进行了检查，对存在的问题及时纠正。五是在红寺堡全面启动了“要约行动”，有力地推动了工资集体协商工作的有序开展。六是用实际行动切实维护职工（农民工）的合法权益。截至2009年6月已帮助180多名职工（农民工）追讨拖欠工资40多万元。

"四送"活动有序开展。研究制定了"四送"活动三年（2008~2010）规划，于2008年正式拉开了"四送"活动帷幕。一是送技能。借助红寺堡镇劳务产业培训中心这一平台，对90名劳务经纪人和585名农民工技能人员进行了集中培训，共有482人取得了相关职业劳动技能资格证书。二是送法律活动。借助法定宣传日、宣传月活动，以在群众较密集的地方挂横幅、散发宣传资料的形式进行宣传，共散发各类法律宣传资料3万多份。三是送文化体育活动。截至2009年6月，已为农民工共免费播放电影20场次，文艺演出4场次，观看人数达到6000人次。开展了"职工书屋"创建活动，有1家达到了自治区级标准，3家达到了市级标准；在管委会六楼会议室建成了600平方米的职工书屋和活动中心，并配备了6000多元的书籍和近万元的活动器材。四是送健康活动。组织"志愿者健康服务队"深入辖区各个建筑工地为600多名农民工免费进行了体检；组织防疫部门3次对200名农民工进行健康知识的讲解。

大力弘扬劳模精神。始终把关心劳模、爱护劳模作为重要职责常抓不懈，热情帮助他们解决生产生活中存在的各种困难和问题。从工会成立至2009年6月，共争取筹集慰问金、补助资金2.6万元，有6名同志分别被授予全国先进工作者、自治区劳模和自治区五一劳动奖章获得者。2009年之后，工会紧紧围绕中心工作，以维权为中心，以建会为基础，以培训为关键，以活动为手段，认真履行职责，圆满完成了各项目标任务，组织体系建设成效突出，基层工会活力明显增强。截至2013年11月，红寺堡全区基层工会组织发展到196家，覆盖职工10655人，会员总数达到10442人，其中农民工入会6070人；非公企业建会率达到了83%，乡镇工会规范化建设达标率实现25%以上，工会组建工作和规范化建设工作取得了历史性突破。维权体系建设成效显著，劳动关系和谐稳定。各级工会督促36家企业签订了集体合同，覆盖职工1657人；签订女职工特殊权益保护专项集体合同36份，覆盖女职工463人；参与调解、仲裁劳动争议案件20余起；红寺堡全区已有36家企事业单位建立了职代会制度，有36家企事业单位实现了厂（政）务公开，企业管理和职工维权日益透明。帮扶体系建设日益完善，服务工作科学规范。区工会困难职工帮扶中心开创了集帮扶中心、爱心超市、开放式办公服务为一体的“帮扶一体化”工作模式，并将2100名困难职工信息录入全国总工会电子档案。各级工会广泛深入开展送温暖活动。截至2013年9月，共救助困难职工（农民工）3225人，发放救助金121.96万元；金秋助学382人，发放助学金57.5万元；医疗救助89人，发放资金15.3万元。先后确立了2个培训基地，培训再就业人员3887人，扶持创业带头人23人，带动了1000余人实现就业。职工队伍素质明显提升，经济技术工作日新月异。2009年以来，红寺堡区共有2000余人次参加了工会组织的各类劳动竞赛活动,职工持证上岗率逐年增加。2009年以来，红寺堡区工会共推选自治区级劳模2名，吴忠市级劳模3名，先进工作者1名，五一劳动奖章2名，成立了劳模协会，进一步在广大职工群众中营造了尊重劳模,劳动光荣的良好风尚。自身建设取得实效,工会工作步入全新阶段。2009年以来，各级工会获得国家、自治区、吴忠市总工会颁授的荣誉称号16项，受表彰41人次。截至2013上半年，红寺堡区职工之家达标率已实现85%以上。人民法院工会被全国总工会授予“模范职工小家”光荣称号。

广大职工是建设美丽红寺堡的重要依靠力量，工会作为党联系职工群众的桥梁和纽带，始终坚持维护职工利益，为职工权益构筑安全屏障，积极调动广大职工建设新家园的积极性。9年的发展承载使命，也镌刻辉煌。新世纪、新阶段，红寺堡区委、区政府领导全区人民正全力开创红寺堡崛起的新局面。随着红寺堡区倾力打造“黄河善谷”核心区战略的实施，工会工作的对象、领域、内容、方式方法都出现了许多新情况、新问题。站在新的发展起点上，红寺堡工会必将团结动员移民区广大职工，在实现移民区跨越发展的历史征程中再创辉煌。

妇联工作

红寺堡妇女联合会成立于2004年4月，当时，红寺堡有47个行政村16万人，其中女劳动力有45594人，占总人口的28.5%。面对机构成立迟、工作起步晚、人员不足、整体工作滞后的工作现状，妇联首先从加强村妇代会组织建设着手，把责任心强、文化素质高的青年妇女选进村“两委”班子中来，配齐配强了各村妇代会主任，对符合条件的单位和部门分别成立了妇委会，通过建立各级妇联组织，迈开了红寺堡妇女工作第一步。

2006年，率先在宁夏开展了以“构建和谐社会，打造平安家庭”为主题的“平安家庭”创建示范活动，打造了红寺堡妇联工作品牌。全自治区妇联主席会议在红寺堡召开期间，全国妇联书记处书记观摩了红寺堡“平安家庭”示范村、示范户建设，红寺堡“平安家庭”创建示范活动得到全国、自治区、吴忠市妇联及各级组织的认可，并在自治区推广。红寺堡妇联为此获得了自治区“争优创先”先进集体，红寺堡开发区被评为全国“平安家庭”创建先进区（县）。

为了适应新时期妇女事业的发展，红寺堡妇联坚持“党建带妇建，妇建服务于党建”的原则，建立了妇联工作奖励机制，调动了妇联干部工作的积极性和主动性，有力促进了妇联主体活动的开展。截至2009年7月，共建立了基层妇联组织72个（其中乡镇4个，各部门妇委会24个，村妇代会42个），妇联工作逐步走上了正规化。

2004年以来，从贫困学生的救助、捐助春蕾书屋到捐资办学，从筹集资金

▲ 红寺堡区基层妇联干部计算机基础知识培训班

对妇女的慰问到争取项目资金，帮助妇女发展致富，无不渗透着妇联一班人的汗水和心血。为帮扶贫困妇女发展，妇联共争取小额信贷 120 多万元，对 1100 多户致富积极性高的农村妇女进行了扶持，项目运行中，涌现出了马兆莲、丁红等一批依靠科技扶持致富的妇女典型。

2004 年以来，共创建“巾帼文明岗”12 个，在各行各业妇女中涌现出了一大批爱岗敬业、无私奉献的“巾帼建功标兵”“三八”红旗手。

妇联成立以来，移民区广大妇女的社会地位和家庭地位明显提高，妇女人均纯收入由原来的不足 500 元上升到 2000 元以上，有力地推动了妇女事业的进步和发展。2006 年、2007 年、2008 年的年度考核中，妇联工作连续三年取得红寺堡前 3 名的好成绩，也得到了自治区、吴忠市乃至全国妇联的肯定，多次受到表彰。

共青团工作

在红寺堡近 20 万移民中，有青年 2.6 万人。这支年轻的群体，在历经风沙

▲ 青年团员风采

侵袭与烈阳洗礼之后，逐渐成为红寺堡经济社会发展的中坚力量。他们豪情、侠义、担当、奉献，从未放弃过对理想的追求和对未来的憧憬，在红寺堡的每一寸土地上，都可以看到他们执着的身影。红寺堡团委作为“组织青年、服务大局、引导青年、凝聚青年”的中坚组织，自成立以来，以引导、团结红寺堡青年为己任，努力通过各种载体将红寺堡年轻人的朝气和活力转换成干事创业的壮志与激情，全力助推红寺堡青年人成长成才，开创了红寺堡共青团事业的新局面。

2005年以前，红寺堡共青团工作由红寺堡党工委办公室、组织部等部门代管。由于受机构不健全、工作人员少等因素制约，共青团各项工作长期处于相对滞后的状况。2005年11月，红寺堡开发区团工委正式成立，在工作人员短缺、经费不足、组建任务繁重的情况下，经过两年多的努力，将原来近乎于一盘散沙的共青团员进行了整合规范，建立了各基层团组织，并于2007年10月26日召开了共青团红寺堡开发区第一次代表大会，完成了第一届委员会选举任务。各基层团委、机关及直属学校团组织都普遍建立了团组织工作阵地，当年，共发展团员574名，谱写了团建的“红寺堡速度”。

以“动员社会力量，帮助家庭经济困难大学生圆梦”为主题的“壹基金”捐款助学累计募集慈善资金114.8032万元，资助贫困学生1310人。累计联合“公、检、法、司”等职能部门开展各类法律讲座120场次。围绕区委、区政府的中心工作、重点工作，累计上争项目资金580万元。成立了红寺堡区青年志愿者协会，注册登记志愿者2.8万人。主动服务航空旅游节、红寺堡“两会”、广场文化等重大节日、重大活动。积极引导各级团员青年、青年志愿者带头参与葡萄种植、弘德园区建设、慈善城市创建、生态绿化、环境卫生综合整治等工作，使基层团组织成为活跃在红寺堡各条战线上的一道亮丽的风景线。

自2008年到2013年4月，累计发展团员6152名，新建青年中心4家，新建非公企业、新型社会组织团组织114家。累计协调发放青年创业小额贷款1150万元，建立青年创业就业见习基地33家，青年创业基地8家。累计筹措慈善资金390万元，资助大学生1500人、小初高阶段学生700人，新建希望小学5所。

今后，红寺堡区团委将紧紧围绕建设和谐幸福红寺堡，与吴忠市和自治区同步进入小康社会的奋斗目标，坚定政治方向，切实履行职能，凝聚青春力量，同心共筑中国梦，着力促进广大青年在红寺堡经济建设、政治建设、文化建设、社会建设以及生态文明建设中建功立业，奋力开创红寺堡共青团事业新局面。

第二节　奏响时代强音

宣传思想工作

1999 年到 2009 年，10 年间，红寺堡开发区发生了翻天覆地的变化，宣传工作始终牢牢树立服务意识，围绕中心，紧扣主题，服务大局，引导舆论，不断巩固移民团结奋斗的共同思想基础。从移民搬迁安置到培育支柱产业，从漫漫黄沙到绿树成荫，从改善民生到移民增收致富，每逢红寺堡开展重点工作的时候，宣传思想战线都能够迅速行动，及时跟进宣传，先后宣传推出了见义勇为的陈真、辛近年，因公殉职的邵金龙、汤生平，青年创业大赛冠军王振和、师昌吉等先进人物，总结推广了红寺堡实施“以案定补”“阳光村务”“一帮一联、双挂双创”等经验做法，并在中央、区、市主要新闻媒体进行了集中宣传。这些重头稿件，规模大、分量重，既有点上报道，又有面上综合，全面显示了红寺堡经济社会发展的生动实践和巨大成就，在区内外引起较大反响，收到了良好的社会效果。

自 1999 年到 2009 年，红寺堡宣传部门真诚为各媒体服务，累计接待媒体记者 1800 余人次。在服务接待过程中，以情感人，以诚动人，累计在包括新华社、《人民日报》、中央电视台、《宁夏日报》《吴忠日报》等主流媒体刊发新闻 1.3 万篇(条)。先后组织开展了 30 余次大型外宣活动，在中央对外媒体和国外境外媒体发稿 80 多篇。工委宣传文化广电部多次获“全市宣传思想工作先进集体”称号。

10 年来，宣传思想工作以理论为先导，武装头脑。围绕党的十五大、十六大、十七大精神和新党章及党的一系列最新理论成果进行学习，工委中心组累计集中学习 150 余场次。共面向全市推介了一批理论学习专题，并组织专家学者深入基层做专题讲座 200 多场。组织开展了一系列理论大宣讲活动，听众累计达 30 万余人。组织召开“三个代表”、社会主义新农村、科学发展观等最新理论成果理论研讨会，累计有160余篇理论文章在《宁夏日报》《共产党人》《吴忠日报》等媒体杂志公开发表。坚持正确的舆论导向，围绕“高举旗帜，围绕大局，服务人民，改革创新”方针，紧扣工委、管委会中心工作进行宣传，在有声有色的活动中锤炼了队伍，在锤炼队伍中推动了宣传思想工作不断攀登新高峰，一支政治强、业务精、纪律严、作风硬的宣传思想工作队伍已经形成。

2009年9月建区以来，宣传思想文化工作按照“高举旗帜，围绕大局，服务人民，改革创新”的总要求，突出学习型党组织建设抓理论武装，突出服务转变经济发展方式抓舆论引导，突出创建文明单位抓社会主义核心价值观教育，突出优化基层宣传文化队伍抓阵地建设，起到了良好的凝人心、鼓士气、扩影响、树形象的宣传效应。

强学之“风”　深入推进学习型党组织建设，打好“做实”“做活”“做强”的“组合拳”，切实加强理论武装工作。坚持学用结合，围绕区委中心工作深入开展理论研究，努力构建中国特色社会主义核心价值体系，筑牢全区人民积极投身建设开放、富裕、和谐、美丽、慈善红寺堡的思想理论基础。

以解决干部学习热情和动力不足，学习制度落实不到位、执行不力，突击学习、

▲高台社火

应付学习等问题为出发点，创新实施学习型党组织建设。区委中心组充分发挥理论武装和思想解放“龙头”作用，采取集中学、专题学、辅导学、借鉴学、推荐学、网络平台学等多种学习方式，实现了中心组学习的规范化、制度化。创新推广“1+X”触摸式学习法，变一人授课为团队学习，各级党组织重工作、轻学习，以会代学现象明显改观，各级党组织和广大党员干部的学习积极性、主动性明显增强。以理论宣讲和研究为抓手，认真开展党的十七大、十七届六中全会、十八大、十八届三中全会、习近平总书记系列重要讲话以及自治区、吴忠市及红寺堡重要会议精神的学习宣传贯彻工作，组建宣讲团、宣讲小分队进农村、进社区、进企业、进学校、进医院开展各级各类宣讲600场次，受众达18万余人次，创新开展“道德大讲堂”“先进人物事迹报告”“文艺巡演走基层”活动，构建起了区、乡、村三级宣讲大格局。围绕中央、区、市重大战略目标，推出了一系列有价值的理论成果，为区委、政府科学决策提供了强有力的智力支持。截至目前，形成理论

▲ 学雷锋 献爱心

调研文章50余篇，其中12篇在市级以上刊物刊发。

树兴之“象” 坚持正确舆论引导，强化正面宣传，积极发挥主流媒体作用，重视新兴媒体建设，着力提高舆论引导能力，不断提升红寺堡区对外知名度和影响力，为经济社会发展鼓劲造势，营造良好的舆论氛围。

夯实新闻宣传基础 紧紧围绕区委中心工作，出台《县级领导新闻点题办法》和《关于建立新闻发言人制度的意见》，确保重大活动和重点工作新闻宣传“跟得上、贴得紧”。围绕“慈善产业”“生态移民”“大县城建设”“旅游文化产业”“深入学习实践科学发展观”“党的群众路线教育实践活动”、农田水利基本建设大会战等重大事件和重要工作，全方位多角度开展新闻宣传工作。

提升对外宣传水平 坚持“请进来、走出去”，加强同中央和区、市主流媒体的联系与协调，有计划地邀请各级新闻媒体记者来采访红寺堡区的特色、亮点工作和典型经验、人物，有效提升红寺堡区对外的良好形象，增强外宣效果。五年来共接待各级媒体记者2000余人（次），组织记者大型采风30余次，在中央、自治区、吴忠市各级媒体刊发稿件4800余条，其中，在《宁夏日报》刊发头版头条39篇，《吴忠日报》刊发头版头条81篇，刊发专版73个，在宁夏电视台、吴忠电视台分别播发新闻61条和298条，在宁夏电视台和吴忠电视台播出《今日红寺堡》新闻专题广电节目196期。通过对重点工程、亮点工作正确的舆论引导，凝聚了人心、汇聚了力量，确保各项工作顺利完成。

精心打造宣传品牌 结合红寺堡有影响力的慈善产业、生态移民、航空旅游等特点积极拓宽宣传渠道，主打“慈善牌”“生态牌”和“移民牌”，围绕“文化搭台，经济唱戏”的目标，集中配合中央电视台、中国经济网等主流媒体高频报道红寺堡，在央视财经频道《对话》《经济半小时》，新闻频道《新闻联播》《东方时空》《新闻调查》，中央人民广播电台等金牌栏目播发了《黄河善谷爱心接力》《来自“黄河善谷”的报道》《记者第一手调研：从“菊花台”到“黄河善谷”》《百万大移民》《黄河日记》等一批有影响有分量的新闻稿件，为红寺堡区慈善产业、文化旅游产业等发展营造了良好的舆论氛围，达到了宣传推介构建合作平台，吸引了更多的企业家、慈善家来投资置业。

策划实施主题宣传　采取报纸、广播电视、网络、手机媒体协同作战，设立专题专栏，多层次、广领域开展以“科学发展、后发赶超”为主要内容的新闻宣传。2013年在全国两会期间《今日中国》杂志用八个整版，对红寺堡建设发展情况向全国代表进行了全方位推介。中央文明网、《时事报告》《共产党人》等中央和自治区级重要刊物刊发红寺堡领导干部理论文章20余篇，其中“关于创新推广‘触摸式’学习法的思路探究”“农户信誉评星定级文明创建新招惠民”分别在中央文明网与中宣部主办的《时事报告》上刊登；与宁夏电视台、吴忠电视台合作开辟栏目《今日红寺堡》，共播出专题节目16期。制作成就展示宣传片16部，在辖区主干道路设立大型宣传牌29面、大型宣传标语77条（次），掀起宣传热潮。

加强网上舆论引导　积极加强对突发事件及网络热点事件新闻报道的管理力度，充分发挥新华网红寺堡频道及红寺堡党建网、红寺堡区人民政府网等网站的优势，大力宣传党的路线方针政策和中央、自治区、吴忠市党委的重大战略部署，开展重大主题、形势政策、先进典型宣传，在新华网红寺堡频道、人民网等主流网站刊发新闻共600余条。

创优之“品”　积极构建社会主义核心价值体系。以开展学习型党组织建设和“创先争优”活动为契机，采取举办专题学习班、专题宣讲、报告会等形式，充分利用文化大院等阵地，广泛开展社会主义核心价值体系“六进”活动，推进社会主义核心价值体系的学习、宣传与研究。以开展“知荣辱、树新风、我行动”道德实践活动、“我们的节日”主题实践活动为抓手，广泛开展群众性节日民俗文化娱乐活动，着力打造特色鲜明的节日符号，增添节日魅力，引导广大干部群众认知传统、尊重传统、继承传统、弘扬传统。

提升公民思想道德素质　以思想道德建设“四大工程”为重点，广泛开展形式多样、内容丰富的道德实践活动。在党政机关和窗口服务行业以诚信建设为重点，强化职业道德建设，积极开展“行风评议”“行业优质服务竞赛”等活动，切实增强服务意识。在未成年人中广泛开展“做一个有道德的人”主题实践、“日行一善”“中华经典诵读”“文明新风在身边”“我知父母心、感恩在行动”等系列活动，提升了青少年的思想道德素质。在农村、社区以孝德建设为重点，广

▲ 道德讲堂

泛开展“星级文明户”“和谐家庭”“好婆婆、好儿媳”等评选，促进了家庭和睦、社会稳定。通过“四大工程”的全面深入实施，激发了各地广泛开展道德实践活动的热情，公民自觉履行法定义务、社会责任、家庭责任的意识明显增强，公民道德素质和社会文明程度明显提升。

优化群众性精神文明创建载体 以创造优美环境、维护优良秩序、提供优质服务、培育道德风尚、丰富文化生活为主要内容，深入开展文明城市创建活动。创建自治区级文明单位 4 家，市级文明单位 14 家，红寺堡区级文明单位 25 家；全面加强农村精神文明创建，广泛开展“文明村镇”“乡村好人家”等创建活动，创新实施农户信誉“评星定级”的金融服务新模式，被授予吴忠市文明村镇 3 个、红寺堡区文明村镇 6 个、吴忠市级乡村好人家 420 户。以强化职业道德、突出诚信建设为重点，文明行业、文明单位创建活动不断深化拓展，党政机关广泛开展“创文明机关，做人民满意公务员”活动，窗口服务行业开展“礼貌待人、诚信服务”活动，在形成良好政风行风、培养诚信观念、规范行业行为、提高服务质量等方面取得了积极的社会效果。

选树道德模范培育良好社会风尚　以宣传、推介各行各业先进典型、先进人物为基点，全面推进公民思想道德建设，促进经济社会健康和谐发展。五年来选树各级各类道德典型近300名，涌现出了“新中国成立以来60位感动宁夏人物”康伏海、“2010年感动宁夏十大人物”和“见义勇为”模范沙渊聪、全国第三届道德模范提名奖获得者杜雪梅、中国好人榜入选者赵凯峰和首届“吴忠好青年”青年教师姜宁等一大批先进模范典型人物。通过在电视台开设“我们身边的好人”等专栏专题、建设“道德模范墙”、开展先进人物事迹报告会等多种形式，教育引导广大干部群众自觉学习道德模范、崇尚道德模范、争当道德模范，进一步弘扬了中华民族文明礼仪、诚实守信、孝老爱亲、助人为乐、见义勇为的传统美德，形成了良好的社会风尚。

第三节　构建和谐家园

法院工作

红寺堡开发区人民法院于1999年12月开始筹建，2002年4月5日挂牌成立，有政办、刑事、民事、执行4个内设机构，工作人员13名，其中：中央政法编制9名，法官7名。虽然人员少、案件多，但红寺堡开发区人民法院以“精审判、强队伍、优服务”为工作目标，抓改革强审判，抓服务树形象，抓队伍促公正，赢得了社会各界的普遍好评。

截至2009年，共审、执各类案件3426件，解决争议标的3000多万元，连续6年无重大集体上访事件，实现了违法审判零记录、新收案件超审限零记录。

法院集体和个人分别受到各级各类表彰奖励57次和73人次。先后获得“自治区精神文明单位”“自治区保持共产党员先进性教育活动先进集体”“全区法院先进集体”、记集体二等功等称号或荣誉。连续7年保持了“重大事故零记录”。

设区以来，红寺堡法院不断强化自身建设，积极维护法律权威，通过改革来改进司法作风，充分发挥正能量，严格公正执法，努力让人民群众在每一个司法

▲2011 年全国开发区法院工作第十七届年会在红寺堡召开

案件中都感受到公平正义，法院工作有了新气象、新作风、新变化和新成绩。

天平在阳光下闪耀　2010 年 1 月，经最高人民法院批准，红寺堡开发区人民法院更名为吴忠市红寺堡区人民法院。五年来，红寺堡人民法院以“推进社会矛盾化解、社会管理创新、公正廉洁执法”为工作重点，切实履行宪法和法律赋予的职责，紧紧围绕区委中心工作和审判业务、队伍建设和法院改革等工作主题，全面加强审判和执行工作，各项工作走在了全区前列。

阳光审判显公正　几年来，红寺堡人民法院大力推进阳光审判，拓宽司法公开范围，自觉接受人民群众监督，不断增强司法透明度，同时健全与人大代表联络工作机制，采取邀请吴忠市、红寺堡区人大代表、政协委员和社会各界参与庭审观摩、旁听案件审理，对结案进行评议，缓刑案件举行听证会等形式，促进法院工作公开、公正、合法。

通过公正行使刑事审判权，依法惩治各种危害社会治安、破坏经济秩序等犯罪活动，建立特邀调解员、“法官＋村官”等工作制度推进民事审判方式改革，对行政机关的行政行为进行合法性审查，履行司法监督职能。截至目前，共受理各类刑事案件488件，审结476件，结案率为97.54%；受理民事案件3217件，审结2874件，结案率92.45%；共审理行政诉讼案件10件，审查非诉行政执行案件12件。有力地维护了社会公平正义，保护了群众的合法权益。落实“宽严相济”的刑事政策，所有刑事案件均在法定审限内审结，没有出现超期羁押和超审限案件，较好地落实了“公正与效率”工作主题，为红寺堡区社会稳定和经济发展创造了良好的环境。

能动司法强服务　加强立案信访窗口建设，实行立案、接访、导诉为一体的“一站式服务”，正确引导当事人刑事诉讼权利。民商事审判中，建立了特邀调解员制度、诉前调解制度、假日法庭制度和“无民事案件村”表彰制度，充分借助社会力量多元化化解矛盾纠纷，实现了人民调解、行政调解和司法调解的无缝对接，取得了明显成效。

通过推行普通程序简化审理，提高审判效率，积极探索“案结事了人和”的

▲ 深入基层调研

社会管理新途径，落实“法官＋村官”纠纷解决机制和“无诉讼案件行政村”等措施，建立社区“法律门诊”，采取“法官坐诊、出门巡诊和广场义诊”等措施，延伸司法服务群众的深度和广度；扎实开展小额速裁审判、设立工业园区法官工作站和残疾人维权合议庭，采取带案下乡、假日法庭、巡回审判和司法救助等方式为群众提供零距离司法服务，增强了司法的亲和力。2010年，73名特邀调解员就地化解矛盾纠纷1115起。2011年，推行普通程序简化审理，民事案件简易程序适用率达85%。2012年，调解结案和通过调解当事人自动撤诉的1362件，调撤率达81.7%。2013年，开展巡回审判25场次。2014年，建立类型案件分析研判制度、助残护善维权体系，不断增强服务意识，改革审判权力运行模式，始终保持案件均衡结案率在60%以上。

跟踪管理促执行　针对法院受理的执行案件逐年递增，移民流动性大、经济基础薄弱导致被执行人难找、被执行财产难寻等实际因素，不断改进执行作风，提高执行队伍素质，全力破解“执行难”。创新建立“执行快速反应机制”，成立执行快速反应小组，向当事人公开执行人员电话，随时接受当事人提供被执行人线索并迅速出警，极大地提高了执结率，该项机制被自治区政法委评为“综治工作创新奖”。推出“执行日志”制度，执行人员记录每一次执行行为，定期向申请人反馈执行进度，赢得当事人的理解和支持。建立健全执行工作联动机制及执行公开、执行期限跟踪、执行分权等工作机制，进一步规范执行行为，加大执行力度，提高执行效率；采取“专项案件执行”活动、重点案件限期执行等措施，综合运用执行“曝光台”“三加”执行法，进一步加大执行力度；推行一周一次夜间突击执行、一月一次排查摸底、一季一次集中执行的“三个一”执行法，灵活执行手续手段和方法，持续不间断地开展执行攻坚活动，始终保持继续执行案件结案均衡度在60%以上。截至目前，共执行各类案件1293件，执结率年均85%以上，连续4年积案执行率100%，执行标的1900多万元。

创新机制提质效　在没有单设审判管理室的情况下，法院审判监督庭既负责审判监督，又负责案件质效管理工作。为促进案件质量和效率不断提高，法院先后实行案件质效跟踪评查和监督结果月通报制度、“红黄牌”审限督办制度、个人质效考核档案制度，严格责任追究，坚持奖惩并举，逐步建立和完善审判绩效考评体系。在高院组织的两次案件评估中，红寺堡区法院分获基层法院第一名、第二名。共通过再审程序审理案件 3 件，确保了错案发生零记录。

立案审查和信访接待工作是人民法院联系群众的窗口和前沿。2010 年以来，加强立案信访“窗口”的软硬件建设，设立了“诉讼服务中心”、导诉台，改造了立案大厅，完善了信访接待、诉讼引导、立案审查、咨询查询、司法救助、诉讼调解等八项服务功能，建立了《院长接待日制度》《立案限时制度》，进一步畅通了当事人的立案信访渠道。共接待群众来访 4800 余人次，受理群众来信 8 件，做到了事事有答复、件件有交代，继续保持建院以来“进京赴银”零信访。落实司法救助政策，对经济确有困难的当事人办理减、缓、免交诉讼费案件 37 件 12.44 万元。

理念创新抓队伍　坚持以建设“政治坚定、业务精通、作风优良、清正廉洁”的队伍为目标，教育管理不断强化，制度措施不断完善，队伍综合素质逐年提升。

从加强领导班子建设入手，党组班子成员身先士卒做表率，先后有两名班子成员被记个人二等功。深入开展“人民法官为人民”“发扬传统、坚定信念、执法为民”“大学习、大讨论、大实践”等一系列学习教育活动，内强素质，外树形象，干警队伍的整体素质、团队意识得到了显著提高，有 95 人次获得各级各类表彰奖励，其中多名法官和干警获得全区人民满意的好法官、全区法院先进个人、“爱岗敬业模范”“平民法官”“调解能手”“全区十佳书记员”“见义勇为模范”等荣誉称号。通过岗前、任前廉洁警示谈话、聘任司法廉政监察员、“1+1”人大代表定期联络制度、“法院开放日”、家属义务助廉等多项措施，完善了预防腐败的内外部监督机制，持续保持建院以来未发生一起干警违法违纪事件。采取党组书记上党课、道德讲堂、法官论坛、“1+x”触摸式学习法、法官书记员技能大比武等形式，引导干警树立正确的世界观、人生观和价值观，不断提高驾驭工作的能力和水平。推行竞争上岗制度和交流轮岗制度，优化人才结构，先后有 13 名干部经过层层选拔走上中层领导岗位。提出“工作像乐园、学习像校园、生活像家园”的“三园”文化建设目标，通过开展形式多样、内容丰富的文化活动，凝聚人心，激发活力，调动干警工作的积极性和创造性。2011 年，被最高人民法院评为“首批法院文化建设示范单位”，连续两届获评“自治区文明单位”。

便民利民树形象　立足审判职能，全面推广“便民诉讼服务点”“巡回法庭”等便民、利民司法服务措施，积极参加普法宣传、综合治理、扶贫帮困等活动，服务红寺堡经济发展大局。建立“道路交通事故巡回法庭”、妇女维权合议庭，方便群众就近化争解难。开展涉农民工案件绿色服务通道、司法援助卡、法律志愿者服务队等形式多样的便民志愿服务，共向 19 名家庭困难当事人发放执行救助款 20.5 万元。通过选派综治特派员、法制副校长，开展法制讲座，新闻媒体报道等形式，切实加大法制宣传，延伸司法为民的触角，共在各类新闻媒体发表稿件 375 篇，发放法律书籍 496 册，举办法制讲座 97 场次。编辑《民族团结案例宣教手册》《农村常见纠纷案例警示手册》等，通过以案说法，教育群众知法崇德明理，从源头上预防和减少矛盾纠纷的发生，2011 年，被评为“自治区五五普法先进集体”。通过讲党课、慰问困难群众和党员、修建村委会围墙、送法律书

▲ 巡回法庭

籍进清真寺、赠送电脑和办公桌椅等形式对梨花村、平岭子村展开帮扶，2010年至今，扶贫帮困款达32万多元。

检察工作

红寺堡开发区人民检察院于2001年12月挂牌成立以来，始终把服务发展作为履行检察职能的出发点和落脚点，主动将检察工作置于移民区发展大局中来谋划和推进。刑事检察方面，自2002年6月正式受理刑事案件以来，红寺堡开发区人民检察院以提高办案质量和增强服务效果为核心，打击严重刑事犯罪分子，共办理公安机关提请逮捕案件277件456人，起诉案件359件557人。对公安机关侦查活动中存在的违法现象发出纠正违法通知书12份，提出口头纠正意见87次，发检察建议13份。反贪渎职方面，始终坚持把查办职务犯罪案件作为检察工作的重中之重，不断加大查办贪污贿赂、渎职侵权等职务犯罪大案要案的工作力度，共立案查处各类案件30件38人，挽回经济损失60余万元，反贪部门多次被授予“先

▲ 吴忠市红寺堡区人民检察院检察工作联络员培训讲座

进集体”称号，其中所办理的一起渎职案件被评为宁夏全区“十佳精品案件”。

以人为本，励精图治抓队伍　建院初只有6名干警，案多人少的问题非常突出，成为制约检察工作深入开展的瓶颈。2008年新班子组建以来，始终坚持“从严治检”的方针，坚持把建设一支“政治坚定，业务精通、作风优良、执法公正、高效廉洁”的高素质检察队伍作为全面加强自身建设的重要内容来抓，突出职业使命感、时代责任感、发展紧迫感、团队归属感、集体荣誉感教育和检察文化建设，较好地统一了干警思想、凝聚了力量、严肃了纪律。截至2008年年底，经过吸收、引进、培训等多种途径，红寺堡开发区人民检察院共有干警25人，组建了一支年轻、专业、有朝气的检察队伍。

建区以来，红寺堡区人民检察院围绕工作大局，坚持“立检为公、执法为民”的服务宗旨，坚持“强化法律监督、维护公平正义”检察工作主题，认真履行法律监督职能，不断创新发展，争创一流业绩，为红寺堡经济社会又好又快发展保驾护航，在立案侦查、执法监督、防腐反贪等工作上呈现出一些亮点，也涌现出了一些执法先进工作者，对维护法律尊严，促进社会公平正义，维护社会和谐稳定起了巨大的作用。先后被自治区检察院授予全区“五好”检察院、全区检察机关第五次“双先”评选活动先进集体称号，被吴忠市委、市政府授予“文明单位”“平安单位”“严打整治斗争先进集体”“政法综治工作先进集体”等多项荣誉。

惩治腐败不手软　大力开展查办和预防职务犯罪工作，坚决做到惩治腐败“零容忍”，通过加大办案力度，健全办案机制，加强工作协调，优化案件结构，突出查办了一批行政执法人员职务犯罪案件和国家工作人员商业贿赂犯罪案件，保持了惩治腐败的高压态势。建区以来，通过干警摸底以及受理群众举报等方式，共受理贪污贿赂案件线索123件173人，初查后立案49件72人，侦查终结41件60人，向人民法院提起公诉42件61人，人民法院做有罪判决32件48人，为国家挽回损失348.57万元；共受理渎职侵权案件线索18件24人，初查16件21人，初查后立案6件10人，提起公诉后人民法院判决4件7人；侦查监督（批捕）部门共受理公安机关及我院职务犯罪侦查部门提请批准逮捕案件393件587人，经审查批准逮捕336件494人，不批准逮捕56件95人。

针对近年来红寺堡涉农职务犯罪屡有发生的现象，检察院积极与农林、民政等有关部门协作，将涉农职务犯罪作为反贪和预防工作的重点，撰写了《关于红寺堡区农村基层干部职务犯罪调查及预防建议》，引起区委的高度重视。通过为辖区200多名村官举办了预防职务犯罪专题讲座，取得良好效果，预防工作位列全区检察系统考核单项前列。

严厉打击刑事犯罪　坚持多措并举，依法严厉打击刑事犯罪，全面化解社会矛盾。集中力量严厉打击严重危害社会治安的犯罪活动，把打击的重点始终指向持枪抢劫、杀人、强奸、强迫卖淫等暴力犯罪，黑恶势力及有组织犯罪、两抢一盗等严重影响群众安全感的犯罪，以及毒品犯罪、跨区域犯罪等。同时，认真贯彻落实宽严相济的刑事司法政策，对故意伤害、抢夺、非法持有枪支等主观恶性小，系初犯、从犯、未成年人等有明显悔罪表现，且犯罪情节轻微，没有造成恶劣社会影响具有挽救条件的案件，对犯罪嫌疑人做出酌定不起诉决定。自2009年至2014年4月底，红寺堡检察院公诉部门共受理各类刑事案件568件869人，有力地为红寺堡经济社会发展起到了保驾护航的作用。

“民生检察”慰民心　以“关注民生、走近群众”为推动司法民主和公正司法、维护社会公平正义的根本目标，把“亲民、爱民，听民声、解民困”作为根本任务，检察院不断下移工作重心，下沉检力，组织干警积极深入乡村、走入社区、融入群众，采用讲法制课、发放宣传材料、举办图片展览等多种形式，广泛宣传法律知识，采取在全区乡镇、社区设立检察联络站和法律服务站的方式，法律工作触角向基层延伸，通过面向辖区群众聘请了60名检察联络员，充分发挥好联络员的桥梁纽带作用，将受理举报申诉、提供法律咨询服务的绿色通道修在了群众的家门口，使得检察服务覆盖红寺堡的村村落落，切实增强了群众对检察工作的透明度，加强了与人民群众之间的联系，更好地发挥了检察机关服务社会主义新农村建设的职能作用。在联络员的大力配合下，检察院开展的农村低保专项调查活动以及撰写的《关于红寺堡区农村最低生活保障金发放情况的调查报告》被最高人民检察院曹建明检察长亲自签署上报中央，引起了中央领导的高度重视。这份报告，引起了全国范围内的农村低保专项清理活动。

▲ 宣传法律知识

“阳光检察”夯基础　近年来，红寺堡检察院进一步深化“检务公开”，在增加检察工作透明度方面做了一系列尝试。通过实行人民监督员制度，主动与人大、法院、公安机关、律师和社会各界人士取得联系，听取各方的意见与建议。积极开展“检察开放日”活动，邀请人大代表，社区、村组群众，机关、企事业干部职工走进办公区，与检察工作人员直面交流与沟通，展示检务，增进了解。深入辖区各律师事务所，开展了检察工作职责、检务公开宣传活动，并进行座谈交流，征求各律师事务所律师对检察院工作的意见和建议。在院办公楼大厅设立电子信息幕墙，开通“红寺堡检察”门户网站，将检察工作的开展情况、检察机关的职能、案件管辖范围等信息主动向社会公开，公布干警违法违纪举报电话，更加便于人民群众行使对检察机关的监督权。印制了法律宣传手册和宣传单、检民联系卡、建议卡，定期或不定期组织法律宣传活动，进村入户，不断提高群众的法律意识，切实为民解困分忧。

创新机制求突破　以争先进位为中心，认真开展“业务提升”和“强化管理”创新实践活动，大力推行“工作项目化、项目责任化、责任具体化”和“重点工作定责任事项、定责任部门、定责任人员、定责任期限、定责任奖惩”的“三化五定”工作模式，全面提高工作效率和执行力。大胆尝试和积极创新，在全区首次提出和未成年犯罪嫌疑人及其家属三方签订帮教协议，建立“青少年维权岗”，和家长对未成年人犯罪嫌疑人共同监管、帮教的制度，提升了办理未成年人犯罪案件的专业化水平，也更好地维护了未成年人的合法权益，被授予吴忠市“青年文明号”称号。

采取提前“预警”模式，提升办案效率；对案件实行集约管理，从案件审查受理、录入办案系统、案件办结送达，每一个环节均经案管中心流转，保障了案件的流畅运转。

通过严格审查公安机关提请逮捕和移送审查起诉案件以及本院职务犯罪侦查局移送审查起诉的各类刑事案件，严把案件质量入口关，并实行案件信息公示制度，确保了无一起超期办结案件的目标；制定出台了《检察机关服务经济社会发展实施意见》《关于为招商引资和弘德工业园区建设服务的十项措施》，努力为经济发展提供良好的法律保障和法律服务。

积极落实检察环节的综合治理措施，继续深入开展了“法制辅导员”“综治特派员”“法律六进”等活动，选派干警担任中小学法制副校长和青少年民族团结教育义务宣传联络员；控申部门设立了“12309”检察服务热线，以群众工作为切入点，规范执法办案，妥善处理群众来信来访，有效处理“两访一户”，充分发挥了服务热线排查社会矛盾纠纷、妥善处理各类来信来访的“热效力”。

“素质检察”壮筋骨　几年来，检察院以提升“做好新形势下群众工作能力、维护社会公平正义能力、新媒体时代社会沟通能力、科技信息化应用能力和拒腐防变能力”等五种能力为抓手，不断强化队伍建设，团结全体干警牢固树立“团结至上、和谐为先”的理念，引领班子成员和全体干警以大局为先、以事业为重，鼓励全体同志大胆开展工作，全院上下呈现出团结和睦、积极向上的景象。通过举办主题演讲赛、“高唱国歌，重温检察官誓言”活动、“恪守检察职业道德、促进公正廉洁执法”主题实践活动等，进一步强化从严治检，大力加强纪律和检风建设，鼓励干警参加素质教育，做到执法作风优良、执法行为规范、执法水平过硬。2011 年，被吴忠市委、市政府授予“先进基层党组织”“进一步营造风清气正发展环境”先进集体等荣誉。伴随着主题活动的深入开展，院机关面貌焕然一新，不仅进一步提升了队伍的整体素质，还激发了干警的工作热情和生活激情，更加有效地促进了各项检察工作的开展。

司法行政工作

红寺堡开发区司法局成立于 2002 年 4 月，自成立以来，立足红寺堡是全国最大移民区这一特殊区情，积极整合社会各界、各阶层力量，开展了依法治理、法制宣传、人民调解及维稳等工作，为红寺堡移民区经济和社会建设提供了有力的司法保障。

由于移民区特殊的搬迁、安置、发展环境，加之多宗教、多民族的特殊区情，

▲ 调解现场

红寺堡移民区在开发建设过程中面临的各类矛盾多而复杂，依法治理任务十分艰巨，为了维护移民区社会和谐，红寺堡司法局以人民调解为抓手，狠抓矛盾纠纷排查调处，努力推进平安红寺堡建设。一是大力推进人民调解工作。红寺堡的基层司法行政编制与其他县、市相比不到十分之一，面对司法工作人员少、各类矛盾突出的现状，司法局广泛发动人民群众参与到司法建设当中来，在基层把一批有一定文化和法律知识、热心群众工作、为人公道正派、得到群众信任的人员选拔到了人民调解组织中来。通过大力培训、给予调解员一定补贴的方式，在全国率先提出了"以案定补"的方法，按照所调解的矛盾纠纷性质，按难易程度分别补助 20 元至 50 元，有效调动了广大人民调解员的积极性，各种矛盾纠纷开始被逐一化解。一段时期，曾出现了人民调解案件数量上升，法院的民事诉讼案件、公安局的治安案件、红寺堡的信访案件数量下降的局面。当时的红寺堡工委书记、管委会主任沈凡书记看到这种情形后，高兴地说："一年花 2 万元，就买来了红寺堡的安宁——值！"2006 年，红寺堡顺利通过了自治区平安县、市、区创建验收工作，验收组对红寺堡人民调解工作给予了充分肯定。2007 年，红寺堡司法局

▲ 普法宣传

在经费十分困难的情况下，筹措资金近万元，为50名首席调解员统一订制了服装和胸章。通过一整套行之有效的措施，使红寺堡人民调解工作逐步走上了规范化的发展道路。“以案定补”制度调动广大人民调解工作的作用初步显现出来后，红寺堡司法局进一步制定了有关加强人民调解工作的相关制度共17项，并以管委会文件下发，同时给各乡镇下达了创建规范化调委会的目标。截至2007年年底，按照“五有、四落实、六统一”的标准创建的各村规范化调解委员会达到了95%以上。2008年，新上任的红寺堡工委书记、管委会主任南武征到任后，了解到红寺堡人民调解作用发挥得很好时，感叹地说：“人民调解为红寺堡的社会稳定立了大功，‘以案定补’经费需要多少，我们支持多少。”人民调解工作经费就被正式列入到了红寺堡的年度财政预算，人民调解经费得到了保障。2009年年初，自治区司法厅已将“以案定补”人民调解员报酬的解决办法（试行稿）印发自治区各级司法行政机关广泛讨论。在人民调解工作中，司法局又积极尝试设立行业性、专业性的人民调解组织。司法局联合公安分局交警大队设立了交通事故人民调解室，从法律专业大中专毕业生中专门聘请工作人员，加强职业化人民调解员的“法律十调解”的优化组合，使调解质量和效果明显提升。该调解室每年调处的交通事故纠纷达到400多起，为移民群众架起了交通事故快速化解的桥梁。

红寺堡区人民调解工作，对维护移民区社会稳定实实在在地起到了“第一道防线”的作用，每年平均化解矛盾纠纷2000件以上。从义务调解到专业性、职业化调解，红寺堡的人民调解工作走在了全区的前列，形成了人民调解、司法调解、行政调解“三调联动”的调解机制，人民调解工作成为红寺堡司法建设中的一大特色和名片。

基层司法建设不断推进　2005年8月，红寺堡司法局协调各乡镇对司法所进行了立户列编，把司法所人员纳入司法局管理范围，实行司法与乡镇双重领导、以司法局管理为主的领导体制。2006年，各乡镇司法所办公用房建设全部完成。通过大力加强基层司法所所长业务培训学习，使基层司法行政工作开始逐步走向正规化，司法所的工作也被乡镇党委、政府开始重视和支持。司法局将人力、物力、财力向基层倾斜，形成人往基层走、钱往基层花、劲往基层使的良好局面，使司法所的办公条件和装备走在了基层各站所的前列。2006 年度，有 4 位司法所所长被评选为“年度先进工作者”；在建党 85 周年庆祝大会上，4 位司法所所长全部被评为“优秀共产党员”；同年，南川和太阳山两个司法所达到规范化司法所标准。2007 年，红寺堡司法所和大河司法所也达到规范化司法所标准；同年，南川司法所创建成为自治区标兵司法所。司法局所属的四个司法所在红寺堡全区率先提前一年全部达到规范化的标准。

普法宣传如火如荼　为推动“法治红寺堡”建设，司法局狠抓全民法制宣传教育，面对红寺堡普法骨干少的现实，充分利用国家机关工作人员，建立起了红寺堡普法宣传骨干队伍。一是将政法部门乃至行政单位、事业单位的具有法律专业知识和法律专业技术职称的人员统计起来，实行领导包乡镇、一般干部包学校包村的方式，规定每年对所包的基层单位至少组织开展法制宣传、法制讲座和法制培训 4 次以上，对完不成任务或被包扶单位不满意的，年终考核不得评优选先。二是明确普法重点对象，将农民和青少年的法制宣传教育工作作为重点对象。三是加强对领导干部、公务员的法制宣传教育。四是大力开展各基层依法治理示范单位的创建。通过一年来扎实有效的工作，2007 年吴忠市司法局对各市、县（区）普法依法治理工作创建活动进行验收时给予了高度评价。2007 年，局机关女干部赵雪梅同志获得了国家司法考试 A 级证书，这是当时全红寺堡非法律工作者获得 A 级证的第一人。2008 年，红寺堡司法局 10 人的干部队伍中，有 3 人取得了全国统一司法考试合格证书。

法律援助服务民生　司法局以法律服务为第四抓手，切实为广大移民群众提供优质的法律服务，努力推动“和谐红寺堡”建设。一是成立红寺堡王万库律师事务所，填补了红寺堡无律师机构的空白。二是整顿和规范基层法律服务所，加强对法律服务所日常管理。三是建立健全法律援助网络。形成了法律援助中心、各乡镇有法律援助工作站、各村（居）有援助联系点的三级法律援助网络。2006 年，红寺堡法律援助中心成立，2008 年 1 月 1 日归属司法局管理。自法律援助中心成立以来，每年办理的法律援助案件都呈上升趋势，2006 年办理 25 件，2007 年办理 43 件，2008 年办理 53 件，2009 年办理 60 件，做到了应援尽援，有力地维护

▲ 法律讲座进校园

了社会公平正义。

2010 年，各项工作取得新成就。2000 余名领导干部、公务员、企事业单位工作人员通过“红寺堡普法网”进行了普法考试。顺利完成了“五五”普法工作。成立了红寺堡区公证处。基层人民调解组织纵向到底，行业性人民调解组织横向到边，专业性人民调解组织竖向到顶，“三维”人民调解网络的建设，使红寺堡区形成了大调解的格局。此年 8 月，自治区司法行政工作现场会在红寺堡召开，红寺堡区人民调解工作成为自治区的样板。仅 1~11 月，红寺堡区各级各类人民调解组织共办理各类案件 2372 件，其中复杂矛盾纠纷 508 件。

2011 年，全力构建大普法格局，努力打造法治红寺堡。对已申报的 3 个红寺堡区级依法治理示范单位、9 个吴忠市级依法治理示范单位、1 个自治区级依法治理示范单位进行了考核验收。以有电脑、打印复印机、照相机、办公桌椅、法律专业大学生为内容的“新五有”人民调解室建设进一步推进，到2014 年，新“五有”调解室已达到了 22 个。开展法律服务大移民工程，利用政府拿出的 10 万元为贫困移民提供法律服务资金，积极为移民办理法律服务；法律援助律师达到了6人，并申请到全国“1+1”法律援助志愿律师。新建了南川乡菊花台村残疾人照料中心法律援助工作站、爱德福利制衣厂法律援助工作站、敬老院法律援助工作站、红寺堡区看守所法律援助工作站等5个行业性法律援助组织。

2012年，共上街普法7次，发放各类法制宣传资料3万余份；举办各类法律知识讲座5场次，到学校上法制课50余场，解答法律咨询2800多人次。对红寺堡区70名中小学校法制副校长进行了重新调整及聘任。成立了群众诉求调解服务中心，选聘了45名业务能力强的专职人民调解员，成立1个红寺堡区群众诉求调解服务工作中心和4个乡镇群众诉求调解服务工作室。全面排查，强化矛盾纠纷化解，组织开展了4次大型专项矛盾纠纷排查调解活动，全年共化解矛盾纠纷1500余件。

2013年3月，红寺堡区法律援助中心获得了自治区妇女维权先进集体的荣誉称号。截至10月19日，各级人民调解组织共排查调处各类矛盾纠纷938件；特殊人群管理271名（在册管理社区矫正人员109名，刑满释放人员162名）；共办理法律服务案件364件（公证案件256件，法律服务案件7件，法律援助案件101件）；“六五”普法累计投入30万元，普法宣传50次，到学校上法制课28场，解答法律咨询2万余人次，张贴标语横幅45个，制作宣传资料6.2万份，聘请专家教授上法制课12场次，共培训1.5万余人次；全年共办理法律服务案件364件（公证案件256件，法律服务案件7件，法律援助案件101件）。

红寺堡司法局通过坚持不懈地奋斗，从一个成立时间短、人员不足、经费紧缺的基层司法局，已成长为推动“平安红寺堡”“和谐红寺堡”建设的生力军。司法行政的法律宣传、法律服务、法律保障三大职能全面发挥作用，为红寺堡经济社会跨越式发展提供了良好的法制环境。

公安工作

1999年1月，红寺堡移民搬迁开发工作正式启动，历时14年，红寺堡完成了本世纪第一个十年宁夏最大规模的人口迁移工作。随着这一“异地移民”工程

▲2012年10月30日，自治区党委常委、政法委书记、公安厅厅长苏德良（左一）检查弘德警务室工作

的实施，大量宁南地区的群众通过政府安排与规划，离开乡土，迁移到红寺堡，成为“移民”。20余万不同县区移民的大规模迁入，给红寺堡带来了一系列平安建设难题：大规模人口的迁徙和自由流动带来的平安管理难题；不同民族、宗教、信仰的移民认同整合的难题；移民由原有的农业、乡村、封闭、半封闭的传统型社会向工业、城镇、开放的现代型社会转型过程中利益诉求多元化的应对难题，因而，移民区在发展过程中产生的各种矛盾比较突出，各种利益冲突和摩擦不断出现。

自红寺堡公安分局于2000年4月成立以来，在地方党委、政府和上级业务部门的正确领导下，公安分局全力维护移民区治安大局稳定。抓班子、带队伍、保平安。广大公安民警日复一日在付出着心血和汗水，禁赌毒，打团伙，破案件，全力为红寺堡经济发展保驾护航。有的同志甚至为这片热土献出了自己年轻的生命。通过不懈的努力，公安各项工作取得了丰硕成果，有效地维护了移民区社会大局的稳定。

建局初期，民警少、业务大、维稳任务重，移民区的警力水平不足全区平均水平的三分之一。为了迅速打开局面，公安部门不等不靠，知难而进，逐步解决了机制性、体制性、保障性等严重制约公安工作发展的系列老大难问题，使公安工作走上了正规化建设之路。

大力整治治安秩序，积极构建治安防控体系　以创建“平安红寺堡”“和谐红寺堡”为目标，把“打、防、控”工作紧密地结合起来，全面建立“打、防、控”一体化的社会治安防范有效机制。在刑警队建立了3个责任区刑警中队，根据红寺堡的治安状况和地理分布，合理划分刑侦中队责任区域和案件管辖范围，极大地提高了刑侦部门的快速反应能力和实战攻坚能力；在交警队建立了4个路查巡逻中队和1个事故处理中队，实行分时段轮流上路巡逻工作制，实现了对辖区道路交通全天候24小时有效管控；在城镇派出所设立了片区责任中队，分片负责城区的治安巡逻和基础防范工作，保证了警力有效前移和合理配置。在农村，

▲ 禁毒宣传

建立了流动警务模式，以行政村为单位，在每个行政村建立一个村治安室，截至2009年7月，共建成村级治安室42个，组建村级义务巡防队42支，拥有义务巡防队员364人，初步形成了以社区警务室为龙头，以农村治安室为依托，以片区民警为指导，以街面巡逻、农村联防为重点，点、线、面相结合的覆盖全红寺堡的治安防控网络，极大地提高了红寺堡社会治安防控能力，刑事案件发案上升势头得到有效控制，交通事故4项指数连续4年保持下降，连续5年无重大火灾事故发生。

突出工作重点，扎实推进"三基"建设　自2006年开展"三基"工程建设以来，按照区公安厅、市公安局的统一部署，不断加大基础建设投入。先后完成了大河、南川、沙泉和红寺堡镇4个基层派出所办公用房、国债建设任务和扩建工程外观标志；新建了红寺堡镇派出所办公附属用房，完成了各基层单位的小食堂、小浴室、小洗衣房、小图书室、小健身房等"五小工程"建设；新建了公安局综合办证大厅，改造维修了刑警大队新办公场所，完成了局指挥中心、多功能会议室建设；新建了局机关荣誉室、阅览室、档案室、装备室。补充了基层所队办公家具、电脑、摄像机、照相机、打印机、传真机、扫描仪等办公设备，使每个派出所和办案中队装备均达到了"6个1"的配备标准，民警单警装备全部达标。顺利通过了"三基"工程建设验收和公安部、科技部对公安局的科技强警示范城市建设验收。2008年，在全区执法质量考核中，红寺堡公安分局成绩比上年前进了10个位次。

勇于亮剑，不断增强打击力度　建局以来，公安分局结合红寺堡社会治安形势，始终保持对各类违法犯罪的高压态势，有针对性地开展了一系列严打整治和专项行动，先后成功侦破了2004年"3·30"特大系列入室抢劫案，2005年"1·05""7·25""9·29"抢劫出租车案、"7·14"麻醉抢劫案，2006年"7·20""11·18"杀人案，2007年马福云盗窃破坏电力通信设备案、马晓云盗窃机动车系列案、李成龙和李学旺恶势力团伙寻衅滋事案，2008年西电东输750千伏送电线路特大系列盗窃案件、"3·11"常红商场16万元金银首饰被盗案、灵武商场价值130余万元金银首饰被盗案、"12·12"投毒杀人案以及2009年"1·30"特大凶杀案。通过持续不断的严打整治斗争，红寺堡各类刑事犯罪案件高发的势头得到有效遏制，杀人、抢劫等严重刑事犯罪和多发性侵财犯罪案件发案数大幅度下降。自2004年以来一直保持了无命案积案和命案全破的工作目标。

自2009年以来，分局先后荣获“全区人民调解工作先进部门（行业）”“全区警企联防保护电力设备设施工作先进集体”“宁夏铁路护路先进集体”“全区公安机关‘两车’专项治理工作先进集体”“思想政治工作优秀公安局”等35个先进集体荣誉称号，荣立集体二等功、三等功各一次，嘉奖两次。分局基层室、队、所荣获县级以上先进集体43个。2009年，红寺堡区看守所被公安部监所管理局授予“全国公安监管战线亲民爱民先进模范集体”称号。2011年，红寺堡区拘留所被公安部授予“全国拘留所收容教育所教育工作社会化先进单位”称号。2013年，红寺堡区拘留所被公安部授予“全国一级拘留所”“全国拘留所社会矛盾化解工作先进单位”等荣誉称号。队伍建设也焕发出勃勃生机，先后有242人次受到县级以上党政组织的表彰奖励，2人分别荣获全国、全区“五一劳动奖章”，9人次荣获“全区优秀人民警察”称号，2人次荣立个人一等功、1人荣立二等功、26人次荣立三等功、8人次荣立嘉奖。

拳拳赤子心，浓浓鱼水情。徐徐展开的14年画卷，点点浓墨重彩，饱含着移民区公安机关和公安民警的心血与汗水。14年的岁月中，我们看到的是一条清晰的主线，那就是人民警察对党的忠诚，对祖国和人民的热爱，以及对法律的坚守。

第四节　夯实经济发展基础

财政工作

在全国最大的生态扶贫移民集中区——红寺堡，有这样一个机构，他们秉承“为民理财”的工作宗旨，勤勤恳恳、开源节流、精打细算，以自己的实际行动，掌控着红寺堡“吃饭与建设”的平衡器，为红寺堡经济社会发展提供前进的动力与高效的后勤保障，这就是红寺堡开发区财政局。

机构成立之初，红寺堡开发区移民享受五年期的免征农业税和其他税收政策，地方财政没有收入，GDP几乎等于零，财政工作正是在这样近乎一片白纸的基础上铺开了画卷。面对移民安置、基础设施建设、社会事业发展亟须大量财政资金的严峻形势，财政局全体人员不等、不靠，从老县区选调了几名业务熟练、专业知识程度高的工作人员后便全面展开了各项业务工作。当年，共争取自治区财政拨付资金1192万元，移民培训费、农田林网管护费等128.8万元，其他费用143.43万元。红寺堡“十字”大通道开工建设，城市基础设施建设、文化、教育、卫生事业建设得到推进，电力、邮电、通信、广播电视、金融服务等社会公益类企事业全面启动。

2001~2002年，积极争取市政建设资金1010万元，调度财政资金800万元，完成了城市街道硬化、给排水、路灯架设及城市绿化等工程；筹资175万元，完成了重点学校基建工程和设备购置，建设了3座乡镇卫生院；争取财政扶贫及财政支农资金1420万元，完成了10个重点农业项目工程建设；争取扶贫贷款700万元，引导群众优化畜种结构，发展舍饲养殖。短短两年时间，红寺堡财政总收

▲ 自治区财政厅领导在红寺堡调研

入翻了近10倍，一些国内及国际项目资金通过财政局积极协调先后落户红寺堡，为红寺堡加快发展夯实了基础。

2004年，财政局筹措发展资金2254万元，完成财政补助收入6516万元，当年申报教育、城建、扶贫、林业、农牧项目26个，涉及资金总额7966万元，到位3916万元。2006年，完成支出14253万元，财政资金全部用于支持城市建设、医疗卫生改善、小流域综合治理、农业综合开发等重点项目和社会事业建设发展。

2008年，红寺堡实现了横向到边、纵向到底的国库集中支付目标。通过逐步扩大政府采购范围和额度，公务支出资金节约力度明显加大，压缩开支、透明支出、厉行节约已经蔚然成风。

2003年至2008年，红寺堡财政总收入以年均16.3%的速度增长。2005年，完成财政补助收入8020.07万元，地方一般预算收入1736万元、基金预算收入524万元。2008年，财政收入完成4910万元，完成年初预算的175%，同比增长879万元，比上年增长21%，有力提高了财政保障能力。

2009年以来，红寺堡区财政局把培育财源、优化经济结构、加快资源开发、扩大财政收支规模作为财政金融工作的重中之重，深化财政金融体制改革，加大资金争取力度，畅通资金拨付渠道，强化资金监督，提高资金使用效率，促进了财政收入稳定增长。

◎ **小视窗**

红寺堡财政收入取得新跨越

一般预算收入逐年增长。2009年区（县）级一般预算收入完成4075万元，同比增长74.89%。税收收入完成2012万元，同比增长47.4%；非税收入预算完成1955万元，同比增长102.6%。2010年区（县）级一般预算收入完成5474万元，同比增长34.33%。税收收入完成2937万元，同比增长45.97%；非税收入预算完成2537万元，同比增长29.77%。2011年区（县）级一般预算收入完成8388万元，同比增长53.23%。税收收入完成5478万元，同比增长 86.52%；非税收入预算完成 2910 万元，同比增长 14.7%。2012 年区（县）级一般预算收入完成 10907 万元，同比增长 30.03%。税收收入完成 7404 万元，同比增长 35.16%；非税收入预算完成 3503 万元，同比增长 20.38%。2013 年区（县）级一般预算收入完成 14630 万元，同比增长 34.13%。税收收入完成 10015 万元，同比增长 35.26%；非税收入预算完成 4615 万元，同比增长 31.74%。

基金预算收入规模不断扩增。2009 年基金预算收入完成 2225 万元，同比增长 58.59%。2010 年基金预算收入完成 863 万元，同比增长 -61.62%。2011 年基金预算收入完成 5343 万元，同比增长 519%。2012 年基金预算收入完成 4612 万元，同比增长 -13.68%。2013 年基金预算收入完成 22574 万元，同比增长 389.46%。

自治区财政专项资金及补助收入情况

专项资金争取不断加大。2009 年共争取自治区专项资金收入 46366 万元，增长额达 13794 万元，同比增长 42.34%。2010 年共争取自治区专项资金收入 56685 万元，增长额达 10319 万元，同比增长 22%。2011 年共争取自治区专项资金收入 102126 万元，增长额达 45441 万元，同比增长 80%。2012 年共争取自治区专项资金收入 128505 万元，增长额达 26379 万元，同比增长 26%。2013 年共争取自治区专项资金收入 133724 万元，增长额达 5219 万元，同比增长 4.1%。

一般预算支出稳步增长。2009 年一般预算支出完成 47783 万元，同比增长 36%。2010 年一般预算支出完成 60782 万元，同比增长 27.2%。2011 年一般预算支出完成 115570 万元，同比增长 90%。2012 年一般预算支出完成 142014 万元，同比增长 25%。2013 年一般预算支出完成 151210 万元，同比增长 6.5%。

基金预算支出逐年上升。2009 年基金预算支出完成 5582 万元，同比增长 157.59%。2010 年基金预算支出完成 11191 万元，同比增长 100%。2011

年基金预算支出完成 8827 万元，同比增长 -21%。2012 年基金预算支出完成 11624 万元，同比增长 32%。2013 年基金预算支出完成 31894 万元，同比增长 174%。（财政局供稿）

2013 年，红寺堡区实现地方财政一般预算收入 1.46 亿元，较 2009 年增长 3.58 倍，年均增长 37.6%；实现地方财政一般预算支出 16.5 亿元，较 2009 年增长 3.5 倍，年均增长 36.8%。年底，红寺堡区金融机构各项存款余额 17.96 亿元，较 2009 年增长 2.74 倍，年均增长 28.6%；金融机构各项贷款余额 10.82 亿元，较 2009 年增长 3.4 倍，年均增长 35.8%。

14 年来，红寺堡广大财政人员恪尽职守、勇担重任、不骄不躁、脚踏实地，用青春和汗水谱写着对党和人民财政工作的挚爱，用心描绘着红寺堡更加美好的明天。

▲ 研究审计工作

审计工作

2002年，红寺堡开发区审计局成立。成立初期，挂靠于监察局名下，工作人员只有两名，有办公室一间，电脑一台、桌子一张，审计工作正是在这样的条件下起步。

面对红寺堡各部门财务基础较差，干部职工对审计认识不够，开展审计困难重重的局面，红寺堡审计局工作人员不畏艰难，克服了审计业务多、审计人员少等诸多困难，积极与区、市厅局联系学习、交流汇报，探索出了一条适合红寺堡审计现状的审计路子。2002年至2007年，在只有两名审计干部的情况下开展各类审计项目达140项之多，规范了各部门、乡（镇）的资金使用及管理程序，为组织部门选拔任用干部提供了依据。

2008年，在工委、管委会的关心与支持下，审计局新添了4名审计干部和1名业务副局长，并从监察局独立出来。设置了6个业务股室，建立起一套完整的审计信息化办公系统，并向区厅争取价值10万元的远程网络连接设备，开通了远程视频会议室，为红寺堡审计事业奠定了坚实的基础。截至2009年8月，审计局有审计人员6人，大学及以上学历6人，党员5人，审计工作逐步迈入正轨。

人间万事，民生最大。2008年，审计部门以民生审计为主，重点突出涉及农业、教育、民政、社保、救灾等专项资金的审计，提高财政专项资金的管理水平和使用效益，全年共完成各类审计工作24项，完成全年任务的200%，查出违规资金1668.7万元，基本建设审计共核减工程投资1379.3万元。完成了教育、卫生、市政道路等基本建设项目69项的审计工作，为国家节约财政资金1379.3万元。

2009年9月30日红寺堡设区后，未单设审计局，而是设立了红寺堡区审计特派办，为吴忠市审计局派出机构，但业务、财务、人员独立。

2009年，审计特派办对4个单位进行了财务收支审计，查处违规资金136.38万元，管理不规范资金525.14万元，责成相关单位进行了整改。延伸审计了13个预算单位，查处违规资金6791.9万元，管理不规范资金68.69万元。

2010年，审计特派办完成财务收支审计19项，审计结果以专报形式上报政府，经政府主要领导批示，责成相关单位对查出的问题限期整改，并将 4 件有关事项移交纪委进行查办。

2011 年、2012 年，完成本级财政预算执行审计，并向人大常委会作了审计工作报告，得到了人大常委会委员的一致认可。

高质量完成领导干部离任经济责任审计。经济责任审计工作是新时期加强对领导干部监督和管理的一个重要举措。审计部门在完成组织部委托的领导干部离任经济责任审计的同时，转变思想观念、改进工作方法，变事后审计为事前、事中监督，对领导干部任职内财务收支的真实性、合法性、效益性进行审计。通过经济责任审计，提出审计分析建议，为区委、政府宏观决策、考评干部提供依据。2008 年完成经济责任审计 9 项；2009 年完成经济责任审计 8 项；2010 年完成经济责任审计 1 项；2011 年完成经济责任审计 9 项；2012 年完成经济责任审计 12 项；2013 年完成经济责任审计 4 项；2014 年完成经济责任审计 20 项。

全面完成社保、教育、卫生等各项涉及民生资金的专项审计。为确保国家各项惠民政策落实到位，提高财政资金使用效益，2008 年完成专项审计 2 项；2009 年完成专项审计 2 项（对红寺堡开发区义务教育债务化解情况和交通局基本建设欠款情况进行了专项审计调查，查处违规资金 723.3 万元，查处相关债务单位截留、重复申报化解债务资金等问题，已责成整改）；2010 年完成专项审计 3 项；2011 年完成专项审计 2 项（完成红寺堡区政府性债务审计工作，摸清了债务的规模，查处了存在的问题，责成项目实施单位进行了整改），并对 6 个部门分别进行了经济处罚。责成有关部门代政府拟定了《红寺堡区政府性债务管理办法》《红寺堡区政府投资项目管理办法》《红寺堡区政府投资项目审计监督管理办法》《红寺堡区政府投资项目配套资金管理办法》和《红寺堡区招投标、政府采购监督管理办法》，加强了政府性债务的管理，完善了机制。按照审计署的统一安排，特派办配合自治区审计厅、财政厅、教育厅联合对红寺堡区普通高中债务进行调查。通过调查调账处理 881 万元，已调账 753 万元，审减工程造价 2687.9 万元。向红寺堡区政府提交审计专报 10 份，移交纪委查办事项 4 件。2012 年，根据 2012 年红寺堡区审计工作计划，对红寺堡区生态移民工程项目进行了专项审计调查，重点关注和反映了生态移民项目资金运行、工程建设、政策执行等情况，指出了生态移民工程实施过程中存在的问题，为区委、政府及有关部门提供了决策依据。2013年，完成专项审计3项（红寺堡区审计特派办配合自治区审计厅完成了保障性安居工程资金的专项审计，重点审计了截至2012年年底的保障性安居工程的投资、建设及分配情况；按照自治区审计厅的统一安排，红寺堡区审计特派办积极配合吴忠市审计局完成了立弘高速项目建设和中南部地区生态移民工程专项审计调查。针对审计指出的问题，经红寺堡区政府专题会议研究决定，责成相关单位进行了整改）。2014年计划完成专项审计4项。

完成政府性投资建设项目审计。为加大对政府性投资建设项目审计的力度，促进规范投资项目管理、节约政府资金、提高投资效益，逐步实现对重点建设项目由以往事后监督的决算（结算）审计，向事前预防、事中控制的全程跟踪审计转变。2008年，完成政府投资项目9项，送审总额13205万元，核减1038.5万元；2009年完成基本建设审计35项，送审总额8618.6万元，核减1074.8万元；2010年完成基本建设审计14项，送审总额11043.6万元，核减1967.6万元；2011年完成基本建设审计35项，送审总额12759.9万元，核减2687.9万元；2012年完成基本建设审计82项，送审总额111324.8万元，核减11403.9万元；2013年完成基本建设审计321项，送审金额为226752.49万元，按照已出报告的310个项目（送审值为187520.37万元）统计，共核减工程造价20268.21万元，为政府节约了大量财政资金。

红寺堡区审计部门以骄人的业绩，书写了全力保护国家财产、维护人民利益的动人篇章。如今，审计工作已成为区委、政府规范经济管理的重要工具，推进依法行政和民主监督的重要手段，反腐倡廉工作的重要组成部分。

国税工作

千帆竞发竞风流，万马争驰兴伟业。红寺堡国税局成立于2003年1月9日，自成立以来，在吴忠市国税局和红寺堡开发区工委、管委会的领导下，始终坚持“聚财为国，执法为民”的税收工作宗旨，以组织收入为中心，认真贯彻依法征税，应收尽收，大力加强税收征管、干部队伍建设、精神文明建设，取得了令人瞩目的成绩。

从2003年到2008年，全红寺堡税收收入从原来的54万元到2008年的2525万元，短短的6年期间，税收收入增长了近46倍。

截至2009年8月，红寺堡国税局下设6个科室，有干部职工20人，平均年龄36岁，其中大专以上文化程度18人，占总人数的90%；中共党员18人，占总人数的90%。担负着红寺堡近2000平方公里共964户纳税人的税收征管工作。

2009年以来，红寺堡国税局紧扣“为国聚财、为民收税”宗旨，强化依法治税、诚信纳税的崭新理念，服务人民、奉献社会，实现了精神文明、物质文明、政治文明的协调发展。

2011年，在自治区、吴忠市国税局的正确领导下，红寺堡国税局全体干部攻坚克难，共同奋斗，取得了各项收入1亿1279万元、税收收入7917万元的喜人成绩，同比增长89.82%，增收3746万元，是2003年建局当年税收收入的146倍。

▲ 国税大楼

荣获红寺堡区2011年度目标责任制管理考核先进集体二等奖、支持地方经济发展突出贡献奖。

2012年，全年完成税收收入10872万元，同比增长32.0%。

2013年上半年，红寺堡区国税局完成税收任务7836万元，较去年同期增长62%，增幅名列全自治区各县（区）第二名。截至2013年10月9日，红寺堡区国税局共组织各项收入1亿4017万元，其中税收收入1亿1980万元，较去年同期增长79.64%，增收5311万元，完成市局下达年度计划11726万元的102.17%。县（区）级完成收入7920万元，占年度计划8786万元的90.14%，同比增长87.19%，增收3689万元。此外，2013年征收社保费1490万元。

11年，弹指一挥；11年，铸就辉煌。红寺堡国税人肩负"服务民生、为国聚财"的神圣使命，深化改革，培植税源，自我加压，艰苦创业，超越发展，积极开创工作新局面，出色地完成了各项工作任务。税收收入大幅增长，班子建设得到加强，队伍素质不断提高，税收管理逐年走向规范、科学，为红寺堡区经济建设和社会发展提供了强有力的资金保障。

水务工作

红寺堡地处宁夏中部干旱带核心区，干旱少雨，工农业灌溉主要依托黄河水，可饮用的地下水源仅有柳泉水源和罗山沟谷浅水。自2002年红寺堡开发区水务局成立以来，围绕用水、节水两篇文章，水务局部门全力推进农田水利建设，不断加大对水资源利用、管理力度，努力促进农田水利基本建设和节水灌溉工作，各项工作取得了明显的成效。

农田水利基本建设成效显著　在宁夏扶贫扬黄灌溉水利骨干工程、农田配套建设的基础上，2002年以来，开展了以"节水增效促增收"为目标，以"建设高标准小畦田、打造高质量水利工程、发展节水高效现代农业"为重点，以"沟渠林田路综合治理"为主要内容的农田水利基本建设，累计建成高标准畦田12.2万亩，配套及维修渠道建筑物4050座，维修支、斗、农渠820千米，整修乡村道路220千米，维修防洪工程20.9千米，打水窖2万多眼。实现了沟、渠、田、林、路综合整治，桥、涵、闸、槽、口相互配套的目标。在全自治区农田水利基本建设“黄河杯”竞赛中，红寺堡连续在2007年和2008年荣获了三等奖。漫步在红寺堡的田野里，一块块畦田一望无际，一条条道路通向远方，一道道渠水流畅欢歌，玉米、瓜果编织的田间地头，农民的欢声久久回荡。

灌溉管理工作不断加强　从2004年开始，水务部门不断加强灌溉管理工作。抽调业务强、素质高的专业技术人员充实灌溉管理工作；组织管水人员学习先进的灌溉管理经验，提高测水、量水技术；建立健全各项规章制度，实行规范化、制度化管理；同时全面推行红寺堡农业供水管理体制和水价形成机制的改革，组建农民用水协会40个，实行支、斗渠承包，农民用水协会自主经营、自我管理，村委会监督协调，水管单位指导服务。全面实行“一费制”水价制度和“一费开票到户，一票收费到户”的“一票制”收费制度，让农民交明白钱，淌放心水。

▲ 高位蓄水池

农村饮水工程建设速度加快　红寺堡开发区在开发建设之初，供水工程一片空白。1997 年至 2001 年间，宁夏扶贫扬黄灌溉工程建设总指挥部投资 1900 万元兴建了西部、中部供水工程。两处供水工程共计建成输水管线 211 千米，解决了双井、红崖及红寺堡镇、太阳山镇、大河乡、南川乡部分村的饮水问题。2001 年至 2003 年，红寺堡开发区共投资 557 万元，解决了沙泉、买河、红崖、新圈及新庄集 4.9 万人的饮水困难。2004 年，自治区发改委批复建设红寺堡二期供水扩建工程，设计在水源地原有 3600 吨 / 日供水能力的基础上，新增 5 眼深井，单井出水量 2000 吨 / 日，新增 8000 吨 / 日供水能力；建设输水管线 16 千米；新建控制室、加氯间、门房等共 140 平方米。总投资 1490.7 万元。

2005 年投资 220 万元解决了新四支干高口供水问题，受益人口达 1.1 万人。2008 年，自治区水利厅、发改委批复实施石炭沟农村饮水安全工程，设计建设加压泵站 1 座、蓄水池 5 座，过渠（沟、路）管道防护 28 处，阀井、检查井 80 座，联户水表井 296 座，泵房及管理房 160 平方米，铺设管道 98 公里，解决大河乡 4 个行政村 12 个自然村和银仪风力发电厂、红寺堡土坡煤矿共计 1.31 万人饮水问题。2008 年自治区发改委批复的中部供水区农村饮水安全入户工程，设计铺设各类管道 295.23 公里，解决了 16524 户 73940 人的饮水入户问题。目前，红寺堡实现了村村通自来水，自来水入户率达到 100%。

水土保持治理持续发展　开发初期，坚持治理与开发结合、水土保持工程与主体工程相协调和“一水二林三农”等建设思路，进行综合性治理。1999 年以来，按照“南保水土中治沙，扬黄灌区林网化”的总体思路，制定水土保持总体规划。对黄土丘陵沟壑区，在退耕还林还草的基础上全部实行封禁；干旱草原区，在封育保护为主的基础上开展小流域治理。通过实施生态工程、“天保”工程项目，完成“三北”防护林工程、绿色通道工程、退耕还林、围栏封育工程，基本实现人进沙退、荒漠变绿洲的目标。

防汛工作全面开展　红寺堡灌区属山间丘陵地带，冲积平原地貌，地形差异较大，山洪灾害频繁，防治山洪灾害的护岸堤防工程不完善。境内有黄河支流清水河、苦水河和红柳沟三条河流，河流支沟多而且发育快，有大小 30 多条主要沟道洪水威胁灌区的交通安全和群众的生命财产安全。近几年对部分沟道进行了治理，但治理面小，防洪标准低。针对沟道的形状及洪水的危害程度，几年来，在苦水河修导流堤、裁弯取直工程4处，长2.8千米；水套沟修砌石护坡1处，长2.3千米；东泉沟修砌石护坡1处，长0.4千米；野池沟裁弯取直工程4处，修建石护坡1千米；常家窑沟修砌石护坡1处，长0.5千米；蛇腰沟修建砌石护坡3处，长0.8千米；碱井沟裁弯取直3处，砌筑护坡0.8千米；清水河裁弯取直3处，修砌石护坡3千米。通过防洪工程治理，有效地提高了防洪标准，增强了防洪能力。

节水型社会建设扎实推进　红寺堡是一个因扬黄工程建设而兴起的移民新区，红寺堡农田灌溉用水全部依靠扬黄水，引黄水资源极其有限，部分干渠的灌溉形势已经非常严峻，供水矛盾日益突出。要实现水资源可持续发展，必须走节水、高效农业，压减高耗水、低效益的传统作物，大力推行节水型种植模式。为此，红寺堡区大力推行“3211”种植模式，年用水量约为1.22亿立方米，比1.88亿立方米的水权指标节约了6600万立方米。此外，按照“以供定需，以水定植，指标供水”的方法，编制用水计划、核定用水指标，将用水指标分解到乡镇、到支口、到田块。通过管道输水，小洼田灌溉、砌筑毛渠，推广滴灌、管灌、渗灌等节水灌溉新技术，有效减少了水资源损耗。

金融工作

▲ 中国农业银行红寺堡支行

农业银行　红寺堡居民大多为南部山区搬迁来的贫困移民，家底薄弱，生活水平相对低下，对金融服务的需求尤为突出。长期以来，由于红寺堡银行网点少、柜台工作量大，窗口业务忙时，群众等候或排队一半个小时是常有的事。群众因不满银行工作效率低下而埋怨、争吵的现象也时有发生。2011 年 1 月，农行红寺堡支行升格为一级支行，农行红寺堡支行电子支付渠道建成使用，通过网上银行、自助银行、手机银行、电话银行、支付通、金穗支付通等电子支付渠道，有效缓解了柜台压力，促进柜台业务分流和全行业务转型，使电子支付使用率大大提高。据统计，2008 年全年，红寺堡群众通过电子支付交易的业务量占到农行红寺堡支行全年业务交易量的 32%，其中个人网银交易笔数 9.38 万笔，交易金额 815 万元；网银企业注册客户 31 户，交易金额 2242 万元；自助银行全年交易笔数 34 万笔，同比增长 12 万笔，交易金额 3.2 亿，同比增加 1.2 亿，增幅 67%。

2013 年，农行红寺堡支行积极探索大型商业银行服务县域经济、服务“三农”的新模式，不断加大信贷投放力度，提高金融服务水平，有力地支持红寺堡区种、养、加工等特色产业的快速发展。截至 2013 年 9 月末，农行全行各项贷款达 35271 万元，较年初净增 11668 万元，增幅达 49.43%，其中涉农贷款 13077 万元，较年初净增 5496 万元，增幅达 72.5%，涉农贷款增速远远高于各项贷款增速。截至 9 月末，累计向 3069 户农户发放农户小额贷款 12508 万元，占全行贷款总额的 35.5%。营业网点发展到两家，员工发展到 43 人。

创新模式，积极推进农村妇女创业贷款。全行妇女创业贷款自开办至 2013 年 9 月末累计发放 8148 万元，受益妇女 2767 人。截至 2013 年 9 月末，农户贷款较年初增加 5496 万元，增幅达 72.5%，其中农村妇女创业贷款余额 7113 万元，较年初净增 6397 万元，增幅达 365%，占全部农户贷款的 52% 。累计收回到期贷款 397 户 1035 万元，到期贷款收回率 100%，政府兑现贴息后为创业妇女减少贷款利息支出、节约生产成本 93 万余元。

加快农村自助机具布放，推进服务三农工作的深度和广度。一是在两个营业网点布放 14 台自助存取款机具，2013 年，农行自助存取款机台数量是信用社、邮储银行、宁夏银行总和的 2 倍。除此之外，在离县城较远的南川等乡镇、鲁家窑生态移民点等行政村布放转账电话 52 部、POS 机具 47 部，挂牌农村惠农通取现点 12 个，为 2889 户开通了手机银行业务，有力改善了红寺堡区农村金融环境。

▲ 中国信合金水街分社开业

农村信用社 2000年9月，红寺堡开发区农村信用社成立，成立以来，农村信用社以服务地方经济建设、服务百姓生活为宗旨，发扬农信人不怕吃苦、顽强奋斗的精神，不断解放思想，转变观念，求真务实，锐意进取，各项业务取得了长足的发展。截至2008年年末，红寺堡农村信用社资产总额达20996万元，比年初增加7608万元；各项存款达13516万元，比年初增加4169万元；各项贷款10107万元；比年初增加3107万元；所有者权益853万元，比年初增加311万元。红寺堡区农村信用社已具备电子化综合业务网络系统，和全国特约电子汇兑等品种齐全的经营业务，服务范围辐射整个红寺堡开发区。

◎ **小视窗**

宁夏银监局引领银行业支持红寺堡发展纪实

昔日“风吹沙粒跑，天上无飞鸟”的红寺堡区，经过10多年的开发建设，如今已呈现出“绿洲锁黄龙，处处闻啼鸟”的秀美风景。

红寺堡10年巨变，投资功不可没。在数以亿计的投资中除了中央和地方政府的大量财政投入外，银行业金融机构持续的信贷投放也产生了强大的裂变效应。10多年来，信贷资金被投入到红寺堡区开发、建设的各个领域，催生着当地工、农、商各产业迅速成长。2010年，红寺堡区实现地区生产总值6.96亿元，银行机构贷款余额3.76亿元，信贷投放量已占GDP的54%。正如日前召开的宁夏金融工作座谈会上指出的，金融促进经济繁荣发展的作用越来越重要，推动经济结构调整的功能越来越强大，带动现代服务业的效应越来越明显。红寺堡的经济发展，正是其中的典型案例。

金融服务从小到大 1999年，在红寺堡踏上开发建设征程时，金融服务几近空白。随后，在宁夏银监局和吴忠银监分局的主动引领下，农村信用社、农行、邮政储蓄银行3家机构相继入驻红寺堡，设立网点。2008年12月，宁夏银监局首次跨行政区划批准红寺堡区农村信用社设立太阳山分社。2010年，经吴忠银监分局核准，农行红寺堡支行由过去隶属于中宁县支行管辖的单一功能支行升格为一级综合支行，由农行宁夏分行直接管辖，这标志着以地方合作、金融支持为主的红寺堡区已引起了“国字号”大型银行的青睐。

红寺堡区开发建设10年间，银行机构贷款投放由建设初期的608万元，增长至2010年年末的37646万元，累计发放贷款92728万元，支持农户9.4万户，获得信贷农户占红寺堡区农户总数的50%以上。

目前红寺堡区共设有8个银行网点，其中农村信用社5个，农业银行1个，邮政储蓄银行2个，ATM机、存取款一体机、自助终端机随处可见，多元化的金融服务覆盖了红寺堡全部乡村和城镇社区。如今在红寺堡区医院、商场、宾馆等场所大都实现了无障碍刷卡消费。

经济催生金融，金融繁荣经济。截至今年一季度末，红寺堡区银行机构各项存款余额达62391万元，比年初增加1656万元；各项贷款余额41309万元，比年初增加5153万元，贷款增幅高于全区34个百分点。

产业发展从弱到强 2008年以来，红寺堡区提出了发展“3211”产业的基本思路。即利用5年以上的时间，发展葡萄30万亩，以红枣为主的经果林20万亩，设施农业10万亩，肉牛养殖10万头，最终达到人均1.5亩设施农业、1亩经果林，户均3头至5头牛的目标，农民人均纯收入的2/3来自特色优势产业。围绕这一目标，宁夏银监局和吴忠银监分局两级负责人多次深入红寺堡区，就银行信贷支持县域经济发展调研把脉，积极引导各银行机构优化金融资源配置、加大信贷投入，完善服务功能。2010年，红寺堡区实现农业总产值47900万元；农民人均纯收入达到3500元，其中30%

以上来自“3211”产业。

养殖、种植业是红寺堡区的两大特色优势产业，也是银行重点扶持的产业。日前，记者在南川乡红阳村一组农民马如林家看到，他家饲养的10头肉牛膘肥体壮。老马告诉记者，他家养牛全靠农村信用社的扶持，从2003年第一次由信用社贷款1000元，到现在持有授信额度5万元的信用贷款证，信用等级从无到有，贷款额度从少到多。去年他家出栏肉牛20头，纯收入4万元。红寺堡区农村信用社主任曹永发介绍，红阳村既是信用社确定的养牛示范村也是连续5年的信用村；现在全村贷款投放1200万元，年贷款利息收入上百万元。红阳村党支书杨进学介绍，全村1113户人，养牛户占到80%，年饲养量3800多头，饲养户户均收入2万元，养牛收入已经占到农民人均纯收入的60%。据了解，农村信用社在红寺堡区金融市场份额中贷款余额占比达84%，存款余额三分天下有其一。

红寺堡镇红海村全村900户农民，有230户甘草种植户。经过5年试种推广，2013年甘草种植面积达5000亩。按去年的市场价计算，甘草亩产值5000多元，甘草种植户户均收入7万元以上。去年该村农民人均纯收入达到4300元，高于红寺堡区农民平均水平800元。近年来在银监局的引领下，农行宁夏分行力推惠农卡，收效明显。农行红寺堡支行行长李向荣介绍，2013年农行在红海村的贷款余额已超过1000万元。（选自《宁夏日报》，记者：王建君，2011年6月19日。）

第五节　架起信息桥梁

红寺堡开发初期，这片广袤的开发土地上没有任何通信保障，综合信息服务一片空白，电信业务也依靠代办来完成，前来红寺堡开发的建设者们通信联系极为困难。

2000年，罗山微波站安装了ETS无线基站，初步解决了移民建设指挥部及红寺堡开发区工委、管委会的通信问题。此年秋末，中国移动通信正式设立营业网点，并逐步开始了各乡镇基站网络的完善覆盖。

2001 年，为了进一步提高红寺堡通信质量，电信公司在红寺堡镇安装了贝特 2000 无线设备，投资 220 万元建成了中宁至红寺堡光纤传输骨干网。

2002 年，随着移民搬迁规模扩大和城市建设整体推进，中国电信通信综合大楼及四个乡镇通信机房、中宁至红寺堡长途 60 公里中继光缆，红寺堡至沙泉、买河、南川、大河乡镇 70 公里中继光缆先后建成，红寺堡镇及四个乡镇的 5400 门程控电话、ADSL 宽带交换机、无线市话小灵通业务逐步开通，结束了红寺堡无程控电话的历史。

2003 年 9 月，电信综合大楼在金水广场西侧立项开始建设。11 月 6 日，红寺堡联通公司成立（隶属于中国联通吴忠分公司）。此年，全红寺堡只有三家移动业务服务网点。2004 年 6 月，经宁夏电信公司批准，中国电信有限公司红寺堡

▲ 通信塔

分公司成立，公司隶属吴忠电信分公司管理，编制人员 8 名，下设综合业务管理、客户服务、运行维护、营业班 4 个职能部门，主要负责红寺堡内固网通信、移动通信、互联网、专网数据通信以及交费等业务。此年，电信公司在红寺堡正式安装开通无线市话业务（小灵通），建设小灵通基站 30 个。开通无线电话 450 系统，解决了偏僻农村通讯难的问题。并且扩容了 3000 门程控交换机及 4 个电缆交接箱的配套设施，安装了 MA5100 宽带交换设备，开通了宽带业务，同时电信无线信号覆盖整个开发区 41 个行政村，传输设备更新为带宽较大的 SDH 设备，有力地促进了当地经济的发展。

2008 年，电信公司投资 164 万元实现了 42 个行政村通光缆、83 个自然村和信息点通 IPTV，并实现宽带上网。建成了新农村信息化综合平台，为农村党员教育文化资源共享等多功能的实现奠定了坚实的网络基础，也为红寺堡社会各行各业和广大群众提供了及时周到的业务技术支撑和综合信息服务。按照国务院对通信行业重组的要求，10 月 1 日，电信公司承接了原中国联通的 CDMA 业务，在原网络基础上新建 4 处移动基站，使红寺堡 3G 信号覆盖面达到了 100%。

至 2008 年年底，红寺堡的中国移动通信基站由 5 座增加到 20 多座；营业部员工由 7 人增加到 40 多人，运营收入由每月 5 万增加到每月 150 万，营业厅逐步和全国统一的标准化营业厅实现接轨。中国移动业务服务点由 2003 年的 3 家增加到了 2008 年的 50 多家，覆盖了全红寺堡所有乡镇。红寺堡联通公司由最初的一个营业厅发展为 2 个自有营业厅和 7 个合作营业厅，拥有乡镇代办网点 15 个，六大渠道共拥有员工 23 名。红寺堡联通公司在网用户数达到 2.5 万户，年收入 1000 万左右，成为当地三大电信运营商竞争主体之一。

至 2009 年 7 月，电信公司累计向上级部门争取资金 500 余万元，对红寺堡 22 家单位实施了信息化建设，实现了红寺堡所有行政村、自然村通光缆的目标，有力地提升了红寺堡信息化应用水平，对红寺堡经济和社会发展起到了积极的促进作用。

至 2013 年 5 月，电信公司在红寺堡行政区域共建设完成 7 个模块局通信机房，安装 6000 门程控交换机、5000 线宽带交换设备，建设 25 个移动通信基站，完成

22个光缆交接箱的施工，建设29个EPON室外机柜。

11年间，红寺堡的通信事业取得了巨大的成就，移民使用的手机经历了巨大变迁，从人工无线寻呼业务（BP机）的流行到“大哥大”的使用，从诺基亚3310的普及到摩托罗拉V3超薄翻盖的风靡，以及后来的苹果、三星智能机的使用，短短几年时间里，从红寺堡的领导干部到普通职工，从工人到农民，甚至学生，拥有一部手机已不再是难事。手机功能也在不断地进化：由最初只能打电话、收发短信、储存电话号码的黑白屏手机到后来的彩屏手机，从单调铃声到32和弦到现在的彩铃，再到后来的手机实现录音、拍照、摄像、打游戏、上网、炒股、看电视节目、购物支付……几乎到了无所不能的地步。外形也由最初笨拙的机身、单调的色彩及造型演变为现在大彩屏型、小巧型、手写型、游戏机型、超薄型、智能型等。手机用户数、上网人数逐年飞速增长，移民的通信联系变得越来越丰富多彩。电子邮件沟通、QQ聊天、视频通话，沟通就在眼前，天涯已不再遥远。移民实现了不出门，就知天下事的目标，“城区、郊区、远郊区，区区相通；家事、国事、天下事，事事入机”。红寺堡通信事业的巨大变迁，令我们感受到了移民区发展进入前所未有的腾飞年代。

第五章　移民幸福地

10年前，这里曾是一片荒芜，干旱少雨、风沙肆虐、田野荒芜、人迹罕至。移民开发初期，一切从零开始，各项建设是一张白纸。恶劣的环境考验着来自四面八方的创业者。

寒来暑往，春华秋实。经过10年的风风雨雨，红寺堡的面貌一天一个新变化，一年一个大发展。社会各项建设全面推进，城市一步步变大变靓，农村一天天变好变新，山川一天天变绿变美，人民群众的生活一年比一年好，地方综合实力实现了大幅跃升。

美丽的花儿要用汗水来浇灌，幸福的生活要用辛勤来耕耘。在这片希望的热土上，十几万干部群众用坚毅和智慧创造着全新的世界，一步步践行着迈向理想幸福生活的人生追求。

第一节　教育强区固基业

百年大计，教育为本。教育承担着开启民智、培养接班人的历史重任，是民族地区实现经济腾飞的根本出路。

红寺堡的教育事业白手起家，从无到有，一步步发展壮大。开发建设初期，红寺堡生态恶劣，移民生产生活得不到保障，思想波动很大，移民“两头跑”的现象十分严重。“搬得来、稳得住、能致富”是红寺堡开发建设之初的总要求，如何“稳得住”移民？这是摆在工委、管委会面前亟待解决的难题。

如何破解这个难题？工委、管委会及时提出“科教兴区”的发展战略，多方筹措资金，改善办学条件，不能让移民村的孩子输在起跑线上。经过不懈努力，开发区的办学条件逐步改善，办学规模不断扩大，师资力量逐年提高，教学质量稳步提升，取得了幼儿教育、初等教育、中等教育、职业教育协同发展的喜人局面。截至 2009 年 7 月，红寺堡共有各级各类学校 64 所，其中：完全中学 1 所，初级中学和九年一贯制学校 4 所，完全小学 55 所，幼儿园 1 所；在校学生 34345 人，教职工（含特岗教师）1351 名。

发展历程

1998 年，红寺堡开发区只有大河乡建成的 5 所平房小学，初步解决了大河移民点子女入学的问题，红寺堡教育事业由此起步。

▲ 开发初期的学校

移民开发之初，学校建筑规模小，基础设施建设都是由“1236”工程指挥部按照小学生均0.8平方米、初中生均1.2平方米的标准承建。“一点一校”，教师极其缺乏，课桌凳极其短缺，教学仪器一无所有，学生冬季取暖难以保障，办学条件极为艰难。

1999年，红寺堡初中教育从大河中学起步。

2000年，自治区扶贫扬黄灌溉工程总指挥部将学校建设与移民搬迁、水利设施配套同步规划、统一设计、同时建设，按照一个行政村一所完全小学、一个乡（镇）一所中学的标准，边移民、边建设，为新建立的移民点每村建设一所占地15~30亩、建筑面积为500~700平方米的二层楼房式学校，使学校楼房化率达到80%以上，学校也成了移民村最美的建筑。9月，城区建成了红寺堡小学和红寺堡镇中学，并于当年实现招生。此年，红寺堡教育主管部门为各搬迁县选派的59名教师办理了调动手续，一支真正属于红寺堡的教师队伍正式建立。

2000年秋季，红寺堡镇中学、沙泉中学、买河中学相继建成并交付使用，此时，每所中学的在校学生不足200人，教师不足20人。

2001年9月，红寺堡镇中学招收高一新生86名，设置了1个高中教学班，创办了高中教育，标志着红寺堡高中教育正式起步。至此，红寺堡开发区基本建立了小学、初中、高中阶段为主体的较为完善的国民教育体系，为红寺堡教育事业的腾飞打下了基础。

2002年4月，新庄集学区由同心县划归红寺堡开发区，新庄集学区共有1所初级中学、8所完小、10个教学点、1437名在校学生、120名专任教师划归红寺堡开发区管理；同年9月，石炭沟学区由同心县划归红寺堡开发区。石炭沟学区共有1所初级中学、4所完小、1032名在校学生、37名专任教师划归红寺堡开发区管理。

2003年，红寺堡开发区文体广播电视局挂牌成立了红寺堡开发区文体广播电视局教研室，配备教研室主任1名，教研员3名。从2003年开始，红寺堡坚持教师“凡进必考”和“择优录用”相结合的原则，畅通教师补充渠道，保证了教师录用的质量。

2004年，在城区新建了红寺堡二中和红寺堡二小。引进社会资金，新建了

▲ 移民村小学

红寺堡幼教中心，并于当年开始招生。此年，预算内教育拨款为 2160 万元，较上年增长 69.42%。生均教育经费小学为 669 元，较上年增长 8.69%；初中为 980 元，较上年增长 28.78%。生均公用经费小学为 86 元，较上年增长 32.3%；初中为 126 元，较上年增长 55.6%。农村税费改革转移支付资金总数为 172.6 万元，用于教育资金为 134.4 万元，占转移资金的 77.9%，教师工资实现了按时足额发放。

2005 年是开发区实现“普九”目标的攻坚年，工委、管委会在财力十分紧张的情况下，新建了红寺堡中学多功能大厅、红寺堡小学综合办公楼，石炭沟中心学校、南川乡红阳小学、太阳山镇朝阳小学、柳泉小学、东泉小学、新泉小学、黄羊滩小学教学楼和大河七小的教学平房。此年，红寺堡开发区共有各级各类学校 82 所，其中：初级中学 2 所，九年一贯制学校 3 所，完全小学 62 所，教学点 14 个、幼儿园 1 所；专任教师有 981 名，其中：幼儿教师 40 名，小学教师 759 名，初中教师 182 名；在校学生 24544 人，其中：学前幼儿园学生有 1234 人，小学生 19007 人，初中学生 4303 人。此年，红寺堡 15~50 周岁青壮年人口为 46206 人，生均校舍建筑面积小学为 4.1 平方米、初中为 8.7 平方米；生均图书小学为 6.2 册、初中为 10.6 册；教学仪器设备的配齐率小学为 43.6%、初中为 100%。九年义务教育阶段适龄儿童、少年入学率小学为 99.6%、初中为 95.7%；15、17 周岁人口中义务教育初等和初级中等完成率分别为 99.6%、81.5%；8~15 周岁残疾儿童、少年入学率为 79.4%；专任教师任职资格、学历合格率中小学均为 100%；校长任职培训合格率为 100%。学校布局趋于合理，基本满足了适龄儿童、少年就近入学的需求。

◎ 小 视 窗

“两基”攻坚

2003 年，红寺堡开发区工委、管委会向自治区人民政府庄严承诺：红寺堡开发区到 2005 年要实现“两基”目标。从 2003 年开始，在各级党委、政府的领导下，红寺堡调动一切可以调动的积极因素，上下一心、众志成城，合力攻坚“两基”，通过教育行政主管部门的精心组织、社会各界的大力帮扶，形成了群策群力、齐抓共管的攻坚氛围。2002~2005 年，通过实施世界银行贷款、义教工程、危房改造、农村寄宿制学校改造等教育项目，投入资金 5209.5 万元，改扩建学校 30 所，新增建筑面积 7.8 万平方米，配置图书 1.4 万册，课桌凳 7842 套，办公桌椅 780 套，仪器柜 300 个。同时购置了部分教学仪器，各学校基本上实现了“一无两有六配套”，即校校无危房，班班有教室、生生有桌凳；大门、围墙、操场、旗杆、水窖、厕所六配套。“两基”档案建设、校舍改扩建、校园“四化”建设、图书仪器配备等硬件和软件设施的配备也在极其艰苦的条件下经过努力完成。2005 年 9 月 27 日，红寺堡“两基”工作顺利通过了自治区人民政府“两基”评估验收，成为继盐池后宁夏第二个普及九年义务教育的山区县。实现“两基”目标后，工委、管委会一手抓“两基”成果巩固提高不放松，一手抓教育基础设施建设力度不减弱，全面推进“两基”迎国检进程。2008 年 6 月，红寺堡“两基”工作顺利通过了“国检”，红寺堡教育事业由此进入了一个全新的发展时期。（教育局供稿）

2006年，红寺堡开发区共争取到希望工程资金18万元、校舍维修专项金108万元、“两基”验收补助资金100万元、社会捐资55万元；实施并完成了太阳山镇沙泉中心学校、豹子滩小学教学楼和红寺堡二中、二小校园围墙建设工程，扩建了太阳山镇“民建天泰柳泉小学”，新建成“太阳山镇李敬中小学”；红寺堡二小顺利通过了自治区“百标工程”验收；适龄儿童、少年入学率分别达到99.9%、96.9%；15、17周岁义务教育完成率分别达到99.7%、84.2%；在校学生辍学率，小学控制在0.2%以内，初中控制在1.4%以内。此年，开发区普通高校招生报考人数为507人，各级各类高校共录取考生197名，其中：重点14人（文科6人，理工8人），一般本科68人（文科34人，理工32人，体育2人），高职115人（文史50人，理工265人）。高考录取率为38%。参加中考的考生有570人，共录取331人，录取率为58%。其中，银川一中录取1人，固原一中录取1人，六盘山高级中学录取20人，育才中学录取28人，吴忠中学录取38人，红寺堡中学录取243人。

2007年8月，红寺堡教育局公开竞聘了校长，在红寺堡范围内竞聘了6名

▲ 做早操

直属学校及中心学校校长。至 2007 年 8 月，红寺堡有各级各类学校 63 所（原 70 所学校中，2007 年撤并 2 所初小和 5 个教学点），其中：完全中学 1 所，初级中学 1 所，九年一贯制学校 4 所，完全小学 56 所，幼儿园 1 所。共有在校学生 31917 人，其中：学前幼儿 2517 人，小学学生 22140 人，初中学生 6184 人，高中学生 1076 人。中学教师学历合格率达 100%，任职资格合格率达 100%；小学专任教师学历合格率达 100%，任职资格合格率达 100%。2007 年“两基”主要指标提高情况：普及程度方面，小学适龄儿童入学率为 99.9%, 女童入学率为 99.9%；初中入学率为 97.6%，初中阶段入学率为 115.3%, 女童入学率为 97.1%；残疾儿童入学率为 85.7%。在校学生辍学率小学为 0.01%，初中为 1.30%；15 周岁初等义务教育完成率为 99.7%；17 周岁初级中等义务教育完成率为 85%；15 周岁文盲率为 0。办学条件方面，校舍建筑面积小学达到 67410 平方米，初中 19132 平方米，

▲ 运动会上的精彩表演

生均建筑面积中学达到 3.09 平方米，小学达到 3.04 平方米；中学生均图书 7.8 册，小学生均图书 4.2 册，教学仪器配齐率基本达到原三类标准。

2006~2007 学年，红寺堡小学毕业人数为 2787 人，毕业率为 100%；初中毕业人数为 1369 人，毕业率 100%。

2006~2008 年，红寺堡开发区以实施“两基”迎国检为契机，争取到国家农村寄宿制学校建设工程、二期国家贫困地区义教工程、农村中小学危房改造工程、世界银行贷款项目、英国政府赠款“西部地区基础教育发展”项目、中西部农村初中校舍改造工程、百标工程、“明德”工程等项目资金 6036.6 万元，新建、改扩建学校 60 所。共为各中小学配发体育器材 1394 件（套），实验设备 4404 件（套），补充图书近 10 万册，装配各类实验室 20 个，微机室 8 个，多媒体教室 4 个，综合电教室 2 个，电子备课室 4 个，语音室 6 个，师生自制教具学具 2.6 万件。两年多的时间里，开发区校园“四化”建设也取得了前所未有的成绩，总共硬化校园面积 11.6 万平方米，粉刷校舍 38.5 万平方米，种植树木 20 多万棵，建设花园 40 个。在夯实办学条件的基础上，开发区全部消除了义务教育债务，实现了教育工程的零欠债，学校硬件建设进入了一个快速发展的阶段。

2008 年 6 月，红寺堡“两基”工作顺利通过了“国检”，教育事业进入了一个全新的发展时期。普通高校招生红寺堡中学报考人数达 483 人，其中，重点院校录取 7 人，二本录取 41 人，本科上线率达到 9.93%，较 2007 年增长了 2 个百分点，高职院校录取 148 人，占 24.2%。中考成绩实现新的跨越。2008 年中考，红寺堡开发区有 1290 名学生参加中考，其中，文化课 500 分以上的学生 164 人，占总人数的 12.71%，较上年提高了 2 个百分点；文化课成绩 400 分以上的学生 616 人，占总人数的 47.75%，较上年增长了 2%；中考初中毕业生文化课均分为 391.2，较上年提高 7.3 分，总体成绩名列吴忠市前茅。职业教育稳步提升，共向山东输送了中职学生 107 人，向宁夏民族职业技术学院输送了 76 名初高中毕业生。

2009 年，红寺堡争取到各种教育项目资金 1.0231 亿元，开工建设了红寺堡回民初级中学、红寺堡中学改扩建工程、甜水河小学等，新增建筑面积 4.2 万平方米。当年，红寺堡普通高校招生红寺堡中学报考人数有 265 人，其中，重点院校录取19人，二本录取66人，本科上线率达到32.07%，较2008年增长了22个百分点。

红寺堡开发区2003~2009年教师学历情况统计表

单位：人

年份	总数	本科	专科	中专	其他
2003	829	68	397	338	26
2004	1079	167	526	365	21
2005	1179	229	618	311	21
2006	1179	256	654	253	16
2007	1259	414	657	173	15
2008	1259	437	671	138	13
2009	1260	632	543	79	6

◎ 小视窗

红寺堡开发区2003~2009年教师队伍基本情况

2003年，红寺堡开发区共有教师829人，其中：男教师578名，女教师251名，汉族522名，回族307名，高中教师55名，初中教师138名，小学教师636名，固定工650名，合同工14名，代课教师165名；2004年，红寺堡开发区共有教师1079人，其中：男教师713名，女教师366名，汉族685名，回族394名，高中教师81名，初中教师189名，小学教师809名，幼儿园教师41名，固定工904名，合同工14名，代课教师161名；2005年，红寺堡开发区共有教师1179人，其中：男教师701名，女教师478名，汉族731名，回族448名，高中教师101名，初中教师217名，小学教师820名，幼儿园教师41名，固定工1165名，合同工14名；2006年，红寺堡开发区共有教师1179人，其中：男教师701名，女教师478名，汉族731名，回族448名，高中教师98名，初中教师306名，小学教师734名，幼儿园教师41名，固定工1130名；2007年，红寺堡开发区共有教师1259人，其中：男教师749名，女教师510名，汉族780名，回族479名，高中教师78名，初中教师390名，小学教师750名，幼儿园教师41名，固定工1128名；2008年，红寺堡开发区共有教师1259人，其中：男教师749名，女教师510名，汉族780名，回族479名，高中教师78名，初中教师390名，小学教师750名，幼儿园教师41名；2009年，红寺堡开发区共有教师1260人，其中：男教师682名，女教师578名，汉族805名，回族455名，高中教师153名，初中教师459名，小学教师607名，幼儿园教师41名，固定工1111名，合同工149名。（教育局供稿）

阶段教育

幼儿教育　2003年年底之前，红寺堡尚无正规的幼儿教育机构，仅有2所私立幼儿园，保育条件简陋，招生规模较小。2004年，工委、管委会通过招商引资，在城区新建了1所大型标准化民办公助幼儿园——幼教中心，其办学形式是由投资人建设教学设施，管委会选派教师，教育行政部门纳入统一管理。幼教中心的运作模式，给开发区幼儿教育起到了样板和窗口的作用。开发区各农村小学也逐渐附设了学前班，学前教育规模不断壮大。截至2009年春季开学，红寺堡在校（园）学前幼儿总数达到2761名。

▲ 上学路上

小学教育　1998~2000 年，红寺堡开发区管委会相继接管了大河乡的 8 所小学和红寺堡镇的 8 所学校，并于 2000 年年初成立了大河乡、红寺堡镇教育工作领导小组，小学教育管理工作逐步迈入正规。2002 年，同心县原新庄集乡、石炭沟乡划归红寺堡开发区管理后，一并划入完全小学 12 所，教学点 10 个，至此，全开发区小学数量达到 60 多所，在校学生达到 9491 名，小学教师达到 573 名。

随着移民搬迁和“两基”攻坚的步伐加快，2003~2005 年，开发区改扩建了原红寺堡镇中心小学。在城区新建了红寺堡二小，接管了东川、中川、红阳等学校，至 2005 年年底，红寺堡小学（含初小）总数达到 76 所，在校学生 15933 名，在职小学教师 675 名。

为适应开发区经济社会发展需要，红寺堡开发区工委、管委会从 2006~2008 年着手学校布局调整工作。先后撤并了太阳山镇西泉、中泉、水套、何庄、周新、周圈、蔡庄子，南川乡马渠、马段头、细沟子、青山等小学和教学点，并且把相对集中的学校进行了合并，同时新建了太阳山裕华一小、红寺堡二小等学校。其间，驻宁部队大力援助红寺堡教育事业，累计帮扶钱物折合人民币 100 多万元。至 2009 年春季开学，开发区小学在校生人数达到 23030 名，小学教师增至 722 人。

▲ 阔步前行

2009 年，红寺堡区的成立，标志着红寺堡区教育事业的发展又步入了一个新的时期。随着教育强区、普及高中阶段教育等工作的有序展开，红寺堡区各小学的办学条件也得到了进一步的提高。

红寺堡开发区 1999~2009 年在校小学生情况表

单位：人

年度	小计	一年级	二年级	三年级	四年级	五年级	六年级
1999	165	76	52	37	—	—	—
2000	2145	896	623	521	105	—	—
2001	5465	1631	1417	1211	1206	—	—
2002	9491	2685	1966	1837	1601	1402	—
2003	13328	3038	2480	2384	2124	1924	1378
2004	15933	2958	3045	2918	2640	2338	2034
2005	20015	4160	3533	3449	3316	2977	2580
2006	21348	4099	3586	3707	3592	3467	2897
2007	22140	3967	3752	3681	3754	3601	3385
2008	23030	4048	3766	3931	3831	3921	3533
2009	23011	4188	3656	3830	3889	3805	3643

◎ 小视窗

红寺堡开发区小学各学年办学条件情况

2002~2003 学年，红寺堡开发区校舍建筑总面积为 35244 平方米，生均面积 3.4 平方米，共有图书 11537 册，生均 1.1 册，教学仪器设备配率为 19%。2003~2004 学年，红寺堡开发区校舍建筑总面积为 43064 平方米，生均面积 3.2 平方米，共有图书 20890 册，生均 1.6 册，教学仪器设备配率为 19.5%。2004~2005 学年，红寺堡开发区校舍建筑总面积为 67030 平方米，生均面积 4.1 平方米，共有图书 100761 册，生均 6.2 册，教学仪器设备配率为 21%。2005~2006 学年，红寺堡开发区校舍建筑总面积为 76199 平方米，生均面积 3.57 平方米，共图书 125901 册，生均 5.9 册，教学仪器设备配率为 22.3%。2006~2007 学年，红寺堡开发区校舍建筑总面积为 79208 平方米，生均面积 3.58 平方米，共有图书 126438 册，生均 5.7 册，教学仪器设备配率为 23.2%。（教育局供稿）

▲ 办学初期

初中教育　1999年，红寺堡初中教育从大河中学起步。2000年秋季，红寺堡镇中学、沙泉中学、买河中学相继建成并交付使用，当时，每所中学的在校学生不足200人，教师不足20人。

2002年4月，原新庄集中学划归开发区后，红寺堡开发区初级中学达到了5所，在校学生达到了2400多人。2004年，管委会在城区新建了当时开发区规模最大的初级中学——红寺堡二中，当年秋季招生，至此，开发区初中在校学生数达到了3100多名，在职教师165人。2005年，初中学生上升到4419名，初中教师增至227人。根据集中办学、规模办学的原则，在随后的三年，开发区先后撤销了新庄集初级中学、石炭沟九年制学校初中部，保留大河九年制学校，沙泉九年制学校，买河九年制学校初中部，从而形成了1所初中，3所九年制学校，学生总数7533名，专任教师308人的办学规模。2009年年初，投资3600万元的红寺堡回民初级中学开工建设，秋季开学投入使用。初中教育的蓬勃发展有力促进了红寺堡教育事业的发展。自2008年之后，红寺堡区中考成绩一直位于吴忠市前列。

◎ 小视窗

红寺堡开发区初中各学年度办学条件情况

2002~2003 学年度，红寺堡开发区初中校舍建筑总面积为 12085 平方米，生均面积 5.2 平方米，共有图书 1012 册，生均 0.4 册，教学仪器设备配率为 18.2%。2003~2004 学年度，校舍建筑总面积为 15685 平方米，生均面积 7.6 平方米，共有图书 2812 册，生均 1.4 册，教学仪器设备配率为 21.3%。2004~2005 学年度，校舍建筑总面积为 24603 平方米，生均面积 8.7 平方米，共有图书 30052 册，生均 10.6 册，教学仪器设备配率为 30.7%。2005~2006 学年度，校舍建筑总面积为 41671 平方米，生均面积 7.3 平方米，共有图书 52274 册，生均 9.1 册，教学仪器设备配率为 31.6%。2006~2007 学年度，校舍建筑总面积为 52564 平方米，生均面积 6.98 平方米，共有图书 69122 册，生均 9.2 册，教学仪器设备配率为 32.1%。2007~2008 学年度，校舍建筑总面积为 52140 平方米，生均面积 6.9 平方米，共有图书 76008 册，生均 9.1 册，教学仪器设备配率为 32.5%。2008~2009 学年度，校舍建筑总面积为 47740 平方米，生均面积 5.9 平方米，共有图书 78333 册，生均 8.6 册，教学仪器设备配率为 35%。

红寺堡开发区 2005~2009 年度中考情况

2005 年度，红寺堡开发区中考总人数为 1097 人，高中录取率为 77.5%，中职录取率为 13.2%。2006 年度，中考总人数为 573 人，高中录取率为 75%，中职录取率为 11%。2007 年度，中考总人数为 1284 人，高中录取率为 84.7%，中职录取率为 15.3%。2008 年度，中考总人数为 1290 人，高中录取率为 72.2%，中职录取率为 12.6%。2009 年度，中考总人数为 1518 人，高中录取率为 72.5%，中职录取率为 9.0%。（教育局供稿）

职业教育　2007 年 7 月，山东鲁中职业学校、泰安卫校等 6 所职业学校来红寺堡区招生。9 月 10 日，红寺堡开发区教育局一次性向山东组织输送了 136 名中职学生，由此拉开了红寺堡职业教育的序幕。2008 年以来，红寺堡认真贯彻落实教育部《关于开展东部对西部、城市对农村中等职业学校联合招生合作办学工作的意见》精神，坚持“四不限”“两自愿”的原则，克服无教育基地，无师资力量，无实习场地等困难，积极探索宁鲁联合办学模式，通过“走出去”的办法，累计共向区内外中职学校输送学生 163 人，其中，区外 112 人主要输往山东泰安卫校、鲁中职业学校、烟台高职、青岛职业学校等，共有 307 名初高中学生报名签订培训就业协议。截至 2009 年 7 月，红寺堡中学、红寺堡二中、大河中心学校、太阳山中心学校已与山东 6 所中等职业学校建立了联合招生、合作办学机制。

高中教育　2001 年 9 月，红寺堡镇中学设高一年级教学班 1 个，招收新生 86 名，标志着红寺堡高中教育开始起步。次年，管委会多方筹资为红寺堡镇中学建起了物理、化学实验室，多媒体教室和计算机教室。年底，红寺堡高级中学建设得到了自治区发改委批准。

▲ 红寺堡中学教学楼

2002年9月，红寺堡镇中学又招收了216名高一新生。当时新建的高级中学教学楼尚未完工，校舍不足，没有场地开展教学活动，师资力量不足成了当时开展高中教育面临的最大难题。为了解决高中教学无场所的问题，经教育主管部门决定，红寺堡镇中学高中部在原白墩乡白墩中学租借校舍和民房开展了为期三个月的异地教育教学实践活动。

◎ **小视窗**

白墩异地教育教学实践

2002年9月，红寺堡中学高中部由于没有校舍，广大师生便租用白墩中学校舍开始了异地教学实践活动。当时，白墩乡移民还没有定居，白墩中学一无水电，二无住所，师资力量和财力极度匮乏，师生吃、住、行、学困难重重，学校领导和教师因陋就简地开始了艰难的办学之路。

没有专门的学生宿舍楼，学校二楼的一间教室里铺了一些麦草当作地铺，改成了女生宿舍，女学生被安排在里面集体住宿。男生在学校附近的白墩村租借了一些民房进行住宿，4~5人住一间。当时白墩村开发建设时间不久，很多民房都没有安装玻璃，冬季寒风呼呼吹入，男生冻得瑟瑟发抖。时任高一（1）班班主任的马兴隆老师见状，自己掏腰包到镇上给学生割了几卷厚塑料膜将窗子糊了起来，挡住了凛冽的寒风，像这样老师帮助学生的事例举不胜举。学生没有餐厅，学校临时搭建了一座砖木结构的简陋灶房，雇佣了两名厨师做饭，炒菜以土豆丝和包菜为主，每顿1.5元，可就是这1.5元，有些学生还是交不起，一日三餐以自带的馍馍就开水为主。教学楼后面，有一个锈迹斑斑的铁水箱，那是学生们冬季洗漱取水的地方。早晨6点多，学生已早早起来用冷水洗完脸，到教室开始读书。

正是在这样艰难的条件下，广大师生团结一心，不忘使命，努力学习工作。11月18日，红寺堡高级中学赶工期完成了6间教室，广大师生从白墩乡迁入建成新学校。2005年6月，339名第一届红寺堡高中毕业生毕业，其中122名考入高等院校。

2002 年 12 月，红寺堡开发区工委、管委会决定将红寺堡高级中学与红寺堡镇初级中学合并，组建集初中教育与高中教育为一体的完全中学，命名“红寺堡中学”。当时教学办公大楼建成不久，只供教学之用，学生的住宿楼和餐厅尚未建成，学校将教学楼的西一楼腾出来供学生住宿，在养殖小区租了一处农家小院当作餐厅，暂时解决了师生住宿就餐的燃眉之急。

2003 年春，在红寺堡开发区管委会的大力支持下，红寺堡中学实验楼、操场和 400 米炉渣跑道正式落成，学生上实验课和体育课的困难得到解决。

2004 年，政府投资建设的第一栋宿舍楼落成，学生从教学楼西一楼搬入宿舍楼，住宿难问题得到解决。在资金紧张的情况下，学校赊账购置了实验器材和电脑，对化学实验室、物理实验室和微机室进行了配置。

2005 年 1 月，借红寺堡区“普九”工作的机会，学校多功能厅开始动工建设，年底竣工并投入使用，解决了学生在外租民房就餐的问题。当年，红寺堡中学新增了一个物理实验室和一个化学实验室，创办了学校图书馆。

2007 年 8 月，政府投资建设的第二栋学生宿舍楼落成，缓解了学生住宿拥挤的困难。

▲ 红寺堡区第二届中小学阳光体育运动会开幕式

2008~2009年，学校增建了教学楼一栋，增置物理、化学、生物实验室各两个，历史、地理、数学探究室各一个。

红寺堡开发区2002~2009年度在校高中生情况表

单位：人

年度	小计	高中一年级	高中二年级	高中三年级
2002	310	220	90	—
2003	586	336	250	—
2004	1034	485	311	238
2005	1295	580	375	339
2006	1020	226	427	367
2007	1094	527	191	376
2008	1061	423	394	244
2009	1440	665	345	429

注：表中数据以年度开学初统计结果为准，不包括年内转出、转进学生数

第二节　医疗卫生惠民生

发展历程

卫生系统是与广大群众联系最密切的民生部门之一，红寺堡开发区工委、管委会从移民接管之初，就把人口与计划生育工作放在与经济建设同等重要的地位。

1998年，红寺堡卫生工作隶属社会事业管理局。

2000年7月，第一所医疗机构——红寺堡镇中心医院以“民办公助”的方式开业。10月，红寺堡首次人口与计划生育工作会议召开，安排部署了为期40天的计划生育突击月活动。11月，红寺堡首次开展了脊髓灰质炎糖丸强化免疫活动。

2002年3月，卫生与计划生育局成立。8月，疾控妇幼保健计划生育综合服务楼建成并投入使用，基本形成了服务站、乡卫生院、村卫生室的三级卫生计生服务网络。

2003年1月，结核病纳入“全球基金”项目在开发区实施，5月，开发区编办批复成立“红寺堡开发区疾病预防控制中心”。当年，红寺堡开发区计划生育率达到了65.07%，措施落实及时率为85%，人口出生率为17.04‰，自然增长率

为 15.58‰，顺利通过了吴忠市人口与计划生育工作考核。乡卫生院达到了 4 所，村卫生室达到了 76 个。

2004 年 3 月，第一家公立医疗机构诊疗门诊在妇幼计生服务站开业。同月，卫生监督工作启动。

2005 年 3 月，妇幼保健工作启动。6 月，第一次食品安全工作会议召开。8 月，“降消”项目在开发区实施。红寺堡镇创业社区卫生服务站成立。11 月，自治区卫生厅将红寺堡列入“幽门螺杆菌根除术”项目推广区。

2006 年 10 月，开发区完成了 80 所标准化村卫生室建设。

2007 年 1 月，新型农村合作医疗全面启动。11 月，按照标准完成 3 所乡镇卫生院建设，为各乡镇卫生院配备了 10 万元的医疗设备，为卫生室各配备了 3000 元的医疗设备，疾控、监督、妇幼都配备了常规设备，三级医疗卫生机构共有救护车 5 辆，公务用车 8 辆。

2008 年 8 月，红寺堡人民医院正式开业，开发区三级卫生服务网络基本健全。

▲问诊

2009年10月，吴忠市红寺堡区卫生和人口计划生育局成立，医药卫生体制改革和国家扩大免疫规划工作正式启动。

◎ 小视窗

红寺堡开发区医疗卫生事业取得的成就

率先在自治区实行医务人员绩效工资制，率先自治区实行孕产妇住院全免费制，率先在自治区实现村卫生室标准化建设，率先在自治区实现食品卫生监督“六个”100%。2003年8月，自治区党委、政府授予红寺堡开发区卫生和人口计划生育局抗击非典先进集体称号。2005年以来，红寺堡开发区卫生和人口计划生育局连续四年被吴忠市卫生局授予卫生工作先进单位。2006年10月，自治区政府授予红寺堡镇创业社区先进社区卫生服务站称号。

2007年，红寺堡开发区被自治区政府评为全区农村卫生工作先进县(区)。2008年，自治区卫生厅授予红寺堡开发区“降消”项目先进县。（卫生与计生局供稿）

管理机构

卫生和人口计划生育局　开发建设初期，红寺堡卫生工作隶属于社会事业二局管理。2002年3月，红寺堡开发区卫生与计划生育局成立。2005年12月，更名为红寺堡开发区卫生和人口计划生育局。2009年10月，行政区划调整后更名为吴忠市红寺堡区卫生和人口计划生育局。

截至2009年7月，红寺堡开发区共设置卫生（计生）机构110所，区（县）级3所，包括公共卫生与计划生育服务中心（辖妇幼保健与计划生育技术服务中心、疾病预防控制中心、卫生监督所）、红寺堡人民医院、新型农村合作医疗管理中心；乡（镇）级4所，包括创业社区卫生服务站、太阳山镇中心卫生院、大河乡卫生院、南川乡卫生院；个体诊所12个，标准化村卫生室80所，民营医院1所。卫生计生系统有核定人员编制212人，其中人民医院130人，乡镇卫生院70人，行政编7人，公共卫生与计划生育服务中心事业编5人。现有工作在岗人员 195 人，有在编卫生专业技术人员 171 人，其中研究生 1 人，高级职称 13 人，中级职称 43 人，聘用村医 90 人，学历全部达到中专以上，全系统现有床位 360 张。人民医院拥有价值 1750 万元的现代化医疗设备。

医疗机构

红寺堡开发区人民医院　该医院是一所二级非营利性综合性医疗机构。2005 年 9 月医院开工建设。2007 年 10 月工程完工交付使用，包括门诊楼 5100 平方米、住院部楼 3440 平方米、医技楼 2707 平方米和配套工程 2613 平方米，启用病床 130 张。2008 年 8 月正式启动运营，医院占地 44000 平方米，一期工程总建筑面积 13860 平方米，总投资 2200 万元，二期工程总建筑面积 6758 平方米，总投资 2705 万元。截至 2009 年 7 月，院区设有内科、儿科、妇科、门诊科、急诊科、医技科、麻醉科、办公室、医教室、护理室、财务总务室等 13 个科室，拥有 CT、DR、500mA 数字化胃肠 X 光机、全自动生化分析仪、彩色多普勒 B 超、五分类血液分析仪、尿液

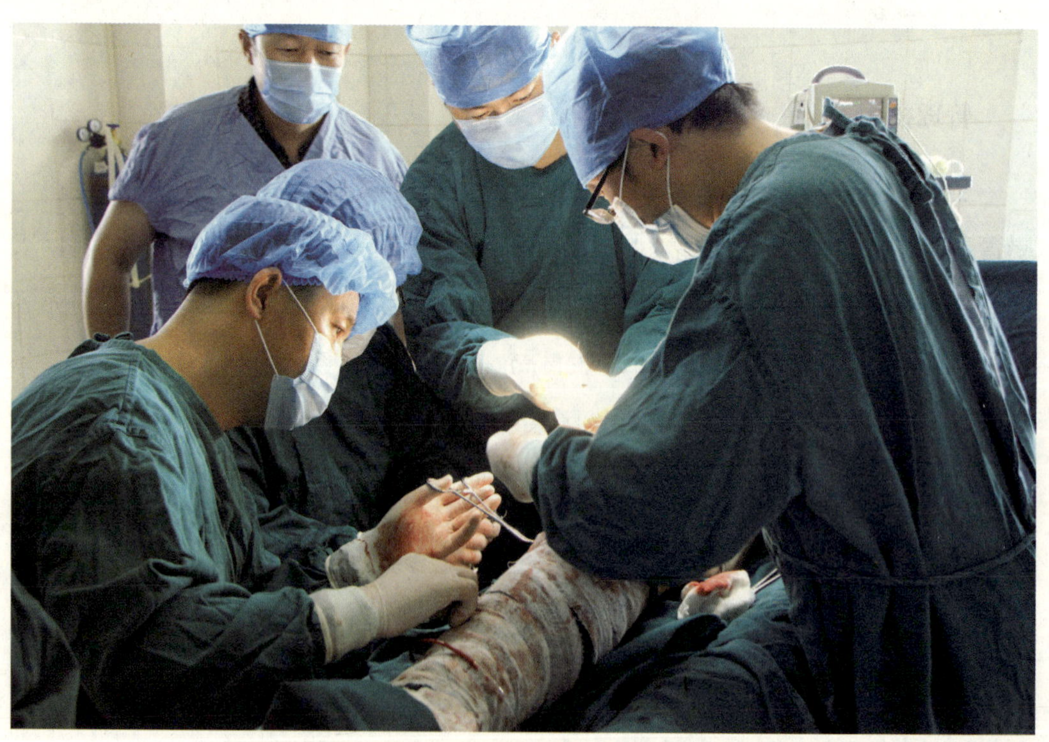

▲ 手术进行中

分析仪、数字脑电地形图仪、上消化道电子胃镜、麻醉呼吸机、高频电刀、妇科微波治疗仪等价值1750余万元的一批先进仪器设备。医院核定编制130名，现有专业技术人员98人，其中高级职称9人，中级职称18人。承担全区广大人民群众常见病、多发病的救治和重症病人的抢救治疗，重大突发事件的医疗救援等职能。

妇幼保健所　2000年12月，自治区发改委批复建设预防保健计生中心大楼。2002年5月竣工并投入使用，建筑面积达到1570平方米。2004年开设妇幼计生综合服务门诊，机构名称为妇幼保健与计划生育技术服务中心，是红寺堡开发区开设的第一家公立医疗机构门诊。2008年对办公楼进行了扩建，使总面积达到了2430平方米。

疾病预防控制中心　2003年5月，自治区编办批复成立红寺堡开发区疾病控制中心，核定编制5人。2004年8月，建成了疾病预防控制中心大楼，总投资120万，建筑面积1331平方米。截至2009年7月，中心有工作人员19人，其中在编人员14人，聘用5人。设置办公室、地方病和公共卫生科、艾滋病防治科、检验科、红寺堡镇防保科、结核病防治科、疾控科等7个科室，同时，开设了接种门诊和传染病门诊，各项业务工作全面开展。

卫生监督所　2003年8月，卫生监督科组建，卫生监督工作正式启动。2004年3月，开发区编办批复成立了红寺堡开发区卫生监督所。截至2009年7月，监督所设置办公室、稽查科、监督一科、监督二科4个科室，共配备卫生监督工作人员10人，承担开发区卫生监督和食品安全办公室工作。

乡镇卫生院　从2006年开始，红寺堡开发区相继建成了大河乡卫生院、南川乡卫生院和太阳山镇中心卫生院3所公立卫生院（含计划生育服务所），医院建筑面积都在1200平方米以上，共有在编专业技术人员26人，卫生院设置床位各10张。通过多方努力，3所卫生院都按照国家规定的标准配备了医疗设备，并各配备急救车辆1辆，乡镇卫生院医疗救治、预防、保健、健康教育、计划生育技术服务等各项工作全面开展。

社区卫生服务站　2005年8月，创业社区卫生服务站挂牌成立，该服务站建筑面积为200平方米，设置床位3张，有医务人员7名，2006年被自治区政府

▲护 理

授予先进社区卫生服务站和合格社区卫生服务站称号。2009 年 10 月，振兴社区卫生服务站成立，建筑面积为 200 平方米，有医务人员 6 名。以上 2 个社区卫生服务站均为城镇职工、城镇居民医疗保险定点医疗机构和新型农村合作医疗定点医疗机构，设置了药房、留观室、B 超室、妇科检查室、预防接种室、理疗室和健康教育角，承担辖区居民预防、保健、医疗、康复、健康教育、计划生育技术服务“六位一体”的服务职能。

村卫生室　2006 年，根据自治区卫生厅关于村卫生室建设的要求，红寺堡开发区在村医自家房屋的基础上，每所投资 5000 元建成布局合理的村卫生室 80 个，同时配备了“十小件”医疗设备，每个村卫生室的建筑面积都达到 60 平方米，实现了村卫生室的标准化建设，使红寺堡成为宁夏第三个实现标准化村卫生室建设的县（区）。

卫生和食品药品

医疗救治　2008 年前由于机构设置不健全，红寺堡开发区医疗救治工作进展缓慢。自2008年8月人民医院正式运营后，以人民医院为龙头、乡镇卫生院为枢纽、村卫生室为基础的三级医疗救治网络基本形成，人民群众常见病、多发病得到了有效就治。

公共卫生工作　2009年之前，红寺堡开发区扩大免疫规划和信息化管理工作全面启动，“五苗”接种率达96%，乙肝疫苗首针24小时及时接种率达92.77%，无重大传染病疫情和突发公共卫生事件发生；对孕产妇实行“一对一”管理，全面实施“降消”项目，住院分娩率为95%以上，高危孕产妇系统管理率100%。2007~2009年无孕产妇死亡。卫生应急信息报告和管理系统进一步健全，强化演练、培训和物资储备，应急能力全面提高。

农村卫生工作　2009年之前，红寺堡开发区全面实行卫生院人事制度改革，推行院长竞聘制和人员聘用制，建立了岗位竞争、能上能下的用人机制；村卫生室实现管理标准化，村医学历达标率91%，医疗行为逐步规范，实现了房屋够标准、人员有资质、培训有证件、诊疗有登记、开药有处方、疫情有报告；健康教育工作全面开展，有机磷农药中毒干预项目顺利实施，健全了农民健康档案，乡镇卫生院管理基本实现规范化。

新型农村合作医疗　2008年，红寺堡开发区新型农村合作医疗统筹基金使用率70%以上，群众看不起病的问题初步得到缓解。

医政工作　红寺堡开发区实行院务公开，积极创建平安医院，严格许可准入，规范医疗市场，个体诊所合格率达100%，严格落实药品“三统一”政策，规定目录药品计划申购率100%、使用率100%，达到了药品统一招标、统一配送、统一价格的目的，缓解了老百姓“看病贵”问题。

医改工作　红寺堡开发区2009年9月启动医改工作，通过实施国家基本药物制度，提供公共卫生服务均等化，健全医疗保障体系建设，推进基层医疗机构综合改革和公立医院改革，实现了新农合基金受益人次、门诊和住院人数、卫生人员数量“三个逐步增加”；实现了基层医疗卫生机构服务能力、医务人员积极性和群众满意度“三个逐步提高”；实现了个人就医负担、门诊和住院次均费用、新农合资金管理使用风险“三个逐步下降”；实现了城乡医疗保障、医疗机构以村为单位、基本药物零差率销售和基本公共卫生服务“四个全面覆盖”；实现了以药养医向公益服务、住院治疗向门诊治疗、基本医疗向基层、单纯治疗向预防疾病“四个有效转变”；取得了群众看病有保障、看病少花钱、看病更方便、看病更放心的“四个初步成效”。深化医药卫生体制改革惠民措施得到了有效落实，惠民政策受益面逐年扩大，人民群众得到的实惠明显增多，“看病难、看病贵”的问题得到了进一步解决。

食品药品工作　2009 年前，共监管各类公共卫生场所 849 家，行业行为基本规范，量化分级管理率达 100%，食品安全专项整治工作有序开展，无重大食品安全事故发生。

计划生育　人口和计划生育工作于 2000 年开始启动，自启动以来，红寺堡将计划生育工作与发展经济、土地开发、移民搬迁摆在同等重要的位置，同规划、同安排、同部署。建立了工委、管委会领导包乡镇，部门包重点村，乡镇主要领导包难点村，村“两委”班子成员和党员包重点户的四级承包责任制，层层签订目标责任书，将任务切块包干，责任落实到人，形成了一级抓一级，层层抓落实的工作机制，积极开展“一无”乡（镇）和“三无”村创建活动。2007 年前以落实“一环二扎”政策，遏止超生超怀为主，重点控制人口增长。2008 年后，通过构建多层次、全方位、立体化的宣传教育格局，大力开展婚育新风进万家活动，使移民的生育观念得到转变。先后组织开展了计划生育“突击月”，计划生育“优质服务月”，以宣传教育、“三查一治”（即查环、查孕、查病和治病）和摸底调查三位一体的“拉网式”进村入户计划生育突击月，计划生育“冬季会战”等活动，特别是 2008 年 6 月开展的计划生育“百日攻坚”活动，打开了社会抚养费征收和女性绝育的新局面，受到了自治区、吴忠市业务部门的肯定。截至 2009 年上半年，红寺堡已婚育龄妇女 19502 人，计划生育率 79.31 %，人口出生率 5.60‰，人口自然增长率 5.21‰，出生人口得到有效控制，计划生育工作成效明显，人口和计划生育工作趋于规范化管理。

经费投入　在落实好转移支付资金按比例用于计划生育事业的同时，多方筹措资金，不断加大计划生育经费投入。2008 年，投入计划生育经费达到 185 万元。

▲ 红寺堡开发区人民医院

2009年之前，共添置计划生育设备价值81.2万元，添置计划生育服务车5辆，为计划生育工作顺利开展提供了保障。

项目带动　2003年8月和2005年6月分别实施了“少生快富”项目和“农村部分计划生育家庭奖励扶助制度”。截至2009年5月，共实施“少生快富”项目户1019户，兑现奖励资金308.3万元，将83名符合政策的计划生育农民纳入农村部分奖励扶助制度。积极推行“少生快富”部门帮扶“一本通”，大力培植计划生育“少生快富”示范户，实行计划生育户优先获得扶贫资金、项目、技术扶持和各种优惠政策，对计划生育户优先实施“一池三改”，解决铡草机、搭建日光温棚，发展圈养，优先安排搬迁指标等项目，落实资金4000余万元。2009年年底，建立计生户自愿要求绝育奖励机制，继续执行红寺堡开发区“1862”对自愿要求采取绝育措施的独女户、独子户、两女户分别一次性给予10000元、8000元、6000元的奖励扶助金，对自愿要求采取绝育措施的其他计生户一次性给予2000元的生活补助金。累计发放奖励扶助金和生活补助金56.2万元(77户)。

计生效果　2004年以来，红寺堡开发区连续5年获吴忠市政府人口和计划生育目标管理责任制工作奖，创建计划生育“一无”乡（镇）4 个，创建率达 100%，创建计划生育“三无”村 17 个。通过不断加大计生工作力度，基本遏制了超计划生育。

红寺堡开发区 2002~2009 年各项人口控制指标一览表

指标 年份	定居人口数（人）	已婚育龄妇女数（人）	当年出生婴儿数（人）	自然增长率（‰）	人口出生率（‰）	政策符合率（%）
2002	87433	11475	1848	19.53	21.14	69.18
2003	96749	14023	1569	15.58	17.04	65.07
2004	100728	17012	1562	14.44	15.82	73.62
2005	108416	18848	1641	14.37	15.69	77.57
2006	116302	18653	1461	11.31	13	79.9
2007	129301	19535	1532	11.61	12.48	84.86
2008	136386	20546	1598	11.27	12.03	87.74
2009	143356	22279	2150	14.35	15.37	89.44

第三节　扶贫济困促发展

跨世纪的扶贫工程

兴扬黄之伟业，福泽宁南 20 万移民。红寺堡移民区大规模水利工程的兴建及大规模移民搬迁的实施，是宁夏有史以来最大的水利扶贫项目和当时国内最大的以扶贫为宗旨的生态移民项目。项目体现着社会主义制度的优越性，承载着自治区党委、政府为提高南部山区人口素质，加快贫困地区经济发展，构建和谐社会的历史使命，响应着自治区政府“绝不把贫困带入 21 世纪”的庄严承诺。

1998 年，自治区党委决定成立中共红寺堡开发区工作委员会和红寺堡开发区管理委员会。1999 年 1 月，红寺堡开发区党工委、管委会正式挂牌成立。至此，红寺堡作为新时期党和政府扶贫攻坚的战略实践由此拉开了序幕。

从 1998 年开始，自治区用了 10 年时间将宁南山区的 20 万人口迁移到红寺堡。

▲移民旧居内景

以红寺堡开发区为主战场的宁夏扶贫扬黄灌溉工程的实施，成为改革开放30年来，宁夏思想解放的经典决策。宁夏扶贫扬黄灌溉工程也成为宁夏历史上规模最大的移民搬迁扶贫工程。2007年11月5日，随着来自宁南山区3000多名贫困移民大规模搬迁到红寺堡灌区，耗资20多亿元、开发土地40万亩、搬迁近20万余人的红寺堡开发区扶贫扬黄工程历时10年基本画上句号，长期缺水受穷的宁南山区的农民走出了祖辈居住的大山，用上了黄河水，种上了水浇地，从而揭开了他们生活的新篇章。

红寺堡开发区成立10年来，广大干部职工和移民群众不畏艰辛，以沙作画，绘制蓝图，大力发扬“自力更生、艰苦创业、务实苦干、开拓创新”的红寺堡精神，聚精会神搞建设，一心一意谋发展，通过抓生态建设使山川绿起来，通过抓产业调整使农民富起来，通过抓城市建设使城市美起来，通过抓招商引资使经济活起来……短短10年间，亘古荒原上发生了翻天覆地的巨变，一片充满生机和活力的绿洲在荒漠上崛起，20万勤劳勇敢、积极进取的回汉儿女在这里用智慧和力量创建出了骄人的业绩。荒漠起绿洲，沙滩变良田，一个社会安定、经济发展、民族团结的绿色新区在中国大西北的宁夏中部迅速崛起。宁夏扶贫扬黄灌溉工程的成功实施，使数十万贫困群众彻底解决了温饱问题，顺利地实现了工程建设的预期目标，它用生动鲜活的事实向世界表明了来自宁夏南部八县的红寺堡人民“敢叫日月换新颜，能让荒漠变绿洲”的伟大的精神与气质。

红寺堡开发区的扶贫开发工作正是这样一步步扎实推进。2002~2005 年，红寺堡以解决农村人口温饱、改善基础设施条件、发展支柱产业为主，4 年累计投入扶贫专项资金 2870 多万元。这一时期，红寺堡开发区通过大力实施温饱工程，粮食产量稳步提高，人均纯收入由 2002 年的 934 元增加到 2005 年的 1880 元，基本告别了“吃粮靠救济”的历史。2006~2010 年累计投入扶贫专项资金 1.15 亿元，农民人均纯收入由 2006 年的 1982.4 元提高到 2010 年的 3500 元。

▲ 生态移民安置房

红寺堡区 1998~2013 年农民人均纯收入一览表

年份	1998	1999	2000	2001	2002	2003	2004	2005
农民人均纯收入（元）	500	598	678	792.4	934	1478	1663.8	1880.2
年份	2006	2007	2008	2009	2010	2011	2012	2013
农民人均纯收入（元）	1982.4	2290.3	2660.5	3030	3500	4027.7	4515.7	5305.1

历时 10 年的开发建设与扶贫攻坚，红寺堡人民努力发展生产，培育产业，与天斗、与地斗，扶贫开发取得了明显成效。优势特色产业稳步发展，葡萄、以红枣为主的经果林、设施农业、黄牛养殖分别达到 9 万亩、3.65 万亩、3.45 万亩和 2.8 万头，近 6 成土地告别了传统种植模式。宁夏扶贫扬黄灌溉工程的实施，使地近荒漠的红寺堡变成沃野百里、谷稼殷实的富庶之地，水利设施配套，排灌便利，使葡萄、红枣、枸杞、桑蚕、中药材成为红寺堡随处可见的经济作物。在生产生活方式上，移民搬迁后，也实现根本转变。生产方式由传统农业向现代农业转变，通过发展“3211”产业，移民实现了由靠天吃饭向节水高效设施农业的转变，逐步由“温饱型”移民转变为“致富型”移民。红寺堡人民成功地实现了搬得来，留得住，立得足，发展起的喜人目标。至 2008 年，红寺堡完成地区生产总值 5.02 亿元，地方财政一般预算收入 2100 万元，农民人均纯收入 2660 元。2009 年，红寺堡扶贫“整村推进”工作稳步实施，累计投入 2 亿多元解决贫困人口温饱问题，贫困人口比重从 1999 年的 100%下降到 2009 年的 19%。粮食直补、农机补贴等惠农政策全面落实，累计发放各类涉农补贴 8 亿元。社会保险覆盖面不断扩大，社会保障体系基本完善，累计发放政策性救助资金 3000 多万元，1.75 万城乡特困群众享有最低生活保障。城乡医疗救助、困难家庭学生助学和农村五保户供养等社会救助体系初步建立。建成廉租房 3000 平方米，改造危窑危房 2640 户。全民创业工程全面开展，累计发放小额贷款 3790 万元，带动城镇就业 316 人。累计组织劳务输出 28.3 万人次，实现劳务创收 10.5 亿元。

十年风雨沧桑，十年创业辉煌，在各级党委、政府的正确领导下，在各族群众、社会各界的共同努力下，红寺堡实现了“荒漠变绿洲，沙丘起高楼”的伟大壮举，在亘古荒漠上谱写了一曲波澜壮阔的移民开发史诗。历经 10 年开发建设，

▲ 新城崛起

红寺堡取得了生态改善、民族团结、生产发展、人民安居乐业的良好发展势头。红寺堡的开发建设也成为自治区党委、政府改革开放30年来解放思想的重要成果之一，成为共产党为民谋福祉的鲜活实例和中国异地生态移民扶贫的成功典范。

◎ 小视窗

红寺堡开发区扶贫开发成效显著

2002~2013年，红寺堡区累计投入各类扶贫开发资金6.537亿元，扶贫项目涉及特色产业、乡村道路、生态移民、水利设施、基本农田、村级文化室、卫生室建设、科技推广、技能培训等，项目受益面涵盖全区4个乡镇60个村，涉及人口3.4万户13.6万人，帮助10.5万贫困群众解决了温饱。经过多年的扶贫开发，红寺堡区移民贫困面貌发生了显著变化，贫困人口大幅下降到2012年的5.17万人，贫困面由2002年的80%下降到2012年的25%，贫困发生率下降了55个百分点。经济收入明显增长，农民人均纯收入由1998年的不足500元增加到2013年的5305元，增长10倍多，广大移民群众致富的信心进一步增强。人心思进，安居乐业，筑牢了移民区社会稳定的基石。（扶贫移民办供稿）

第四节　社会保障安民心

红寺堡移民区主要搬迁来自宁南山区脱贫无望及土石高寒地带的贫困群众，移民贫困程度深，社会保障、救济任务非常艰巨。

1999年6月，红寺堡开发区民政局成立，标志着红寺堡社会保障工作由此进入了规范、有序发展的全新时期。机构成立初期，民政局仅有5名干部，承担着民政、政法、信访、市场管理、民政宗教、残联、伊协、移民接管等繁重的任务。2005年10月，经自治区党委、政府批准，民政局与劳动和社会保障局合并为民政与劳动和社会保障局，分离出了民族宗教、伊协等工作。

民政救济

1999年，为确保移民“搬得来、稳得住”，民政业务部门着重于救灾救济，帮助移民群众渡过难关。

2000年，争取自治区民政厅为开发区解决第一期农村住房建设资金30万元，制订了《红寺堡开发区农村住房建设实施方案》，建成了总建筑面积达1200平方米的红源新村。同年11月，筹集了2800元的资金，向移民群众发放了40袋面粉、200件衣服。针对买河二村、六村搬迁移民无地可种的生活现状，共争取救灾救济款近200万元，救济衣物1.5万件，广泛组织、动员社会力量募捐款物9059元，采取现场集中发放和为特困户、五保户、残疾人、军烈属、退役军人家属开展送温暖活动的方式进行了救济活动。

2001年，红寺堡开发区共争取救济救灾款200多万元，救灾衣物1.5万件，救灾粮食267.67吨。发放救灾款6970户，发放救灾粮食3568户，为12538户62691名受灾移民、特困户、贫困户、五保户和优抚对象解决了生活困难。针对移民生活困难，影响开发区的生产和定居的实际，及时向自治区民政厅报告争取救灾资金 50 万元，对开发区 6358 户特困、贫困户等救助对象进行了紧急救助。同年 6~10 月，发生多次沙尘暴、干热风、暴雨和洪水等自然灾害，开发区争取发放救灾粮 267.67 吨，救灾款 40 万元。

2002 年，开发区共争取自治区民政厅救灾款 188 万元，解决了重灾区 4843 户重灾民和 1428 名残疾人等弱势群众的生活困难，照顾人口达 24215 人。同年 3 月，管委会通过各种渠道组织筹集面粉 4000 袋。对红寺堡镇、白墩乡、新庄集乡等重点灾区的缺粮群众进行了口粮救助，缓解了灾民的生活困难。6 月，开发区城市低保工作启动。当年冬季，共安排救灾资金 60 万元，为灾民解决燃煤料救助 14 万元，口粮救助 18 万元，衣被 250 套，特困户及重病医疗救助金 19 万元，优抚对象生活安排 3 万元，敬老院“五保户”安排 2 万元。

2003 年，开发区为抗击“非典”，及时筹措资金 12 万元，用于帮助特困灾民、重点优抚对象、残疾人、五保户购买消毒药具等用品。同年 3 月，农村特困户救助制度建立。“两节”期间，组织开发区干部、职工捐款 22590 元，捐衣服 1400 多件（价值 0.7 万元），由工委、管委会领导带队，分头深入各乡（镇），

▲ 社保大厅

对 75 户生活困难的群众和职工进行了救助性慰问。在风沙和干旱灾害较重的红崖乡、买河乡实施了种草养畜减灾增收项目，扶持 100 户灾区贫困群众种植紫花苜蓿 2000 亩，舍饲养殖小尾寒羊 1200 只。当年，共争取各类救灾款 135 万元，帮助 13500 多名因灾致贫的特困人员度过了生活难关，解决了 817 名城市特困居民的最低生活保障。

2004 年，开发区争取救灾救济资金 235 万元。其中，医疗救助资金 25 万元，灾民建房资金 43 万元，对 2884 户 6189 人实行了定期基本生活救助，对 7387 户因灾因祸使生活陷入困境的灾民，进行了临时生活救助，受益人口达 3.45 万人。开展了经常性的社会捐助工作，共募捐资金 3.2 万元，推动了农村医疗救助工作的实施进程。申报减灾项目 6 个，制订了《红寺堡开发区救灾、减灾和社会捐助物资储备规划》，其中《红寺堡开发区道地沙生中药材种植项目》被自治区民政厅列为减灾的重点实施项目。

2005 年，由于遭受沙尘暴、霜冻、干旱等自然灾害，开发区部分群众陷入生活困境。为此，开发区争取了救灾救济资金 311 万元，及时核拨并发放临时救助金 72.9 万元，救助困难群众 13466 人次。民政局协同教育、妇联、工会、团委等部门利用各类资助款 12.8 万元，救助贫困学生 341 人（小学生 262 人，中学生 49 人，大学生 30 人），对 302 名符合救助条件的农村特困群众实施了医疗救助，发放救助金 37.4 万元。当年，建成了中心敬老院，占地 28 亩，建筑面积 3150 平方米，食宿、娱乐、休闲等设施基本配套。

2007 年，民政部门严格执行相关民政资金管理办法，做到了低保金及时足额发放，并逐年提标扩面，月人均补差达到 105 元。坚持"动态化管理"原则，及时取消收增超线的 61 户 121 人低保资格，及时吸纳 138 户 282 人为新的低保对象，确保了低保对象有进有出、进出"两畅通"。农村低保人数达到 8183 户 12438 人，占农业总人口的 8%。从第四季度开始，低保金全部实行了"一卡通"式发放；及时对因灾造成缺粮、缺水的特困群众给予临时救助。当年，共救助缺粮群众 5728 人 160 万元，下拨饮水补助资金 107 万元；实施农村特困群众大病医疗救助制度，发放各类救助资金 61 万元。全年危窑危房改造 400 户，补助资金 195.4 万元。整村建成石坡子、开元、兴旺、水套、洪沟滩村等5个改造示范村。顺利通过了自治区、吴忠市两级验收，危窑危房改造工作走到了自治区前列，困难群众住房条件得到了较大改善。截至2007年年底，城市低保人数达到616户1821人，占非农人口的7%。

社会保险

红寺堡区社会保险工作于2003年启动。按照自治区、吴忠市社会保险业务隶属关系，在开发区人事劳动和社会保障局设立了社会保险临时性经办机构，并选调一名工作人员专职负责。2005年年底，红寺堡开发区社会保险事务管理中心共有人员4名。其中，副主任1名，工作人员3名。工作启动后，管理中心努力克服机构不健全、人员少、经费短缺等困难，于2003年和2004年相继启动了养老、医疗和工伤保险。经过多年的努力，各险种覆盖面和基金征缴率逐年提升，统筹支付能力不断提高，社会保险体系逐步形成。

2009年，红寺堡共有城乡低保资金900万元，城镇低保人数有681户1862人，保障标准月人均补助标准为133元。农村低保人数9528户15659人，月人均保障标准40元。

婚姻登记

认真依法开展婚姻登记工作。2000年共办理结婚登记1对；2001年共办理结婚登记34对；2002年共办理结婚登记27对；2003年共办理结婚登记77对；2004年共办理结婚登记127对；2005年共办理结婚登记234对；2007年共办理结婚登记1001对，离婚登记10对，登记合格率均达到了100%。

危房改造

红寺堡危房危窑改造工程自2005年启动实施，截至2009年年底，累计改造危窑危房2640户5613间。2009年，在全区危窑危房改造现场观摩会上，红寺堡南川乡杨柳村危房改造工作受到自治区危窑危房改造领导小组表彰。

第二篇 十年求索铸一剑

见证

红寺堡开发建设之路

HONGSIBUKAIFAJIANSHEZHILU

上下而求索，十年铸一剑；湖光山色照苍穹，十载辛劳收硕果。

十余年来，在党的阳光照耀下，红寺堡开发区工委、管委会团结带领20万回汉移民，以惊人的胆识、顽强的毅力、奋力的拼搏和无私的奉献精神，在这片亘古荒原上，顶烈日冒严寒，战狂风锁黄龙，创造了“荒漠变绿洲，沙丘起高楼”的人间奇迹，书写了“宁可苦自己，绝不误移民”豪壮誓言。

大地披上了绿装，荒漠变成了阡陌良田；移民喝上了甜水，种上了水浇地，告别了贫困，走上通往富裕的康庄大道。

生活揭开了崭新的一页！幸福的路在移民脚下继续延伸，“共产党好，黄河水甜”是移民发自内心的赞歌！

10年，是一个节点，更是一个起点。2009年金秋，正值红寺堡开发区走过创业10年的日子，国务院批准设立吴忠市红寺堡区。从此，红寺堡人民登上了一列快速行驶的列车，向着美好的生活阔步前进！

第一章　不断探索的移民之路

从 20 世纪中期开始，为切实改变“贫困甲天下”的宁夏南部山区（西海固）贫困群众生产生活条件，党和国家及自治区党委、政府下大力气，投入大量资金实施了“以工代赈”“三西建设”以及以移民开发为主的扶贫工程。经过不懈的努力，贫困地区经济社会得到快速发展，城乡面貌发生巨大变化，人民生活水平大幅度提高，社会大局

▲ 昔日西海固

保持稳定，生态环境显著改善。特别是在移民开发过程中，积累了扶贫移民、生态移民搬迁安置的宝贵经验，其中颇具特色的“红寺堡移民模式”在国内产生了较大影响。这些成功的范例为新时期扶贫开发和小康社会建设提供了借鉴例证和科学指导。

第一节　新时期宁夏移民

党中央、国务院十分关心宁夏西海固地区的贫困群众生产生活问题。20世纪60年代以来，先后实施“以工代赈”“三西建设”等扶贫工程，连年不断输血，但10多年来一直未能拔掉穷根。从1983年开始，中央改变思路，由救济扶贫转向开发式扶贫，连续10年每年在包括宁夏南部山区在内的“三西”地区（甘肃定西、河西和宁夏西海固地区）拨款2亿元作为扶贫专项资金。在宁夏，中央和自治区政府还展开一系列专门针对南部山区的扶贫工程。其中一项最有创见的举措就是开发式易地移民。自治区党委、政府根据国家“三西”扶贫思想方针“有水路走水路，没有水路走旱路，水旱不通另寻出路”，结合实际情况，因地制宜，开创性地实施移民扶贫的重大举措，着力解决自然条件恶劣地区群众生存和发展问题，先后组织实施了吊庄移民、“1236工程”移民、易地扶贫搬迁移民、中部干旱带县内生态移民，累计搬迁移民近84万人，在改善群众生存条件、解决温饱等方面发挥了重要作用。2011年，宁夏

▲ 家务活

启动实施中南部生态移民，“十二五”期间，将搬迁安置生态移民 35 万人。

吊庄移民区（1983~1998 年）

所谓吊庄，原意是指一家人走出一两个劳动力，到外地开发种植，临时搭建窝棚或就地挖窑洞，这样一户人家扯在两头，一个庄子吊在两处，故名“吊庄”。宁夏吊庄移民模式就是采用搬迁初期贫困农户两头有土地和住处，等到移民点开发建设好了，生活生产基本稳定之后再搬迁过去交属地管理，故称吊庄移民，所建立的基地叫吊庄。

1983 年，自治区党委、政府制定了“以川济山、山川共济”的扶贫开发政策，采取移民吊庄的形式，这是考虑到农民“故土难离”的惆怅和对迁入地缺乏信心等实际情况而做出的决策。“吊庄”便成为宁夏新时期扶贫移民的最早形式。

1983 年初，宁夏决定在北部川区永宁、平罗、中宁、中卫 4 县有条件的荒地上实行吊庄移民。同年 3 月，首先批准南部山区的泾原县和隆德县分别在川区经济条件较好的永宁县芦草洼和平罗县潮湖建立移民吊庄基地，即芦草洼移民吊庄区和隆湖经济开发区。5 月，自治区政府又决定固原县在银南地区的中宁、中卫县交界处的大战场建立吊庄移民基地。

1986 年 2 月，在总结前面成功经验的基础上，自治区政府又批准西吉县在中卫县南山台子、彭阳县在中宁县长山头、海原县在陶乐县月牙湖、盐池县在灵武县狼皮子梁分别建立移民吊庄区。1990 年，批准西吉县在青铜峡玉泉营建立移民吊庄区，海原县在贺兰县南梁农场建立移民吊庄区。截至 1995 年，经过批准建立的县外集中连片吊庄有 11 处，县外插户吊庄有 3 处，山区县内吊庄 6 处，总共有移民吊庄 20 处。1996 年，在东西合作对口帮扶的有力推动下，宁夏在江苏、福建两省的帮助下，建立了华西村、闽宁村吊庄移民点，福建的石狮市对口帮扶在同心县城关乡建立了县内扶贫移民吊庄点石狮镇。

经过十多年的探索开发，宁夏形成了以隆湖、芦草洼为代表的城郊型吊庄；以大战场、马家梁为代表的农业型吊庄；以华西村、闽宁村为代表的东西合作型吊庄。到 1998 年，通过各种形式建立的移民吊庄区共迁移人口 28.3 万人，在自

▲ 移民吊庄——闽宁镇

治区政府相关政策扶持下，移民区基本实现了自然资源、生态环境、人口、经济、社会协调发展。各吊庄的配套设施不断完善，迁移人口的脱贫率达到94%，易地落户的农户家庭收入已接近和达到灌区当地水平，基本达到了预期的脱贫目的。吊庄移民使搬迁群众的思想观念和思维方式发生了很大变化，涌现出了一批致富能人，形成了新的发展空间和经济收入增长点。

异地扶贫移民（1996~2000年）

宁夏异地扶贫移民主要指20世纪90年代末期实施的宁夏扶贫扬黄灌溉工程异地搬迁安置移民。宁夏扶贫扬黄灌溉工程是自治区党委、政府贯彻落实国家“八七”扶贫攻坚计划和实施宁夏“双百”扶贫攻坚计划而建设的大型水利工程。该工程“利用黄河两岸尚未开发的连片土地，扬黄河之水，建设200万亩灌区，将山区不具备生产生活条件的100万人口迁往灌区，投资30亿元，用6年时间建成的民生工程，简称“1236”工程。“1236”工程方案的主要建设内容是修建在大柳树灌区一期工程的宁夏境内四片扬水灌区，即兴仁扬水，开发土地50万亩；红寺堡扬水，开发土地90万亩；固海扩灌，开发土地30万亩；马场滩扬水，开发土地30万亩。

1997年12月，国家计划经济委员会批准《宁夏扶贫扬黄灌溉一期工程可行性研究报告》。1998年8月，国家正式批准开工建设。1999年5月被列为国家重点建设项目。红寺堡扬黄灌溉工程是宁夏扶贫扬黄灌溉一期工程的重要组成部分。红寺堡灌区原计划开发土地75万亩，搬迁移民40万人。

1999年10月28日，中共中央政治局常委、国务院总理朱镕基视察宁夏扶贫扬黄工程，肯定了兴建这项工程的正确性和必要性，强调"宁夏扶贫扬黄工程必须要抓紧，一定要搞好"。同时针对工程建设和灌区发展问题，要求在开发方式、产业结构等方面"要有新的思考"。2001年6月和2002年5月，钱正英先后两次到红寺堡考察后指出，宜适当减少移民规模，放慢移民进度。自治区党委、政府高度重视，责成有关部门组成课题组，对红寺堡灌区开发思路进行了广泛深入的研究，并提出了调整意见和措施。调整后规划红寺堡灌区开发土地面积40万亩，搬迁移民20万人。

红寺堡开发区是宁夏扶贫扬黄灌溉工程的主战场，自大面积移民开发建设实施以来，红寺堡工委、管委会紧紧围绕自治区扶贫攻坚的总体部署，坚持开发式移民的方针，市场机制与政府行为相结合，移民安置与就地稳定解决贫困人口温饱相结合，山区广开脱贫致富门路与川区土地资源开发利用相结合，充分利用河套及新灌区经济发展的有利条件，按照高起点、快步伐、多功能、高效益的要求，统一规划、合理布局、综合开发，高标准、高质量地把红寺堡开发区建成农业节水、高产、高效，村镇联网互补，服务体系完善配套，内有凝聚力，外有辐射力的现代化新灌区。实现移民"一年搬迁，两年定居，三年温饱，五年脱贫，十年致富"的目标。

截至2002年，红寺堡开发区国内生产值达1.63亿元，其中工业总产值3440.39万元，农业总产值5413.4万元，畜牧业总产值7095万元，农民人均纯收入934.1元，搬迁2年以上的居民人均纯收入突破1000元，搬迁3年以上的居民人均纯收入达1300多元，移民基本实现了解决温饱问题，正在向致富奋进的目标迈进。

异地生态移民（2001~2007年）

为加快贫困地区脱贫致富的进程，把扶贫开发事业推向新阶段，中央提出，在西部地区对一部分生活在自然条件严酷、资源贫乏、生态环境恶化地区的贫困人口，实行移民搬迁，易地安置，实现扶贫开发和生态环境建设有效结合、同频共振。

从2001年起，国家决定在宁夏、内蒙古、云南、贵州4省区实施易地生态

▲ 新灌区农业

移民搬迁试点工程。在宁夏，生态环境治理的重点区域与扶贫开发的重点区域相互重合，一方面，由于生态环境恶劣，群众的生产生活条件难以改善，生存环境日益恶化；另一方面，人们的生产生活又对生态环境造成了持续性破坏。在认真总结历史经验的基础上，自治区党委、政府研究决定，围绕“水源、生态、开发、特色、转移”五个重点，按照“人随水走、水随人流”的思路，通过生态移民的办法，将居住在偏远分散、生态失衡、干旱缺水地区的贫困人口搬迁到有扬黄工程沿线、公路沿线和城郊，方便移民吃水、出行、上学和劳务输出，积极发展优势特色农业、设施农业和节水高效农业，实现“山内的问题山外解决，山上的问题山下解决，面上的问题点上解决”的目的，加快解决中部干旱带贫困问题。

宁夏异地生态移民搬迁范围主要是指六盘山水源涵养林区，重点干旱风沙治理区和水库淹没区群众。异地生态移民大部分实行整村搬迁，旨在彻底解决影响区域环境生态恢复的根本问题，并对迁出移民实行“属地管理”，即移民迁出后，注销原住地户口，收回承包地，使移民能够安心地在迁入地生活和发展。

在此契机下，红寺堡生态移民的规划应运而生。红寺堡生态移民工程于2002年正式实施，与扶贫移民工程交叉进行，自治区发改委于2002年、2003年、2005年、2006年先后4次下达了对红寺堡灌区新圈、新庄集三支干、新庄集四支干（低口）、新庄集四支干（高口）、红四干渠5个移民扶贫搬迁试点工程项目区进行开发建设的批复和投资安置计划，国家累计投资达到11495万元。工程实施以来，红寺堡紧紧围绕“发展经济，促进生产，造福移民”的目标，按照“边开发、边搬迁、边建设、边致富”的原则，搬迁安置宁夏南部山区六盘山林区、挂马沟林区、月亮山林区、南华山林区、罗山保护区、火石寨生态保护区和重点生态环境治理区、水库库区生态性移民16925户81172人，其中就地旱改水生态移民5008户21422人，安置彭阳、海原、泾源、西吉、隆德、原州区异地生态移民11167户46998人，安置规模为39个自然村，开发平整土地13.92万亩。

2008年，红寺堡地区生产总值、全社会固定资产投资、地方财政一般预算收入分别达到4.9亿元、9.8亿元、2100万元，同比增长12.5 %、51%、10%，农民人均纯收入达到2668元，是开发建设之初的5倍。生态移民工程实施7年来，移民的生活水平和生活质量都有了很大提高，经济效益明显增长，生产生活条件得到很大改善，在项目建设、移民搬迁安置、经济社会发展等方面积累了一定的经验。尤其在基础设施建设、生态环境、社会事业、特色优势产业四大领域方面取得重大成果，对于宁夏中部干旱带经济社会的和谐、健康发展起到了重要的推动作用。

中部干旱带县内移民（2007~2011 年）

2007 年，自治区在总结以往扶贫移民经验的基础上，组织实施了中部干旱带县内生态移民工程，规划利用 5 年时间，对 6 个县（区）520 个自然村 20.68 万人实施生态移民。自工程实施以来，在自治区和市、县（区）的精心组织下，奋力拼搏，积极整合项目和资金，移民工作总体进展顺利。截至 2010 年年底，已累计批复了 16.08 万人的移民工程建设任务，占规划的 77.8%；开发安置移民农田 27.7 万亩，占规划的 78.9%；累计投资 26 亿元，占规划的 91%。生态移民工作取得明显成效。

中南部生态移民（2011~2015 年）

宁夏中南部地区包括原州区、西吉县、隆德县、泾源县、彭阳县、海原县、同心县、盐池县、红寺堡区等 9 个扶贫开发重点县（区），以及沙坡头区、中宁县的山区。区域面积 4.3 万平方公里，占全区总面积的 65%，人口 256.3 万人，占全区总人口的 41%，其中回族人口 133 万人，占全区回族人口的 59.1%。这一地区处于我国半干旱黄土高原向干旱风沙区过渡的农牧交错地带，生态脆弱，土地瘠薄，资源贫乏，自然灾害频繁，水土流失严重，人均水资源占有量仅为 136.5 立方米，可利用水资源总量只有 0.758 亿立方米，为全国最干旱缺水的地区之一。区域内人口、资源、环境与社会经济发展极不协调。截至 2009 年年底，该地区尚有 35 万人居住在交通偏远、信息闭塞的干旱山区、土石山区。

自治区党委、政府始终把中南部山区群众的脱贫致富作为促进全区发展的重中之重，特别是把移民工作作为解决自然条件恶劣地区群众生存和发展问题的一

▲ 昔日山丘

项重要扶贫举措。立足逐步扭转山川差距扩大的趋势，优化产业布局和劳动力资源配置，促进山区农村人口的有序转移，推进灌区农业开发和沿黄经济区建设，从而实现山川共建共享。2011 年，宁夏启动中南部地区生态移民工程，计划用 5 年时间把生活在不宜居住、不宜发展地方的 35 万人搬出大山，从根本上拔掉穷根奔向幸福路。以生态移民攻坚为重点的扶贫开发工程，提出“六大建设任务”“七项政策”，确保 35 万移民“搬得出、稳得住、能致富”。中南部地区生态移民工程涉及 9 个县(区)91 个乡镇 684 个行政村 1655 个自然村。

作为有着丰富移民安置经验的红寺堡区，承担了搬迁安置生态移民 3.15 万人的任务，约占全区总任务的 1/10。

◎ 小视窗

中央、自治区领导关注宁夏中南部生态移民发展

生态移民既是一项生态工程，又是一项民生工程，我们既要组织自然环境恶劣地区的群众搬出来，又要千方百计解决好搬迁群众的生计问题。

——2010年3月，中共中央总书记胡锦涛视察宁夏盐池县移民新村时说。

要加大生态移民工作力度，规划好、实施好这一工程，真正做到移得出、稳得住、能致富。没有中南部山区的小康，就没有宁夏的小康。

——2010年9月，全国人大常委会委员长吴邦国在宁夏固原市原州区开城镇视察时说。

生态建设既要“一张蓝图绘到底”的决心，又要不断赋予新的内涵。要实行山水草、林田路综合治理，改善生态环境，最终让农民走上富裕之路。

——2008年8月，国务院总理温家宝在宁夏固原市彭阳县视察生态建设工作时说。

生态移民是一条从根本上解决山区群众脱贫致富奔小康的好路子。

——2009年9月，全国政协主席贾庆林在宁夏固原市原州区团结村视察时说。

宁夏实施的生态移民工程，通过整村搬迁，沿扬黄灌区、公路沿线和城郊安置移民，从根本上解决了这部分人的贫困和生存问题。

——2008年4月，时任国家副主席习近平在宁夏固原市原州区开城镇移民新村视察时说。

发展经济是为了让老百姓得到更多的实惠。要想方设法帮助农民打开更多的致富门路，让群众真正过上好日子。

——2010年，时任国务院副总理李克强在宁夏中卫市海原县高崖乡移民村视察时说。

宁夏中部干旱带和南部山区贫困面广、贫困人口多、贫困程度深，历史上素有“苦瘠甲天下”之称。是全国农村贫困地区中的特困地区。经过长期努力和不断探索，这一地区的经济社会发展取得了明显成效，一些群众走上了脱贫致富奔小康的道路，但由于自然条件差、资源匮乏、历史欠账多等原因，这一地区还有100多万扶贫对象，其中35万人居住在山大沟深、交通不便、生产生活条件极差，不适宜居住、不适宜发展的地方。我们将大力实施移民攻坚计划，用5年时间将这35万贫困群众基本搬迁出来，搬到近水、沿路、靠城等发展条件相对较好的区域，再用5年时间帮助他们发展致富，确保与全国、全区同步进入小康。这不仅是一项重大的民生工程，也是一项重大的政治任务。我们将以对党和人民高度负责的态度，发扬“不到长城非好汉”的精神，殚精竭虑、务实苦干，把这件实事办实、好事办好，让广大贫困群众尽早过上富裕文明新生活。

——2011年3月4日，宁夏回族自治区党委书记张毅在全国“两会”期间接受新华社记者采访时说。

中南部地区生态移民规模大、任务重，各地各有关部门要高度重视，正确对待，采取非常之策、务实之举，合力推进。在实际工作中要做到六到位。一是认识到位。实施中南部地区生态移民工程，是历史赋予我们的神圣使命，也是对各级领导干部执政能力的考验。要把党中央的关怀化作不竭动力，用大局意识、责任意识、民生情怀将中南部地区生态移民写入中国扶贫史册。二是规划到位。要进一步细化、完善“十二五”中南部地区生态移民规划，立足当前，着眼长远，按照新农村建设要求，制定产业发展、新农村建设、社会事业等专项规划和实施方案，确保生态移民有序推进。三是安置方案到位。要在总结近30年移民经验的基础上，不断创新移民方式，促进生态移民工作顺利开展。四是项目资金到位。要在争取中央支持的基础上，按照“统一规划、统筹安排、渠道不变、各记其账、各记其功”的原则，整合相关项目资金，强化工程质量，降低建设成本。五是责任到位。各市、县（区）一把手要负总责，要强化配合，明晰责任，不仅要把生态移民放在心上，还要真正抓在手上。六是落实到位。各地要尽快制订移民方案，落实好土地、水源和移民住房，解决好中部干旱带县内生态移民遗留问题，衔接好移民子女入学、技能培训、户籍转移和属地计划生育等政策，确保移民“搬得出、稳得住、能致富”，努力把我区建设为全国生态扶贫移民开发示范区。

——2010年12月15日，宁夏回族自治区政府主席王正伟在主持召开的第26次主席办公会议上说。（摘自新华网）

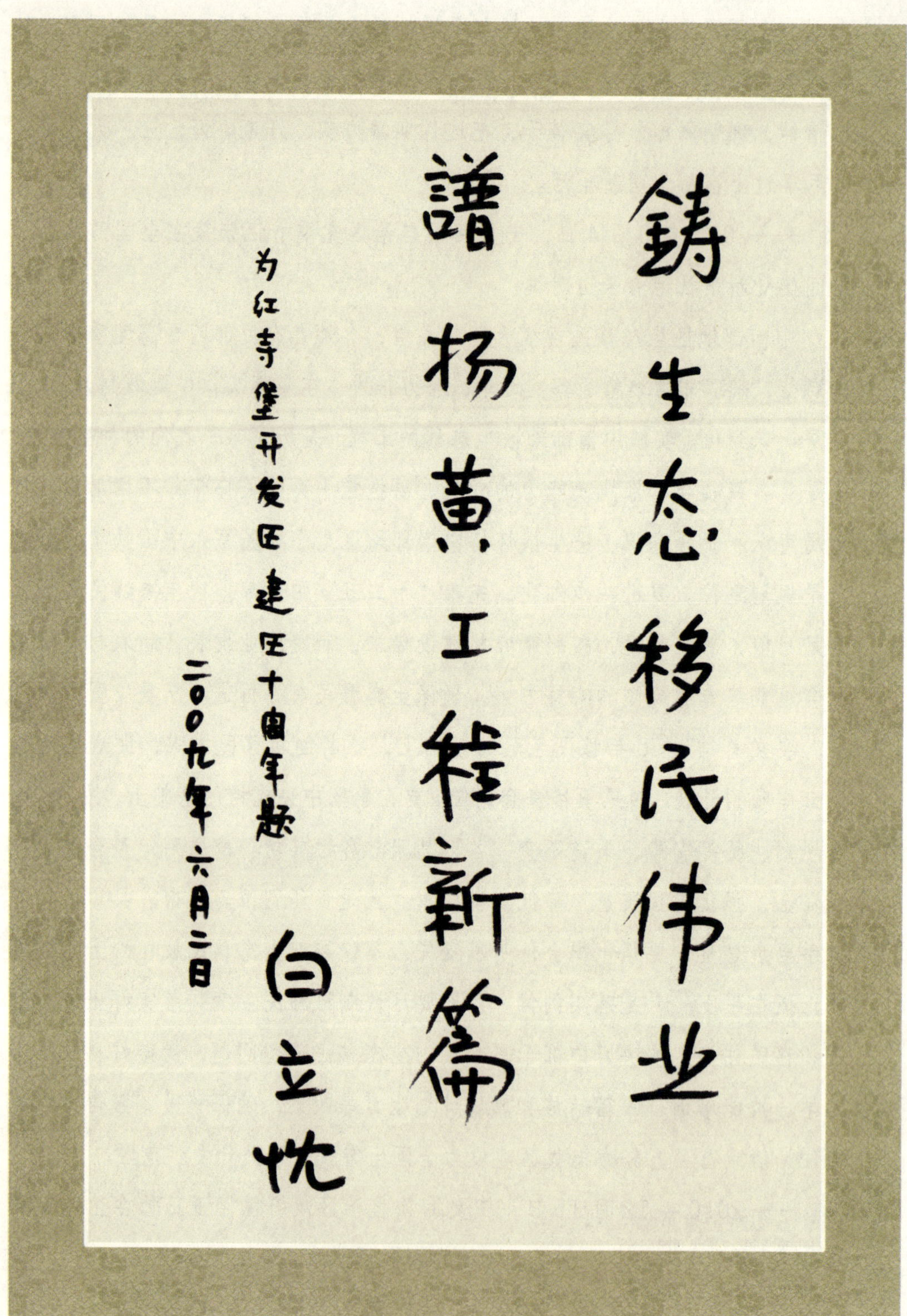

2009 年全国政协副主席白立忱题词

第二节 红寺堡"十二五"生态移民

根据自治区相关规划，"十二五"期间，红寺堡区生态移民规划建设鲁家窑、大河节灌站、马渠和乌沙塘4个安置区8个行政村，安置移民7208户31500人。"十二五"生态移民工作启动实施以来，红寺堡区紧紧围绕"搬得出、稳得住、管得好、逐步能致富"的目标，以项目建设为抓手，以移民搬迁安置为重点，以移民后续产业发展、社会管理为核心，树立"搬迁一批，致富一批"的发展理念，大力推进移民各项工程建设任务，有效促进搬迁移民永续发展，构建幸福和谐红寺堡。

◎ **小视窗**

大河节灌站生态移民安置区 大河节灌站安置区位于红三干桩号7+63—9+970段两侧，西以墩子湾沟为界，东至麻黄沟，南以1362米等高线控制，北至烟洞山。东西约长2.5千米，南北宽5千米，属于红寺堡区大河乡境内，原为红崖节水灌溉试验区。该项目区规划安置移民750户3311人，建设行政村2个。一期建设完成450户，总投资4680万元，安置区可利用土地面积约为11566亩，其中耕地5260亩，安置区所需的总占地面积3589亩，需补偿征地3589亩。总体项目于2012年10月开工建设，2013年8月竣工。二期于2014年建设完成300户移民住房及其附属配套设施。

马渠生态移民安置区 该安置区位于新庄集四支干渠（高口）以南，西以苦豆子沟为界，东至洪沟，海拔1620米以下，规划土地面积4万亩，黄土丘陵沟壑地貌，属于红寺堡区南川乡。计划安置移民4229户18434人，规划建设4个移民新村，分两期实施。一期批复安置马渠一、二村2870户11909人（一村1080户4481人，二村1790户7428人），二期批复安置马渠三、四村1359户6525人（三村610户2666人，四村749户3859人）。（扶贫移民办供稿）

加强工程基础设施建设，以“突出重点，全面配套，稳步推进，逐年完成”为原则。2011年，启动鲁家窑移民安置区基础建设，自治区计划总投资22225万元，安置原州区和同心县生态移民2174户9500人。当年，红寺堡区在鲁家窑东片区建设完成1540套移民住房，安置移民1442户6300人。2012年年底，红寺堡累计开工建设移民住房3884套，占到“十二五”总任务的53%。累计开发改造土地2万亩，建成设施拱棚3120座2800亩，完成特色种植8000亩。定向开展创业意识和技能培训4865人，在弘德工业园区先后安置移民务工就业950人。

2013年，完成计划总投资4.5亿元，新建生态移民住房1784套96336平方米，开发整理土地12000亩，建成泵站8座、蓄水池8座、砼路面87.7公里，搬迁安置移民1171户5089人，完成年度计划任务的101%，形成鲁家窑弘德一村、二村、龙源村三个建制村。累计建房5549套，超额完成521套，完成基础设施总任务的95%以上，搬迁移民11466人，完成移民搬迁总任务3.15万人的1/3以上，为将移民工作重心由工程建设、搬迁安置全面转向发展生产奠定了坚实基础。

◎ **小视窗**

弘德新村 弘德新村位于红寺堡城区以北海子塘二支干渠两侧，东西长5.4千米，南北宽3千米，总土地面积2.4万亩。2011年，弘德新村作为红寺堡区“十二五”首期生态移民工程，结合弘德工业园区和城区建设，将该项目区打造成为宁夏生态移民统筹城乡发展的示范样板工程。该项目总规划面积2万亩，总投资27510万元，建设2个行政村，安置移民2174户9500人（其中同心县668户3365人，原州区1506户6135人）。弘德新村建设采取政府、企业、学院三层合作方式，以太阳能取暖和抗震轻型材料利用示范村建设为突破口，以“节能、环保、安居、发展”为重点，按照“建房子、赚票子、育学子、造林子”的发展思路，以优良的工程质量取信移民，以完善的公共服务设施吸引移民，以发展优势特色高效产业致富移民，以规范的管理教育移民。

大河节灌站安置区 该安置区在基础设施上，严格按照“七通八有”的

▲ 建设中的弘德新村

要求，实现移民新村通电、通自来水、通硬化路、通公交车、通广播电视、通邮递、通电话，有学校、有村级活动场所、有医疗服务站、有劳动就业服务中心、有超市、有文化广场、有环保设施、有新能源，目前450户已全部配套完善。在移民搬迁上，实施“关口”前移，严把户籍及人口信息关，按照“人随户走”的搬迁模式，确保移民“一次性断根”顺利搬迁，于2013年11月底前搬迁安置移民450户1839人，移民主要来自同心县豫旺镇郭阳洼村138户578人和原州区头营镇大北山村312户1261人。在产业发展上，项目区以枸杞种植为主导产业，充分利用人力资源打造枸杞种植产业基地，同时依托百瑞源和设施拱棚西甜瓜种植，夯实移民致富渠道。

大河节灌站安置区在社会管理上，严格按照“5531”（5即组织、责任、服务、宗教和社会保障的五大管理，5即住房、拱棚种植、土地承包、土地流转和务工就业的五大合同，3即房产证、土地证、宅基地证三个证书，1即一个网格化管理）管理模式，以“七问六知五清”（即问户情、问收入来源、问培训愿望、问就业方向、问社会保障、问发展规划、问存在困难，知产业发展、知群众增收渠道、知热点难点问题、知基层组织建设和创新社会管理，做到家庭状况清、致富能人清、特困群众清、民族宗教构成清和群众诉求清）为主线坚持社会服务体系同步完善，把生态移民工程与城乡统筹发展相结合，采取“一站式”服务，创新和加强移民新村社会管理工作。（扶贫移民办供稿）

第三节　创新生态移民工作机制

自“十二五”生态移民实施以来，红寺堡区生态移民工作由“工程建设”向“搬迁安置”重点转移，生态移民社会管理、发展致富工作不断创新。

在“十二五”生态移民工程实施过程中，红寺堡认真总结十余年来扶贫移民和生态移民的有益经验，立足完善搬迁安置模式、创新社会管理、加快产业培育、构建和谐新区，坚持因地制宜，以人为本，努力实现“搬得来、稳得住、管得好、逐步能致富”的发展目标。

以民为本创新工作方法

为确保生态移民搬迁底数清楚，实现惠民政策随迁和一次性断掉穷根，红寺

▲ 设施温棚

堡区汲取以往经验教训，实施“关口”前移，全面构建移民搬迁安置保障体系。通过与移民迁出县（区）建立对接工作联席会议制度，成立由组织、移民、公安、民政等相关部门组成的工作领导小组，赴移民迁出区全力做好搬迁前期调查摸底，严把户籍及人口信息关口。依托公安户籍信息网络，采取为搬迁户拍“全家福”、实施“一户一册，一人一卡”登记和“逐村逐户逐人”调查等方式，对搬迁户籍信息、个人情况、家庭收入及享受各种惠农政策认真梳理并建档立卡，明确搬迁对象。对于移民搬迁后将享受的政策及其搬迁时间、房屋土地分配等情况提前予以公示，让群众全面了解政策，免除后顾之忧。“人随户走”“一次性断根”的搬迁方式，有效预防以往生态移民“人不清、户不清”的现象，为群众在迁入区安心居住、稳定发展夯实了基础。

确保工程建设高质量、高效益

工程建设中，采取城乡一体化规划建设的方式，移民住房与基础设施、社会事业、公共服务等设施综合配套、同步规划、同步建设，切实为移民群众创造美好的生活环境。按照“建设单位 + 监理 + 质检 + 监察”的生态移民质量监督机制，坚持“六个不让步”原则，一周一调度，半月一督查，一月一评比，快速推进工程建设，打造“放心工程”“廉政工程”。移民迁入后，实施关爱移民“八个一”（即：一张床、一百公斤煤、一袋面粉、一袋米、一桶油、一套炉具、一张全家福、第一顿午餐）工程，得到群众一致认可。

◎ **小视窗**

马渠生态移民安置区　一期工程于2012年8月开工建设，建设完成移民住房及其附属设施2870户；建设扬水泵站两座（单机容量740千瓦），蓄水池四座（库容量110万方）；架设10千伏供电线路9.5公里，380伏/220伏供电线路55公里；建设移民通村油路11.287公里，主干道7.15公里，巷道50公里；新建小学1所，幼儿园2所，建筑面积8023平方米；建设村级活动场所1800平方米，绿化面积1376亩，特色种植9758亩；搭建养殖

▲特色种植

圈棚 2870 亩。目前已建成移民住房 2870 套，完成砼路面浇筑 11.287 公里。泵站已全部建设完成，进入试水阶段，蓄水池全部建设完成。小学、幼儿园、村部、超市等附属工程全部完成主体建设。二期工程将于 2014 年批复下达后开工建设。（扶贫移民办供稿）

以产业培育带动移民致富增收

因地制宜培育移民产业、拓宽移民增收致富空间，一直是红寺堡生态移民安置的“重头戏”。综合统筹各安置区地理位置、水资源、土地匹配等情况，以“依托资源、彰显特色、优势主导、规模发展”为特点的产业培育模式初步形成。依托弘德工业园区，鲁家窑项目区大力发展劳务产业，委托社会机构实施专业技术型人才培育工程，打造移民劳务产业孵化基地；各移民安置区采取土地流转方式，推进土地规模化、集约化经营以及合作社集中经营方式，大力发展设施拱棚种植、枸杞种植和规模化养殖，通过政府引导、企业带动、移民参与，积极打造枸杞种植产业基地和日光温室产业园，不断拓宽移民致富渠道。移民区旱作农业转变为灌溉农业，广种薄收转变为精耕细作，单纯农业生产向多种产业转型，形成了以特色种养收入为基础，劳务收入为主体的致富长效机制，既促进生产方式发生了根本改变，同时也为移民脱贫致富开启了新路径。

创新社会管理提供优质服务

实施生态移民开发建设，旨在实现移民无论从生产生活方式上，还是从心理认知上，都能够完全融入新的环境、创造新的生活，稳得住，还要管得好。按照“5531”管理模式，红寺堡区以提供优质服务为抓手，创新实施移民村社会管理，通过下派干部驻村加强党建工作、相关部门“一站式”办理户籍、低保、房屋和土地承包经营权证书等，全面开展“绿色通道”服务，不断加强民族宗教事务管理、文化建设、医疗服务、困难移民救助、移民子女入学和扶贫开发工作。扎实的工作措施，不但保证了移民安置顺利实施，同时也拉近了政府和群众的距离。红寺堡镇弘德移民新村是“十二五”生态移民首批移民安置区，针对村组规模大、人员复杂的实际，村党支部尝试推行网格化管理，建立社会管理综合信息平台和基层党建联创、社会治安联防、矛盾纠纷联调等“六联”机制，将移民村划分为三级网格六大片区，把党小组建立在片区、小组内，定格、定人、定责，及时收集、处理和反馈信息，重点做好辖区内的民政、计生、就业、社保等工作，形成了自下而上、衔接有序的管理服务新模式。

◎ **小视窗**

弘德新村生态移民社会管理 对移民实行网格网络化管理，科学设定片区管理网格，按照村民实际居住情况，将一个村民小组划分为一个网格，将全村划分为6个网格，每个网格由村民推选产生移民网格长，协助一级网格长把管理和服务的触角延伸到每个农户、每个农民。同时设立劳务输出、计划生育、综治维稳、产业发展、安全生产五个功能型党小组，挂牌成立相应的工作站所。（扶贫移民办供稿）

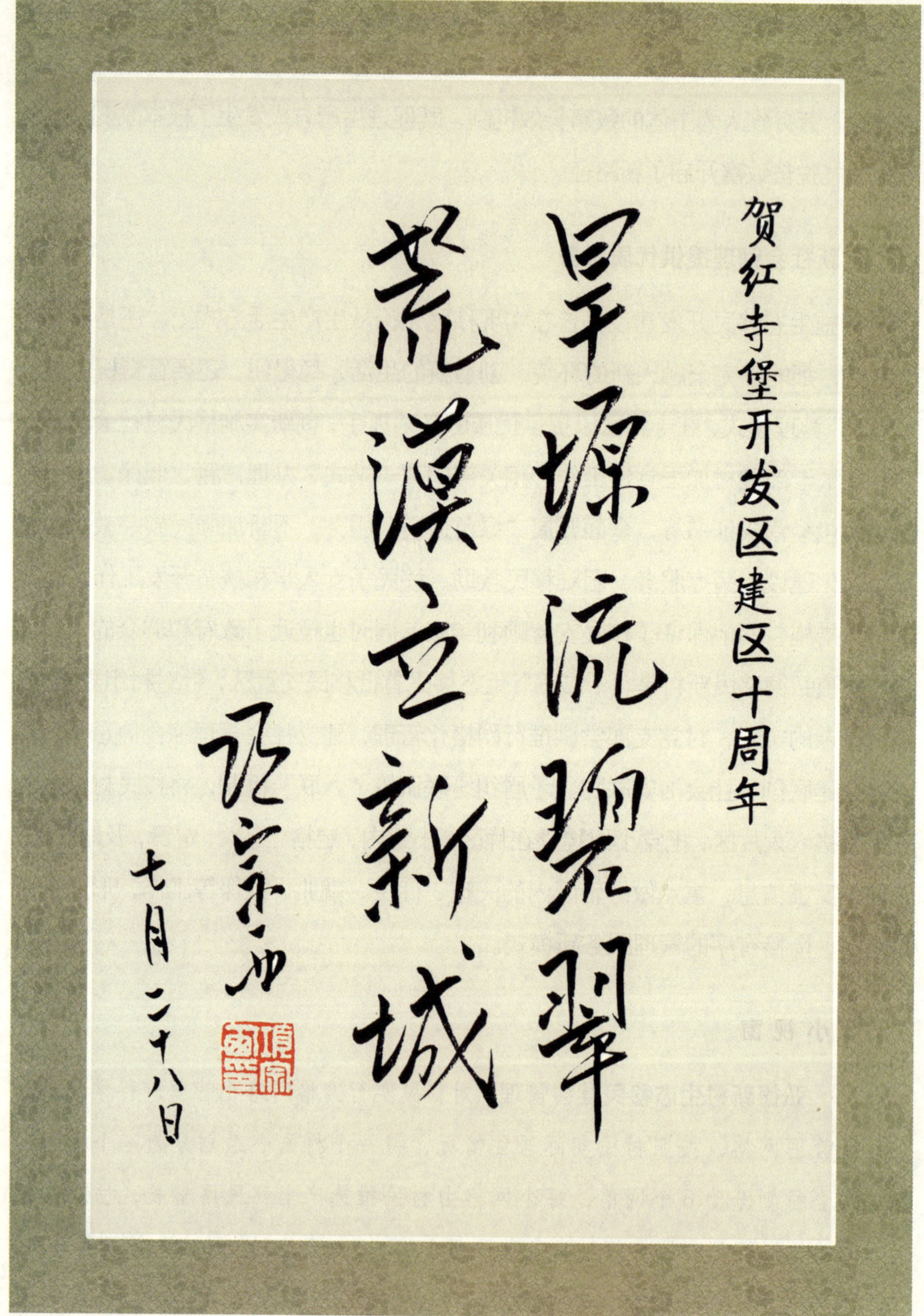

2009年7月宁夏回族自治区政协主席项宗西题词

第二章　社会经济发展成就

历经艰辛，孕育新生。红寺堡开发区开发建设的10年，工委、管委会团结带领广大移民群众，坚持“生态立区、工贸强区、草畜富区、环境活区、科教兴区、依法治区”和大力发展特色优势产业战略，一心一意谋发展，聚精会神搞建设，谱写了“沙漠变绿洲，移民生活大变迁”的壮丽诗篇。实现了在中部干旱带开发建设与生态保护并重的发展目标，调整产业结构，培育特色优势产业。加大移民培训力度，发展特色种养殖业。加快发展“葡萄酿酒、风力发电、煤炭资源利用”等工业项目，实现农业增效、工业增量、移民增收的奋斗目标。

红寺堡设区以来，区委、政府按照党中央提出科学发展观和构建和谐社会重大战略思想，带领全区20万回汉移民构建新农村、建设新家园的五年，是红寺堡区经济发展和社会管理方式不断改革创新的五年，是自力更生、逆势而为、攻坚克难的五年，也是红寺堡区产业结构调整步伐最快、生态环境建设投资强度最高、城乡基础设施建设力度最大、人民群众得到实惠最多的五年。五年间，全区上下，坚持发展是硬道理的真理，凝心聚力、奋力拼搏，使红寺堡区综合经济实力迈上了新台阶，社会各项事业明显好转，人民生活水平逐步提高。

第一节　红寺堡开发区十年

红寺堡开发区自 1999 年成立至 2009 年红寺堡区设立，已走过了极其不平凡的十年。这十年，是红寺堡人民战天斗地、锻造新生的十年，是党的扶贫攻坚和民族区域自治制度相结合并成功实践的十年，是红寺堡生态、经济、政治、文化以及社会事业实现突破、全面发展进步的十年，是 20 万移民共同团结奋斗、共同繁荣发展的十年。十年来，红寺堡沐浴着党的民族政策的灿烂阳光，承载着广大移民群众摆脱贫困的强烈愿望，走过了波澜壮阔的奋斗历程。尤其在开发建设的关键时刻，在科学发展观的指导下，红寺堡在加快发展的同时更加注重科学发展，发展的协调性和可持续性不断增强，开始步入又好又快的发展之路。

▲ 移民村庄

从生态环境建设上看，十年再造一个绿洲

自1999年到2009年的10年间，红寺堡全力加快荒山荒地造林、天然林保护和平原绿化建设进程，累计投入资金15925.5万元，先后实施了“三北”防护林工程、退耕还林工程、天然林保护工程、绿色通道工程等大型生态环境保护工程，基本建成了以盐兴、滚新、黄同公路为主的“三纵三横”宽幅林带大骨架、大屏障，累计完成人工造林126万亩，其中退耕还林89万亩，天然林保护4.3万亩，平原绿化造林16.9万亩1790余万株，经济林19.1万亩，林木保存率为80%以上，植被覆盖率达到39%，治理水土流失967.6平方公里。特别是2008年以来，红寺堡区认真实施自治区强力推进中部干旱带百万亩枣树暨节水经济生态林业建设项目，以“生态立区，产业富区”为目标，创新机制，落实措施，坚持农田林网，荒山造林，庄点绿化，全力建设经济生态林业体系，着力培育以葡萄、高酸苹果、红枣、枸杞为主的特色林果产业，有力促进了以生态、节水经济林为主的林业生产发展，林业建设取得了良好的生态效益、经济效益和社会效益。

10年的开发建设以实际行动实现了“搬出一方人民，恢复一方生态；开发一片土地，再造一片绿洲；安置一批移民，造福一方人民”的庄严承诺。

从经济指标增幅看，综合实力显著提高

2009年1~9月，实现地区生产总值3.7亿元，增长14.9%；全社会固定资产投资10.04亿元，增长11.3%；地方财政一般预算收入2800万元，增长69.1%；预计农民人均现金收入2634.5元，增长10.9%。前三季度，红寺堡地区生产总值增幅比吴忠市平均水平（11.1%）高3.8个百分点，地方财政一般预算收入比吴忠市平均水平（18.4%）高50个百分点，分别排名吴忠市第1位；全社会固定资产投资增幅相对较低，比全区平均水平（36.3%）低25个百分点，比吴忠市（20.9%）低9个白分点，主要经济指标增幅均保持在两位数以上。

从产业发展水平看，优势特色产业有了一定规模效应

结合红寺堡扬黄灌区实际，大力调整产业结构，计划用5年以上的时间，发展葡萄30万亩、以红枣为主的经果林20万亩、设施农业10万亩、黄牛饲养量达到10万头的特色优势产业发展思路，实现人均1.5亩葡萄、1亩经果林、0.5亩设施农业和户均3头牛的目标。至2009年已建成6个万亩葡萄种植基地、5个设施农业示范园、19个大小拱棚示范区、3个规模化养殖园区，葡萄、以红枣为主的经果林、设施农业、黄牛饲养量分别达到9万亩、9.24万亩、5.45万亩和4.17万头，农民人均纯收入的1/3来自特色优势产业收入，成为农民增收的支柱产业。短短10年时间，农业生产方式顺利实现雨养农业向灌溉农业、灌溉农业向现代农业的两次根本性转变，移民群众的思想观念发生了根本变化，近六成土地告别了传统种植模式。

从项目建设情况看，经济社会发展后劲越来越强

坚持项目带动战略，不断加大固定资产投入力度，全社会固定资产投资年均增幅20%以上。实施了石炭沟灌区3~6支渠系节水改造工程、乌沙塘生态防护林供水工程、风积沙化带毛渠砌护工程，建成红寺堡扬水泵站万亩节水示范区和灰家窑、城北、乌沙塘、玉池等10余个蓄水池，总蓄水量达200万方。特别是2009年以来，共争取各类建设项目175个，中央及自治区下达投资计划7.73亿元，到位资金5.32亿元，同比增长149%。重点实施了滚红高速公路、移民博物馆、红寺堡回中和城区集污处理、土地开发整理等红寺堡建区十周年大庆献礼工程，团结村饮水安全入户、茅头墩高效节水补灌和乌沙塘生态防护林等供水工程和农村、设施园区道路建设工程，各项工程建设进入收尾阶段。引进招商项目18个，总投资88.5亿元，实际到位资金5.24亿元，同比增长192.3%。

从工业经济发展情况看，环保洁净能源增势较快

重点发展以煤炭资源开发利用，太阳能、风力发电以及农副产品初深加工为

▲ 红寺堡风电

主的新型工业经济，相继建成了长山头和红寺堡（鲁家窑）两个5万千瓦风电场，累计发电1.47亿度，实现产值8279万元；土坡矿区煤炭资源开发全面启动，已生产原煤6万余吨，实现产值1800万元；科冕葡萄酒厂一期1.2万吨生产线建成进行生产；宁电集团红寺堡50兆瓦光伏电站于2009年6月26日开工，430千瓦机组并网发电；国电集团300兆瓦光伏发电项目有望2009年年底前开工建设；投资1亿元的北京老马清真食品加工项目正在加紧建设中，随着这些项目的陆续建成投产，工业总量将大幅提升。截至9月底，预计实现工业总产值1.68亿元，工业增加值4893万元，分别增长33%和34%；其中规模以上工业总产值1030万元，规模以上工业增加值447.5万元，增长4.6%。

从城乡基础设施建设看，移民群众生产生活条件明显改善

城市框架已经拉开，城市功能基本健全，城区面积达到6.4平方公里，建筑总面积64万平方米，城市人口2万多人，城镇化率达到16%，在荒漠中崛起了一座新城。建成25立方米/秒扬黄灌溉设施，主（支）泵站及高干渠工程14座、支干渠279.11公里；农村自来水入村、入户率分别达到100%和14.4%；农村清洁能源覆盖率达到25%。高标准建设畦田累计达到15万亩，基本农田保护面积达到30万亩，耕地保有量39万亩以上。农村等级公路里程达到502公里，投放公交车78辆，实行城乡公交一体化，实现了乡乡通柏油路，村村通硬化沙砾路，自然村村村通广播电视、通宽带、通公交的目标，群众生产生活条件明显改善。

从社会各项事业发展情况看，“和谐红寺堡”建设进程明显加快

科技支农力度明显加强，农村信息化覆盖率达到100%，宣传文化中心大楼、数字电影院、电子阅览室、乡镇综合文化站等一批文化体育设施建成投入使用，农村广播电视覆盖率92%，移民精神文化生活质量明显提高。教育事业不断发展，在职教师1096人，在校中小学生达到34345人，建成各类中小学校65所，校舍面积累计达到17.7万平方米，2005年顺利通过“两基”评估验收，办学条件有了很大改善，办学质量不断提高，义务教育阶段入学率和巩固率保持在99%和98%以上，高考本科上线率达到32%。城乡医疗卫生条件明显改善，县、乡、村三级医疗服务网络基本健全，建立县乡卫生服务机构85所，新农合参合率为90%以上，计划生育率达到87.8%，所有乡镇全部实现“一无”目标。社会保障体系逐步完善，农村低保覆盖率达到7.3%，五保户集中供养率100%，基本实现了应保尽保，定居群众基本实现了稳定脱贫、解决温饱的目标。民族团结，经济发展，社会进步的移民新区正在中部干旱带上崛起。

总结红寺堡10年开发建设的优势是：扬黄灌溉为农业开发提供了水资源保障；太阳能、风能资源丰富，发展洁净能源得天独厚；境内还有近60万亩的未开发土地，全属国有土地，投资开发空间大、成本小；交通便捷，区位优势明显。同时也存在一些问题：红寺堡唯扬黄水赖以生存，水资源短缺；产业结构失衡，工业经济短腿问题突出；搬迁安置的宁南山区群众，经济基础薄弱，文化层次低，思想观念落后。存在的这些问题，只有通过发展才能有效解决。

红寺堡开发区已走过整整10年时间，全面完成了开发水浇地40万亩，搬迁安置移民20万人的历史任务。她已圆满完成了历史使命，发展的潮流又将她推向一个全新的时代。今后一个时期，是红寺堡经济转型、加快发展的关键时期，站在新的起点上，紧紧围绕“富民强区”这个目标，积极稳妥的调整产业结构，坚持走节水、优质、高效、环保的路子，大力发展特色优势产业和清洁能源工业项目，向着“绿色红寺堡”“生态红寺堡”“和谐红寺堡”继续前行。

◎ **小视窗**

理性的铺垫

宁夏中部干旱带（红寺堡）可持续发展论坛 10年的艰苦创业，红寺堡社会经济发展喜人，红寺堡区综合经济实力大幅提高，地区生产总值总量2009年达到5.53亿元，第一产业、第三产业比重下降，第二产业比重上升，经济结构进一步优化。人均地区生产总值到2009年增加为3701元，移民人均收入比搬迁前增长7倍，20万移民基本脱贫致富。经过10年的努力，红寺堡的区域和人口、经济水平和移民生活已达到或超过宁夏南部山区中等县的水平。红寺堡人民用10年的时间在荒漠上创造了一个县级移民新区。

为进一步理清中部干旱带发展思路，更新发展理念，探索实践，建立支持移民开发区可持续发展的政策体系和路子；做到产业发展与生态建设的有机结合，尽可能做到产业发展生态化，生态建设产业化；在逐步走工业化和城镇化道路等方面进行探讨和谋划，实现中部干旱带经济及社会各项事业跨越式发展，在自治区乃至国家层面，为红寺堡的未来发展科学谋划、理性设计。2008年8月30日，宁夏中部干旱带（红寺堡）可持续发展论坛开幕式在宁夏红寺堡开发区金水广场隆重举行，国务院参事室主任、党组书记陈进玉，自治区领导马金虎、何学清、郝林海、马国权等与各专家学者出席了论坛开幕式。

这次由红寺堡开发区管委会承办的以“探索实践·共谋发展”为主题的论坛，旨在通过政府主导，融合相关专家、学者的智慧，以研讨与交流的形式，

▲ 宁夏中部干旱带（红寺堡）可持续发展论坛开幕式

进一步明确宁夏中部干旱带的发展思路和发展方向，转变增长模式，培育新的经济增长点，大力提高农业和农村经济质量和效益。

领导评价 红寺堡的发展模式、经济社会取得成就，得到了与会的国家、自治区领导的肯定，并对红寺堡经济社会跨越式发展提出了希望。

钱正英在贺信中说，红寺堡倾力打造全国最大的酿酒葡萄基地，中部干旱带最大的生态移民区，全区最大的节水示范区符合实际，值得肯定，希望矢志不渝坚持下去。

陈进玉说，红寺堡强势推进以葡萄、经果林、设施农业、肉牛养殖为主要内容的种养殖业模式，在中部干旱带生态建设方面做出了有益探索。

郝林海说，红寺堡开发区作为全国最大的生态扶贫移民开发区，在10年的建设发展历程中，红寺堡开发区工委、管委会和广大移民群众负重拼搏、真抓实干、艰苦创业，在基础设施建设、移民安置、产业培育、社会发展等方面取得了显著成效。本次论坛的举办，必将对宁夏中部干旱带经济社会实现跨越式发展产生深远的影响和强有力的推动作用。

专家、学者建议 论坛期间，与会专家和学者结合农业结构调整、节水灌溉、林果产业、土地开发整理和移民搬迁安置等方面进行深刻探讨，提出了宝贵的建议，指明发展方向。

在生态环境保护和建设、工业化、城镇化协调发展方面，建议要高度关注产业发展与生态建设的有机结合，尽可能做到产业发展生态化，生态建设产业化。

在衡量农业结构是否合理的标准方面，建议中部干旱带的发展战略应选择以保护生态环境为前提，以高效利用资源为重点，走节水高效草畜农业即农林牧相结合的生态农业和特色农业的发展道路。实现农业节水，必须改革灌溉方式，全面推广沟灌、窄畦灌，大力发展喷灌、滴灌等先进技术。只有严格控制灌溉渗漏，才能有效防治土壤盐渍化。

在葡萄产业方面，红寺堡提出发展30万亩葡萄，路到底怎么走？刚开始肯定没法规定农民不追求产量，但今后一定要坚持走高质量型道路，产量上的损失靠高质量高收购价来弥补。在红寺堡现阶段，一定要产量、质量两条腿走路。

在政策连续性方面，专家提出红寺堡目前发展中面临的困难和问题比以往任何时候都复杂、棘手，突出表现在：原有的政策支持效应正在弱化或消失，新的政策支持体系还没有形成，甚至在某些方面还没有被意识到。在红寺堡开发区处于爬坡发展的关键阶段，如果没有强有力的外力支持，很难实现真正意义上的跨越式发展。建议争取政策支持将红寺堡开发区创建为国家移民经济发展的典型示范区，尽快完善红寺堡开发区发展移民经济所需的财政转移支付政策，规范红寺堡开发区的财政转移支付制度，确保财政支持红寺堡移民经济发展的连贯性和动态性。

在设施农业投资方面，日光温室前期亩均投入3万元以上，塑料拱棚前

▲ 国务院参事室主任、党组书记陈进玉讲话

期亩均投入3000元以上，资金需求量很大。目前由于农民参与积极性不高，投资主要以政府投入为主；参与建设的公司实力有限，后期资金投入缺乏后劲；农户旧贷偏多，银行贷款困难较大。资金缺乏严重制约了设施农业的快速发展。建议政府应坚持“多予、少取、放活”和“工业反哺农业、城市支持农村”的方针，在财政支农项目、扶贫项目中安排专项资金或给予资金贴息，用于扶持设施农业发展。按照以农民和企业为主体、市场化运作的机制，吸引社会各方面投入，形成以企业、农民大户投入为主的建设格局。金融部门应创新放贷方式，研究规避风险机制，扩大信贷规模，为农民提供建设资金贷款，扶持贫困地区设施农业发展。

媒体推介 2009年10月22日，宁夏吴忠市红寺堡区设立暨红寺堡开发区成立10周年新闻发布会在银川举行。

红寺堡区党工委、政府筹备领导小组围绕开发区建设10年来农业产业发展、社会各项事业的发展变化以及红寺堡设区的宏伟蓝图等方面内容分别回答了各媒体记者的提问。

红寺堡开发区是中国最大的生态移民扶贫开发区，是国家重点工程——宁夏扶贫扬黄灌溉工程的主战场，也是自治区党委、政府贯彻落实国家“八七”扶贫攻坚计划，为从根本上解决宁夏南部山区群众脱贫致富问题而建设的跨世纪工程。红寺堡开发区地处宁夏腹地，属中部干旱带核心区，自开发建设以来，累计完成投资43.4亿元，已开发水浇地40万亩，搬迁安置宁南山区7县和中宁县贫困群众近20万人，其中回族人口占总人口的57%，形成了2镇2乡47个行政村2个城镇社区的规模。

国务院同意设立吴忠市红寺堡区，届时，红寺堡区将成为宁夏最年轻的县区。这是红寺堡移民政治生活的一件大事，红寺堡区的设立，标志着党中央、国务院对红寺堡开发建设十年成就和移民脱贫致富奔小康的战略目标肯定，极大鼓舞了红寺堡干部群众的创业激情。

文化引领 2009年10月22日，《红寺堡之光丛书》首发式在银川举行。《红寺堡之光丛书》多角度、多层面系统反映红寺堡开发建设10年在生态建设、城市建设、特色农业、新能源工业和移民脱贫致富等方面的巨大成就，展示20万回汉群众团结拼搏、艰苦创业的精神风貌。

该丛书共200万字，包括《旱塬播绿》《拓荒者》《红寺堡移民开发史》《红寺堡历史文化研究文集》《罗山神韵》五卷，内容涉及红寺堡的历史文化、建制沿革以及红寺堡开发区成立10周年以来在政治、经济、文化等领域的建设成就、典型事例和成功经验，是红寺堡开发建设以来最完整、最系统的文献资料汇编和成就经验总结。

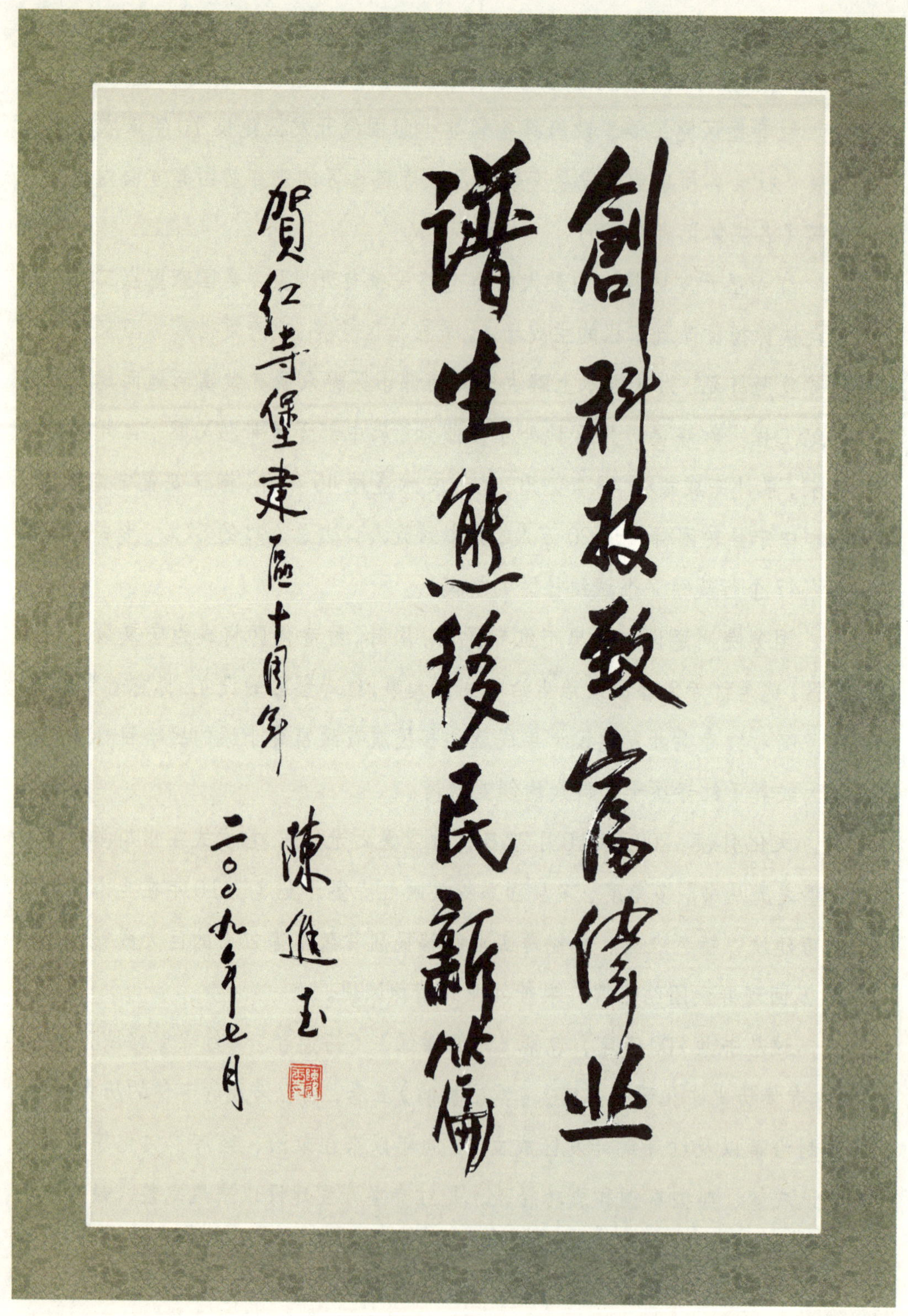

2009年国务院参事室主任、党组书记陈进玉题词

第二节 五年辉煌巨变

自2009年红寺堡立区以来，区委、政府团结带领全区各族人民，坚持以邓小平理论和“三个代表”重要思想为指导，深入贯彻落实科学发展观，践行党的群众路线教育实践活动，紧紧抓住国家实施新一轮西部大开发、扶贫攻坚和自治区“两区”建设、“两大战略”“黄河善谷”等重大机遇，以解放思想为先导，以改革创新为动力，以项目建设为抓手，以“新型工业化、信息化、城镇特色化、农业现代化、环境优美化、文化旅游品牌化和公共服务均等化”为目标，知难而进，奋勇争先，积极克服经济社会发展中各种不利因素的影响，经济社会呈现出又好又快发展的良好势头，取得了令人瞩目的巨大成就。这5年，是红寺堡区综合实力提升最快、城乡面貌变化最大、人民群众得到实惠最多的5年，是继往开来、与时俱进、跨越发展的5年！

综合经济实力显著增强

5年来，红寺堡区综合经济实力大幅提高，地区生产总值总量由2009年的5.53亿元增加到2013年的12.85亿元，增长2.3倍，年均现价增长23.4%。其中，第一产业增加值由2009年的2.3亿元增加到2013年的4.11亿元，增长1.8倍，年均现价增长15.6%；第二产业增加值由2009年的1.31亿元增加到2013年的5.54亿元，增长4.2倍，年均现价增长43.4%；第三产业增加值由2009年的1.92亿元增加到2013年的3.2亿元，增长1.7倍，年均现价增长13.7%。第一、二、三产业构成比由2009年的41.6 ： 23.7 ： 34.7，调整为2013年的32 ： 43 ： 25，第一产业、第三产业比重下降，第二产业比重上升，经济结构进一步优化。人均地区生产总值由2009年的3701元提高到2013年的7161元，增长1.9倍，年均增长17.9%。

农业经济稳步发展

5年来，红寺堡区始终以农业增产增效、农民增收致富、农村和谐繁荣为农业农村工作的中心任务，按照新农村建设的总体要求，以调整产业结构为主线，以发展现代农业为重点，以推广高新科技为支撑，以建设特色产业示范园和节水高效农业生态示范园为载体，加快发展优质葡萄、特色农业、肉牛养殖等优势特色产业，现代农业发展呈现良好的发展局面。截至2013年，全区农业总产值达到7.9亿元，较2009年增加3.6亿元，年均增长16.4%。

粮食产量稳步增长。2013年红寺堡区粮食种植面积为32.5万亩，粮食总产量由2009年的10.2万吨增加到2013年的11.2吨，年均增长2.4%。其中，小麦种植面积3.7万亩，总产量1万吨，亩均单产270千克；玉米种植面积17.7万亩，总产量8.69万吨，亩均单产491千克；马铃薯种植面积6.4万亩，总产量1.35万吨，亩均单产211千克（按折粮计算）。粮食总产量连续实现五年稳定在10万吨以上。

▲ 丰收在望

设施农业快速发展。蔬菜产量由 2009 年的 2.4 万吨增加到 2013 年的 6.1 万吨，增长 2.54 倍，年均增长 26.2%。

畜牧业产业效益显现。牛年末存栏量由 2009 年的 13839 头增加到 2013 年的 16721 头，增长 1.2 倍，年均增长 4.7%；生猪年末存栏量由 2009 年的 12186 头增加到 2013 年的 17025 头，增长 1.4 倍，年均增长 8.8%；羊年末存栏量由 2009 年的 13.9 万只增加到 2013 年的 25.6 万只，增长 1.84 倍，年均增长 16.5%。肉类总产量由 2009 年的 4403 吨增加到 2013 年的 6803 吨，增长 1.55 倍，年均增长 11.6%。

工业经济不断壮大

5 年来，红寺堡区高度重视发展工业，大力实施“工业强区”战略，依托“风能、光热、煤炭、葡萄和国有未利用土地”优势资源，以全国首个慈善工业园——宁夏弘德工业园为载体，努力探索具有地域特色的新型环保工业化路子，做大做强优势工业产业，工业经济在结构调整中不断壮大，规模以上工业企业由 2009 年 2 家增加到 2013 年的 5 家，工业经济已逐步成为红寺堡区国民经济的主体和支柱，主导地位日趋凸显。截至 2013 年，红寺堡区实现工业总产值 8.76 亿元，较 2009 年增加了 6.64 亿元，增长 4.1 倍，年均增长 42.5%；其中：规模以上工业实现总产值 4.16 亿元，较 2009 年增加了 4 亿元，年均增长 122%；实现规模增加值 1.26 亿元。2013 年全区风光电发电量 6.7 亿千瓦时，实现工业总产值 2.31 亿元，占 2013 年规模以上工业总产值的 55.5%，风光电已成为红寺堡区工业经济发展的主导。

投资规模快速扩大

5 年来，红寺堡区紧紧抓住扩大内需的历史性机遇，努力争取项目扩大投入，固定资产投资总量快速增加。5 年累计完成全社会固定资产投资额 154.4 亿元。2013 年全社会固定资产投资 53.2 亿元，较 2009 年增长 3.6 倍，年均增长 38.0%。5 年来，重点实施了滚红高速公路、洪沟大桥、恩红公路改造、红寺堡回中、红寺堡三中、公检法办公大楼、弘德工业园基础设施、生态公园、移民博物馆等一批重点项目。成功引进弘德彩印包装、汉森酒业、嘉泽发电、大唐国际等项目。

消费品市场蓬勃发展

5年来，随着经济发展和城乡居民收入的不断提高，国家扩大内需政策力度逐年加大，消费环境明显优化，消费潜力持续释放，社会消费品市场繁荣、健康、稳定发展，运行质量明显提高。这五年启动实施了综合市场、罗山商城、博大购物中心、建材市场、鲁家窑移民市场、清真牛羊肉屠宰市场等新（改）建工程，市场体系进一步完善；积极培育汽车、小商品零售等消费热点，“万村千乡”和“家电下乡”等工程全面推进激活了农村消费市场，城乡消费品市场蓬勃发展。2013年，红寺堡区实现社会消费品零售总额3.5亿元，较2009年增长1.85倍，年均增长16.6%。分行业看：批发零售贸易业2013年实现零售总额3.13亿元，较2009年增长1.87倍，年均增长17.0%；住宿餐饮业2013年实现零售总额0.37亿元，较2009年增长 1.68倍，年均增长13.9%。

城乡居民收入稳步提高

5年来，红寺堡区千方百计扩大就业，加大收入分配调节力度，健全社会保障体系，切实落实各项增收措施，不断提高最低工资标准，建立企事业职工工资正常增长机制，规范公务员工资等一系列改革措施，有力保证了城镇居民收入的快速增长。2013年，全区城镇居民人均可支配收入15439元，较2009年增长1.63倍，年均增长13.0%。农民收入持续稳步增加，党中央、国务院出台了取消农业税、实行粮食直补等一系列前所未有的惠农举措，对农民收入的增加起到至关重要的作用，大大提高了农民的生产积极性，使农民特别是种粮农民真正得到了实惠。2013年，全区农民人均纯收入5305元，较2009年增长1.75倍，年均增长15.1%。

财政收入取得新跨越

5年来，红寺堡区始终把培育财源、优化经济结构、加快资源开发、扩大财政收支规模作为财政金融工作的重中之重，在加大资金争取力度、畅通资金拨付渠道、强化资金监督、提高资金使用效率的同时，深化财政金融体制改革，促进了财政收入稳定增长，金融业迅速发展，行业规模不断扩大，市场体系逐步完善，服务领域不断拓宽，对促进经济社会长期、持续、协调发展起到了强有力的支撑作用。2013年红寺堡区实现地方财政一般预算收入1.46亿元，较2009年增长3.58倍，年均增长37.6%；实现地方财政一般预算支出16.5亿元，较2009年增长3.5倍，年均增长36.8%。2013年年底，金融机构各项存款余额17.96亿元，较2009年增长2.74倍，年均增长28.6%；金融机构各项贷款余额10.82亿元，较2009年增长3.4倍，年均增长35.8%。

城市建设步伐加快

这5年，红寺堡区城镇化进程进一步加快。全面开工建设城市新区，建成集中供热站、垃圾填埋场、污水处理厂等重点项目，完成了鹏胜花园、罗山花园、东方世纪城、圣丰花园、御泉明珠、书香雅园等住宅小区建设；汇达酒店、博大商业广场等公共服务设施投入运营，城市综合服务功能显著增强，城市品位明显提升。城市建成区面积由2009年的6.4平方公里扩展到2013年的15.6平方公里。城镇化率从2009年的18.8%提高到2013年的27.4%，年均增长2.2%。

社会事业全面进步

5年来，教育投入不断加大，教育教学质量明显提高，建成了回民中学、第三中学、第三小学，实施了中小学校舍安全工程、教师周转房，办学条件明显改善。建成人民医院住院综合楼、卫生监督所、弘德骨科医院和友谊医院。突出加强流动人口管理，深入开展计划生育“强村年”和“慈善计生”创建活动，全区常住人口由2009年的152974人增加到2013年的179390人，人口自然增长率由2009年的14.4‰下降到2013年的9.72‰。文化体育事业取得新成效，建成移民博物馆、数字影剧院、青少年校外活动中心、灯光篮球场等基础设施。

第三章　移民成功经验

宁夏扶贫扬黄灌溉工程的实施是宁夏扶贫工作的一个重大里程碑，对宁夏跨越式发展有着十分重要的推动作用，既是一项民心工程，又是一项德政工程。

红寺堡灌区是这项工程的核心区。在红寺堡开发建设的 10 年时间里，能取得今天的成绩，倾注了党和国家对宁夏人民的无限关爱，得益于自治区党委、政府的正确领导，得益于各移民迁出县的积极配合。党和国家领导人先后多次莅临红寺堡调研，帮助解决移民工作中存在的困难和问题；自治区党政领导和自治区发改委、财政厅、“1236”总指挥部等有关厅局的负责同志，亲临一线，从政策、项目、资金等方面给予了大力支持，为开发区移民基础设施建设、经济与社会发展和移民安置创造了条件；各移民县顾全大局，互相配合，密切协作，为移民搬迁安置工作打下了坚实基础。可以说，没有各级党和政府的关注，没有各级领导的关心和支持，没有各方面的共同努力就没有红寺堡移民新区的今天。

与此同时，20 多万回汉移民立足荒原，万众一心，攻坚克难，顽强拼搏，以撼天动地的魄力和勇气在红寺堡这片荒原上抛洒汗水，播种希望，创造了中国扶贫移民史上的奇迹。这种攻坚克难的力量凝聚成为“自力更生、艰苦创业、务实苦干、开拓创新”的红寺堡创业精神。这种精神，是红寺堡干部群众优良传统和作风的体现，是红寺堡人民崇高品质和伟大情怀的体现，无论过去、现在，还是将来，都是红寺堡干部群众在各项建设中取得胜利的强大精神动力。

第一节 移民经验

宁夏当代历史上几次大规模移民尽管重点不同，目标不一样，却为中国移民提供了宝贵经验和示范。红寺堡灌区移民模式是宁夏移民经验的集中展示，为宁夏乃至全国探索出了一条移民脱贫致富奔小康的创新之路。

红寺堡灌区自 1998 年开始实施大规模移民开发建设以来，累计开发水浇地 50 万亩，搬迁安置移民 20 万人，行政区域面积 2767 平方公里。至 2014 年 6 月，形成 2 镇 3 乡 1 个街道办事处 62 个行政村和 2 个城镇社区的规模，城市人口达到 3 万人。

红寺堡在开发建设的过程中，走出了一条独到的扶贫移民开发的路子，在移民安置、移民管理、移民脱贫致富等方面为宁夏移民走出一条不可复制的成功道路，是宁夏移民成功经验的集中展示，为扶贫扬黄灌溉工程乃至全国移民工程提供了可圈可点的实践探索和典型经验。

红寺堡移民开发是中国政府反贫困取得伟大胜利的成功范例。贫困不仅是困扰发展中国家的一大难题，而且也是困扰发达国家的一大难题，因为被人们称之为“永久难题”和“超级难题”。中国作为世界上最大的发展中国家，面临的反贫困任务尤为艰巨。改革开放前30年，传统的计划经济体制，在抑制人们两极分化，共同承担贫困风险，有效缓解人们绝对贫困化状况等方面，取得了最大限度的社会效果，但同时也造成了中国社会整体的贫困化，我国农村整体贫困局面没有从根本上得到改善。这一时期中国实行的是“输血型”救济扶贫，如社会救济扶贫、自然灾害扶贫等，没有从根本上提高贫困人口自我发展能力，造成了农村贫困的普遍性和整体性特征。

十一届三中全会以后，国家改变了对农村的扶贫思路，果断地从体制改革入手，推行农村家庭联产承包责任制，以这种方式代替人民公社集体所有制，极大地解放了生产力，提高了农民的积极性，增加了土地的产出率和产出水平，同时提高农产品的收购价格，增加了农民的农业收入和非农收入，农村贫困现状得到很大程度的改善，宁夏贫困人口从中受益，贫困人口大幅度减少。至1984年，宁夏贫困发生率从过去的40.08%降为20.39%，贫困人口从121.18万减少到63.69万人。

针对我国部分地区由于受自然资源和条件的限制，环境恶化、交通不便等因素导致发展相对滞后、难以摆脱贫困，贫困人口中相当一部分人很难维持最基本的生存状况，以及面对农村发展不平衡开始显现的实际，中央对扶贫的组织和方式及时进行调整。1986年，国务院成立了“贫困地区经济开发领导小组”作为国家专门反贫困的机构，统一规划和指挥全国反贫困工作。宁夏是少数民族聚居区，宁夏贫困人口多集中在南部山区。因此，宁夏成了这一时期中国反贫困的重点扶持地区，1983年实施的“三西”扶贫、吊庄移民，并且实行重点帮扶等，贫困发生率从1986的23.53%减低为1990年21.53%，扶贫效果并不显著。

20世纪90年代以来，随着农村体制改革推动扶贫和开发式扶贫，农村贫困人口大幅度减少，但同时贫困出现地域性特点，这些特点多表现在贫困人口较集中和贫困发生率较高的地区，多数是自然条件较差、基础设施薄弱的中西部地区，西海固就是其中之一。1992年，宁夏贫困发生率为25.93%。

1994年，国家全面实施“八七”扶贫攻坚计划，力争在20世纪内最后7年，集中人力、物力、财力，动员社会各界力量，基本解决目前全国农村8000万贫困人口的温饱问题。宁夏随即启动“双百”扶贫攻坚计划，确立的主要奋斗目标为：从1994年至2000年，力争基本解决近100个贫困乡100多万贫困人口的温饱问题。红寺堡灌区是宁夏扶贫扬黄灌溉一期工程（“1236”工程）的主战场，1998年年底，第一批移民到红寺堡灌区，按照“边开发、边搬迁、边建设、边发展”的思路，全面实施“1236”扬黄灌溉工程和生态移民扶贫开发工程。到2000年，宁夏贫困人口发生率从18.69%降低到17.64%。到2009年，宁夏扶贫扬黄灌溉工程一期工程红寺堡灌区累计投资23.8亿元，开发水浇地50万亩，搬迁195585人，移民基本解决了温饱问题。到2013年，红寺堡区实现地区生产总值13亿元，增长15.2%；地方公共财政预算收入1.46亿元，增长34%；全社会固定资产投资56亿元，增长40.1%；社会消费品零售总额3.55亿元，增长16.1%；城镇居民可支配收入15790元，增长15.1 %；农民人均纯收入从搬迁之初的不足500元达到

▲ 新城一角

5317元，年均增长15.2%，基本实现了“搬得来、稳得住、逐步能致富”的目标。

红寺堡开发的历史，集中体现了中国政府扶贫开发的理念和手段。中国推行让全世界都为之惊叹的反贫困事业，“国家扶持、政策推动、社会参与”，举国家之力，汇各界才智，共同完成“国家任务”。

在贫瘠的土地上概算投资30亿元，点燃扶贫开发之火，社会主义初级阶段的中国，无疑在向世界表明一个大国治理贫困的态度与决心。在宁夏西海固回族人口聚居的贫困之地安排这样大规模的扶贫扬黄灌溉工程，无疑体现着中国政府深切的民生情怀。

移民扶贫扬黄灌溉工程将解决贫困问题与土地整治、资源开发、生态建设、环境保护有机结合起来，是一项系统工程。

上下德合者力，左右同心者胜。国家力量、军队参与、党员带头，共同形成了征服贫困的合力。

纵看宁夏移民过程，无论是吊庄、扶贫开发还是生态移民，都是一个逐步探索、不断总结经验的过程，是一个逐步完善制度建设的过程，是一个从解决温饱到生活稳定、致富奔小康的过程。红寺堡区移民的发展道路是宁夏乃至全国反贫困的集中展示。

红寺堡移民开发是以人为本、科学发展、探索创新精神的具体体现。“1236”工程是在国家全面启动“八七”扶贫攻坚战略的背景下，宁夏的“双百”扶贫攻坚计划的具体实施，是国家大柳树水利枢纽工程第一期宁夏扶贫扬黄灌溉工程的简称，这是一项着眼全国、造福宁夏百万贫困人民的德政工程、民心工程。红寺堡灌区是宁夏扶贫扬黄灌溉工程的主战场，开发建设15年来，初步迎来了生态建设和移民脱贫致富的双赢局面。这项造福当代、惠及子孙的德政工程、民心工程，创造了扶贫开发搬迁移民的高起点、严要求、重实效、有成果的成功范例，体现了工程建设者干大事、创大业、顾大局、识大体的“1236”精神，同时也树立起一座史无前例的世纪丰碑。

红寺堡的建设发展，体现出了自治区党委、政府的科学决策，各级各部门齐抓共管的创新发展思路。“1236”工程是一项涉及宁夏经济、政治、社会、科技、环境的宏伟工程，为了对工程建设的重大项目进行统一领导和科学决策，1995年6月，自治区党委会议研究决定成立宁夏扶贫扬黄灌溉工程建设委员会，自治区水利厅、财政厅、农业厅等28个部门和全区4个地区作为成员单位，委员会下设办公室，与同时成立的“宁夏扶贫扬黄灌溉工程建设指挥部”实行一套人员两块牌子，受自治区政府委托负责工程的建设、组织、领导、协调和实施工作。1998年9月，决定成立中共红寺堡开发区工作委员会、红寺堡开发区管理委员会，并设立相关工作机构，为县级单位，受自治区党委、政府领导，具体负责移民的交接、安置、管理、安排生产等工作，为红寺堡移民的管理和发展及红寺堡行政区划的形成奠定了坚实的组织保障。十多年移民开发建设，走出了一条与以往吊庄移民不同的“上下联动、各负其责”“建管分离、强化管理”“分步实施、科学发展”的新路子，加速了红寺堡灌区由开发建设向全面建成小康社会迈进的新步伐。

红寺堡的建设发展，探索出了一套行之有效的移民管理政策和工作举措。为

▲靓丽小区

确保移民搬迁工作顺利实施，切实解决宁夏南部山区贫困群众生产生活实际困难。宁夏扶贫扬黄灌溉工程实施以来，自治区政府先后制定出台了移民安置政策、灌区移民生产优惠扶持政策、扶贫政策、经济政策、生态移民政策和相关补偿政策等，从移民条件、移民安置、户籍管理、生产补贴、生态移民等诸多方面进行了全方位扶持和保障；自治区各厅局按照扶贫扬黄灌溉工程总体规划，加大对红寺堡灌区基础设施、产业培育、项目建设、社会事业发展的扶持力度，在政策支持、产业扶持、项目资金等多方面向红寺堡灌区予以倾斜；红寺堡严格执行自治区移民开发政策，不断加快灌区基础设施建设、生态环境保护、移民搬迁安置、特色产业培育、社会事业发展步伐，积极加强移民管理，全面提升搬迁群众生产、生活条件，切实实现了移民开发高质量、快速度、高效益的预期目标，通过艰苦创业、艰难探索，事关创业就业、教育事业、医疗卫生、社会保障、公共文化等移民群众最关心、最直接、最现实的利益问题，得到妥善解决，以打好贫困人口扶贫攻坚战为抓手，移民区全力引导贫困群众增强内生动力，全力迈向造血型发展的移民开发新路。

红寺堡移民开发是新时期区域扶贫开发与协调发展模式的全新体现。宁夏扶贫扬黄灌溉工程的实施，是宁夏深入实施西部大开发战略的巨大成果，通过把生活在宁夏南部山区贫困带上的生活困难群众，以异地扶贫移民、异地生态移民的形式，搬迁安置到生产条件相对优越的红寺堡灌区，不但使搬迁群众摆脱了传统低效益的靠天吃饭耕作模式，在更大程度上解放了群众落后的思想观念，实现了宁夏南北发展差距进一步缩小的目标。通过把保障和改善民生作为扶贫开发的出发点和落脚点，在抓好移民区基础设施建设的同时，统筹抓好各项社会事业发展，让各族群众更多更公平分享改革发展的成果，为全面建设开放、富裕、和谐、美丽宁夏，实现区域协调发展做出了积极贡献。

构筑了生态文明建设与可持续发展的典范。建设宁夏扶贫扬黄灌溉工程，缓解了宁南山区干旱带、高寒土石山区人口过快增长的压力，宽松了当地发展环境，使宁夏中部荒漠化土地得到开发性保护和治理，宁南山区农村的 20 万贫困人口通过自愿移民实现脱贫致富。而在红寺堡灌区，以可持续发展为目标，确立了“生态立区”发展战略，把生态建设放在了前所未有的地位。按照“南保水土中治沙，扬黄灌区林网化”的生态建设方针，坚持宜林则林、宜封则封、封造并举的原则，通过对移动沙带和沙壤土进行综合治理，退耕还林、退牧还草、禁牧封育，围城、围乡、围村造林，实现绿染荒漠、人进沙退，为西部干旱荒漠地区生态环境建设与保护提供了丰富的实践经验。一座现代化的生态移民新城在宁夏中部干旱带的荒原上崛起。

▲ 红寺堡街景

红寺堡强力推进生态农业转型发展，培育壮大酿酒葡萄，以红枣为主的经果林、设施农业等高效节水生态农业，在风电、葡萄酒加工、煤炭资源利用方面推进产业化发展，正在成为宁夏中部干旱带上可持续发展和生态文明建设的典范。

开创了独具特色的移民安置与发展模式。红寺堡移民开发在宁夏乃至全国移民经济社会发展中都具有特殊性和典型性，改变了过去计划移民、行政移民、补偿移民和被动式移民的思路和模式，生态移民走城镇化、市场化道路，丰富了移民经济的内涵和外延。移民安置坚持开发式移民的方针，市场机制与政府行为相结合，移民安置与就地稳定解决贫困人口温饱相结合，山区广开脱贫致富门路与川区土地资源开发利用相结合，充分利用河套及新灌区经济发展的有利条件，按照高起点、快步伐、多功能、高效益的要求，统一规划，合理布局，实施综合配套措施先行，在移民开发过程中，水利设施、农田建设、渠系配套、庄院配套等移民生产生活基础设施先行建设，高标准、高质量地把红寺堡开发区建设成为农业节水、高产、高效，村镇联网互补、服务体系完善配套、内有凝聚力、外有辐射力的现代化新灌区。

红寺堡坚持因地制宜，分类安置的模式，迁入地根据移民实际情况和安置条件，创新思路，多策并举，采取山区川区结合、城市乡村结合、有地无地结合、宜工宜农结合、集中插花结合等多种方式，对移民进行妥善安置。尤其是插花安置，打破了不同地域、不同民族间的地域限制，彻底改变了移民自我封闭、思想保守的精神世界，形成了不同民族的相互了解、相互尊重，促进不同民族间的心理适应；不同习俗、不同信仰的移民在相互接触中形成了心理认同，信息畅通，经济信息及新观念广泛传播，回汉交流频繁，对促进民族地区经济繁荣具有非常重要的作用。这种独特的移民安置模式被称之为“红寺堡移民安置模式”，在2003年三峡移民工作会议上被予以推广，得到了中央的认可和支持，对全国各种形式的移民搬迁安置产生了积极的影响。

在实施各类保证移民的合法权益并使他们生活水平等同或超过以前水平的好政策的同时，十余年来，红寺堡区委、政府以实际行动带领群众调整产业结构，加快社会各项事业建设发展步伐，体现出了强有力的机构能力和实施正确政策的政治意愿，积极争取国家、自治区大力支持，投入了大量资金用于移民开发各类基础建设，努力开创干事兴业的良好氛围，使移民们在离开生产生活条件艰苦的宁夏南部山区之后，在较短时间内走上富裕之路，实现了移民“一年搬迁、两年定居、三年温饱、五年脱贫、十年致富”的目标。

树立了各民族团结互助和谐发展的典范。红寺堡有回族、满族、蒙古族、东乡族等16个少数民族，其中回族作为主体少数民族，总人口达到10.25万人，占总人口的60%。十余年开发建设，民族团结的思想根植于红寺堡人的血脉之中，各族群众荣辱与共、和睦相处，红寺堡民族团结进步事业始终走在全区前列，多

▲晨曦

次受到自治区党委、政府的表彰奖励，为全区民族团结进步积累了经验，做出了贡献。2007 年，全区民族团结进步创建活动经验交流会在红寺堡召开。在移民开发的大潮中，红寺堡不断继承和发扬民族团结的光荣传统，像爱护自己的眼睛一样珍惜民族团结，牢固树立“三个离不开”的思想，彰显“共同繁荣发展，共同团结进步”的主题，坚决贯彻落实党的民族宗教政策，扎实推进民族团结进步活动，巩固和发展民族团结、宗教和顺、社会和谐的大好局面，为创建全区民族团结先进县区积累了新经验，做出了新贡献，从而对全国范围内的移民扶贫开发工作产生了广泛而深远的影响。

积累了移民地区社会管理的新思路新经验。十几年来，立足于移民区的和谐健康可持续发展，红寺堡积极探索生态移民安置点社会管理服务工作的新思路、新体制、新载体。通过推行生态移民网格化管理，落实“5531”移民管理模式，加强对移民新村的社会化管理，建立完善了村级社会管理“网格化管理，精细化服务”工作机制，将移民村划分为多个片区，形成片区—小区—网格三个层级，由村“两委”成员分片负责，将网格内的人、事、物、地等全部信息整合，建立了综合管理服务平台，及时化解矛盾纠纷，实现小事不出格、大事不出村；通过强化村级组织建设，及时选举产生村“两委”班子，设立劳务输出、计划生育、综治维稳、产业发展、安全生产等功能型党小组，发挥党组织的引领作用，进一步筑牢了移民村自我发展的组织基础。通过逐步完善自治制度，建立健全党支部、村委会、村监会等工作职责和村务公开、村务管理等各项制度，制定村规民约，提高移民村村民自我管理、自我教育、自我约束的能力，积极加强民族宗教事务管理、移民村文化建设，做好移民医疗服务、困难移民救助、移民子女就学、扶贫开发等工作，移民新村社会管理各项工作得到全面加强。通过积极、丰富的移民文化生活，全面开展政策宣讲、文化宣传、法律普及进移民村等系列活动，倡导健康文明的生活风尚，教育引导移民“扎根红寺堡，建设新家园”，树立起了

▲街道夜景

以勤劳致富创造美好生活的新风尚。

红寺堡移民是个庞大的系统工程，它的开发建设融扶贫开发和区域开发、生态移民于一体，集解决温饱、脱贫致富和生态建设于一身，无论工程建设、移民搬迁安置、土地开发、产业培育、生态治理等方面都探索出成功的经验。实践证明，红寺堡的生态移民开发建设，对于彻底改变干旱荒漠地区的基本生产条件，改善生态环境起到积极的促进作用，不仅对于移民稳定解决温饱、脱贫致富提供了条件，而且为中部荒漠化治理，为宁夏经济可持续发展起到积极的作用。

第二节　创业精神

红寺堡开发建设的历程，是一部自强不息、开拓进取的创业史。十余年来，面对恶劣的自然环境和无数接踵而至的困难，务实进取的红寺堡建设者和拓荒者在任何困难与逆境面前永不自卑、永不退缩、永不犹豫、永不言败，在红寺堡这片荒原上，战戈壁荒漠，兴扬黄伟业，投身红寺堡的开发建设，用坚实的脚步走出了一条极其艰难的探索之路，又一次创造了一个人定胜天的人间奇迹。

“荒漠变绿洲，沙丘起高楼。”红寺堡20万干部群众以“宁可苦自己，决不误移民”为誓言，发扬“自力更生、艰苦创业、务实苦干、开拓创新”的精神，15年来锲而不舍的开拓着这片土地，他们在创造着火热的生活的同时，也创造了一个伟大的精神。创业精神是红寺堡人民改造自然、战胜困难中获得的最宝贵的精神财富。

创业精神是红寺堡人民改造自然的力量源泉

十多年来，20多万移民立足荒原，万众一心，攻坚克难，顽强拼搏，在困境中寻找方向，在挫折中总结经验，在创造中体现价值，在奋斗中成就事业，以撼天动地的魄力和勇气在红寺堡这片荒原上抛洒汗水，播种希望，创造了中国扶贫移民史上的奇迹，使红寺堡发生了翻天覆地的历史性巨变。这种攻坚克难的力量源泉就是“自力更生、艰苦创业、务实苦干、开拓创新”的红寺堡精神。这种精神，是红寺堡干部群众优良传统和作风的体现，是红寺堡人民崇高品质和博大情怀的体现，无论过去、现在，还是将来，都是红寺堡干部群众在各项建设中取得胜利的强大精神动力。

在困难面前，红寺堡人民没有怨天尤人，他们把困难当肉吃，把压力当酒喝，始终坚定了一个信念：只有勇往直前，别无退路；信念比黄金更重要。15 年来，红寺堡干部群众坚定发展信心，在差距面前不自卑，始终保持奋发有为的精神风貌；在困难面前不退缩，始终保持勇往直前的昂扬斗志；在机遇面前不犹豫，始终保持坚决果断的拼抢意识；在竞争面前不言败，始终保持创先争优的不懈追求。正是这些信念与精神，使红寺堡干部群众一直保持了昂扬向上的锐气和开拓进取的斗气，使红寺堡的面貌发生了翻天覆地的变化，也必将持续推动红寺堡又好又快的发展。

红寺堡人民的创业精神是延安精神的具体表现

红寺堡作为全国最大的异地生态移民区，是贯彻实施国家“八七”和宁夏“双百”扶贫攻坚计划，实施移民自愿搬迁和整体搬迁，从根本上解决宁南山区贫困

▲ 今日民居

群众脱贫致富问题的主战场。红寺堡自1998年开发建设以来，广大干部群众始终如一坚持和发扬创业精神，团结带领广大干部群众自力更生，艰苦创业，务实苦干，开拓创新，书写着“宁愿苦自己，绝不误移民”的豪情壮志，在荒原上开发水浇地50万亩，搬迁安置移民群众20万人，形成2镇3乡1个街道办事处62个行政村两个城镇社区，基本达到了一个中小型县城的规模，经济快速发展，社会和谐进步。红寺堡之所以能够实现今天发展的成就，得益于创业精神的推动和实践，而这种精神也是党的优良传统——延安精神的具体表现。一是红寺堡开发建设的前期论证和决策，充分体现了各级党和政府高度关注民生，解放思想、实事求是，创造性地开展各项工作，这是延安精神的具体表现之一。开发建设红寺堡的初衷，就是为贯彻实施国家“八七”和宁夏“双百”扶贫攻坚计划，实施移民自愿搬迁和整体搬迁，从根本上解决宁南山区贫困群众脱贫致富问题。1993年8月26日，中共中央政治局常委、全国政协主席李瑞环带着党中央的关怀来宁夏视察，了解到宁夏南部山区严酷的自然条件和人民贫困的生活现状，回京后，立即指示全国政协副主席、著名水利专家钱正英率农林水利专家组到宁夏山川考察，探索西海固人民新的脱贫之路。钱正英同志受建设固海扬水工程和吊庄移民成功经验的启发，提出了开发建设扬黄灌区，解决宁南山区贫困人口脱贫问题的宏伟构想。1995年12月，国务院正式批准立项宁夏扶贫扬黄灌溉工程，作为重点工程列入国家“九五”和“八七”扶贫攻坚计划。在工程建设过程中，党和国家领导人多次来红寺堡视察，指导开发建设工作，自治区党委、政府也多次按照国务院的要求，调整工程规模和进程，促进这项工程科学有序的发展。历经10多年的建设，工程已圆满画上了句号，使长期缺水受穷的宁南山区农民走出了祖辈居住的大山，喝上了黄河水，种上了水浇地，彻底告别了贫困，揭开了他们生活新的一页，成为异地全国生态移民的成功典范。二是历届建设者坚持“宁可苦自己，绝不误移民”的信念，激励干部群众攻坚克难，这是践行全心全意为人民服务根本宗旨的具体表现。在红寺堡开发建设的15年中，广大党员干部战黄沙、斗酷暑，在一穷二白的荒原上，克服人员短缺、资金匮乏、环境恶劣的现状，发扬无私奉献、一心为民、创造条件的精神，积极投身到移民开发建设之中，为移民的脱贫

▲ 枸杞晾晒

致富挥洒着自己的汗水，贡献着自己的青春和生命。“宁可苦自己，绝不误移民”一直激励着干部群众勇往直前，也教育和锻造了一批优秀的干部，成为红寺堡开发建设所取得的最宝贵的财富。三是历届开发建设者不懈的坚持走自力更生、艰苦奋斗的创业之路，是延安精神在新时期的再现。宁夏扶贫扬黄灌溉工程规模之大、建设周期之长、涉及面之广、任务之艰巨前所未有，红寺堡灌区异地生态扶贫移民搬迁安置工程是在没有任何先行经验的情况下创造性地开展工作。无论是扬黄工程建设还是移民搬迁安置工作，在实际的建设中都遇到过无数的难题和困难。参加工程建设的各级技术人员、管理人员和广大建设者，发扬红寺堡创业精神，自力更生，艰苦奋斗，攻克了一个又一个难关，推动扶贫攻坚向纵深发展。他们常年奋战在建设一线，抗严寒、斗酷暑、战风沙，精心设计、精心管理，创造了工程规模、建设速度、工程效益各方面的惊人奇迹。四是以贯彻落实科学发展观统领开发建设工作是延安精神的延伸和发展。红寺堡自开发建设以来，按“边开发、边搬迁、边建设、边发展”和“一年搬迁，两年安居，三年脱贫，五年致富”的总体思路和目标，不断加强基础设施建设，大力培育主导优势产业，全力改善生态环境，着力强化社会管理，各项事业取得了巨大成就。实施生态移民以来，将宁夏南部山区六盘山林区、挂马沟林区、月亮山林区、南华山林区、罗山保护区和生态恢复区、山体滑坡区、水库淹没区的人民搬迁到红寺堡灌区，不仅使贫困地区农民走出大山，建设新家园，告别了贫穷，而且使搬出地区的生态得到有效的恢复，真正实现了搬迁一方群众，致富一方群众；再造一片绿洲，恢复一方生态的目的，实现了扶贫开发与生态建设的双赢。

在延安，中国共产党曾孕育了光照千秋的延安精神，在中国革命和建设中发挥了巨大的精神动力作用。延安精神是中国共产党和中华民族的宝贵财富，它对中国革命的发展进程产生着巨大和深远的影响。红寺堡创业精神和延安精神一脉相承，是新时期延安精神的继承和发扬，是红寺堡各项事业发展的思想保证和精神动力。

红寺堡创业精神是自强不息、永不言败的民族精神的体现

在红寺堡开发建设的过程中，在非常艰苦的条件下，广大党员干部没有退缩，不被困难所屈服，只为成功想办法；他们在开拓奋进中不断创新，在攻坚克难中不断超越。在差距面前不自卑，始终保持奋发有为的精神风貌；在困难面前不退缩，始终保持勇往直前的昂扬斗志；在机遇面前不犹豫，始终保持坚决果断的拼抢意识；在竞争面前不言败，始终保持创先争优的不懈追求。这种信念与追求正是自强不息、永不言败的中华民族精神的具体表现。正是这些信念与精神，使红寺堡干部群众一直保持了昂扬向上的锐气和开拓进取的斗志，使红寺堡的面貌发生了翻天覆地的变化，也必将持续推动红寺堡又好又快的发展。

创业精神是红寺堡人民攻坚克难的法宝

红寺堡开发建设的历程，是一部自强不息、开拓进取的创业史。十余年来，面对恶劣的自然环境和无数接踵而至的困难，广大干部群众以“宁可苦自己，决不误移民”为誓言，发扬“自力更生、艰苦创业、务实苦干、开拓创新”的红寺堡精神，向沙漠进军，向贫穷宣战，在亘古荒原上，用汗水和鲜血为20万移民创造出了一个绿色家园。他们始终坚定发展信心，在推进各项事业的开发建设中，用坚实的脚步走出了一条极其艰难的探索之路。在非常艰苦的条件下，广大党员干部没有退缩，不被困难所屈服，只为成功想办法。在攻坚中奋进，在克难中超越，在困境中探索，取得了一个又一个惊人的成就，形成了民族团结、宗教和顺、人心思进、干事创业的良好氛围。同时也涌现出大批扶贫开发先进模范人物、扶贫致富能手，创造了中国扶贫开发移民史上的奇迹；锤炼了一支肯干事、会干事、干成事、不出事的干部队伍，为今后红寺堡的长远发展积累了坚实的人力资源。

创业精神是红寺堡人民改造自然、战胜困难的力量源泉

这种精神，是红寺堡干部群众优良传统和作风的体现，是红寺堡人民崇高品质和伟大情怀的体现，无论过去、现在，还是将来，都是红寺堡干部群众在各项建设中取得胜利的强大精神动力。

红寺堡的事业在创业中诞生，在创业中发展，必将在创业中走向辉煌！

▲ 碧水蓝天

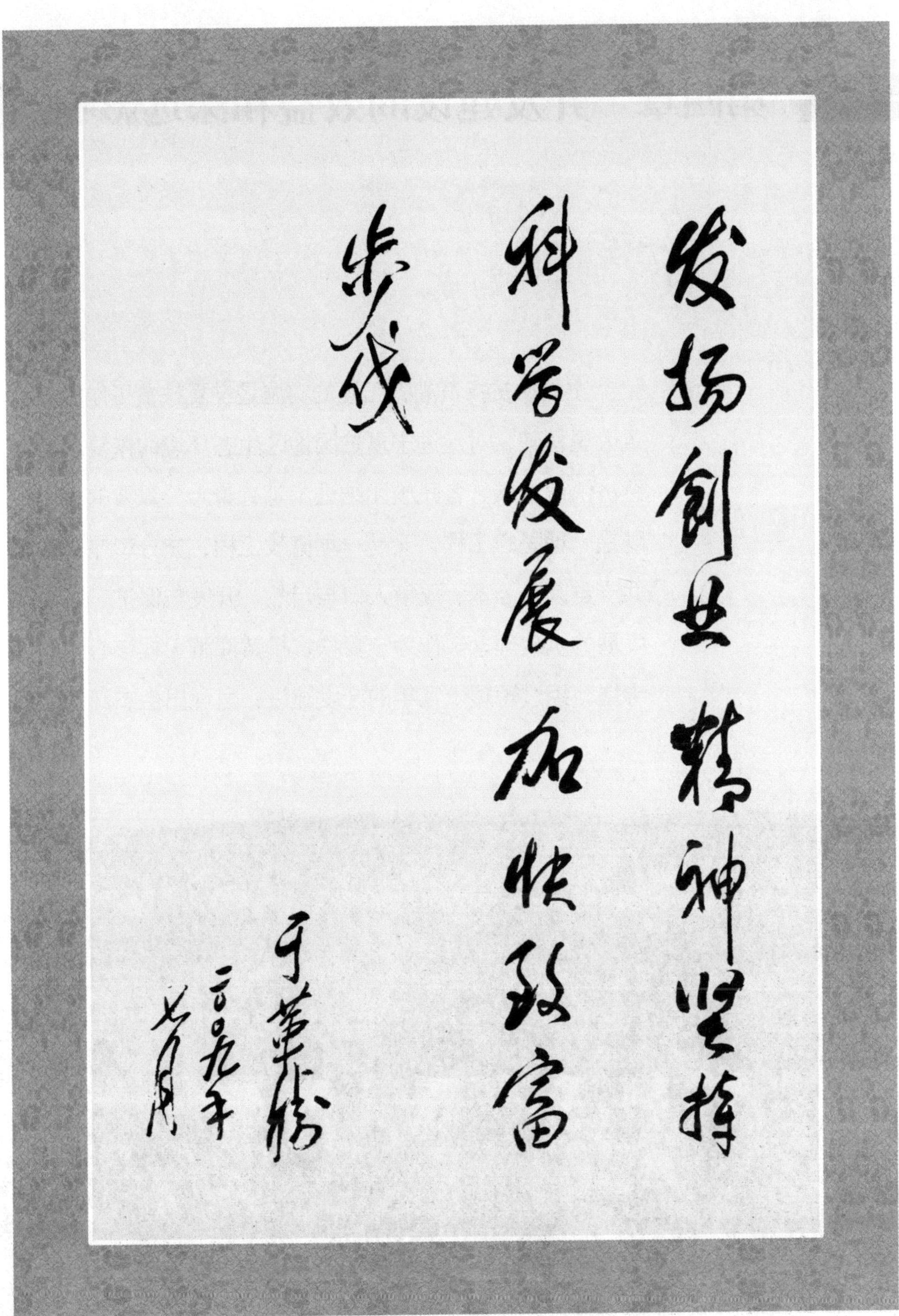

2009 年 7 月宁夏回族自治区党委副书记于革胜题词

第四章　开发建设的效益和深远影响

宁夏扶贫扬黄灌溉工程的实施是宁夏扶贫工作的一个重大里程碑，对促进宁夏贫困地区生态环境的恢复、社会经济快速发展、各民族团结进步等有着十分重要的意义，既是一项民心工程，又是一项德政工程，充分彰显了中国共产党以人为本、统筹人口与自然、开发与保护、可持续发展的执政理念。作为宁夏扶贫扬黄灌溉工程核心区的红寺堡，经过短短十几年的开发建设，呈现出生态环境快速

▲ 草原生态恢复

改善、经济水平稳步提高、社会和谐与繁荣的良好局面，基本实现了移民“搬得来、稳得住、逐步能致富”的目标，为宁夏乃至全国的扶贫开发提供了宝贵的经验。

红寺堡开发建设的成功实践，是中国共产党领导下的人类反贫困战役的伟大胜利，也是党在促进少数民族地区人民经济社会共同繁荣进步的又一成功范例，将对推动贫困地区人民的脱贫致富、各民族团结进步有着深远的影响。

第一节 移民开发的效益

生态效益

红寺堡是在亘古荒漠上开发建设的一个移民新区。开发建设初期，生态环境十分恶劣，植被相当脆弱。自开发建设以来，开发区工委、管委会始终把生态建设作为解决移民生存与发展的根本性任务来抓，努力为20万移民群众创造一个良好和谐的生产生活环境和开发投资环境。

立足实际，坚持以人为本，全面贯彻落实科学发展观，提出了做“大”退耕还林工程，做“精”绿色通道工程，做“靓”林业产业的总体发展思路，坚持不懈地做好退耕还林工程建设、农田林网建设、绿色通道工程建设、城乡绿化美化建设以及天然林资源保护工程建设。同时，积极抓好抓实“围城、围乡、围村”及公路主干道两侧新开发土地和新条田林网建设。经过十几年的努力，红寺堡生态环境有了明显改善，生态建设取得巨大成效，在荒漠上建起了一个宜居、宜创业的生态绿洲。截至2008年，累计完成人工造林124.6597万亩，其中退耕还林94.8268万亩，天然林保护4万亩，平原绿化造林18.4万亩，经济林12.5969万亩，林木保存率为85%以上，植被覆盖率达到39%。

自2005年3月宁夏中部干旱带生态建设暨产业开发会议在红寺堡开发区召开以来，开发区在总结几年来生态建设经验的基础上，着重研究了如何更好地把生态建设和产业开发结合起来，做到生态

良好、经济发展、农民增收的问题。进一步以科学发展观加快推进生态建设和产业开发，以生态建设、经济发展、农民增收为目标，实现由传统农牧业向现代生态畜牧业的转变。在这个会议的推动下，红寺堡坚持向生态建设和产业开发要效益，认真处理好生态建设与扶贫开发和农民增收的关系，加快生态产业结构调整步伐。以发展节水、优质、高效农业为主攻方向，种植业逐步压缩玉米、小麦的种植面积，引导套种，种植葡萄、药材等经济作物，栽植枣子、枸杞、高酸苹果等经果林，逐步向打造以生态经果林产业引领特色产业发展的新模式奋力迈进。

坚持“建设与保护并举、治理与封育同步、生态效益与经济效益相统一”的原则，采取“围、退、造、禁”4项措施，重点推进生态防护林和经果林建设。15年来，累计组织完成林业建设任务169.7万亩，实施人工造林面积129万亩，草原围栏封育80万亩；林木、植被覆盖率分别为13.7%和76%以上；土地沙化治理比例达到40%，农田林网化率达到85%，村庄绿化率达到85%；城区绿化总面积375.2公顷，其中，公共绿地60.4公顷，城区绿化率53%，人均公共绿地27.5平方米；葡萄累计种植总面积达到12.6万亩，其中，酿酒葡萄10.75万亩，鲜食葡萄0.85万亩。昔日戈壁荒漠、茫茫沙丘，如今嬗变为处处绿洲、绿树成荫，实现了绿染荒漠、人进沙退的突变。

如今，红寺堡区生态发展活力彰显，生态环境明显改善，城乡面貌焕然一新，移民生态之城魅力日益显现。随着中部干旱带生态环境建设步伐不断加快，人民群众不断增长的生态需求得到了较大的满足，一个美丽的红寺堡，正在悄然提高全区人民的幸福指数。

漫步于红寺堡城乡，生态之美净收眼底：罗山路国槐枝繁叶茂，撑起浓浓绿荫，为行人送去几缕凉爽的清风；金水街榆树苍翠欲滴、遒劲挺拔，构成一片迷人的绿洲；黄河路两侧旱柳迎风摇曳，平添了几分妩媚，形成了一条绿色的长廊。这里，正在营造“天蓝、水清、树绿、花香”最宜人居的绿色家园，2013年年底，红寺堡区顺利通过申报创建“自治区园林城区”验收，被命名为自治区级“园林城区”。

自2002年以来，国家为改善贫困地区农民生产生活条件和生态环境，增加农民收入，加快小康建设步伐，实施了生态移民工程。生态移民是最有效的扶贫工程和生态修复工程。红寺堡灌区生态移民分别来自宁夏南部山区六盘山林区、挂马沟林区、月亮山林区、南华山林区、罗山保护区和生态恢复区、山体滑坡区、水库淹没区。生态移民工程的实施，不仅使贫困地区农民走出大山，建设新家园，告别了贫穷，而且使搬出地区的生态得到有效的恢复，真正实现了搬迁一方群众，致富一方群众；再造一片绿洲，恢复一方生态的目的，实现了扶贫开发与生态建设的双赢。

经济效益

红寺堡作为一个移民开发区，起步晚，底子薄，一切都是从零开始，广大的

▲ 移民新居

干部群众充分发扬红寺堡创业精神，在亘古荒原演绎了战黄沙、抗酷暑、建桑田的壮歌，短短的十几年时间，创造了“荒漠变绿洲，沙丘起高楼”的奇迹，建成了美丽宜居的新家园，实现了自然资源、生态环境、人口、经济、社会等协调发展，基本达到了移民致富的目标。

一切从无到有。自1999年开发区第一批搬迁移民在红寺堡这片充满希望的热土上撒下第一粒种子起，开发区广大移民群众脱贫致富的梦想开始逐步变为现实。随着移民搬迁工作的全面推进，红寺堡的粮食生产也逐年稳步提升，移民经济收入逐年增加。2003~2004年开发区粮食作物产量为400公斤/亩以上，年人均收入达到1500元。2006年，开发区进行产业结构调整，大力发展第二、第三产业，经济收入突飞猛进，实现地方财政收入6402万元；地区生产总值达到3.36亿元，同比增长12.4%；固定资产投资4.61亿元，同比增长2.1%；农民人均收入达到1983元，是迁出前年收入的4倍多。以上4项指标增幅位居全区前列，特别是GDP、财政收入增长速度分别超过全国和宁夏的4倍和8倍，实现了GDP两年翻一番，财政收入一年翻一番的快速增长。2007年，红寺堡粮食播

▲ 城区公园一角

种面积达到 28.06 万亩，粮食总产达到 1.15 亿公斤，比上年增长 4.55%；农业总产值达到 1.95 亿元，比上年增长 28.6%；全年地区生产总值达 4.15 亿元，同比增长 14.2%；全社会固定资产投资实现 5.56 亿元，同比增长 20.7%；地方财政一般预算收入 1745 万元，同比增长 10%；农民人均纯收入达到 2290 元，同比增长 15.5%；非公有经济收入 2.11 亿元。2008 年，开发区在认真分析区情，综合考虑节水、投入、效益等因素的基础上，提出坚定不移地调整产业结构，压减低效的玉米、小麦等传统作物，大力推行特色优势产业种植模式，即在“十一五”期间发展葡萄 30 万亩，以红枣为主的经果林 20 万亩，设施农业 10 万亩，发展黄牛 10 万头。2008 年，开发区地区生产总值、全社会固定资产投资、地方财政一般预算收入分别达到 4.9 亿元、9.8 亿元、2100 万元，同比增长 12.5 %、51%、10%，农民人均纯收入达到 2660 元，是开发建设之初的 5 倍。

开发建设 15 年来，广大建设者充分发扬“宁可苦自己，绝不误移民”的精神，扎根红寺堡，建设新家园，经济社会各项事业发生了翻天覆地的变化。2013 年，全区实现地区生产总值 13 亿元，增长 15.2%；地方公共财政预算收入 1.46 亿元，增长 34%；全社会固定资产投资 56 亿元，增长 40.1%；社会消费品零售总额 3.55 亿元，增长 16.1%；城镇居民可支配收入 15790 元，增长 15.1 %；农民人均纯收入从搬迁之初的不足 500 元达到 5317 元，年均增长 15.2%，基本实现了“搬得来、稳得住、逐步能致富”的目标。

社会效益

宁夏扶贫扬黄灌溉工程的实施不仅改善了红寺堡的生态环境，盘活了历代撂荒的宝贵土地资源，更使 20 万宁南山区就地脱贫无望的贫困群众通过异地移民搬迁实现了脱贫致富的愿望，取得了扶贫和开发“双赢”的良好效果和巨大的社会效益。一是大大减轻了宁夏南部山区人口和资源压力，加快了全区扶贫步伐。宁南山区资源有限，自然条件也相对较为恶劣，而这些地方人口增长速度较快，人口密度大，已超过了社会和资源的承载能力。易地移民搬迁对于减轻南部山区人口压力，促进人口、资源与环境的协调发展有着积极的意义。二是盘活了历代撂荒的红寺堡土地资源，改善了宁夏腹地的生态环境。移民开发前，红寺堡土地撂荒，沙化严重，植被相当脆弱，土地沙化大有向周边的市县扩张之势，沙灾形势严峻。扶贫扬黄工程的实施不仅盘活了红寺堡宝贵的土地资源，提高了土地的利用价值，而且改善了日益沙化的宁夏中部的恶劣生态环境。三是解决了 20 万困难群众的脱贫问题和基本社会问题。扶贫扬黄工程的建设能使 20 万困难群众实现脱贫致富，移民搬迁到红寺堡后，改变了他们祖辈广种薄收靠天吃饭的历史，喝上了安全卫生的自来水，用上了清洁能源，走上了平坦的柏油马路，实现了村村通水、通电、通路；迁入开发区后，移民群众“上学难、看病难”的问题得到了根本解决。红寺堡灌区的教育、卫生、医疗设施不断完善，建立全区县、乡、村三级卫生服务网络，教育事业健康发展。四是为宁夏扶贫扬黄灌溉工程建设、红寺堡灌区的开发建设和管理积累了宝贵的移民工作经验。在移民安置方面，红寺堡开发区积极探索大胆尝试，按照“边开发、边搬迁、边建设”和“一年搬迁，两年定居，三年脱贫，五年致富”的科学发展思路，有效探索出“分散搬迁，集中安置，统一投资，系统管理”的新型移民安置模式，2002 年被国务院移民开发领导机构在三峡召开的全国移民开发现场会上作为一种成功经验向全国推广。因此，宁夏扶贫扬黄灌溉工程和红寺堡的开发建设不仅为我国西部干旱、荒漠地区生态环境建设保护提供了丰富的实践经验，还将对全国范围内的扶贫开发工作产生广泛而深远的影响。五是促进了民族团结。红寺堡移民来自陕、甘、宁、内蒙古四省区和宁夏南部山区八县，其中 57% 是回族。各地各族的搬迁群众相互融合，不同地区民族的文化相互交融碰撞，逐步形成了独具特色的新型移民文化，实现了不同地域、不同民族的团结和共同繁荣，对维护社会政治稳定产生了积极的推动作用。移民搬迁不仅仅是简单的空间位置的移动，更是文化的传承与变迁。不同地域、不同民族必然带来不同文化；不同文化、习俗在相同地区的相互接触，也必然会对当地的民族关系产生一系列的社会影响。 红寺堡移民的搬迁与安置，尤其是插花安置，更大程度上促使回汉等不同民族间相互交流交往，使他们走出了长期处于封闭状态的环境，突破了族际的界限，在生产生活中加深了解，彼此尊重，求大同存小异，达成共识，生产生活中的宝贵经验和知识得以传播和交流，相互取长补短，共同发展。新的环境需要他们共同去建设，在建设中又形成新的友谊，实际是他们在新环境中的文化适应、文化接触，这将会进一步促进民族大团结，民族的融合，进一步促进移民区社会的和谐稳定，促进社会文明进步。

◎ 小视窗

红寺堡区“十一五”社会经济发展喜人

“十一五”期间，红寺堡地区生产总值、地方财政收入、城镇职工收入、农民人均纯收入等重要经济指标都有较大幅度的增长，呈现了社会稳定、人心安定、经济繁荣、人气旺盛的新景象。

经济实力明显增强，三次产业结构明显优化。“十一五”是红寺堡区由移民开发转向建区发展实施的第一个五年发展计划。五年中，红寺堡区各级党委、政府带领全区人民艰苦创业，负重拼搏，创新发展思路，改善发展环境，提升发展动力，综合经济实力明显增强，社会经济发展形势喜人。2010 年年末，实现地区生产总值 7.26 亿元，是 2005 年年末的 2.4 倍，年均现价增长 18.9%。其中，第一产业增加值 3.01 亿元，年均现价增长 14.6%；第二产业增

▲ 田条林网

加值1.98亿元，年均现价增长31.4%；第三产业增加值2.27亿元，年均现价增长17.2%。人均GDP达到4066元，比2005年的2122元净增1944元，年均增长13.9%。经济的发展使地方财力显著增强，2010年地方财政收入0.55亿元，年均增长24.3%；快速发展的经济带动城乡市场繁荣活跃，2010年社会消费品零售额2.35亿元，年均增长23.0%；城乡人民生活水平显著提高，2010年红寺堡区在岗职工人年均工资29026元，年均增长16.6%；农民人均纯收入3500元，年均增长13.3%；城镇居民可支配收入10500元，经济实力明显增强。

三次产业结构逐渐趋于合理，工业化、城镇化步伐加快。2005年年末，红寺堡区三次产业结构比为49.8∶16.6∶33.6，呈现第一产业比例较大，工业经济和建筑业发展比较落后的现状。按照“工贸强区”的战略，全区“十一五”着力调整经济结构，促进经济发展方式的转变，三次产业结构比例发展为2010年的41.5∶27.3∶31.2。产业结构比重：第一产业下降了8.3个百分点，第二产业上升了10.7个百分点，第三产业由于诸如邮政业、电信业、金融业、房地产业等和营利性服务业的起步晚等因素影响，比重仍然较小，

▲玉米丰收

但从总的发展趋势来看，随着经济的不断壮大，红寺堡区的经济发展比例不断优化，呈现逐步协调发展的局面。

农业生产稳定增长。作为移民开发新区的红寺堡，区委、政府认真贯彻国家及自治区政府有关发展粮食生产的方针政策，紧紧依靠科技进步，狠抓措施落实，科学利用，最大限度发挥扬黄灌溉水利枢纽工程效益。立足“一年搬迁，两年定居，三年脱贫，五年致富”的目标，坚持“开发建设与综合治理”相结合的原则，结合移民的实际，科学定位，把“草畜富区，生态绿区，突出特色，壮大经济”作为振兴农村经济和建设新农村的抓手。突出一手抓农业结构调整，一手抓特色种植，农业产业化进程有了突破性进展。特别是在2008年，新一届区委、政府领导集体，高瞻远瞩，创新发展思路，提出红寺堡灌区外围发展节水补灌，利用国家中低产田改造和土地整理项目，通过招商引资，大力发展葡萄产业和设施农业种植，使特色农业种植担负起了红寺堡农业经济发展的领头雁。2010年，红寺堡区农林牧业总产值达到5.69亿元，比2005年净增2.9亿元，年均增长15.3%。

粮食总产连续五年保持在10万吨以上，单产明显提高。“十一五”末的2010年，红寺堡区粮食种植面积28.42万亩，总产达到10.64万吨，与2005年相比总产净增10754吨，年均增长2.2%。在三大主粮种植中，小麦种植面积4.54万亩，总产1.32万吨，亩均单产290公斤；玉米种植面积15.86万亩，总产8.09万吨，亩均单产510公斤；马铃薯种植面积5.47万亩，总产1.11万吨，亩均单产203公斤（按折粮计算）。与2005年相比，亩均分别净增产14公斤、52公斤和17公斤。三大主粮生产因结构调整在种植面积逐年减少的情况下，单产明显提高，继续保持稳定增长，连续五年实现粮食总产量稳定在10万吨以上的良好局面。

积极发展设施农业种植，努力打造控制性灌溉模式，设施农业经济得到很好发展。“十一五”时期的2008年，红寺堡区实施扬黄灌区外围节水补灌和以发展设施温棚种植、酿酒葡萄栽植等“3211”工程，压缩小麦、玉米等“水袋子田”作物种植，搞林果间作油料、黄豆、马铃薯等低杆作物种植，大大提

▲ 雪染柳枝

升了耕地的有效产出。到“十一五”末的2010年，全区油料作物种植面积达5.59万亩，油料产量达到1.09万吨，种植面积和总产量分别是2005年的1.6倍和1.8倍；蔬菜瓜果种植面积4.23万亩，蔬菜瓜果产量5.21万吨，种植面积和总产量分别是2005年的5.3倍和4.8倍，其中设施温棚种植2.63万亩，产量3.96万吨，蔬菜瓜果产出中的76%产量来自设施温棚的收获，这一可喜的成功创举打破了红寺堡寒冬季节没有自己种植的新鲜蔬菜供应的局面；枸杞种植面积1.99万亩，产量0.38万吨，种植面积和产量分别是2005年的2.6倍和5.7倍；以葡萄种植为主的园林水果面积22万亩，园林水果产量2.8万吨，种植面积和产量分别是2005年的19.5倍和6.9倍。设施农业经济能得到如此好的发展，得益于发展高效现代农业的各项强农惠农政策的落实和种植业经济结构的调整。

以生态、节水经济林为主的营林造林取得新进展。“十一五”时期，特别是2008年以来，红寺堡区认真实施自治区强力推进中部干旱带百万亩枣树暨节水经济生态林业建设项目，以科学发展观为统领，紧紧围绕区委、政府确定的“生态立区，产业富区”目标，进一步解放思想，创新机制，落实措施，坚持农田林网，荒山造林，庄点绿化，全力建设经济生态林业体系，着力培育以葡萄、高酸苹果、红枣、枸杞为主的特色林果产业，有力促进了以生态、节水经济林为主的林业生产发展。在继续巩固退耕还林（草）的基础上，截至2010年年底，红寺堡区共完成各类造林183.45万亩，是2005年的37.8倍，造林中特色经济林23.99万亩，是2005年的12.6倍。“十一五”末实有封山（沙）育林面积23.8万亩，是2005年的10倍。辉煌的林业生态体系守护着红寺堡社会经济发展的美好明天，使红寺堡的天更蓝，地更绿。

畜牧养殖业保持平稳发展。“十一五”期间，红寺堡区畜牧业生产在认真执行国家扶持畜牧业发展，特别是生猪发展的政策措施的同时，强力实施封山禁牧保护生态工程，积极推行舍施圈养，在扶持培育壹加壹、天源、嘉俊等肉牛（羊）和奶牛养殖园区的辐射带动作用的基础上，坚持走规模集约化的公司+农户的舍饲栈养模式，积极实施“3211”产业，做大做强10万头黄牛养殖产业链，加快了补栏增量和短期育肥进程，提高了出栏频次，使畜牧业生产保持了平稳趋快发展的态势。2010年年底，肉牛存栏15719头，奶牛存栏227头，肉牛出栏9813头；羊存栏159960只，出栏106548只；生猪存栏8968头，出栏8373头；家禽存栏82400只，出栏79000只；肉类总产量4035吨，禽蛋产量462吨，牛奶产量738吨。尽管畜牧业在“十一五”时期遭受了诸如“禽流感、口蹄疫、猪蓝耳病”和“问题奶粉”等疫情和突发事件的打击，但红寺堡区的畜牧业生产还是在逆境中保持了平稳发展，2010年肉牛出栏是2005年的2.3倍，肉类总产量是2005年的1.2倍。

工业生产快速发展。“十一五”期间，区委、政府坚定不移地实施“工贸强区”战略，掀起了工业发展的新篇章。积极依托当地丰富的资源优势，把大招商、招大商作为引领开发区经济快速发展的主要渠道。充分利用红寺堡独有的风能、光能和煤炭资源以及酿酒葡萄等，大力发展风力发电、光伏发电、煤炭开采、酿酒制造、机砖制造、水泥预制和沙石开采等一批优势支柱产业，通过打造“红寺堡工业园”“太阳山工业园”建设，实施项目带动，改善投资环境，培育骨干企业，优化手工作坊工业等措施，使红寺堡区的风力发电、光伏发电、煤炭开采、建材、农副产品加工等产业初具规模，结构布局日趋合理，经营理念日趋人性化、高效化，一个依靠“工业强区”的发展平台展现在人们面前。2010年，工业总产值达到3.27亿元，比2005年净增2.31亿元，年均增长27.8%；实现工业增加值0.97亿元，比2005年净增0.71亿元，年均增长30.1%。

投资拉动经济增长成为主流，经济发展后劲增强。“十一五”以来，红寺堡区以“稳增长，调结构，促转型，惠民生”为总体要求，狠抓有效投入，强推结构调整，投资实现量质并举，积极实施“项目带动”战略，加大招商引资力度，加快了以交通、校舍、卫生院和市政工程为重点的基础设施建设和工矿企业建设，固定资产投资高速增长，成为拉动红寺堡区经济增长的主要动力。2010年，全社会固定资产投资完成20.2亿元，是2005年的5倍，年均增长38.1%。投资拉动建筑业实现增加值1.01亿元，2010年建筑业增加值占地区生产总值比重达13.9%，较2005年提高5.7个百分点。

交通、邮电事业发展迅速。自开发建设以来，红寺堡区始终把加快城乡交通道路基础设施建设作为发展经济的重中之重来抓，经过多年的建设，特别是在“十一五”时期国家重点工程“中盐高速公路”“太中银电气化铁路”的建成通车，打通了红寺堡与全国连接的快速通道，为红寺堡的改革开放和经济建设注入了新的活力，形成了连接国道、省道、乡道的四通八达的公路、铁路交通网，全区村村开通了公共汽车。2010年年底，境内公路里程达645.4公里，比2005年增加了420公里，其中高速公路80.4公里，铁路60公里，结束了红寺堡没有通火车的历史。目前，各类民用汽车拥有量达1009辆，其中私人汽车663辆；宽敞明亮的长途汽车站和火车站各1座，每天迎送着东西南北旅客平安出行，满意回归。

邮电通信事业迅猛发展，通信设施初步完善，通信网络覆盖全境。2010年年底，邮政电信业务总量达到284.6万元，是2005年的7倍。年末固定电话用户0.65万户，比2005年净增0.2万户；移动电话用户6.39万户，比

▲ 商贸流通

2005年净增3.17万户。移动电话普及率达到48部/百人，互联网用户623户。

商贸流通活跃，金融运行平稳，财政收入稳步增长。随着城镇化建设步伐的加快，特别是“十一五”时期，为扩大内需，国家出台了“家电下乡”“农机补贴”“汽车、摩托下乡”“家电以旧换新”等一系列刺激政策，红寺堡区积极采取应对措施，以“万村千乡”市场建设工程为工作抓手，改造城区综合市场，积极建设乡村沿路商业经营网点，发展连锁配送服务，建设红寺堡“江州物流配送中心”，开拓农村市场，拓展消费空间，挖掘消费层次的广度和深度，使城乡居民的消费热情得到极大的满足和实现，消费环境进一步改善，消费热情日趋活跃。2010年，全区实现社会消费品零售总额2.35亿元，是2005年的2.8倍，年均增长23%。

经济的发展拓宽了红寺堡的税源，财政收入不断增加。2010年，红寺堡区财政总收入达7.61亿元，是2005年的6.5倍，年均增长45.4%；财政总支出6.08亿元，是2005年的5.3倍，年均增长39.6%。金融机构业务量稳步增长。2010年，金融机构各项存款余额7.69亿元，是2005年的4倍，年均增长 31.9%；金融机构各项贷款余额 4.44 亿元，是 2005 年的 3.8 倍，年均增长 30.6%。

人民生活水平不断提高，社会事业稳步推进。随着经济的发展和“十一五”时期国家对最低工资水平的两次调标及各种社会保障体系的推广和完善，城乡人民生活水平不断提高。2010 年，全区在岗职工人年均工资 29026 元，比 2005 年增加 15478 元，年均增长 16.6%；农民人均纯收入 3500 元，比 2005 年增加 1620 元，年均增长 13.3%；城镇居民可支配收入 10500 元，经济实力明显增强。

文化教育、卫生、劳动就业等社会事业稳步发展。2010 年，全区拥有各类学校 70 所，普通中学 3 所，在校学生 10348 人，其中女学生 4886 人，初中升学率 84.5%；普通小学 56 所，在校学生 24710 人，其中女学生 11955 人，学龄儿童入学率 100%。文艺表演团体 1 个，图书馆 1 个，电视台 1 座，医院、卫生院 5 个，床位 280 张，卫生技术人员 145 人。2010 年参加农村合作医疗的人数 129937 人，参加社会养老保险人数 54297 人，农村常住人口参合率分别达到 83.5% 和 34.9%。（统计局罗勇供稿）

第二节 移民开发的深远影响

1998 年，红寺堡移民开发工作正式启动。开发建设的初衷，就是为贯彻实施国家“八七”和宁夏“双百”扶贫攻坚计划，从根本上解决宁南山区贫困群众脱贫致富问题。随着移民搬迁进程的加快，考虑到移民开发、生态建设、承载能力等综合因素，自治区党委、政府放缓移民搬迁步伐，并对宁夏移民规划做了适当调整，规划开发土地 40 万亩、搬迁移民 20 万人。历时 10 年的建设圆满完成了移民任务，长期缺水受穷的宁南山区农民走出了祖辈居住的大山，喝上了黄河水，种上了水浇地，彻底告别贫困。移民新区的经济效益、社会效益和生态效益日益显现，移民稳健地步入了全面建设小康生活的新征程，揭开了他们生活新的一页。

红寺堡十多年扶贫开发的实践证明，异地扶贫移民是从根本上解决山区贫困

▲ 硕果累累

农民脱贫致富的最有效措施。在探索与实践中，宁夏扶贫扬黄灌溉工程将解决贫困问题与土地整治、资源开发、生态建设、环境保护有机结合起来，是一项系统工程，对加强民族团结，维护社会稳定，改善宁夏南部山区贫困群众生产生活环境，促进全区经济社会的全面、协调、可持续发展具有深远意义。

探索和丰富了党在民族地区实行扶贫开发的基本经验。我党历来重视少数民族贫困地区人民的生存与发展的问题。新民主主义革命时期，在我党的领导下，把中华民族从水深火热中解放了出来，建国初期，我党在少数民族聚居地区实现民族区域自治政策，保障和促进了少数民族地区的优先发展，但贫穷一直困扰在老、少、边地区人民的心头。改革开放一开始，邓小平同志就提出了“贫穷不是社会主义”“一部分地区发展快一点，带动大部分地区，这就是加速发展，达到共同富裕的捷径”等一系列具有时代意义的论断。1981 年 6 月，中共中央《关于建国以来党的若干历史问题的决议》强调“要切实帮助少数民族地区发展经济文化”。1983年12月，国务院召开的全国少数民族地区生产生活会议强调，力争在较短时期内基本解决部分群众的温饱问题、住房问题和饮水问题。1987年4月，《中共中央、国务院批转〈关于民族工作几个重要问题的报告〉的通知》指出，对于仍然处于贫困状态，特别是没有解决温饱问题的少数民族群众，应当加强扶持，具体制订脱贫计划，力争在“七五”期间基本解决温饱问题。江泽民同志指出“扶贫开发是贯穿整个社会主义初级阶段的一项重要任务”。1989年9月，江泽民同志在全国少数民族地区扶贫工作会议上强调，“国家和发达地区以及社会各界要一如既往，进一步支持少数民族地区的扶贫工作”。2001年5月，江泽民同志在中央扶贫开发工作会议上指出，“我国扶贫开发取得的巨大成就，具有重大的经济意义和政治意义。通过扶贫开发，我们积累了使贫困地区群众摆脱贫困、走向富裕的重要经验，并提出了今后10年我国扶贫开发的奋斗目标”。

红寺堡的开发建设是党在少数民族聚居的贫困地区实行开发式扶贫政策的成功典范。这项工程从人民最关心、最直接、最现实的生存利益问题入手，就是为

保障宁夏南部山区贫困人口的生存和发展，切实改善群众生产、生活条件，维护民族地区稳定与发展，从根本上解决农村贫困人口温饱问题进而脱贫致富奔小康而采取的一项重大战略举措。在党的领导下，广大干部群众充分发扬红寺堡创业精神，在亘古荒原演绎了战黄沙、抗酷暑、建桑田的壮歌，短短的十几年时间，创造了“荒漠变绿洲，沙丘起高楼”的奇迹，建成了美丽宜居的新家园，实现了自然资源、生态环境、人口、经济、社会等协调发展，基本达到了移民致富的目标。

红寺堡开发建设所取得的成绩，向世人证明：只有在中国共产党的领导下，少数民族聚居的贫困地区人民才能真正摆脱贫穷、走上富裕的道路。正如钱正英同志所说：过去封建王朝把少数民族赶到深山里，让他们遭受贫穷。今天，共产党把他们请下山来，让他们喝上黄河水，种上水浇地，过上幸福的日子。红寺堡的开发建设，体现着党和国家对少数民族地区的亲切关怀，承载着自治区党委、政府为提高宁南山区人口素质、加快贫困地区经济发展、构建和谐社会的历史使命，是一项德政工程、民心工程、跨世纪工程，对促进少数民族地区经济发展、社会和谐稳定具有深远的意义。

▲乌沙塘绿色长廊

今天的红寺堡人民，已彻底摆脱了贫穷的困扰，在小康生活的大道上一路前行。“共产党好，黄河水甜”是红寺堡20万移民群众发自肺腑的心声。

红寺堡开发建设所取得的成绩，更加坚定了党加快推进扶贫攻坚的决心。2007年4月，胡锦涛总书记在宁夏西海固地区考察时强调，要继续实施开发式扶贫，把更多资金用在支持农村经济社会发展上，用在改善民生上，尽最大努力加快贫困地区发展，让农村贫困群众早日过上小康生活。党的十七大明确提出了到2020年“绝对贫困现象基本消除”的奋斗目标，并对进一步做好扶贫开发工作提出了提高水平、提高标准的新要求。十八大又规划了深入推进新农村建设和扶贫开发，全面改善农村生产生活条件，全面建成小康生活的宏伟蓝图。

以人为本的扶贫与开发促进了人的发展

红寺堡以人为本的扶贫与开发，不仅改善了生态环境、推动了经济发展，还改变了贫困地区干部群众的思想观念和精神面貌。一是广大干部群众带着干事创业的理想，告别故土，来到千年荒原，以壮士断腕的决心，在不断改造自然中积蓄力量，在生活不断改善中看到了希望，他们坚信“贫穷不是社会主义”，要摆脱贫穷落后的状态只有向贫穷宣战。过去等、靠、要的思想逐步消除，取而代之的是自力更生、艰苦奋斗的拼搏精神。红寺堡的广大民族干部群众思想观念和精神面貌的深刻变化，为打胜扶贫开发这一艰苦战役提供了源源不绝的内在动力。二是红寺堡的移民从雨养农业、二牛抬杠的落后生产方式逐步向灌溉农业生产方式转变，这一生产方式的转变，促进了移民思想的大飞跃。各类科技培训、生产技术的推广，使移民熟悉并逐渐掌握种植养殖、机械维修、烹饪驾驶等技能；有了现代农业经营理念和生产技术，实现从传统农民向现代农民、产业工人的转变。移民思想的转变和能力的提升，使扶贫工作突飞猛进。三是移民走出大山，从四面八方汇聚到红寺堡。不同地域、不同民族、不同文化背景、不同生活习惯的移民，带着一个脱贫致富的共同愿望，在红寺堡荒原上滚打摸爬，思想不断碰撞和融合，保守自封被打破，进取开拓逐步形成；传统落后的思想被摈弃，现代文明蔚然成风。在政府各项惠民政策的引导下，移民的生育观念、教育理念、生态意识、创业精神、生活方式都发生了深刻的变化，一种包容、进取、向上的移民文化悄然形成并不断传承。

开发式扶贫模式将推动社会经济持续发展

新中国成立后很长时间，政府扶贫济困主要是通过民政部门和集体经济组织，对农村贫困群体给予救助。开发式扶贫与救助式扶贫的根本区别在于前者强调要通过扶持，使有劳动能力的穷人获得发展能力，走向自尊、自重、自立、自强。红寺堡式扶贫开发模式所取得的成绩，是改革开放以来我国少数民族贫困地区扶贫开发的一条宝贵经验。红寺堡灌区是我国最大的异地生态移民扶贫开发区，主要搬迁同心、海原、固原、彭阳、西吉、隆德、泾源等县生活在贫困带上的贫困户。经过十几年的开发建设，红寺堡区良田成片、沟渠成网、公路畅通、林木繁茂，已是拥有 20 万移民、50 万亩水浇地的生态绿洲。移民新村实现了由山区旱作农业到灌区农业再到节水高效的现代农业的跨越。

红寺堡开发建设以来，积极推行开发式扶贫的理念和方式，通过政府引导、移民参与，充分发挥贫困群众的积极主动作用，极大地激发干部移民干事创业的信心，焕发其自强自立、自我发展的热情和能力。由此证明，解决贫困地区的问题，最根本的要靠发展。坚持开发式扶贫的方针，目的是为了解放和发展生产力。要努力改善贫困地区的生产、生活、生态条件，提高群众的科技文化素质，充分利用当地自然资源和劳动力资源，发挥比较优势，促进生产的发展，促进群众生活的改善，并逐步增强自我积累和自我发展的能力。坚持贯彻发展是硬道理的思想，

▲ 红寺堡荒漠野马群

▲养 蚕

最重要的就是要不断增强贫困地区自我发展的能力。这是开发式扶贫的真谛所在。

2007 年 4 月，胡锦涛总书记在宁夏西海固地区考察时再次强调要继续实施开发式扶贫。集中人力、财力、物力，动员社会各界力量，以基本解决温饱为目标，针对有劳动能力的贫困群体，通过扶持和自身努力摆脱贫困，有组织、有计划、大规模的开展开发式扶贫，对缓解和消除少数民族和民族地区贫困起到了重要的推动作用，开创了扶贫工作的新局面。目前，“参与式”整村推进正成为推进我国少数民族贫困地区扶贫开发特别是扶贫攻坚工作的主导方式。

生态建设与环境保护深入人心

红寺堡的移民来自宁夏南部生态环境恶劣的偏远山区。为了生存，他们曾在贫瘠的土地上长期乱砍滥垦，导致自然环境急剧恶化，出现了越穷越垦、越垦越穷的恶性循环。为此他们付出了沉痛的代价，饱尝了贫困的煎熬。搬迁到红寺堡之初，红寺堡的生态环境仍然很恶劣，不少移民当年盖好房屋后又返回原居住地。

恶劣的环境，给移民提出了严峻挑战。面对困难，他们再没有退路。广大干部群众痛下决心，充分发扬红寺堡创业精神，在亘古荒原演绎了战黄沙、抗酷暑、建桑田的壮歌，短短的十几年时间，创造了“荒漠变绿洲，沙丘起高楼”的奇迹。在与风沙作斗争的同时，也探索出对移动沙带和沙壤土进行综合治理、实施退耕还林、退牧还草、禁牧封育以及围城、围乡、围村造林的方法和经验。最终实现了绿染荒漠、人进沙退的局面，在荒原上创造了自己的绿色家园。惨痛的教训和鲜活的事例让红寺堡人对生态和环境有了深刻的认识。生态建设使昔日的荒漠变成了绿洲，移民快速解决了温饱，逐步走上脱贫致富道路。要生存发展，就必须进行生态建设，保护好生存环境。

创业精神将成为红寺堡持续发展的不竭动力。红寺堡开发建设的历程，是一部自强不息、开拓进取的创业史。10 余年来，面对恶劣的自然环境和无数接踵而至的困难，广大干部群众以“宁可苦自己，决不误移民”为誓言，发扬“自力更生、艰苦创业、务实苦干、开拓创新”红寺堡精神，向沙漠进军，向贫穷宣战，在亘古荒原上，用汗水和鲜血为 20 万移民创造出了一个绿色家园。他们始终坚定发展信心，在推进各项事业的开发建设中，用坚实的脚步走出了一条极其艰难的探索之路。

创业精神是红寺堡人民改造自然、战胜困难的力量源泉。在过去的十几年里，20 万回汉移民立足荒原，万众一心，攻坚克难，顽强拼搏，在困境中寻找方向，在挫折中总结经验，在创造中体现价值，在奋斗中成就事业，以撼天动地的魄力和勇气在红寺堡这片荒原上抛洒汗水、播种希望，红寺堡发生了翻天覆地的历史性巨变，涌现出大批扶贫开发先进模范人物、扶贫致富能手，创造了中国扶贫开发移民史上的奇迹。这种精神，是红寺堡干部群众优良传统和作风的体现，是红寺堡人民崇高品质和伟大情怀的体现，无论过去、现在，还是将来，都是红寺堡干部群众在各项建设中取得胜利的强大精神动力，同时也成了宁夏移民开发“开拓、进取、创业、创新”的精神符号，极大地带动了宁夏乃至全国的少数民族贫困地区的扶贫开发工作。

红寺堡的事业来自创业，红寺堡的发展需要创业精神，红寺堡的创业精神将永照后人！

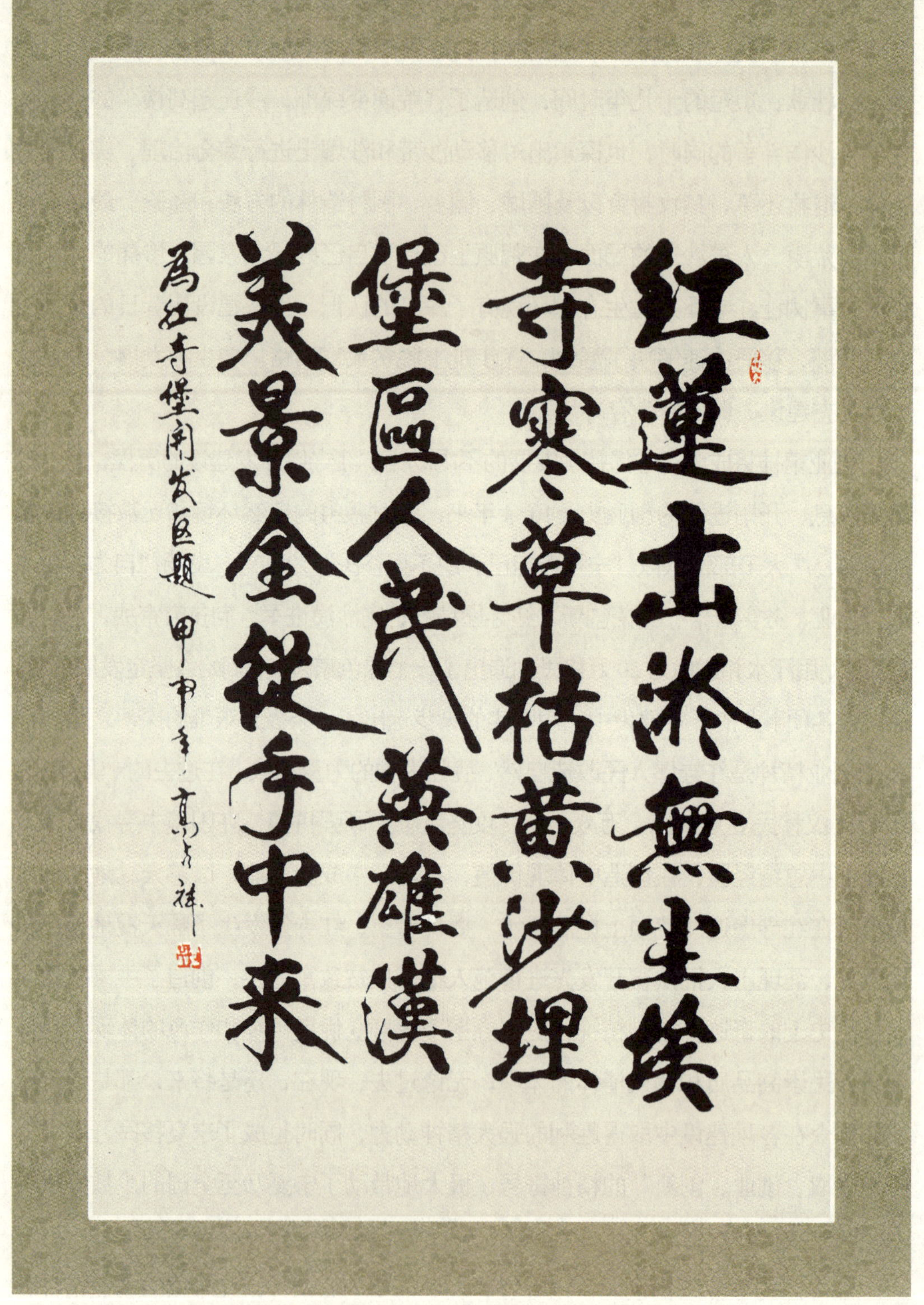

2004 年全国政协常委、中华民族文化促进会会长高占祥题词

第三篇 放歌红寺堡

见证

红寺堡开发建设之路

HONGSIBUKAIFAJIANSHEZHILU

灵秀的大罗山可以作证，红寺堡曾经历烽火狼烟的洗礼，由水草丰美成了不毛之野；蜿蜒的黄河灌渠可以作证，红寺堡又经历隆隆机器声的轰鸣，由荒芜之塬成为沃野田畴；智慧的新区移民可以作证，红寺堡正经历百业兴起的蜕变，由一张白纸到绿洲新城。红寺堡，一路风雨一路歌，移民精神树丰碑。在这片希望的田野上，道路在延伸，城域在扩大，农村城市化，思想再开放……一切的一切每天都在刷新。20 多万移民走向幸福地，区内外作家纵情讴歌新家园。

传奇红寺堡：一担好河山，英雄造！

◎奇　琴

——这是大西北一块苍凉荒芜的浩浩瀚海，过去曾经沉寂千年，风沙弥漫；

——这是宁夏川一方生机勃发的茫茫原野，如今一派绿潮涌动，春意盎然。

红寺堡——毛乌素沙漠边缘的万亩绿色奇迹，罗山脚下全国最大的生态移民扶贫开发区，自 1998 年开发建设至今，风雨兼程，艰苦卓绝，已走过了义无反顾，不同凡响的十年创业之路，血汗交融，如火如荼……

一

2009 年 4 月，一个花香拂面的日子，为迎接新中国成立 60 周年，宁夏作家协会组织采风团，一行 30 多位作家、诗人，随着塞上喷薄而出的朝阳，驱车前

▲ 风电产业

往久闻大名的红寺堡。对这个移民20万的扶贫开发区，作家们早已满怀憧憬，心向往之——因为我们奔赴的是一个荒漠绿洲，因为我们拜访的是一个十年传奇。

车子拐下银卫高速公路后，便驶入了红寺堡正在兴建的高速路基旁的便道。远远地，首先扑入我们眼帘的是一柱柱银白色的风力发电机组，它们一个接着一个迎风矗立，静静地站在高高的山梁上张臂旋转，仿佛无数个白色的巨人欢迎着作家们的到来，这使我们探访的心情更加急切……

在红寺堡城北节水生态工程的工地上，我们见到了前来迎接的开发区工委委员、宣传文化广电部部长孟志诚，这个活力四射的西北大汉，全程陪同作家采风团的活动。他首先带大家攀上了一个种满树草的高坡，满怀激情地向我们介绍了即将碧波荡漾的海子塘人工湖——这是红寺堡一个集旅游观光、生态林业和水产养殖等为一体的城市园林公园；工程建成后，海子塘湖面积可达到500亩，它将解决红寺堡3万亩植物的高效节水与补灌，是红寺堡实现社会、经济、生态效益和谐统一、长期收益的绿色项目。

此刻，居高临下，我们一边听着孟部长的生动描绘，一边放眼四顾，人声鼎沸的海子塘工地和周边的壮观美景尽收眼底，令人心旷神怡。

接着，孟部长又带大家参观了正在开发中的科冕万亩现代高效节水农业示范葡萄基地和科冕酒厂；果实累累的乌沙塘园区和大河香园移民新村；三级扬水飞流直下的引黄灌溉工程和绿枝摇曳的中圈塘万亩酿酒葡萄基地以及一处处整齐划一、流水潺潺的移民新村……所到之处，今非昔比，欣欣向荣，莫不让人振奋！

我们惊喜地了解到，红寺堡自1998年踏着西部大开发的节奏起步，历经十年的拓荒建设，已在总面积1999平方公里的广袤大地上，完成生态移民20万人，开垦水浇地40万亩的业绩！现已基本实现了乡乡通柏油路，村村通沙砾路的目标……

——在亘古苍凉的大漠荒原上，开发建设仅十年，生态移民20万！如此规模，全国唯一；如此魄力，世界罕见！

据考证，“红寺堡”一名始于明代。顾名思义，乃古时戍边屯军之要塞，曾为马蹄踏踏旌旗猎猎的战场。随着岁月流逝，朝代更替，刀光剑影喧嚣一时过后，唯余大漠孤烟，残阳落照，人迹罕至，朔风呼啸……

今天，奔走在广袤的红寺堡，我们看到，绿色的田野上，到处是一栋栋红砖绿瓦的农舍。远观，一派绿树掩映的田园风光；近睹，却是一番羊欢牛叫的人间烟火。尤其是看到在一村村一家家清澈流淌的自来水，更令人心头一润！从前那不得不饮用的雨水窖水已是昨天的故事了。现在，红寺堡的 4 个乡镇 47 个行政村，都已做到了村村通电、通广播、通电视、通宽带——现代文明之光已照亮了红寺堡的每一个角落！

——霞光里，回望那一排排整齐的农舍村落，让人不忍离去；而那在绿荫中高高翘起的无数屋脊飞檐，如鹰展翅，仿佛就是红寺堡移民永远昂扬飞翔的无限希望！

红寺堡的城市建设堪称大手笔，同样让人眼前一亮—— 一行行漂亮的路灯点缀着纵横舒展的八车道，宽阔的路面上车来车往，一派繁忙景象。宽阔别致的红寺堡中心广场绿草茵茵、鲜花盛开，已成为人们休闲娱乐的文化场所。现在，从

▲ 罗山商城

荒漠中崛起的“五路六街”的城市框架已经形成，城市绿化面积已达到321万平方米，城镇人口也已达到2.56万。路旁的商店餐厅生意兴隆，还可看到海尔冰箱、康佳彩电、仁科电脑以及柒牌男装、公牛电器等十几个品牌的专卖店。在清真牛羊肉市场、商贸综合市场、建材市场和罗山商城里，店铺密集，人流不断。

我们了解到，十年来，红寺堡开发区已经吸引了陕西、山西、甘肃、内蒙古等区内外资深投资客商240多家，引资达到3.6亿元，这些都极大地促进繁荣了红寺堡的城市经济，并解决了大量的移民就业……

午时，一阵清脆的铃声响过，夺人眼目的红寺堡中学乳白色的校园里顿时涌出了一群朝气蓬勃的学子。他们身穿蓝白相间整洁的校服，骑着自行车，笑着唱着，欢快地从我们身边飞驰而过。目送他们年轻矫健的身影，令人不由怦然心动：这是红寺堡移民的第二代啊，这是开发区最有希望的未来啊！

雄伟的罗山召唤着我们——这是红寺堡的福山。盘旋而上的山路九曲十八弯地终于将我们带上了山顶。山顶上，电视发射塔巍然耸立。据站长介绍，海拔2640千米的罗山电视转播台覆盖了宁夏1/3的地区以及周边省区的边缘地带。

罗山位于红寺堡之东，连绵起伏，气象万千，林木花草繁多茂盛，野生动物活跃其中。采访中得知，罗山已成为国家级自然保护区，有高等植物65科170属275种，涵养着无比宝贵的天然水源，滋养着红寺堡开发区20多万人的生活和十几万牛羊的生存，对红寺堡“山安地绿水丰人富”的发展目标起着重要作用，因而被当地人尊为“母亲山”。

罗山脚下，如地毯般铺展开来的是一道道郁郁葱葱的绿化带。红寺堡人十年来种下的杨树、槐树、柳树、椿树、松树已经长得很高，成排成行，一望无际；沙蒿、沙刺、柠条、红柳、苜蓿等沙生植物也生根开花，不断延伸着绿色，绿向天边……

这一切，完全得益于红寺堡开发区坚持生态建区的科学理念。

近年来，他们提出了“生态立区、产业富区、工业强区、科教兴区、依法治区”的总体发展思路，大力推进“3211战略工程”——计划用5年时间种植葡萄30万亩、以红枣为主的经果林20万亩；开发设施农业10万亩，养殖黄牛

10 万头。把红寺堡开发区建成全国最大的酿酒葡萄基地、全区最大的节水示范区、中部干旱带最大的生态区；加快建设发展“葡萄酿酒、风力发电、煤炭资源利用、甘草深加工”工业项目，统筹发展，积极推进并实现红寺堡开发区经济社会跨越式发展……

——此刻，站在被称为“好汉疙瘩”的罗山之巅，感受八面来风，聆听松涛阵阵，我们思绪万千驰目骋怀，不禁为红寺堡富饶美好的今天与明天而感奋不已，为新西部这片锦绣河山的雄健与神奇而心潮澎湃……

二

——红寺堡，是一个扶贫开发的传奇，一个绝处求生的传奇；

——红寺堡，是一个生态建设的传奇，一个文化繁荣的传奇。

座谈会上，我们每个人都欣喜地拿到了一本名为《塬之春》的红寺堡开发区文学艺术作品集——精美的封面设计，厚重大气的开本，29 万字的内容，有小说、散文，有诗歌、随笔，有报告文学、短剧小品……莫不多姿多彩，有声有色——字里行间透射着红寺堡人浓郁的生命气息，篇篇章章散发的都是红寺堡人执着的精神气质。因其全部来自于红寺堡作者之手之心，故直抒胸臆，乡土气息，读来倍觉真实生动，亲切感人。

在采风团作家们的眼中，红寺堡不仅是一块生态移民开发建设的热土，而且是一方文化艺术芬芳四溢的沃土。一份《创业报》，让我们看到了他们“挑战荒凉，开拓奋进”的勇气；而一份《绿沙》期刊，则让我们感受到他们热情饱满挥毫泼墨的才气。

在晚宴的联谊活动中，红寺堡人又一次让作家们大开眼界——优美抒情的歌声，曼妙动人的舞姿，真挚投入的表演，一次次点燃了作家们深藏的激情，一次次激起了大家热烈的掌声。

我们特意起身给一位名叫王小军的民间艺术家敬了酒。他创作并自演的快板《红寺堡铸就新辉煌》有板有眼、有滋有味，其实他就是一个长年累月在大田里辛勤劳动的朴实农民，难怪他的作品有土地的芳香扑面而来。交谈中，他腼腆地笑着，谦和地应答，唯有双眼时时闪动的灵气，让你不由得对他刮目相看——红寺堡的农民中藏龙卧虎啊!

移民文化堪称红寺堡一大特色。据了解，红寺堡近几年来先后组建了7个农民业余秦腔剧团，其中南川乡南源村农民秦腔剧团和杨柳村农民文艺团队因活跃乡间，深受百姓欢迎，而被区内外媒体多次报道。2009年春天，开发区整合文化资源，成立了红寺堡移民秦腔剧团，从此急管繁弦吼秦腔响彻了这片大漠绿洲……

一直陪同我们采风的红寺堡文学艺术协会主席周国宁，是一个28岁的青年才俊，聪明能干，文笔出众。收入《塬之春》一书中的他的报告文学力作《碧绿妆成红寺堡》，浓墨重彩地全景式描绘了红寺堡开发建设的十年进程，铿锵大气，读来感人至深。周国宁还热情地向我们介绍认识了红寺堡中学和小学的几位年轻教师，他（她）们个个能歌善舞，才情并茂，更难得的是他们对红寺堡的热爱，对教育事业的积极投入。

——战胜贫困，超越蛮荒，播种文明，充满激情。让物质与精神之丰饶春华秋实，硕果累累；让生命与青春的花树在绝境中顽强绽放，绚烂芳菲……这些朝气蓬勃的年轻人使我们对红寺堡的明天更加期待，也令我们油然而生共鸣，联想到自己青春时代的理想与追梦……

孟志诚部长自豪地告诉我们，红寺堡开发建设十年来，来自四省八县不同地域、不同民族、不同人群、不同风俗习惯的移民，汇聚一方，互相促进，互相融合，使荒漠文化、移民文化、黄河文化和回乡文化等都有了长足的发展。

我们得知，他们召开的“红寺堡历史文化研讨会”，专家荟萃，获得广泛好评；他们举办的书法美术摄影展览，琳琅满目，观者络绎不绝。目前，红寺堡仅文学爱好者就有200多人，文学队伍不断壮大；美术、摄影、书法爱好者也有300多人，已在区内外报刊发表作品300多件，其中有近百项获奖。

为迎接红寺堡建区十周年，接下来他们还准备再出几本书：《红寺堡十年辉煌》《红寺堡移民开发史》等。为的是要集中反映红寺堡开发十年来拓荒者的光辉业绩与奋斗精神。孟部长代表开发区殷切希望此行的作家们，对红寺堡的文学艺术事业给予更多的关注和支持。

作家们在交流中对红寺堡十年来的沧桑巨变，均给予了由衷的赞叹与高度的

▲《松鹤图》 王晓龙／作

评价，并向创造奇迹的 20 万拓荒者致以深深的敬意！大家感慨，红寺堡人不仅在生态建设方面创造了奇迹，而且在文学艺术领域也创造了奇迹——两个奇迹都震撼人心，令人可敬可佩！笔者还向一些作家真诚地表示，愿在红寺堡进一步深入生活，创作出红寺堡人希望的好作品——无愧于 20 万移民栉风沐雨披荆斩棘的伟大创举，无愧于荒漠深处历经十年拓土开疆的伟大业绩，无愧于 1999 平方千米国土之上仍在不断创造的伟大奇迹！同时，亦无愧于这个改革开放波澜壮阔的伟大时代和我们每个人内心深处无数美好而生动的企盼与希冀……

让作家们又一次感到惊喜的是，在红寺堡城区文化街与吴忠路交汇处，我们看到了即将落成的宁夏移民博物馆。博物馆气势宏伟卓尔不群，总占地面积达 78000 平方米，呈正方形；它的外墙四个面上共有八块大型浮雕，象征着来自四面八方的各族儿女汇聚红寺堡，团结奋进共建绿色家园的美好愿景。馆内设有各类展厅，琳琅满目。令笔者十分欣赏的是博物馆的主色调：黄与白——黄色象征黄土高原的厚重气质，白色则代表回族文化的清洁内涵。宁夏移民博物馆的建成必然会成为红寺堡一个重要的历史文化标志，并彰显其作为宁夏第二大博物馆的强大魅力。作家们都盼望着它落成后早日前来细细徜徉品读……

——因为这里记载的是 20 万人的奋斗艰辛，展示的是 20 万人的伟业丰功；

▲城市一角

——因为这里描绘的是20万人的不离不弃，传扬的是20万人的可歌可颂！

行文至此，笔者于万千思绪中不由地想起弘一大师的铿锵词句：看从今，一担好山河，英雄造！

整整一天的采风活动结束了。夜幕中，大家恋恋不舍地告别了生机勃勃的红寺堡，也告别了热情洋溢的红寺堡人。此行，是一次采风，也是一次洗礼。它使作家们的视野更加开阔，亦使作家们的体验更加丰富——红寺堡的一切，所给予我们的那种震撼，那份感动，相信必将给我们今后的创作和人生，带来一缕缕感悟，一道道鞭策，一束束灵感与激情……

——感谢红寺堡，我们的又一个绿色家园；祝福红寺堡，我们的又一处梦萦之境……

（选自《红寺堡之光——罗山神韵》，宁夏人民出版社，2009年，作者现为中国报告文学学会会员、宁夏作家协会会员。）

忘不了那沙冬青

◎ 拜学英

那年，去红寺堡看望刚搬迁的一位亲戚。只看到荒沙滩上耸立着的排排砖瓦房，大风吹来，满目黄尘土雾，我不由得为亲戚伤感起来。在亲戚家新分的地块周围，一堆堆垄起的沙丘犹如西海固黄土山洼里的坟堆，沙丘上长着一丛丛低低矮矮的叫沙冬青的植物，成为红寺堡的独特景致。不高的沙冬青随风摇曳着，不知情者，还真以为是坟堆呢。

我伫立在长满沙冬青的沙丘前放眼看去，四周的沙丘有的已被推平，有的被挖开，露出了长而粗的根系。亲戚说，刚搬到红寺堡的人没柴烧，只好把沙冬青的根挖下，烧火做饭。后来，他们发现，一堆堆沙丘之所以固定在一个地方，是一丛丛沙冬青粗大的根系在沙土里盘根错节，把流动的沙土牢牢地吸附、黏合、

▲ 沙冬青

固定在一起。红寺堡一带干旱而多风，沙冬青个头长不大，只好把扎在地下的根长得粗而壮，成为天然的固沙防风植物。在宁夏中部干旱带，常能见到这种被人誉为沙漠卫士的沙冬青。

站立沙包前，大风吹拂着，沙砾随风飘动着，沙冬青随风摇曳着。我发现，随风而动的沙尘在遇到长着沙冬青的沙包前却步了，依附在了沙包周围。其实，这一堆堆沙包有着沙冬青做主心骨，就这样日积月累，吸纳着四处飘荡的沙尘。而沙尘到了有沙冬青的沙包前，犹如飘荡在外的游子回到家一样，有了归属感、依附感，自然也就踏实了许多。

从大山里搬迁而来的移民们，在最初的短暂适应后，似乎已从亲身的感受中看到了沙冬青本来就具有的固沙防风作用，他们再不忍心挖沙冬青的根烧火做饭了，只把推土机推挖出的那些裸弃荒野的根拾回家里。我亲眼看见我的亲戚用铁锹把裸露在外的沙冬青根就像栽果树一样重新埋起来。南部山区的乡亲们也许把生长在沙漠里的沙冬青与自己的命运联系在一起了，他们似乎从沙冬青这种不起眼的植物身上看到了自己的身影，看到了力量，看到了希望，看到了未来。

我曾听说中央一位领导来红寺堡考察，他除了进民居看农民的生活外，还来到一包包长着沙冬青的沙堆前，为在干旱沙漠里生长的沙冬青而赞叹不已，更为沙冬青这种植物的防风固沙作用而称奇。当看到一包包长着沙冬青的沙堆在推土机的轰鸣声中夷为平地，一节节沙冬青粗壮的根裸露在外时，他对红寺堡的开发提出了自己的看法，告诫随行领导：一定要在保护好生态的同时，进行移民搬迁和开发建设。

当我又来到红寺堡时，已过了十个春秋，我的亲戚也早已搬进了新建的宽敞漂亮的大瓦房。从老家搬来的那些旧家具随意堆放在院子的一角，房前屋后也已是绿树成荫、瓜果飘香，麦玉间作套种的农田，让人很难与十年前的沙滩联系起来。放眼望去，昔日满目风沙的红寺堡，如今是水渠纵横，道路笔直，麦田翻滚，瓜果飘香，荒滩上一座规划整齐，不失大气的新城格外引人注目。昔日沙包上的沙冬青虽很少见了，代之而起的是高大的钻天杨，是撑起一片绿荫的树丛。

看着红寺堡镇上满脸喜悦的戴着白帽、搭着盖头的回族乡亲们，我不由得佩

▲ 钻天杨

服他们适应环境、艰苦创业的韧劲与毅力。他们不正像红寺堡沙包里生长着的沙冬青吗？把根深深地扎在这片曾是风沙肆虐的地方，短短的十年，使昔日的荒漠变为绿洲。沙冬青不畏风沙严寒，不贪恋水土肥沃，生长在干旱少雨的沙漠地带，用自己瘦小的身躯，把根深深扎在这片土地上，南部山区的回族乡亲们不也正是如此吗？

（选自《红寺堡之光——罗山神韵》，宁夏人民出版社，2009年，作者现供职于自治区科协。）

红寺堡 移民的绿色家园

◎ 蔡立梅 王光家

宁夏地处中原农耕文明与北方草原游牧文明的交错地带，从商周至明清的数千年间，宁夏境内的各民族迁徙频繁。北方少数民族南下与中原统治者的移民屯田，贯穿于宁夏的历史发展进程，促成了壮观的民族大融合。新中国成立后的宁夏，规模最大的一次移民是从1998年开始，将南部山区的20万贫困人口分批迁移到吴忠市红寺堡：宁夏最大的生态移民开发区就此诞生。

昔日荒原 十年耕耘换新颜

8月20日上午，宁夏入秋以来最大的一场暴雨之后，空气变得湿润、清新。雨后的红寺堡开发区，笔直的白杨树愈发葱茏，绿化带上五颜六色的小花在风中

▲ 移民绿色家园

招展；田野里是一片片开阔的玉米地，偶见金灿灿的向日葵。充盈眼前的绿色和诗意，让人无法想象，10年前的红寺堡，是一块不毛之地。

从地图上看，红寺堡开发区位于宁夏腹地，被烟筒山、大罗山和牛首山环绕，是中部干旱带核心区。此外，红寺堡还处于毛乌素沙漠前缘，年平均降水量仅277毫米左右，年蒸发量却高达2050毫米；年大风日达50天以上，沙尘暴达20次左右。“一碗面半碗沙”“一年一场风，从春刮到冬，天上无飞鸟，风吹沙石跑”，这是10年前红寺堡的真实写照。1998年11月，第一批移民从宁夏固原市中河乡搬迁至今天的红寺堡大河乡，刚开始，不少移民盖好房屋后，因自然环境过于恶劣，又返回原居住地。当地的移民回忆，当年的红寺堡，放眼望去，空旷的大地上，除了试点八村的8所小学校外，什么建筑物都没有。

“要让搬迁移民扎根，必须把水引来。”红寺堡开发区工委委员、宣传部部长孟志诚说。此后，红寺堡开发区实施“生态绿区”战略，组织搬迁移民平田整地，退耕还林、退牧还草、禁牧封育，综合治理移动沙带和沙壤土，造林100多万亩。

截至2007年，红寺堡开发区林木保存率达到80%以上，植被覆盖率达到39%，风蚀沙化现象得到全面遏制。绿色在移民的脚下不断延伸生长，如今红寺堡开发区的村庄已掩映在绿色中。

回民新村移民过上好日子

“这里住的是红寺堡开发区第一代移民，原来村民的房子是统一规划建造的。现在致富的农民已把房子翻新，有的都翻新两三次了。”孟志诚带领记者，走进了红寺堡大河乡开元村，开元村是个回族村。

踏进开元村村民禹万喜家的小院子，记者们忍不住惊叹——院子宽敞明亮，青葡萄挂在架上，枣树硕果累累，贴了瓷砖的室内电视机、电冰箱、电脑等家电用品一应俱全。院子格局是典型的回族院落，院子中央铺着红砖，左侧是菜园和牛圈，紫色的喇叭花爬在墙上探头探脑，低头但见圆鼓鼓的西红柿，抬头就碰到了梨树上累累的青梨，牛圈里的6头黄牛正在惬意地吃草。禹万喜介绍，村里用的都是自来水，以前烧菜做饭用柴或炭，而今改用液化气。

有记者提出看看以前村民住的泥房，禹万喜把大家领到一处高台上，指着一个方向说：“那就是，现在那房子根本不住人，权当村里的古董吧。”其实，村里一些回民在改造完自家院子后，并没有把原来的泥墙全部拆掉。这些夯土砌成的墙体成了移民新村昔日历史“纪念册”。

能让开元村村民过上好日子，仅有村民的努力是不够的。当地政府在帮助移民建设新家园方面做了很多工作，除了搞好生态恢复、种养技术指导外，还有直接的帮助，即给农户补贴资金，主要包括两项，一是危房改造资金，二是救助款。

禹万喜说，盖一座普通的回民院子，需要5万元左右，政府方面给予的资金补助总额约占20%，“我家盖新房时，前后得到政府补助1.1万元”。

禹万喜与其他村民不一样，不靠种硒砂瓜、葡萄等产品致富，而靠的是养牛和种大豆。一年出栏10余头牛，禹万喜就能净赚好几万元。

致富步伐　新农业引领新生活

禹万喜只是开元村先富起来的一个典型。据孟志诚介绍，10年来，红寺堡开发区的干部引领农民从过去的雨养农业转变为灌溉农业，这才是红寺堡移民富起来的前提。当然，红寺堡作为干旱地区，光依靠传统农业不行，还得发展高效农业。“我们计划用5年时间，发展30万亩葡萄、20万亩经果林和10万亩设施农业，同时大力发展黄牛养殖业。”

2007年，红寺堡开发区多方争取资金，建成6个蓄水池，为6个设施园区高效节水农业配套灌溉用水。仅一年时间，节省运水成本800万元；2008年，筹措资金建成870个高标准大棚。两年多时间里，设施园区已由原来的2个村增加到6个，面积由2006年以前的不足500亩扩大到2008年的2.8万亩，实现产值1.3亿元，增长了近6倍。

如今，在红寺堡开发区广袤的田野里，一排排规划有序的高效节能日光温室，在阳光下闪着银光，蔬菜、水果、花卉基地正如雨后春笋般涌现。“第一批10万亩酿酒葡萄已经挂果，葡萄酒厂也已经建成。下一步还要建果汁厂、肉联厂，建设农副产品深加工业。”孟志诚说。

据介绍，10 年来，各级政府在红寺堡开发区投入建设资金累计约 1.6 亿元，迄今红寺堡开发区已完成了两件大事：一是生态恢复，二是移民致富。

回汉杂居　民族团结新典型

采访团来到开元村时，该村许多回族乡亲们好奇地站在院子里看热闹。22 岁的回族媳妇陆小琴抱着孩子站在葡萄架下，那小孩大概是头一回见到这么多人，很开心地手舞足蹈。“我家是旧房，还没建新房。”陆小琴有些羞涩地说，去年，她因为喜欢红寺堡开发区的环境，嫁到了开元村。她公公禹五十，是从宁夏泾源县搬迁来的第一代移民，在开元村生活了 10 年。

陆小琴一家是村里还没有建新房的少部分农户之一，但所住房子并非泥房，而是砖瓦房，只是没有进行第二次翻新而已。记者提出到陆小琴家看看，她很爽快地答应了，领着记者走进她家院子。“房子是火砖房，地是泥地，都是几年前的原样。”陆小琴笑着说，院子里苹果树下堆的这些石料，都是准备用来建新房的。

正聊着，屋里走出屋主禹五十夫妇，他俩不会说普通话，但听得懂。他们见到记者后，站在一旁，听儿媳妇与记者聊家常，脸上一直带着笑容。

禹五十因出生于 1950 年而得名。他说，他们一家主要以种植玉米、小麦为生，家里养了 4 头黄牛，一年收入大概一两万元。为了建新房，两个儿子利用农闲时间去银川打零工了。“明年就能建好！”禹五十笑着说道。

红寺堡的 20 万移民，来自不同的县、乡，有回族、汉族，搬迁时多数是整个村庄一起搬迁，一般是回汉杂居。孟志诚介绍，虽然民族不同，但同一村子里的回汉乡亲们相处融洽，彼此尊重，各乡村都建有清真寺。红寺堡开发区红寺堡镇有一个村就叫“团结村”，而红寺堡开发区则是宁夏“民族团结的一个先进典型”。

在大力发展经济的同时，红寺堡开发区还十分注重文化建设。孟志诚说：“开发区投资 100 万元，建了一家数字影剧院；每隔两周就推出一场广场文化活动，开发区里还组建了一个移民秦腔剧团，由村民自编自演。现在，红寺堡区有 73 所学校，年轻人还可以到青年就业培训中心参加培训。”

（选自《南国早报》，2009 年 8 月 28 日。）

移民新区涌春潮

——红寺堡开发区“十五”发展巡礼

◎ 计东邦

全国政协常委高占祥在红寺堡开发区调研时，听着当地领导的介绍，看到红寺堡发生的巨变，欣然泼墨写下了“红莲出淤无尘埃，寺寒草枯黄沙埋。堡区人民英雄汉，美景全从手中来”这首藏头诗——《红寺堡美》。

开发建设红寺堡是自治区、吴忠市党委、政府贯彻国家“八七”扶贫攻坚计划和实施宁夏“双百”扶贫攻坚计划的重大战略举措。这里曾是一片亘古荒原，这里曾是一片不毛之地。如今映入人们眼帘的却是群山万壑添新姿，叶陌纵横披新绿。开发区 17.3 万移民沐浴着西部大开发的春风，在用勤劳的双手创造着红寺堡速度的同时，也在时刻感受着身边今非昔比的变化。2005 年，红寺堡开发区预计实现国内生产总值 5.2 亿元，预计完成固定资产投资 4 亿元，实现地方财政收入 2000 万元，农民人均纯收入预计达到 1800 元，个体工商户累计达到 2000 多家，年销售收入 1.5 亿元。

荒漠里长出一座城

昔日亘古荒原人迹罕至的地方，如今已是人声鼎沸、车水马龙。八路九街奠定了城市的基本框架，犹如巨大的神经通向四方；林立的楼群巨人般地张开双臂，热情地欢迎八方来宾；设施完善的红寺堡中心广场和功能齐全的罗山花园标志着红寺堡人民的生活日趋和谐。

占地 6 平方千米的红寺堡城区已成为开发区政治、经济、文化中心，而在“九五”末期，这里还是一个破羊圈的代名词。俗话说得好，一张白纸上能画出最新最美的图画。红寺堡城市起步区启动之前，开发区工委、管委会审时度势，拿出了红寺堡城市建设总体规划图。正是在这张规划图的引领下，开发区以丰富

▲ 小区楼房

的土地资源优势为支点，以优惠政策为杠杆，撬动并掀起了开发区城市建设的热潮。一时间，“谁投资、谁建设、谁经营、谁受益”的政策在老板中奔走相告。引凤先要筑巢，开发区在减少办事程序，提高服务质量的同时，积极争取国家投入城市基础设施建设资金，拓宽融资渠道，高起点、高标准建设城市道路、给排水等基础设施，先后吸引陕西、武汉、山西、甘肃、内蒙古、银川等区内外客商投资开发建设城市。

引资2100万元建成了总建筑面积26800平方米的罗山商城，占地15.3万平方米，建筑面积9.4万平方米的罗山花园一期工程目前已进入扫尾阶段，引资800万元建成的罗山宾馆和可容纳800名幼儿的红寺堡幼教中心等一批服务项目相继建成并投入使用，不仅增强了城市服务功能，而且满足了城乡居民的购物、消费需求。这是开发区扩张城市规模，构建和谐新城的重大举措。2004年以来，围绕“园林围城，罗山连城，仿古建城，三产兴城”的思路，按照“东工西林，南游北路”的要求进行城市修编，2005年4月份顺利通过了市人民政府的批准。“八路九街”城市道路框架正是在新的城市规划的引领下全面启动的，部分工程已于10月份竣工。教育办公楼、消防队办公楼、罗山花园、武警部队营房、敬老院、文体中心等项目将于2005年年底前竣工并投入使用。城市北部占地1200亩的湿地生态公园一期工程目前正在紧张施工，将于年内竣工。“十五”末，开发区城区实现了集中供热。

在新修编的城市规划的引领下，红寺堡城区规模狠增到6平方千米，累计达到53.6万平方米，城市建设累计投资达到4亿多元。仅2005年一年就新增城市街道和供排水管道39千米，新增建筑面积26万平方米，完成城市绿化面积16万平方米，新增城市景观树7.3万株，形成占地1.2万亩植树22万株的城区防护林工程，城区绿地覆盖率由开发建设之初的0提升到40%。

工贸招商结硕果

无工不富，无商不活。这是不争的事实。红寺堡工业、商贸经历了从无到有，逐渐起步的发展历程。2003年，开发区工业总产值为5585万元，个体工商户为1300家，国内生产总值为2.42亿元。2004年年初，开发区工委、管委会新一届领导班子在广泛调研的基础上，找准了开发区的发展优势，把“工贸强区”放在了开发区发展的首位，并把当年确定为招商引资年，吹响了开发区启动工业、激活商贸的号角。为实现当年“百企入红，万人就业”的目标，开发区提出了“服务、创造环境，再服务”的理念，下达招商引资任务，加大考核力度，形成了人人都是招商员，个个肩上有指标的招商氛围。有关资料的一组数据，足以显示2004年的招商引资成效。新上工业项目12个，其中500万元以下项目4个，500万~1000万元项目2个，1000万元以上的项目6个，洽谈引进项目67个，协议总投资10.88亿元。

宁夏龙欣源实业有限公司投资5亿元，年产30万吨甲醇合成汽油项目的开工建设，标志着红寺堡开发区在工贸强区起步年(2005年)里迈出了坚实的第一步。为加快工业发展，中共吴忠市委常委、红寺堡开发区工委书记、管委会主任何国攀在2005年年初的工作大会上郑重宣布“三园并进，东西加速起步，中部加快发展”

的工业发展新思路，找准了红寺堡开发区经济发展新的增长极。2005年开发区引进签约项目7个，引资额达8亿多元，正在洽谈的项目10个，协议投资额4.8亿元，已开工建设的项目5个。漫步在红寺堡1999.1平方千米的区域内，你会发现工业经济正在崛起。看东部，这里彩旗招展，机声轰鸣。以重工业为主的太阳山工业园区发展势头强劲。园区三纵四横总长13.4千米的道路在短时间内全部贯通，水电实现入园。目前，意向性入园企业11家，计划投资额9.85亿元，已签订投资意向的企业3家，计划总投资7亿元，已入园企业2家，总投资5.3亿元。30万吨甲醇合成汽油项目已完成了厂房建设和专家楼基础工程。吴忠精细化工厂已完成厂房、辅助用房的建设任务，正在安装设备，12月初可完成设备调试，2006年1月份将正式投产。据开发区工委委员、太阳山镇工委书记马利介绍，两企业投产后年可实现工业总产值在20亿元以上，实现利税能超过3亿元。瞧中部，城区内以劳动密集型产业为主的工业园区基础设施建设已累计完成投资1577万元。共签约入园企业11家，计划总投资1.4亿元。投资1000万元的地毯厂项目

▲ 太阳山工业园区一角

已投入生产。宁夏中鑫硅镁合金有限公司投资 1.75 亿元，生产 3 万 ~5 万吨金属镁和 5 万吨硅铁项目正在紧张有序地施工。望西部，以土坡煤矿为载体的煤炭资源开发计划全面启动。该区域内罗花崖、湾岔沟、刘家湾、芦花井沟 4 个煤区探矿权已成功拍卖，拍卖价格达 6970 万元。这里孕育着工业发展的新希望。

移民脸上添笑容

“若不是路边的电线杆，连个拴驴的桩都找不见。”移民马建龙的话形象地道出了红寺堡开发初期恶劣的生态状况。农业生产更是举步艰难。红寺堡镇的兴盛村现在是人均纯收入超过 2000 元的村子。而刚搬到红寺堡那年春天，100 多户移民满怀希望地平整土地，把精选的上等麦种播撒在新开垦的田野里。看到绿油油的麦苗，移民们高兴地合不拢嘴。可好景不长，一场沙尘暴将绿油油的麦苗盖了个精光，田野里铺上了厚厚的一层黄沙，移民们悲怆地坐在地上，心中失去了希望。面对恶劣的自然环境，红寺堡开发区工委、管委会下定决心，誓将荒漠变绿洲。“十五”期间，开发区工委、管委会推出领导干部领办造林绿化点的要求。每年造林季节干部停止办公一周，带着群众植树，并实行了造林绿化任期目标责任制，层层签订植树造林责任书。从此开始，以保护、恢复和发展生态植被为中心，以植树造林、封育禁牧为重点，打造宁夏中部干旱带人工生态绿洲的战役打响了。截至目前，开发区已累计造林 102.26 万亩，封山育林 25 万亩，林木成活率达到 85%，植被覆盖率达到 39%。仅 2005 年一年，就新增人工造林 4.7 万亩，植树 230 多万株，栽植 50 米宽幅林带 60 多条，总长度达到 80 多千米。大规模的植树造林不仅改善了移民的生存环境，而且对耕地的有效控制率超过 70% 。

在狠抓生态环境综合治理的同时，红寺堡开发区以深入贯彻落实中央 1 号文件精神为契机，用足用活“五补一免”“三定一补”等政策，加大宣传培训教育力度，实现了移民由雨养农业耕作方式向灌溉农业耕作方式的彻底转变，农村经济保持了良好的发展势头。2005 年开发区粮食播种面积达到 24 万亩，同比增长 9.1%，粮食总产预计达到 9740 万千克，同比增长 43.1%，良种采用率达 92% 。举龙头，建基地，连农户，是“十五”期间红寺堡开发区发展特色农业的一大显著特点。宁夏科冕实业有限公司投资1.12亿元在开发区建设3万亩酿酒葡萄种植基地，目前已完成一期工程建设任务。龙头的举起，带动了龙身，调动了广大移民发展特色种植的积极性。以草畜为主导，葡萄、中药材、枸杞、桑蚕等为特色的产业格局在开发区已初步形成。累计人工种草20.5万亩，特色产业种植面积累计达到4.2万亩。建成各类养殖园区14个，养殖大户增加到3100户。移民在鼓起腰包的同时，也切实感受到了生活环境发生的喜人变化：乡乡开通了柏油路，村村通上了沙石路，一部分行政村还通上了柏油路，移民用上了干净的自来水，照上了明亮的电灯。

社会事业上台阶

昔日在老家十里之外上学的孩子，如今坐进了宽敞明亮的教室；富裕的农民拿起了手机与远在他乡打工的儿女通上了电话。从开发建设之初至今，红寺堡开发区的发展经历了不平凡的七年，而教育、文化、卫生等社会各项事业的发展主要是在“十五”期间。2003年，红寺堡开发区曾向自治区人民政府庄严承诺：开发区将在2005年实现“两基”目标。对于一个建立时间短，没有经过“普初”的移民新区来讲，实现“两基”目标是一项充满希望而又荆棘满途的创举。开发区在财政十分困难的情况下，多方争取资金改善办学条件。2003~2005年累计投资5209.5万元，扩建校舍总面积7.8万平方米。同时，开发区号召各单位及广大干部职工为学校捐款捐物，一时间从领导到一般干部，从教师到学生，从商人到村民，纷纷解囊，累计帮扶和捐赠物资折合人民币175.7万元。

2005年9月红寺堡开发区顺利通过自治区人民政府“两基”验收。移民看病难、看病贵的问题一直牵绕着各级领导的心。“十五”期间，开发区下大力气加强医疗卫生基础设施建设，大力开展计划免疫和疾病预防控制工作，共建成乡级卫生院4所，标准化村级卫生室11个，创建社区卫生服务站1所，疾病控制、妇幼保健、计划生育综合服务楼相继建成并投入使用，县级人民医院日前建成并已正式投入使用，县、乡、村三级医疗卫生服务网络为移民的就医看病提供了保证。从信号盲区到开发区实现了电信信号村村通，这是“十五”期间开发区通信事业发展的

▲ 村民住上了二层楼

一个明显标志。

“罗山缘聚八方人，黄河水富万顷田。”是的，依托黄河水的浇灌，从宁南山区八县搬迁来的移民聚集到了罗山脚下这块广袤平坦的土地上。光阴荏苒，岁月如梭，五年弹指一挥间。回眸“十五”，红寺堡开发区工委、管委会带领广大干部群众大力弘扬“艰苦创业、团结奋斗、务实创新、拼搏奉献”的红寺堡精神。昔日亘古荒原发生了翻天覆地的变化，移民新区处处春潮涌动。如今的红寺堡山青了、地绿了、天蓝了，城市规模不断扩大，品位和档次得到提升，服务功能趋于完善，农村到处呈现出五谷飘香，百业兴旺，移民安居乐业的新气象。

展望未来，移民实现“村有一座温棚一圈羊，城有一个劳务一套房”的小康之家，红寺堡将成为“区位优势，辐射周边，富有活力，特色明显，环境优良，城乡秀美，民富区强，文明向上”的中等移民城市不再是梦想。

（选自《吴忠日报》，2005 年 11 月 28 日。）

追寻红寺堡移民的足迹

◎ 马林家　韩　非　马桂芬　吴海燕

红寺堡区是宁夏历史上规模最大的移民搬迁扶贫工程、宁夏扶贫扬黄灌溉工程的主战场，是全国最大的扶贫扬黄移民开发区。从1998年开始，自治区用了十多年时间，将宁南山区的20万人迁移到红寺堡。红寺堡移民主要来自生态环境恶劣、生存条件极差的六盘山林区、月亮山林区、南华山林区、罗山保护区等，涉及泾源、彭阳、西吉、隆德、海原、固原（原州区）、同心等地。十多年的时间里，红寺堡区人大胆探索，勇于实践，不断优化种植结构，促进农业经济快速发展；大力发展招商引资工作，植树造林，推进基础设施建设，在移民安置、生态建设、城市建设等方面取得了令人瞩目的成就。2009年10月，国务院正式批复同意设立吴忠市红寺堡区。

10月下旬，“吴忠沿边行”采访报道组来到此次活动的最后一站——红寺堡区。对于我们来讲，来到红寺堡就是要记录移民的生活，这是我们的职责。

寻　根

“移”字从禾，自然而然地想到了“根”。当读到“移民”二字时，根须出土，让人心头有一丝剥离的痛感。时至今日，行走在红寺堡的街区，灯光闪烁，人们脚步轻快，“移”字似乎是那么平缓、从容的一个字。

13年前，“一年一场风，从春刮到冬；天上无飞鸟，风吹沙石跑”是红寺堡的真实写照。而今，20万回汉移民经过不懈努力，不仅锁住“黄龙”造良田，还告别了贫困。从这个意义上讲，“移”字何尝不是“连根拔起”呢?

自人类拥有文明以来，由于对生存的渴望、对文明的向往，或者是争夺优势生存环境的冲动，不同种族、不同民族，你来我往，随之出现了“移民”这个词。他们在各个大陆之间往来迁徙，留下了文化汇合的踪迹。宁夏自古以来就处于农耕文明与游牧文明的交接处，农耕民族与游牧民族在这里创造了极具特色的文化。

▲ 移民旧址

在历史的发展进程中，宁夏的历史可以看作是一部移民史，是一部不同民族的人在这里创造文明的历史。宁夏的移民史，也就是宁夏的开发史、建设史。处于宁夏中部干旱带上的红寺堡，成为新时期宁夏移民开发的“战场”。这种内部移民，为的是让贫困带上的群众彻底拔掉“穷根”。从此，泾源、彭阳、西吉、隆德、固原（原州区）、同心等8个贫困地的群众来了，他们走到了一起。在他们身上，原来的地理符号不存在了，他们的新家园有了一个共同的名字——红寺堡。

溯　源

可以想象得到，从四面八方来的群众踏着忐忑、期待的步伐……这只是想象。罗山脚下的同心县原新庄集乡让这种想象有了依据。

深秋，风起萧瑟，寒气袭人。在萋萋荒草与断垣残壁间，可以寻得到移民曾经的足迹。毋庸置疑，原新庄集群众是红寺堡区迁徙距离最短的移民，这里曾经住着7000多户人。同心县原新庄集乡整体搬迁后，在罗山脚下留下废弃的院落。2012年4月，红寺堡区将这里列为保护区，移民旧址成了一道独特的景观，得以留存。拨开一人高的杂草，踩着破旧的围墙，移民旧址尽收眼底。房屋、窑洞、羊圈，用它们特殊的方式记录着这里的人们曾经的生活。院墙，有高有低，大部分是用土坯堆砌，十多年的风雨侵蚀，依稀还能看到原来的样子。刻着“喜”字的墙壁，被烟熏黑了的墙壁，仿佛在讲述着过去的故事。随意走进一个院落，在充足的阳光和雨水下生长的杂草，扎得人脚底生疼。院子里曾经栽种的树木，“魂儿”好似被搬迁的主人带走了，只剩下干枯的树枝。草丛里能找到一两眼水井，里面几乎没有水了。这里的窑洞颇多，可见1998年，这里的群众居住条件不是很好。报纸是窑洞里最常用的壁纸。走进每一孔窑洞，墙壁上都贴着各类报纸，《文汇报》《参考消息》《生活周刊》……报纸已经破损不堪，稍稍一动，便会如枯树叶般掉落，不知名的虫子在脱落的报纸中间爬来爬去。这些残破、发黄的报纸是最好的记录者，它告诉现在的人们，窑洞的主人在此居住的时间和年限。1983 年 11 月 8 日的《文汇报》是这里最早的一张报纸。在另外的一孔窑洞里，众多斑驳的报纸中有一张 1997 年 5 月份的《宁夏日报》，这是距现在最早的一张报纸，上面的一则消息《上海迎来最大的一次移民浪潮》似乎很有戏剧性。

夕阳西下，这片记忆里的家园显得无比苍凉。红寺堡区委宣传部副部长周国宁说，搬迁后的新村与旧址只有一沟之隔，相互映衬，尽收眼底的反差一览无余，在宁夏绝无仅有，是一笔储存发展记忆、见证沧桑巨变的移民文化财富。红寺堡移民旧址作为一道独特的历史景观，蕴藏着极大的原始村庄古文化内在元素和荒凉卖点，是宁夏开发旅游和拍摄影视作品极为难得的人文景区。

▲丰收

探 访

确实是一沟之隔。原新庄集乡的群众现在都搬到了红寺堡镇红关村，距移民旧址并不远。同行的红寺堡区文体局的刘嘉喜恰巧是红关村人，36 岁的他比较内向，言语很少。直到快离开移民旧址时，他才说他的老家就在这一片，虽然他 24 岁才离开这里，但还是找不到湮没在荒草中的老家。“去你现在的家看看吧！”在我们的提议下，不到 20 分钟，便到了刘嘉喜家。

大门敞开着，映入眼帘的是堆得像小山似的玉米，这是他家 40 亩玉米地的产出。院子里，一位满头花白头发的老奶奶在剥玉米皮。“这是我舅妈，今年 70 岁了，闲不住，来给我帮忙。”说话的是刘嘉喜的母亲李春霞。她看上去并不像 58 岁的农村妇女。“我们家人都显年轻，你看我像不像 70 岁？”老奶奶性格非常开朗，笑着和我们打招呼。听说我们刚刚从他们老家来，老奶奶忍不住问：“我们那一片成啥样了？那地方好……”“好啥呀，一年四季望着天吃饭，住的是窑洞，有多大本事都使不出来！”刘嘉喜的母亲打断了老人的话。“呵呵，故土难离么。现在这边住习惯了，再回去住窑洞是不可能了。”老人说。

“我们是 1999 年年底搬迁来的。当时种的 200 多亩旱地，多少年都一样，雨水足了，日子就好过，雨水不好，一家人都愁。搬迁的时候，国家给我们退耕还林补助费，还有人均八亩地、三间房。先开始我们自己种玉米，后来又包了上百亩地种甘草，现在发展到 400 亩。”李春霞简单地说着自己家的事，仿佛这背后没有辛苦和劳累。“这么多田谁操心呀？”“就我和他爸两个人，主要是机器干、雇人干。娃娃们都要上班，用不着他们帮忙。”李春霞一边说，一边扫院子。“这么辛苦，一年下来能收入多少？”“一亩甘草至少能收入 5000 元。”“那你们家也太富有了！”我们不禁赞叹。“也没啥，进屋里说话吧。”李春霞掀开门帘。屋门上方“家和万事兴”几个字很显眼。房子的设计已经完全不同于农村，穿过走廊才能进正屋。屋子里的陈设更是与城里无二，因为烧的是暖气，屋里显得很干净。桌上的玻璃板下，一张全家照引起了记者的注意，那是在老家窑洞前的合影。“刚搬迁时有点舍不得，没有想到搬下来四年多，我们就盖了这么好的房子！不

▲ 移民新村

搬迁，真是没出路。”拿着一家人的合影，李春霞喃喃地说。记者提议给他们一家人再合张影，只是女儿在银川上班没在，刘嘉喜的父亲刘全生带着村民去植树，也不在。当我们看到桌上放着刘全生获得的2009年全区道德模范奖牌时，不由得对他心生敬意。

红关村的道路宽敞平坦，好几户人家门口都停着小车。走进范玉怀家，他却不是很乐意接受采访。他说：“我才种了10多亩甘草，一年所有的收入加起来连10万块钱都不到。家里就老两口，儿子在外地，我们家算是村里的中等水平，你还是采访别人吧。”其实，有他的这句话，就完全可以了解到村民们的生活水平了。“还想老家吗？”“老家？”听到这句问话，他愣住了。“现在去就是看看风景，搬出来算是搬好了。”说完，范玉怀笑了。

返回时，天色已晚。路过鲁家窑弘德新村时，一盏盏灯亮了起来。相比李春霞家刚搬迁时的情景，今年新增移民的居住环境和生活条件好多了，有房，有地，政府还给介绍工作。他们把“根”从很远的地方挪到了这里，我们相信，“根”会越扎越深，日子会越过越好！

（选自《吴忠日报》，2012年11月13日。）

不该模糊的记忆

——我与红寺堡的故事

◎ 锁金银

“你瞧，那就是新建的红沟窑小学，娃娃们在里面上学可高兴了。走，进去参观参观……”买老师话还没说完就热情地在我胳膊上拽了一把。买老师是我刚参加工作时的同事，我俩在红沟窑小学一起工作了一整年。虽然都在同一个县区工作，但我在城里，他在农村，已经好几年没见面了。去年八月的一天，我下乡途中，在他教书的那个村子遇上了。

已近傍晚，在他的引导下走进校门，只见足有三百米见方的校园正中两幢二层高的红色教学楼紧密地连接在一起，沐浴在夕阳下。教室窗户上一块块明亮的玻璃在晚霞的映照下折射出耀眼的光芒，千余棵松柏、国槐、白杨点缀于校园四周，

▼移民学校

围墙四壁上各式各样的图案与孩子们的嬉笑打闹声和书香味浑然一体，俨然一幅美的画卷。“新学校建成后，上面给咱学校分配来 6 个大学生，他们教各门课程都行。帮扶部门帮咱硬化了校园，配齐了电脑、文体器材和图书。教学质量好了，在外面借读的学生娃娃都陆续往回转呢。真得感谢上面这几年重视教育的好政策呀！”买老师意味深长地说。家住城里的小海接过了话茬，他说：“每天都有好几趟公交车，挺方便的，跟城里学校没多大差别。”

眼前的一切勾起了我对过去的回忆，那早已被时光磨钝了的记忆也变得清晰，心灵深处那扇封存往事的闸门瞬间被打开。那是 2003 年 8 月，刚刚走出大学校门的我顺利通过了红寺堡开发区第一批公开招聘教师考试。后来，被分配到太阳山镇买河村的红沟窑小学任教。记得，上班那天一大早我便兴冲冲地赶往镇中心学校报到，向往着那份属于我的工作。那天，在中心学校报到后，正是买老师找来一辆即将退役的“蓝驼牌”农用三轮车，颠簸了三个多小时后将我拉到学校。当时，刚一下车，我便傻眼了。三间低矮窄小的土坯房子，房子地上生长着一些不知名的杂草；二十多套破旧不堪的课桌凳子，东倒西歪地躺在地上；房子正前方是一口用来储水的窖，没有盖子，敞开着口；一根锈迹斑斑的红旗杆，在风中不停地摇晃。这些就是学校的全部资产。“难道这就是学校？”顿时，我心里像打翻了五味瓶一般。“你是大学生，好好干，用不了一年半载就调出去了。”买老师好像看出了我的窘态。他拍了拍我的肩膀，边安慰边介绍学校情况，“学校四个年级，六十三个学生，你先教他们吧，我尽力向上面给你要个伴儿。还没通上电，窖里也没盛水，中间的房子打扫了做办公室、宿舍、厨房用。旁边的两间房子做教室，方便管理”。临走，他又说：“我已经联系了村上，村支书家有五六块不用的木板。待会儿，会有人送到学校，他们会帮忙把床支起来。村子上有小卖部，买上几根蜡烛，几袋方便面暂时凑合凑合吧。”

夜晚，躺在用村支书家木板拼起来的“床”上。那是平生第一次独自面对完全陌生的环境，屋内烛光暗淡，屋外漆黑一片。

那一夜，我翻来覆去。

那一夜，我辗转反侧。

那一夜，我彻夜无眠。

那一夜……

第二天一大早，老百姓听说村子里分配来了个大学生教师，都像赶集似的来学校瞅新鲜。听他们说，他们村子上祖祖辈辈只出了三个人才，两名大学生和一名高中生。当时，一个在邻近的县城教书，一个正在省内某所大学上学，那名高中生参军了，其他的大多数都没上过学。因地处偏远村上根本没来过“脱产”教师，代课教师都是村上掏钱雇用的临时工，而且一年换几茬。学校的三间房子还是十年前村民们集资修建的。因条件差，教学质量不高，家境好点的孩子都到外地借读去了，大多数孩子在这所学校读完四年级便算“毕业”，他们有的回家务农，有的外出打工，有的甚至过不了多久就结了婚。

也许是因为年轻气盛，也许是出于一份莫名的感动和责任，我独自接收了这所学校。是我，用“随身听”做教具，教四个年级六十三名学生第一次学唱《国歌》《学习雷锋好榜样》《让我们荡起双桨》等歌曲，让校园里、村子里有了歌声；是我，组织他们第一次举行升旗仪式，从此学校上空飘起了鲜艳的五星红旗；是我，带着他们第一次出早操，响亮的口哨声与整齐的脚步声响彻村庄；是我，第一次给他们开设体育课，尽管没有器材和运动场，但老鹰捉小鸡、丢沙包、遗手绢、滚铁环等项目还是给了孩子们无穷乐趣；是我，让他们第一次感受到“儿童节”带来的快乐……

那一年，每天清晨，我常常在清真寺里传来的“邦克”声中起床，备写教案，批改作业。那一年，无论严寒酷暑，我常常步行三十多公里，卷起裤管，趟过苦水河，来到盐兴路畔搭乘过往车辆，赶往城里，购置生活用品。那一年，我常常被热情好客的乡亲们请到家中做客，真正尝到了“百家饭”。那一年，乡亲们家里亲戚来了书信，常常拿到学校请我这个“先生”读给他们听，然后，我再根据他们的意思帮忙写上回信。

一年后，因“普九”等工作的需要，我被调往另一所学校。近十年来，又几次更换工作岗位，再也没有回去过。只是听说，2006年，那里也搞了移民开发，政府将老百姓都进行了集中搬迁安置，还新建了一所学校，原来的那座小山村和

▲ 营养午餐

学校都已经不复存在了。

“咱们那时候吃苦了，现在的老师和学生娃娃都享福了，老百姓也欢喜的很。”买老师话语间流露着不可自抑的喜悦之情。

是啊，如今，路修通了，公交车每天跑几趟，私家车也进入寻常百姓家，教师们再也不会为出行犯愁。学校有了气派的教学楼，教学设施一应俱全，孩子们用上了崭新的课桌凳，“三免一补”“营养午餐”等政策让乡亲们在教育上翻了身……

他们能不幸福吗，能不满心欢喜吗？我为他们深感庆幸。

于我而言，这段经历，本不该忘记；这段往事，应当清晰记忆。

（作者现供职于红寺堡区教育局，2014 年 4 月。）

红寺堡走笔

◎ 张治乾

这里曾经是荒漠戈壁，这里亘古是无人区。在西部大开发的洪流中，黄河水被引上黄土高坡，这里打响了一场生态移民扶贫开发的攻坚战，经过十年开发建设，这里已经成为宁夏新的崛起区和新的经济增长极！

——题记

一

走进红寺堡，我总有说不出的激动。

汽车在沙漠高速公路上奔驰，跃入眼帘的是无数架挺立在戈壁荒漠中的风车，它们巨大的叶轮在劲风吹拂中有力旋转，蔚为壮观。要不是那大漠提示，你还以为是进入了陌国异域。

红寺堡地处滕格里沙漠和毛乌素沙漠的夹击地带，是有名的宁夏中部干旱带，风力和日照资源十分充足。在西部大开发中，红寺堡这个千年荒原迎来了它辉煌的发展岁月。自20世纪90年代，南部山区的20万移民迁居此地，这里便日新月异，旧貌换新颜。“大漠变绿洲，沙丘起高楼”，一座现代化的城市和一片片移民新村诞生在亘古荒原，这不能不说是个人间奇迹。为了发掘和利用绿色能源，宁夏银仪和嘉泽两家风电公司就在山头上架起了风车，让风力发电。在长山头，在鲁家窑，在石板泉绵延起伏的高坡上，沙丘间巍然矗立成百上千的巨大三叶风车在微风中徐徐旋转，宛若一个个美丽的天使，源源不断地将清洁的能源送进千家万户。而沙丘的缓坡之间却是一大片一大片的太阳能硅板，明镜似的在阳光下闪烁着迷人的光斑，悄无声息地将光能转化成电能。这一动一静构成了一道独特的风景线。

同行的老王告诉我们，红寺堡的风电、光电项目计划投资上百亿，现在已经完成投资过半，智慧的风电光电人边建设边生产，已经实现年发电量上亿千瓦小

▲银仪风力发电远景

时，实现利税数千万元，占据了红寺堡财政收入的半壁江山。

每当夜幕降临，巨能风光清洁能源，使千万盏电灯照亮大漠绿洲，宛如一道道彩虹，你绝对想不到那是风和太阳的杰作。想不到，昔日飞沙走砾的戈壁荒漠竟成了红寺堡的聚宝盆，那里有取之不尽的财富！

二

感叹之间，老王邀我们继续前行。汽车在奔驰，沿途是人们栽植的垂柳、白杨和刺槐，还有开着的小黄花，被人们称为沙漠里的姑娘的花棒、四季不败的沙冬青和火焰般灼灼燃烧的狼毒花。面对眼前的美景，你绝对会忘记自己是在赶路，而是以为在旅游。

忽然一群野马引起大家的惊叹和唏嘘。我顺着老王的手指望去，一群足有 20 匹骏马在草原上悠闲地吃着青草，还有几个小马驹在马群里撒欢。我忽然发现远处的蓝天、白云、戈壁、风车、硅板和野马构成了一幅绝美的风景画，那画里肯定还有缎带般的公路、汽车和小小的我。

汽车越过高速公路便进入了红寺堡城区。那里有一个纯人工的开放式休闲园林。工人们掘地为池，挖出来的泥土堆成小山。池子底部和周围铺上了防渗材料和鹅卵石，黄河水注满了涝池，就形成了人工湖。这样的人工湖有两个，一个在东，一个在西，中间是纵贯南北的高速路。中盐高速和中太铁路从湖的北面横穿东西，在这里形成了山水田园路林桥的绝美组合。

湖水波光粼粼，清澈见底；天空水鸟翔集，争鸣逗趣；清风吹来，顿觉清凉神怡。两边的山丘已是云杉遍地，密密匝匝，青翠撩人。一群小孩追逐着，嬉闹着跑步上山，留下一串串笑声在密林里回饶、扩散。远方，新建的移民新城，道路纵横交错，高楼鳞次栉比，全都笼罩在淡淡的雾霭之中。近处，湖边多了几把太阳伞，年轻的小伙姑娘们正在尽情地享受着初夏的阳光，偶尔传来愉悦的笑声。那伞下，是早已准备好的一顿野餐，或几听解渴的饮料，或是一段缠缠绵绵的情话。

▲ 朵朵花开

大漠里石（石嘴山）中（中宁）、中（中卫）盐（盐池）和滚（滚泉）红（红寺堡）高速形成千字形的高速公路架；网状的国道、省道、县道、乡村道路纵横交织；西部地区第一条准高速铁路——太中银铁路从东到西横穿红寺堡；南来北往，西去东来的汽车在高速公路上急驰；一列列火车满载物资从东方急驰而来，稍做停留便又轰然西去；路网和车流，犹如在湖光山色中穿行的彩带，我似乎在这飘动的彩带中听到了红寺堡腾飞的脚步声。

三

老王提议，让我们到海子塘的桑园去看看。城北的桑园是红寺堡刚开发时栽种的，面积虽说不大，却也有上千亩，那是开发区第一代垦荒者辛勤劳作的结晶。在中部干旱带上搞开发，搞建设，种草栽树，绿化大漠，那是永恒不变的主题。每当春秋两季，开发区的干部、群众和学生都要停工、停课下地植树。转眼十年过去了，桑树不但成活了，而且长得生机勃勃，绿意盎然，足有两人高了。每当夏季，成熟的桑葚挂满枝头，散发着诱人的清香，吸引了无数的游客和居民前来采食，那里便成了移民群众茶余饭后经常光顾的地方，也成了孩子们的天堂。

几场轻风细雨过后，秋老虎便望风而逃，塞上的秋天翩然而至，凉意浸漫了大地。又是几度轻霜，漫山遍野便泛起了苍黄。我们登高远眺，尽情感受着秋天的凉爽。身旁，一大片一大片成熟的葡萄，晶莹剔透，闪着璀璨的光芒，散发着醉人的醇香。果农正忙碌地采摘，欣喜洋溢在每一个人的脸上。脚下，黄菊灼灼，开得正艳，一群群蜜蜂伏在花蕊上，忙碌地准备着过冬的食粮。当下，桑葚已经采食殆尽，只留桑叶还在装扮着大地，吸收着太阳的能量，为枝干继续输送着营养。

漫步在桑园里，看着茁壮成长的桑树，思绪万千。一棵棵稚嫩的桑苗竟然在贫瘠而干旱的沙漠里扎下了根，不屈不挠地对抗着沙尘暴的侵袭和旱魔的蹂躏，是何等的毅力和斗志啊！

一阵秋风吹过，枝头已有黄叶飘零。我顺手拾起一片黄叶端详，它通体嫩黄嫩黄的，叶脉的纹路依旧清晰可见，没有虫蛀的伤缺，也没有衰败的腐痕，它是那么完整，那么光鲜，不带一丝忧伤，不留一毫遗憾，安详地离开孕育它的枝丫，毫无声息地重归故土。

老王说："像这样规模种植的桑园在红寺堡还有很多处，一部分农民已经通过种桑养蚕走上了致富路。"

哦？！我有些诧异。在我的印象中，种桑养蚕似乎是南方才有的事，真没想到地处沙漠腹地的红寺堡竟然有蚕业！老王说："红寺堡独特的地理条件，为加快桑蚕产业的发展，红寺堡区政府把其当成是优化产业结构、增加农民收入、改善生态环境、促进红寺堡地区经济发展的支柱产业来抓。现在已经有几千亩桑园，数个村将养蚕打造成'一村一品'工程获得初步成功，蚕茧的质量品位达到3A级，特别是蛋白质、丝长和丝重优于江南，不但有独特的药用价值，也是丝绸制造商非常青睐的产品。"

驰名世界的中国蚕茧，有几项指标纪录却由红寺堡这一后来居上的移民新区保持着，这使我忽然明白了一句话的含义：只有想不到，没有做不到。

太阳已经挂到头顶，虽然已是深秋，我还是感受到了红寺堡阳光的热度，但兴味正浓，想去看看红寺堡的葡萄园和枸杞园。老王说："别急，吃了饭再去，或许你还有意想不到的体验。"

经老王这么一说，才感觉到有些饥肠辘辘了。走进大河"马明手抓"清真餐馆，这个西吉县来的移民老板马明，奉上一杯沏好的八宝盖碗茶，呷了一口，顿觉心旷神怡，神清气爽。老板问："怎么样？我这龙井枸杞茶味道还不错吧！"

我连忙说："好茶，好茶！"

老板说："我这可是正宗的西湖龙井，再加上咱红寺堡的枸杞，那可是一绝。"

我知道，枸杞是个好东西，临近的中宁县可是全国有名的枸杞之乡，那里产的枸杞粒大色正，含有丰富的维生素，是宁夏"五宝"之一，难道红寺堡也有种植？

老王说："红寺堡与中宁接壤，相距只有二十多公里，自从扬黄灌区开发后，枸杞已经在红寺堡大面积种植。不但继承了中宁枸杞的品质，而且受自然环境的影响，红寺堡产的枸杞颗粒更大更饱满，色泽干红，各项营养指标和微量元素已经超过了他们，中宁的枸杞商贩都把红寺堡产的枸杞作为样品展示。"

▲桑葚熟了

看着杯中红润的枸杞，我不禁赞叹起来，红寺堡可真是个好地方！餐馆老板说："还有让你惊奇的呢！"说话间，一盘热气腾腾的手抓羊肉端了上来。我素来对羊肉不感兴趣，主要因为它太膻。老板似乎看出了我的心思，说："尝尝咱红寺堡的手抓，保证你吃了这一顿还指望下一顿呢！"

我知道宁夏的滩羊肉最好吃，而且是盐池草原上野牧的羊肉味道最鲜美，不腥不膻，营养价值极高，红寺堡的羊肉难道还有独特之处？

老王说："以前，红寺堡未开发，人们都不知道，现在一开发，全国各地的人都来这里，红寺堡羊肉就名声大噪了！"

老王边嚼边说："人们常说五岳归来不看山，黄山归来不看岳，如果你吃了盐池的羊肉，就再不想吃其他地方的羊肉，如果你吃了红寺堡的羊肉，就再不想吃盐池的羊肉。呵呵呵……"

我也受了感染，立即夹起一块羊肉送进嘴里品尝。嗨！你还别说，这里的羊肉的确鲜嫩爽口，醇香无比。

老板说："吃了咱的羊肉，还惦记着去盐池吗？"

我说："名不虚传，名不虚传啊！"

三下五除二，一大盘羊肉被我们几个狼吞虎咽地卷进了肚子里。老王顺手从吧台取下一瓶干红，说："吃了肉，就要喝酒，来！尝尝咱红寺堡的葡萄酒。"

我们几个都是回族，不善饮酒，老王便自斟自饮起来，说："世界上最好的葡萄在法国波尔多，可是法国酿的葡萄酒的原料多用的是咱宁夏贺兰山东麓的葡萄，咱们红寺堡可是贺兰山东麓最重要的葡萄产地，由于咱红寺堡独特的自然条件，使得葡萄糖分高，微量元素丰富，赛过了波尔多。”老王的脸上流露出无限的自豪，连我们也被感染了。我看着老王愉快的神情，感觉他不是在喝酒，而是在品尝生活的甜蜜与醇香！

四

饭饱酒足，我们去街上转转，宽阔整洁的街道，鳞次栉比的楼房，让人瞠目结舌。想不到十余年间，昔日的荒漠戈壁竟然变成了一座现代气息浓厚的新城。举目望去，楼顶上“共产党好，黄河水甜”几个显亮的红色汉字让我心里一震，朴实的语言蕴藏着20万移民群众对党和政府深深的感激与赞美之情。

老王说：“红寺堡区的移民，因在原籍极其贫困，得益于宁夏异地移民扶贫扬黄灌溉工程这一巨大的慈善工程，使移民群众在短时间内便脱贫，但移民群众的致富梦想却一时难以实现。‘打造黄河善谷，发展慈善产业’，再次发挥慈善的力量，让移民群众的梦想得以圆满实现。红寺堡的发展得益于水，得益于良好的社会治安环境和风清气正的发展环境，没有扬黄灌溉工程就没有红寺堡的今天，没有民族团结和社会管理创新，就没有如今欣欣向荣的发展局面。”

是的，红寺堡人是勤劳和智慧的，红寺堡正在打造“黄河善谷”的核心区，新建的弘德慈善产业园区正以日新月异的建设规模和速度告诉世人，这里正在书写一部不朽的中国慈善事业新篇章。

老王说：“下午我带你们去个好玩的地方。”

我问：“去哪里？”

老王说：“保密，到了你就知道了。”

我们只好随着老王上了罗山大道，眼前呈现出一幅多彩的画卷：一边是一眼望不到头的青纱帐，一边是一座接一座的塑料大棚，棚内的蔬菜在阳光下泛着青黝黝的光芒，而道路两旁整洁俨然的农家小院里不时飞出时下流行的小调。

快到罗山脚下时，眼前出现了大面积的草原，一簇簇的酸枣林、老瓜头、柠条高高低低，错杂相间，犹如给大地铺上了一张绿毯，而那绿毯上面缀满了细碎的黄色小花，煞是好看。

我正沉醉在那绿色的海洋间，老王说：“到了！”

我赶紧把头伸出窗外，我的眼前出现了上万根树桩，几座低矮的建筑物和一条类似运动场上的跑道。

老王说：“这就是红寺堡航空旅游节的主会场。”

我张了张嘴，想说点什么，可不知道从何说起。老王看出了我的诧异，笑着说：“那不是体育场，那是飞机起飞的跑道，那房子是一座沉降式机库，那树桩也不是真正的树桩，而是用水泥做的观众的座椅。可惜，你们来的不是时候，要是赶上航空旅游节，那可就热闹了，有滑翔机，有动力伞，还有热气球，好玩得不得了。”

说真的，没有赶上旅游节确实有些遗憾，但我从眼前的景象中，从老王如数家珍地介绍中，似乎已经看到了红寺堡航空旅游节的热闹，看到了红寺堡人正在放飞着自己的梦想，向更高的目标飞翔。

傍晚，带着意犹未尽的心情回到红寺堡城，适时正逢红寺堡区“两会”召开，我见到了很多代表和委员，虽然没有和他们进行过多的交谈，但从他们灿烂的笑容和坚定有力的步伐中我读出了他们对红寺堡的未来充满了信心。

深深祝愿：红寺堡的明天会更加美好！

（作者现供职于红寺堡区教育局。）

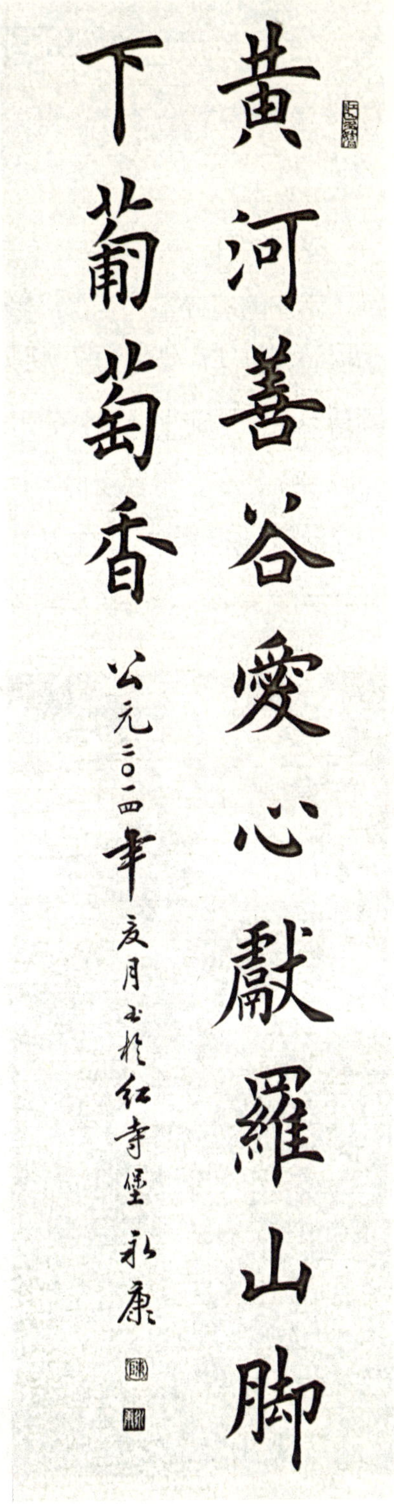

黃河善谷愛心獻羅山腳

下葡萄香

▲ 陈永康书法作品

红寺堡——我的新家园

◎张　静

2005年6月，我坐上了去红寺堡的客车，那年我25岁，带着梦想和希望走向了未知的红寺堡。客车沿着蜿蜒的柏油路一路北上，柏油路的条数渐渐减少，蜿蜒着伸进了广袤无垠的沙漠，是一个接一个的沙丘伴随着呼啸的风声，汽车在颠簸中缓慢地前进，下午的时候车停下了，听车上的人说，红寺堡到了。

走下汽车，眼前变得一片昏黄，风呼呼的，在使劲地夺我手中的行李，大风中我走出了铺满沙石的车站大门，眼前是一个个塑料搭起的帐篷，只有车站附近有一墩两层楼，其他地方全是黄沙，风一吹天地之间连成了一片，说句实话，分

▲ 家园光彩

不清哪是天哪是地。

第一天晚上，我是在一间用塑料捂顶、用砖头砌墙的房子里住的。床是简易搭起的，第一次喝了红寺堡的一碗水，喝完水后碗里虽说没有半碗沙，但碗底还是被沙盖住了。

刚来时，生活异常的艰难，我们两口子只带了两条结婚时的毛毯，在红寺堡的生活就这样开始了。

在红寺堡开发区党委班子的带领下，开发区人民在这片土地上开始了艰苦奋斗、艰难创业的日子。

随着扬水工程在红寺堡的实施，红寺堡人民喝上了甘甜的黄河水。土地湿润了，地也变绿了，在兰州军区的帮扶下，在红寺堡这片沙滩上种下了一排排的树苗，有了树木，沙子小了，广袤的沙滩上有了点点的绿色。

随着时间的推移，红寺堡人民先后在区党委的带领下，发展养殖业，采取政府帮扶，典型带头的方式，使红寺堡人民的底气越来越足。红寺堡人民在党委领导下进行葡萄种植，建成了万亩葡萄园，红寺堡街道两边的果农们兴高采烈地吆喝着卖翠绿欲滴的葡萄，脸上洋溢着满足幸福的微笑。

2009 年红寺堡正式建区，红寺堡开发区改名红寺堡区，红寺堡的经济和社会得到了很大的发展。如今的红寺堡已经是瓜果飘香，树木葱郁，高楼大厦可以说是星罗棋布，柏油马路穿插在各个楼群之中。

广场的灯光一到晚上就五彩缤纷，到处都是人头攒动。如今的红寺堡已经改变了过去的模样，是黄土高原上的一颗明珠。

红寺堡，我自豪。

（作者现供职于红寺堡区公安分局拘留所。）

红寺堡：一个村庄的十年变迁

◎ 李建华

1999年，作为被抽调到红寺堡的干部，杨存葆和几个同伴第一次走进红寺堡。

停歇的当夜，因为困乏，他们早早睡去。第二天，当被呼啸而来的风惊醒的时候，他看到平生最为惊人的一幕：漫天黄沙，穿门而入，粗暴地打在床上，顷刻间，他面前的两个同伴，仅剩下两只眼睛在眨动。

而当天，为欢迎他们这些远道而来的支援者，红寺堡开发区政府宰了两只羊，然后召集区里所有的人来吃，可即便如此，羊肉仍然被剩下了——那时，全区人丁稀少，所有的人，都不够消费这两只羊。

2009年12月7日，杨存葆又一次探访红寺堡，新任身份是吴忠市市委宣传部副部长。坐在车上，每经一处，他都会指着窗外，讲它旧时的模样，神情遥远，欣喜难抑。一切很不同了，现实正欣欣向荣。而那些贫穷，那些荒凉，都成了他接待外来访客时才说起的笑话。

这天，位于红寺堡区大河乡开元村的禹万喜的家门前，驶进两辆考斯特。二十余位来自中央媒体采访团的记者浩浩荡荡前来，他们挤进老禹几年前新盖的房里，好奇他房间的摆设和他这十年来的生活。对他来说，接待媒体，不是第一次，所以他并不怯场，他指着他的墙壁，说："很结实的。"他指着他那仿真皮的大沙发，说："很软乎呢！"看上去，他满意他现在的家以及家里的摆设和现在的生活。

在他家门口，聚集着看热闹的村民和孩子。十几个孩子，一溜排开，瞪大眼睛，盯着这些外来的人，有些茫然。一个聋哑人，戴白帽，典型回族打扮，看见记者拍照，就拉着记者走，指着其中的一个清俊男娃，伸出五个手指，然后掏出手机。手机的桌面上是一张全家福，那个男娃在里边。他想告诉记者：这个孩子是他的，五岁了。生这个孩子的时候，他已经举家搬到这里来了，所以这个孩子是红寺堡的孩子，从一开始，红寺堡就是他的家。

而对他的父母而言，红寺堡却非如此，起初，他们和红寺堡并无关联。

移民的故事

他们的父母移居到红寺堡，源于一个伟大的工程。这个工程意在解决宁夏南部山区百姓生活的贫困。

和禹万喜同村的兰凤秀，今年五十四岁，来红寺堡前，他的家安在固原市原州区黑城镇苋蔴村，住的是土窑，家里有 40 多亩山地，过得却是靠天吃饭的日子。天下雨，能打点粮食，不下雨，就颗粒无收。他们那里盛行“四缺”的说法：缺水、缺粮、缺草、缺钱。他们若想外出一趟，需步行 15 公里的山路到公路边坐车。

据红寺堡乡亲们介绍，整个宁夏南部山区自然条件和生态环境相当恶劣，水资源短缺，灾害频发。历来有“三年两头旱、十种九不收”和“苦甲天下”之说。

据记载，1991~1995 年，西海固地区遭遇历史罕见的特大旱灾，近百万人缺水、缺粮，挣扎在贫困线上。近 400 万牲畜因缺水、缺草死亡，当地人用“井枯河干水断流，麻雀渴得喝柴油”的惊人诗句来形容那次大旱。

国家几十年来以多种形式向西海固输血扶贫，却没有挖掉穷根。在上级领导纷纷头疼的时候，为从根本上解决问题，向红寺堡进行生态移民，扬黄河之水开发建设红寺堡的项目应运而生。

▲ 移民的新房

因为红寺堡地势比较平坦，且距黄河仅 60 公里，所以在这里，可以借助黄河解决用水问题。整个扬黄灌溉工程总体规划灌溉面积 200 万亩，红寺堡灌区占了其中 75 万亩。

有了水，就有了生机，大家由此看到红寺堡的光明未来。但对于已经在山区生活了几十年的农民来说，故土难离，所以最开始搬迁到红寺堡的农民，都是带着风萧萧兮易水寒，壮士一去兮不复返的悲壮的。毕竟，他们将要搬去的地方，还是块荒地，前途一片渺茫。

虽已隔十年，但对兰凤秀来说，最初落户红寺堡的情景仍然历历在目。

“刚来的时候，这里一片荒凉，一刮风沙尘遮天蔽日，眼睛都睁不开。国家分给移民人均约 2 亩地，当时收成也不好，很多移民不能适应就回迁了。但是我看这里比我们老家地平、草多，离黄河也近，于是买了 3 只小尾寒羊，一边种地，一边养羊，留了下来。”

1996~2002 年，红寺堡扬黄引水渠系统建设完成。1999 年，黄河水被引到了兰凤秀家的田里。除了对自家几亩地精耕细作外，他养羊的收入也日渐增长，“2001 年养羊的纯收入是 6000 元，2002 年过万元。到 2003 年封山禁牧前，羊有 180 只，考虑圈养羊不如圈养牛合算，我就把羊全部卖了，得了 1.7 万多元钱。我用一半的钱买了 4 头育肥牛，剩下的钱又盖了 4 间新房”。

杨存葆在红寺堡时，曾拍过一个纪录片，叫《移民梁玉生的故事》。故事讲述的是，迁徙到红寺堡的农民梁玉生家最初接到搬迁命令时，一家之主的父亲组织开了一个会。会议决定梁玉生和他哥哥两家抓阄。抓中的搬去红寺堡，另外一个人为了安慰下对方，要补贴他一千块钱。最终是“背运”的梁玉生抓到了。

临走时，父亲给他折了一个柳条，念叨说：照我们老话，能活柳树的地方就能活人，你去了把这个插到土里，如果成活了，就留下了，如果没成活，你就回来。

梁玉生谨遵父命，到了红寺堡就把柳条插上了。当时的红寺堡，是“一年一场风，从春刮到冬，天上无飞鸟，风吹石头跑”的萧条。当时，好多搬迁过去的农户，都纷纷逃离。第一年，梁玉生也没耐住，回去了，但当他回来时，他发现柳条活了。

而当年坚持着没回去的农民，第二年，地里开始有了收成。这里是能活人的！而且不用靠天，因为有黄河水。

黄河水是他们最后的救命稻草。

当留下的人，地里收成越来越多，年景越来越好的时候，梁玉生的哥哥和父亲也举家搬到了这里。

现今，在大河乡占据黄金地段的几户人家都颇为得意。他们得意于自己的远见和运气：他们最早选择留下来，所以最早享受到红寺堡的恩惠。“现在人已经达到 20 万，饱和了，他们想来都没地方了！”当记者在大河乡开元村采访时，有村民这样告诉记者。

最大的改变

乔文生一家是 2001 年搬到红寺堡的。几年下来，他发现单凭种几亩玉米仅够维持生活，大多数村民的时间还是闲置的。有些村民甚至干脆将田撂荒，出外打工挣钱。“国家费那么大的劲，把咱从贫困山区搬到这里，这样好的水田，不种怪可惜的。”他常常这么想，但同时又否定自己，“可乡亲们辛辛苦苦一年种下来，手里落不了几个钱呀”。

2007 年春天，红寺堡区在农业产业结构调整中将葡萄产业作为主导产业进行大力推广，并将中圈塘村确定为第一个整村推进的万亩葡萄基地。起初，很多人对发展此项产业心存疑虑。

但乔文生想：“政府免费为种植葡萄开沟、提供架杆和架丝，还给生活补贴，这样的好事情，哪里找去！”于是，他第一个站出来，带头将自家的 27 亩田全部种上了葡萄。有着高中文化程度的他带头接受专业人员的技术指导，不间断地参加各种与葡萄田间管理、病虫害防治有关的培训班，渐渐他成了村里名副其实的葡萄专家。

2009 年，乔文生种植的酿酒葡萄亩均产量超过 1300 公斤，每公斤卖 3.3 元，亩产值在 4000 元以上，总产值超过 10 万元，成了红寺堡区葡萄“种植状元”。

往年这个时候村上的老百姓成天懒洋洋地窝在家里不动弹，今年天刚麻麻亮就能看到在葡萄田里施肥、剪枝、冬埋的人影。过去种 10 亩玉米的效益也抵不上现在种两亩葡萄的收入，老百姓自然闲不住了。

在杨存葆眼里，这群人最大的改变就在这里：他们的生活方式变了，思考方式也变了。对于生活，他们从被动等待变成了主动执掌。现实的开阔环境不允许他们故步自封，他们需要时刻打起精神，为日子忙活。否则，“老婆孩子，看见人家日子过得比他们好，是绝饶不了他的！”

1999年，时任国务院总理的朱镕基到访红寺堡，对于红寺堡的生态移民计划，他曾表示质疑，他担心在一个需要生态保护的地域重新搭建一个县城，会不会造成更大的生态破坏。但权衡利弊后，他还是坚定了搬的想法。毕竟，对于南部山区的农民来说，解决生存问题是最急迫的。

十余年过去，很多村民争先恐后地说出这样的数据来证明这个决定是正确的。

红寺堡现有人口20多万，搬迁前人均年收入不足500元，到2009年年底预计人均年收入达到3030元；99%的红寺堡的孩子接受了义务教育。

红寺堡县、乡、村三级医疗服务网络基本建成。

红寺堡5个乡镇47个行政村，100%的乡镇通柏油路、100%的村通公交车，自来水覆盖率达100%，广播电视覆盖率达100%。

（作者现供职于红寺堡区太阳山镇人民政府。）

▲ 葡萄种植

为了永不消逝的风景

◎ 孔维达

2008年7月，我返回阔别九年的故乡——宁夏六盘山西麓隆德县的一个小山村，九年的魂牵梦绕，九年的别离思念，都让我有一种急切期盼与她相见的心情，往昔的事，儿时的情，曾经的人，走过的路，是否依旧？穿过多年的时空隧道，童年鲜活的记忆，是否还能找到当年的痕迹？

汽车驶过群山绵延的山间小路，望着车窗外清新明快的山间景色，我陷入了沉思。“悄悄地我走了，正如我悄悄地来，我挥一挥衣袖，不带走一片云彩”，这是一种洒脱地离开？抑或是一种深深地依恋？九年岁月变迁，我已经由离开时的天真孩童变成了一名在读研究生。重回故乡，我突然间明白，不论离开多久，不论走了多远，这块我们生命最初起步的土地，最终会随着我们阅历的增长，成为灵魂深处最深的牵念。

一番颠簸，下车走了一段山路，终于到达了故居——一个土塬上的小院落，一切都似乎和以前一样熟悉亲切，但这种熟悉却让我深深地震撼。多年未住的院子，人去院空，杂草遍地，荒芜不堪。我想对着老院叙叙久别重逢的欣喜，可是，当面对眼前的一切时，我又沉重的似乎无从说起。记忆犹在，真情犹存，只是，无法正视，小院会以这样的面孔来迎接我这个多年未归的游子。院墙上长满了绿苔，仿佛一段尘封的记忆。嫣红的长面花，在院台上兀自寂寞而热烈地盛开。“念桥边红药，年年知为谁生？”词人当年写下这些诗句的时候，是否和我一样有着同样无限的凄楚？老房子上的青瓦，在风雨烈日的冲刷之下，愈加显得饱经岁月沧桑。听奶奶说，苹果树是在我们搬走的那一年枯死的。莫非真如老人所说的那样，树有灵性，人在树在，人走树枯？伸手抚摸着它干枯的树干，我的心情不禁有些怆然。院子中央，我们当年栽植的青海云杉，在这寂静的院落独自长成了一棵葱葱郁郁的大树，傲然挺立，直刺苍穹。

走出院子，望着群山连绵的云霭相接之处，童年的记忆在脑海中缓缓展开……

每到春天，小院墙外的桃花、梨花、杏花开得分外热烈喧闹，伸到院内，形成一个巨大的树荫，而我，则坐在清扫的干净光亮的树荫下面，在淡淡的幽香中安静地学习。儿时的记忆，是桃花的芬芳，梨花的洁白，杏花的清香。

每年的夏天是农人最为忙碌的季节，可偏偏这时，十年九旱的西海固地区，吃水却成了最大的问题。地处隆德县南部的杨沟，理论上属于半湿润气候区，但是经过长年垦伐，连绵的群山上已树木稀少，没有草木涵养水源，当地有雨则涝、无雨则旱，缺水，无疑成了祖辈生活在这里的乡民发展的巨大制约。

记得有一天，父亲从学校下班回来突然对着全家宣布了一个消息：“红寺堡引黄灌区正在搬迁移民，我已经报上了，这里实在太旱了，为了孩子们将来不再受干渴之苦，我思考良久，觉得搬迁对我们以后长远发展大有好处。”尚在初中读书的我，不知道红寺堡在什么地方，也无法预测，去那里，会给我们带来什么样的人生际遇。从父亲的言语中我知道，那是一个有黄河水灌溉的地方，喝水不用发愁。从上小学起，常年四季，我们兄弟往返于风雨泥泞的山路去上学，为了不再走漆黑的山路，为了不再为一担浊黄的泉水而发愁，我们全家对父亲的决定表示坚决的支持。

当我们全家在一个秋季的早晨，告别了流泪送别的亲戚时，我也没有想到，这样一别，忙忙碌碌，山高水远，会是九年的相隔。汽车行驶了将近一天，终于抵达红寺堡三十一支移民点。我被眼前的景象震撼了，整齐有序的砖瓦民居，宽阔的盐兴公路伸向远方，一望无际，可以尽情驰骋的平原，见惯了群山连绵的我，兴奋地欢呼雀跃。就这样，我们全家在这片新的热土上开始编织起我们的新生活。

搬迁伊始，移民区的一切从空白开始，教育事业更是从零起步。刚刚新建的几所初中，老师都是从宁南各县搬迁而来，师资力量极为匮乏，但是这一切困难难不倒开发区的广大移民和干部，他们从头开始，以沙作画，绘制蓝图。一座座学校在荒原上平地而起，一位位老师相继四面而来。我在红寺堡沙泉中学读完了初中，在红寺堡高级中学读完了高中，我在红寺堡读书的五年时间，也是新区教育事业快速发展的五年，各乡镇学校的建立，城区红寺堡第一中学、红寺堡第二

▲ 老家旧居

中学、红寺堡回民中学相继建成，一座座美丽的学校，一个个年轻的教师从四面八方汇聚到红寺堡，使学校成了红寺堡移民区最靓丽动人的风景。

2005 年，我作为移民区的首届高中毕业生，顺利的考上了大学，之后又顺利考上了研究生。我常对我的老师说，我是开发区自己的教育力量培养出来的第一代研究生，语言里其实充满着对所有给过我辛勤教导的老师的深情赞美，他们在刚搬迁到红寺堡立足未稳、条件艰难的环境下，专心育人，那种精神，足以让人终生难忘。

父亲在 2003 年调进了教育局，2005 年当了开发区的第一任招办主任，勤勤恳恳，一干就是五年，母亲找到了一份相对清闲的工作，弟弟考上了北京化工大学，假如没有党和政府的异地生态移民搬迁工程的实施，或许，我们不会有这么快的发展。我是这个时代切切实实的受益者，父母养育了我，老师培养了我，政府把我们搬到引黄灌区，国家为我们提供补助、资助，让我读大学、公费读研，每每想起这些，我的内心就充满了无尽的感激。

移民区红寺堡，这片沉睡千年的荒原，因为举世瞩目的宁夏扶贫扬黄灌溉工程在以其为主战场的罗山脚下破土兴建，从而焕发出了勃勃生机，宁南8县20多万群众，历经十余年，艰苦创业，挥洒汗水和热血，终于把这片土地由一个亘古荒原变成了一个阡陌相连、绿荫葱葱的生态绿洲——荒漠新城。

2009年6月，我受红寺堡开发区宣传部之邀，与区内外诸多专家学者、作家共十人一同参与编辑了红寺堡开发区建区十周年文化献礼工程《红寺堡之光丛书》。我们把西部大开发春风吹拂下的宁夏中部平原红寺堡——这个中国最大的生态移民开发区十年巨变的经历转换成了饱含深情的文字，《红寺堡之光丛书》于2009年8月正式出版，10月22日丛书首发仪式在银川举行。我想让更多的人知道，拥有辛劳和智慧的宁南八县红寺堡儿女，在西部大开发的阳光照耀下，能“平地起高楼，荒漠变良田”，把一个亘古荒原变成一个人间绿洲，就一定能在未来的路上，开创出更加美好的明天。

突然，扑腾扑腾的声音响起，一群白鸽掠过长空，慢慢消失在视线之外，我兀自惊醒，思绪停止了漫游。看着小院里的一草一木，想起童年在这里生活的点点滴滴，我明白，眼前的一切，多年之后，终究会成为永远消逝的风景，老房子会在风雨无情的吹打下慢慢坍塌，无迹可寻，数年之后，如果我再来追寻，那将凭何寄怀？为了心中永不消逝的风景，我必须为我生活过十三年的地方留下一个影像，作为一生的留恋和念想，拿起手中的相机，咔嚓咔嚓，我拍下了小院的一切。

（作者现供职于红寺堡区区委办公室。）

亘古荒漠变绿洲——魅力红寺堡

◎ 杨玉香

弥漫的大风、飞扬的黄沙、干涸的土地，这里曾经是荒漠戈壁，这里曾是亘古无人区。“八七”扶贫攻坚的生成，移民的号角吹响，经济建设的脚步开始忙碌，15 年的开发，15 年的建设，宁夏中部新型扬黄灌区成立，宁夏中心地带区崛起。

——题记

这里是红寺堡，这里是宁夏腹地，在西部大开发的洪流中，引黄到高山，使黄土高坡上绽开了生命之花，打响了生态移民扶贫开发的攻坚战，15 年的开发建设，这里已经成为宁夏的中心地带，成为宁夏新的崛起区和新的经济增长点！

初见红寺堡

永不停息的大风，一望无际的沙漠，荒芜的天空，失望的移民……初见红寺堡，一切显得那样突兀与绝望。在这里，没有任何的生命气息，人们看不到生活的希望。犹记得刚搬迁下来的那些日子，带着满满的信心，装着从老家搬下来的建房必需品来到了这里，希望却在这里被浇灭了，刺骨的劲风刮过，飞沙走石不断掠过，偶尔看见个蒙着头的人远远走过，这里就像是一座空城，让人感到无所适从。挖个大坑，支起了锅碗瓢盆，上面捂上塑料就成了一个个移民人的临时的家。人们在这里做饭，在这里休息，在这里开始他们新的生活……街道上零星的几个卖东西的点，开门的更少，里面卖的东西也就是看得见的几样，难得让人满意。这里留给人们更多的是荒芜的草原、杳无人烟的大漠……

这里真能长东西吗？这里真能养活 20 万移民吗？这里真能让人们致富吗？一切显得渺无希望，让人怀疑。

再忆红寺堡

“大漠变绿洲，沙丘起高楼”，红寺堡已不再是昔日荒无人烟的不毛之地。沙漠中的高速公路上，一辆辆大小汽车奔驰而过，一片片移民新村不断崛起，一个个大风车在劲风的吹拂下有力地旋转着，蔚为壮观，平整的土地上农作物在不断地拔高。荒滩上一座座工厂拔地而起，亘古荒原上绽放出璀璨的生命，这不能不说是个人间奇迹。从同心进入红寺堡，一座座大棚在太阳的余晖中显得格外清晰，振奋人心。风光清洁能源，使千万盏电灯照亮大漠绿洲，宛如一道道彩虹，谁也想不到，昔日飞沙走石的戈壁荒漠竟成了红寺堡的聚宝盆，那里有取之不尽的财富！沿途是忙碌的人们，他们在干什么呢？哦，原来是在栽植垂柳、白杨和刺槐，还有开着的小黄花，被人们称为沙漠里的姑娘的花棒、四季不败的沙冬青

▲ 串串葡萄

和火焰般灼灼燃烧的狼毒花，那是多么壮丽而又美好的一幕。

腾飞红寺堡

如今置身于红寺堡，一切愈加清晰，亲身体验过了红寺堡的巨大变化，让人真不敢相信。房屋一再翻修、重建，日子不断变好。劳务输出、招商引资，农民不断富裕。调整种植、养殖结构，使他们看到了小康的希望。国道、省道、县道、乡村道南来北往、西去东来，纵横交织。人们的出行不再是问题。中心街道上熙熙攘攘的人们挑着需要的东西，这里应有尽有。罗山脚下一簇簇的酸枣林、老瓜头、柠条高高低低，错杂相间，给人焕然一新的感觉。罗山道上一座接一座的塑料大棚，棚内的蔬菜在阳光下泛着青黝黝的光芒，而道路两旁整洁的农家小院里不时飞出欢声笑语。

中圈塘那一大片一大片的是什么东西呢？看着还挺漂亮，仔细一看才知道那一串串紫色的是葡萄，由于红寺堡独特的自然条件，葡萄糖分高，微量元素丰富，有人说这赛过了法国的波尔多。葡萄的发展不仅让红寺堡有了特色，更给这里的人带来了生存和致富的希望。再看那零零碎碎的“红宝”——枸杞，一眼望过去就是一片红，更是增添了红寺堡的魅力，给这个美丽的地方增色添彩。

随着中国的改革，红寺堡也进行了产业调整、改革创新，开始脱胎换骨，开始脱贫致富，开始了全新的面貌。如今的山山水水，这样的人情风貌，怎么可能和广袤的亘古荒原联系起来呢？但就是这片“颗粒不收”的沙漠里，红寺堡人民却谱写了令人惊叹和注目的壮丽篇章。

如今，“一年一场风，从春刮到冬”的现象终于成了历史，我们成了这沙漠绿洲的主人。一幢幢高楼大厦就像一棵棵嫩绿的小草一样破土而出，一条条笔直宽敞的柏油马路畅通无阻、四通八达。晚上，一盏盏五颜六色、色彩鲜艳的霓虹灯照亮了大街，照亮了漆黑的夜晚。你瞧，宽阔干净的街道两旁的商店如繁星一般，令人眼花缭乱，门庭若市，生意红红火火。葡萄酒业越做越大，越来越有特色。一幢幢商品房精美大方、错落有致；假山、喷泉、儿童游乐园、老人活动场所、大型的购物广场，大家在这舒适的环境里生活方便、居家舒心。红寺堡的春

▲ 杨有恒书法作品

天，你可以自己开车观赏漫山遍野的梨花、苹果花、杏花；夏天，你可以登上罗山，俯瞰大地，缥渺的云雾从你的脚下飘过，让你仿佛置身于“人间仙境”一般；秋天，有红彤彤的苹果，小巧的香梨，甜而爽的西瓜……最让人眼馋的还是晶莹透明的葡萄了，紫红色的、碧绿色的，圆圆的，好像一颗颗不同颜色的宝石。冬天，你可以去四季如春的大温棚里亲手摘下一颗油桃，当上一回快活的“玉皇大帝”。这岂不是人间最美的享受？

“共产党好，黄河水甜”，朴实的话语代表了红寺堡20万移民的心声，代表了他们的感激与赞美之情。15年的发展，15年的建设，美丽的罗山再添魅力，弘德慈善产业园区不断壮大，产业结构调整的力度不断增大，农民致富的梦想更是不断地实现。“打造黄河善谷，发展慈善产业”，再次发挥慈善的力量，让移民群众的梦想得以圆满实现，最终实现“开放、富裕、和谐、美丽、慈善”的红寺堡。

（作者现供职于红寺堡区太阳山镇人民政府。）

红寺堡——我的第二故乡

◎ 朱冠先

一谈起故乡，总会让人觉得亲切。

2004~2014年，整整十年了，想想都让人觉得吃惊，不知不觉中几千个日日夜夜就这样与我们擦肩而过了，悄无声息。脸上的胡子如同割过的韭菜一样，出来一茬又一茬，我也从稚嫩逐渐步入成熟。当然，十年时间也让我对这座并不繁华的小城有了很深的感情。由最初陌生中的新鲜到熟悉后的亲切，我在常过往的地方留下了脚印、气息和思考。静下心来，对城市的细节慢慢地咀嚼着，城市在我的心里渐渐地有了温度。

初到这座小城，一股莫名的苍凉感袭上身来——漫天的黄沙、成片的沙丘都足以让人顿生不快。因而我会更多地从记忆里抽取关于老家的片段，不想放过任何一个角落，任何一个场景。

当清晨的第一缕阳光升起时，西山梁上暖色的黄土地已让人觉得向往。阳光透过枝叶洒在大地上，不冷不热，一片安详。就连偶尔飘来的几片白云都会让人觉得心疼，仿佛那就是承载着自己幻想的梦。傍晚时分，太阳依依不舍地退场，有丝丝凉风拂过。主人下田归来，小狗高兴地乱跳，像一个被一直宠爱着的宠儿；小猪也在圈里哼个不停。可那里，一切依然是安静的。不多一会儿，一股股炊烟爬上烟囱，弥漫开来。稍后，各种饭香味夹杂在一起飘荡在整个村子的上空，让人心醉神怡……每每想起这些，我的眼眶都是湿润的，因为我舍不得离开她，不忍心让真实的生活成为一个定格的画面，乃至最后整座村庄的消失！

人总是要直面现实的，既然走进了这座城市，就应该和她亲密地接触，她的肌肤，她的心脏，甚至她的灵魂。刚到红寺堡，我读初二，校园里的沙子似乎比我们更有发言权，动不动就生气、发脾气。我和同学们一起义务铺过砖、种过树、浇过水，沙子也一天天改变了它的倔脾气，开始向我们臣服。在家里，我和弟弟在门前、院子里种了六棵槐树，还有母亲种的六棵葡萄树、两棵梨树、两棵枣树，如今它们已各自芬芳，给红寺堡的春天，给春天的红寺堡，也给这个家增添了一抹生命的颜色。

2007年，只身离开红寺堡去了吴忠，由于种种原因，很少回家，只会在不经意间想念她。突然发现，关于家，关于故乡，回忆不再单调。每次回家，我都会出去走走，感受着这座小城的变化，享受着她带给我的种种感动。

2010年，又回到了固原，依然很少回家，却时不时地打电话问问那边的近况，从双亲略带骄傲的语气中，我知道，她是越来越好了。

2014年，由于在建设局实习，我有了更多的时间和她接触。我会在某个阳光温热的早晨抑或是花香四溢的午后兀自游览一处处景点，极为敏感地感受着她带给我的体验；我会在某个凉风习习的夜晚行走在大街小巷，在昏黄的路灯下继续我对这座城市的追寻和对人生的思考；我还会和朋友一起爬山，坐在山顶，领略这座小城的宏伟；我甚至会坐在商城或者车站门前，什么也不做，什么也不问，只是看着来来往往的人……

真的，我发现我越来越喜欢她了，喜欢她的年轻，她的美丽，以及她的馨香！我曾这样想过，甚至到现在都这样追求：在这个小城开一家大大的书店，让我永远地睡在她的怀里，让她永久的生活在我的梦里。她是美丽的，所以我不希望生活在这里的人儿摧残她的肉体，腐蚀她的灵魂，我更不希望她的美丽成为我来不及追随的遗憾抑或留在心中最大最深的伤痛！美人、书香，在我的生活里是最唯美的意境，美人可以让我们有所追求，而书本可以让我们更理智地追求。

除了爱我的老家，我还没有如此深沉地爱上一个地方，单位上比我年龄大的同事都取笑我会随走随停，给桃花拍照，为昆虫留步。我总会笑着对他们说：“故乡的一切都值得让人停留。”

写下这些文字的时候，我在固原，而思绪却已经回到了那座小城。红寺堡，我的第二故乡！从此，你再也不会走出我的记忆，走不出我的回忆！

（作者现供职于红寺堡区建设局。）

兰花依旧，我亦如是

◎ 马晓霞

对于这个干旱的地方，今年的春雨似乎比往年多了一些。有时候天气预报也不一定准确，之前看好的多云转阴，结果还是下起了稀稀拉拉的雨，时而大时而小。我和夏老板夫妇一起下村安门牌。出门的时候穿着毛衣外套，原本以为会很热，结果越来越冷，冷到让人发抖。看他们安装门牌的时候，雨水打在我的脸上，书记正好来村部，他周末加班，我一点儿都不奇怪，早在他当镇长的时候就周末上班的，只是今天的天气这么冷，群众是不会来村上办事的，没想到他还是会来村上，会察看村干部值班情况，会了解群众的诉求。

▲ 兰花

每到一个村，他们安门牌，我在一边给建议安的位置和方向，党支部委员会、村委会、村民监督委员会，每个牌子都有自己的位置，就像人一样不能站错了自己的队伍。之后，在他们钉门牌的时候，我忙着统计各村的玻璃制度牌、铜牌、信箱、宣传栏等。

突然接到一个很久未曾联系的同学的电话，她说你这么辛苦一个月多少工资？我说不多，养活自己也勉勉强强。这是实话，经济的压力谁都会有。她说你图什么呀？没日没夜的，还没周末，都办了好多次同学聚会，从未见过你，有那么忙吗？你除了工作还有什么？我说我有啊。我有我的兴趣，我的爱好。虽然没时间集邮了，也很少写散文了，但是我依然在坚持演讲、诗朗诵，还有写小说啊。对，还有偶尔的烹饪，读书，还有很业余的养花儿。还有最近也在想着去孤儿院、福利院。虽然我确实是没时间去已经计划好的旅游，一次次对自己和家人失约。也确实是很久很久没有周末了，连逛街都变成了奢侈，甚至买件衣服都没时间，每次都是好友在网上看好衣服不问我的意见直接寄给了我。还有报的一些考试，总是没有时间学习、复习，使考试时间一拖再拖。她问我：就这些？你还记得谁谁谁吗？她开上了奥迪、宝马、路虎……你看看你！

我看看我？

我看看我！

有些事情是钱无法衡量的！我不认为这是自我安慰的话。父亲说，人这辈子绝对不能因为钱而左右了人生，这是他作为检察官，在公诉了很多案子之后给我们兄妹的家训，能坚持一种正确的追求，能把握人生的航向，始终坚持走在正确的道路上，即使别人不理解不认同又如何？我们话不投机半句多，最后不欢而散挂了电话。

谁不想让自己过得舒服些？当鱼与熊掌不可兼得的时候，自然要懂得取舍。人生也就难在“取”与“舍”之间了，那些走上歧途的，往往和自己的贪念或贪婪有关，还把这种思想归结为“不满足”。价值不同，取向各异，本无可厚非，但是脱离了正确的轨道，失去了以人为本的衡量标准，一切终会变得黯淡。

从来的那天起，就开始通宵加班，5+2工作。没有午休，像个陀螺。一个人干几个人的岗，也会让人感到累，有时候还得不到理解，也会有失落的时候，也会有难过的时候，也会有疲惫的时候。但想想曾经来时的心情，总是能说服自己，调整好心态。谁都不完美，但是能克服困难，始终言行一致干着自己热爱的工作，忠于自己人生的人才会美好！

▲《天香》童仲志／作

窗外的风景变换着。群众压的棚膜，里面种了各种种子。还有新建的大拱棚，里面已经是春意盎然，过段时间就会结上西瓜、甜瓜，路边散开的野花儿，让我不禁思绪颇多。忽然看见了一朵开在村部附近草丛中的兰花，等司机停下车，我忙不迭跑了过去，像个小姑娘似的，轻轻碰了一下，生怕惊动了它。想起小时候去沟里，也看到这么大朵大朵盛开的兰花，母亲把这花叫马兰花，那时候，她总是喜欢给我用山间里常有的狗尾巴花（沙洲花开邮票里那种花）编花环。遇到兰花的时候，我问母亲，为什么不用兰花编花环呢？母亲说太脆了，容易碎。它确实经不起折腾，风一吹就乱了花容，但是却那么坚强地开在大山深处。它芬芳，不仅是给自己的，也是回馈给大自然的。哪里就有别人理解的那么多的心思呢？永远是一副安静美好的样子，任尘世纷扰，任山野荒凉，任过客匆匆。

我忽然觉得豁然开朗了，仿佛觉得周围的一切都回归了本真。我怀着一种更加明媚的心态看待这个世界：是啊，一个懂事的女人，是应该用一种推己及人的心态看待这个世界，用自己的温暖去感召周围的人，做一个正能量的传递着。

兰花依旧，我亦如是！

（作者现供职于红寺堡区柳泉乡人民政府。）

老王的选择

◎ 路向琴

乡下，土路，土坯房，五十多岁的老王老两口坐在烟熏的黑黑的窑洞中，一台早就不能用的缝纫机，掉了漆的老式立柜，大理石茶几，有些泛旧的布沙发中间陷下一个坑，老旧的陈设，映着老人们沧桑的脸庞。原本，五十来岁对于医疗、科技已如此发达的九十年代末来说的确不算老。可是，老人的儿女长年在外，加之风吹日晒，使他们看起来要老许多。

一进腊月，农村的年味逐渐浓了起来，家家户户忙着置办年货。老王的大儿子一家今年搬到红寺堡去了，但日子过得实在恓惶。所以每到年头节下，老人总要想着给儿孙们准备点好吃好喝的，虽然这些“好东西”他们平时也不经常吃。这不，快过年了，老两口商量着等在外打工的小儿子一家人回来，就把喂了一年的大肥猪杀掉，再压一些洋芋粉条。过年吃掉一些，家里留一些，再给大儿子家一些。

▲ 故园窑洞

哎，儿女再大也是父母的心头肉啊。大儿子刚搬到红寺堡，有三个儿女，地里收入不多，全靠大儿子打工维持着。老王去看过，红寺堡那地方风沙大，一场沙尘暴就让农民一年的希望化为泡影；人又少，坐在车上，茫茫戈壁滩，毫无生机，几乎看不到人影子；土质也不好，地里的庄稼稀稀拉拉的，看着就让人揪心，太荒凉了。年轻人去那地方图什么呢，老两口在空闲时就这个问题进行过很多次郑重讨论，每一次都在摇头和叹息声中结束，始终也没弄明白年轻人的想法。

老王年轻时也走南闯北打工、做生意，也算见过世面，对生活的艰难也感触很深。这几天一个人时就有些生气，自家种的旱烟一锅接一锅的抽，年轻人不在老家待着，瞎折腾什么，安稳日子不过，找着受苦。

20世纪的最后一个新年，在老王的热切期盼中到来。儿孙们相继回家，家中人气陡增。老伴和两个儿媳妇在厨房忙活。蒸腾的热气，不断飘出的香味，增加了不少年味。几个孙子在院子里挂灯笼，放鞭炮，笑闹声传遍了院子。老王的两个儿子则准备着贴对联。三十晚上好一番热闹，到了初二早晨，老伴就带着两个儿子到娘家去拜年。

山路实在不好走，娘仨开着自家的蹦蹦车，从那呈75度的陡坡爬上去，才舒了一口气。

孩子们的姥姥快八十了，身体仍很硬朗。有时还能穿针引线，做鞋垫，缝棉袄。而且老人说话和气，常为东家西家的事操心，所以老人的儿孙们老爱围着她谈东论西。

娘仨到的时候，屋里人听到车响都迎出来，舅舅好娘娘好的问候个不停。尤其老奶奶的儿女都已成家立业，一年到头也见不了几回面，这一见面就更显亲热，手拉手寒暄个不停。直到还坐在炕上的老奶奶感觉受了冷落，嚷了起来，大家才说笑着进了屋。

说是屋，其实就是窑洞，依山而挖，窑里盘炕，冬暖夏凉。有条件的人家把墙面粉刷一下，再用红砖铺地，没那条件的，就用报纸、年画裱糊，显得干净些。

原本依照规矩，外孙是要给姥姥、舅舅磕头拜年的，但大家说如今已不兴这些，就不用磕头，说完吉祥话了事。

饭后，谈起老奶奶的几个儿子也要搬往红寺堡的事。因为山上交通不便，加之用水困难，旱地里收入不能保证，要想打工，信息也不通畅，固定电话没安装，手机没信号，连老奶奶对搬到红寺堡都没提反对意见，年轻人就更不用说。可话虽如此，离开住了几代甚至十几代的老地方，总让人不舍。关键是五家人同时搬，零七八碎的东西实在不少，得找车，还要早早叫人帮忙，这么合计下来，搬家就到了秋后。

拜完年，回家途中，老王老伴跟两儿子念叨，你舅舅家都搬走了，我也有点想搬。大儿子极力赞成，离老人近，方便照顾，红寺堡是水地，收入有保证，交通便利，亲戚们在一起，方便照顾，而且红寺堡发展前景不错，风沙没有刚去时厉害。小儿子却有自己的想法，家里房子刚刚翻新，尤其新盖了三间瓦房，牛棚也才盖了不到两年，置办这些家业花费不少，要想在红寺堡重置家业，需要不少钱，上哪淘弄去。回到家，大儿子和老王商量搬家这件事，“要去你们去，我可不想死在那沙子滩上，等风吹沙子埋我吗？”老王极力反对。直到大儿子回红寺堡，小儿子出去打工，搬家的话题没再提起。

现在，老王也搬到了红寺堡，你要问他日子过得咋样啊，他准会满面笑容地说，咋样？享福呗！

说起老王的变化，这中间还有一段小故事。

秋后，老王的五个小舅子中的老三捎话来，定在十月份搬家，要老王两口早早去帮忙。一听这话，老伴立马坐不住，坐班车就去了娘家帮忙。其实各家早已收拾得差不多，粮食都装好，其他该装车的都打点好。

到日子早叫好五辆大车停在山下，先用蹦蹦车把东西运到山下公路边，再装到大车上，大人小孩能跟车走的都坐上车，其他人坐班车走。回头看一眼，空落落的几孔窑洞和几座没了门窗的破房子依旧立在那儿，不免让人感到凄凉。

老王在车开前赶到，看到老丈母娘笑吟吟地坐在车里，没有老王预想的那么不舍。车子在送行的人眼中逐渐消失，老王心生感慨，好些亲戚都搬到红寺堡去了，少了不少照应。

转眼到了年下，老王夫妻在大儿子一家的极力邀请下到红寺堡去过年。老王虽不想去，可架不住老伴的撺掇，“好歹就这一回，就当去看看孙子！”老王一想到孙子那可爱的模样，就同意了。一下车，老王对着老伴感叹，咦，风沙没头两年刮得厉害。大儿子原来住的地方盐碱化严重，搬到了新地方，盖了新房，只是家具有些陈旧。年货置办的不错，有些菜、水果，老王以前没吃过，尝着新鲜，再说儿孙们孝顺，嘘寒问暖不断，比起老两口孤孤单单的待在家那可舒心多了。

给老岳母拜完年，看到小舅子家盖得整齐的大瓦房，便利的交通，便捷的自来水，家家收拾得干净整齐，也没有在老家时杂七杂八的活计，人倒轻松不少。老伴试探着问老王，红寺堡咋样，老王没吭声。老伴一看，有门，不反对就是默认，立马给小儿子打电话，让他到红寺堡来看看，因为大儿子家附近正好有一家院落要卖，还有六亩水浇地。

小儿子赶来看了看情形，决定买下。庄基上的两间旧房搬来了先住着，安顿下来再盖新房，老王没提反对意见，最后决定十月份搬家。

老王专门找人选了个吉日，把家里能带走的东西装车拉到红寺堡。老王是个爱热闹的人，搬来的那天，亲戚朋友，左右邻居都来恭贺，老王喝大了，高声大嗓地招呼人，时不时训斥两个儿子慢待了客人，惹得老伴直嘀咕，老王只当没听见。

老王家刚搬来，处处要用钱，盖房更需要用大钱，所以能节省的尽量节省。盖新房的地基由大儿子负责垫高、砌好，只找车拉土、拉石头，老王两口齐上阵，跑前跑后忙个不停。有时累了老王难免抱怨，老了老了又要受累，折腾这番值不值？房子盖了大半年，终于盖起来了，小儿子说实在找不上钱装修，先凑合着。

老王的小儿子是电工，而且技术不错，红寺堡的机会又多，加之年轻人头脑灵活，不久就接到一单活，包工包料干下来，赚了十多万。这样一来，不仅装修了新房，而且换了新家具，装了太阳能热水器，天天能洗热水澡，节能环保又实惠，老王啊，乐呵。

搬到红寺堡的第三年，老王得了一场大病，急性脑梗死，幸亏抢救及时，而且恢复得好，自己照顾自己没问题，可是不能干体力活。小儿子干脆把地卖了，不用老王再操劳。看病的钱医保报销之后，老王自己家花的不算多。

老王现在觉得，国家的政策这么好，儿女又孝顺，日子过得舒心，知足了，不是有一句话，知足者常乐嘛。

（作者现供职于红寺堡区太阳山镇人民政府。）

让和谐之花开遍宁夏山川

◎ 陈雅楠

阳春四月，一路花香，驱车来到被誉为“瀚海明珠”的罗山，沿东麓信步而上，泉水叮咚，莺飞蜂舞，百鸟争春，清秀淡雅，烂漫而放的丁香；挺拔苍翠，风骨凌然的松柏；欢歌奔唱，潺潺流淌的小溪，让人有贴近大自然的美丽心情。一座气势恢宏的云青寺引证着古老而和谐的画面，寺前人群熙攘，殿内香烟缭绕，悠长的钟声和着梆梆的木鱼声让山脚下的庆王陵墓不再孤单。

罗山自然保护区是动植物繁衍生息的一片乐土。她是天然野生植物园，有植物资源 65 科 204 属 366 种，垂直分布区系明显，丰富多彩，是华北森林植被、蒙古草原植被和戈壁植被的交汇地带。她是野生动物的王国，现有包括金雕、苍鹰、荒漠猫等在内的国家一、二级保护动物 30 种。

如此得天独厚的自然风光是红寺堡发展旅游业的绝佳地带，是红寺堡经济发

▲ 争奇斗艳

展的另一新领域。

为了加大红寺堡的建设力度，国家实行政策方面的优待，率先在红寺堡建立弘德慈善产业园区，吸引各地厂商来红投资，并利用红寺堡地理和土地优势，帮助农户种植葡萄，发展葡萄酒产业；利用地理优势，在红寺堡建立风力发电及太阳能发电等能源基地，使红寺堡经济连年突破新高。但由于开发时间短，各项优势不强，知名度较小，红寺堡旅游业收入始终较少，但随着人民生活水平不断提高，旅游业更加受欢迎。因此，利用多方优势，发展红寺堡旅游业势在必行。

自然风光为游客敞开怀抱。素有“荒漠翡翠”的罗山与六盘山、贺兰山齐名，是宁夏三大林区之一，春季万物复苏，夏季百芳争艳，秋季漫山金黄，冬季银装素裹，自然保护区更是近些年来旅游的大热景区。

红寺堡是风沙治理的示范地。许多人对红寺堡的印象停留在漫天的黄沙，无植被，无高建筑。可是如今的红寺堡街道已是郁郁葱葱，每到春季，街道两侧的丁香花还会散发阵阵清香。风沙治理的典范值得成为发展旅游业的亮点之一。

在红寺堡这片土地上聚居着来自全区各地回族同胞，红寺堡的街道充斥着民族的气息，回族文化的精髓也能带动红寺堡旅游业的发展。

移民工作是最大的闪光点。红寺堡是全国最大的扶贫移民开发区，在这里居住着 20 多万全区各地人民，为了纪念移民这一重大举措，建有宁夏移民博物馆，保护红寺堡移民旧址等建筑，让游客见证全区移民在红寺堡的和谐共处的故事。

巍巍罗山脚下有见证历史发展的明王陵，有见证移民搬迁这一重大政策执行的铁庄遗址。它们的存在都见证着历史的推移。

第三产业的发展有利于加快经济发展，提高红寺堡乃至宁夏的经济水平，有利于扩大就业，缓解就业压力，提高人民生活水平。突然，我在心中构建了诸多想法。

有句古话说得好：要想富先修路。红寺堡位于宁夏中部地区，人口以西海固地区贫困人群移居为主，但在红寺堡通往桃山段存在交通不便的问题，道路状况不佳，车辆较多，因此，修建一条连接藏银高速的高速公路是群众迫切的要求，也为发展旅游业提供强有力地支持。

红寺堡各景区比较分散，各具特色，因此需要认真谋划，利用青少年航空基地、

▼ 公园绿茵

葡萄产业园区、大罗山自然风光等特点，设计一条特色线路，提高旅游线路质量，加大旅游业的建设，带动如餐饮、住宿、葡萄酒等产业的发展。

在云南香格里拉藏族聚居区，最受欢迎的旅游项目之一是一个叫作“藏民之家”的项目，参加这个项目的游客会被带到一个藏族家庭，吃着牦牛肉，品着青稞酒，喝着酥油茶，欣赏藏族节目，感受藏族文化。而在我们回族聚居的地区，可以借鉴“藏民之家”“蒙古包”等形式，设计“回族之家”或“清真寺文化”等相关项目，让他们吃油香、喝八宝茶、听回族的花儿，传播回族文化，让文化旅游项目成为特点，使文化产业发展与旅游业同步进行。

诸多旅游线路之所以热门最主要的原因是名声在外，我曾游览过重庆仙女山，其受欢迎主要因为山中的院落曾是《满城尽带黄金甲》的拍摄地。而我们身边的六盘山之所以家喻户晓，则是因为毛泽东主席曾带领红军长征队伍穿过此山。因此加大宣传力度，对旅游业的发展也有举足轻重的作用。

木桶的盛水量取决于最短木板的高低，宁夏经济的发展依靠整体发展的速度，而红寺堡经济的发展也是宁夏经济发展的重要组成部分，红寺堡第三产业的崛起也将推动宁夏经济向前迈进。

（作者现供职于红寺堡区公安分局新庄集派出所。）

红寺堡夏韵

◎罗　杰

红寺堡，这块依偎在罗山身边的福地；你这迷人的夏天，不给人们任何征兆，不给人们思想上的任何准备，便火辣辣地来了。

"五一"长假刚满，春红已谢的红寺堡又成了一个真正的白色世界。无论是在城镇的大街小巷两边，还是在乡间的各个角落里，总少不了一大片白嫩嫩的槐花身影。这槐花，在太阳的猛晒下开始疯长，它们争先恐后地挤着、推着，没过几天便挂满枝头了。像雪花，像铜铃，不断地吸吮着大自然的营养与能量。对于它们来说，香飘十里还只是个零头，那种沁人心脾的香，真让人沉醉，使人倾倒。乡下还有槐树能招财进宝的说法，虽然有些迷信，但这也许是人们对槐树喜爱之情的表达吧。俯瞰五月的红寺堡，身处白色海洋的她，时不时地摆动着婀娜的身姿，让微风中，充溢着浓浓的花香与幸福。

转眼间，燥热的六月又急急地报到了。六月，白嫩娇艳的槐花收敛了那迷人的微笑，红寺堡又摇身一变，成了一名名副其实的绿装大师。绿色梦乡里的她，用深绿点染了雄健挺拔的大白杨，用翠绿泼洒了枝繁叶茂的槐树，还有数也数不清的花草树木都在她精心的打扮下绿得更亮了。绿色象征着生机，象征着希望，绿色使城市更环保，空气更清新，乡村更美丽，农民更舒心。农作物是农民伯伯的心血，那一片片绿油油的玉米，在农民伯伯的辛勤培育下，微笑着、生长着，像一群刚出生的小孩子，被清风轻轻地抚摸着，一个个都弯下了细嫩的腰身享受着温馨的爱抚……

还没看够绿海的波浪，七月又火辣辣地来了。七月，枸杞无疑是最受欢迎的物什，一串串低垂着的沉甸甸的脑袋，一颗颗红似玛瑙、大如珍珠。一股劳动的热情瞬间爆发，那些摘枸杞的人，有大人、有小孩，有男的、有女的，有单兵作战的、有举家倾巢出动的，他们早已按倷不住那激动的心情，准备踏上新的征程，创造今岁最高月收入的纪录。繁盛的枸杞映红了半边天，大大小小的枸杞地一片

▲ 火红的枸杞

鲜红，还经常传出人们的欢笑声、谈话声、歌唱声。即使在干活，即使累得精疲力竭，但快乐依旧是必不可少的，这就是乡村人们的乐观风气。忙碌了一天的人们，当他们收获劳动成果时，他们笑了，笑得那样灿烂，那般真实！

除了田园中那火红的枸杞，家家户户的院子里、大门前，那一片片正在晾晒的枸杞，在太阳的照耀下闪闪发光。那种令人一见钟情的魔力，再加上那红灿灿的瓦，那种协调，那种融洽，让"红海"里的红寺堡，完全陶醉其中了。

依山而建的红寺堡，这片我钟爱的土地！这里的人们过着日出而作，日落而息的生活，晚饭之后的他们，一起沐浴着夕阳，享受夏日的余韵。这也是红寺堡夏日一道温馨美丽的风景线。

（作者现为红寺堡第三中学7年级12班学生。）

红寺堡农村所见

◎ 杨森翔

家家新房少妇姑，户户微香无瓦炉。

又是一年春事了，葡园麦地笑相呼。

（作者系中国作家协会会员，2010年4月。）

红寺堡随笔（新韵）

◎ 李宁善

（一）

瀚海桑田靠运筹，大刀阔斧显风流。

黄沙白草当毫墨，来绘荒凉变绿洲。

（二）

造福一方讲认真，引黄灌溉治瘠贫。

葵花玉米连成海，天道酬勤人更勤。

（三）

设施农业增收久，十万黄牛争上游。

拉动山区经济带，脱贫路上写春秋。

（四）

不顾小家为大家，十年辛苦治风沙。

耕云播雨丰收后，再与农夫话黍麻。

（五）

环境改观今胜昨，名家名企愿一搏。

葡萄美酒飘香日，塞上平添波尔多。

（六）

春风化雨济苍生，热土终归知热情。

换地改天勋业在，口碑声里见忠诚。

（作者系宁夏诗词学会会员，2010年4月。）

水调歌头 ·红寺堡移民区

◎ 熊品莲

望极塞云远，薄雾绕罗山。一湖清水如鉴，风卷碧波翻。玉米葵花织锦，红屋拱棚入画，展馆载奇观，聚八面回汉，共写国强篇。

倡和谐，创文化，造良田。三湾九曲，移民联手闯难关。百种千科产业，广引英雄豪杰，十载战炎寒。历历风光好，日月换新天。

（作者系宁夏诗词学会会员，2010年4月。）

▲ 麦玉套种望丰年

新区吟

◎ 杨有恒

红舍深藏林海间，寺[1]阁东望翠罗山。
堡[2]垣早已无踪迹，美丽乡城湛水天。

注：

① 寺乃红寺堡得名之弘佛寺也，旧寺早毁，新寺临竣；今乃红寺堡最大寺院。

② 堡乃明代设于罗山脚之军营也，名曰红寺堡，今无迹。

（作者现供职于红寺堡区卫生局。）

过宁夏移民博物馆（外四首）

◎ 刘明辉

宁夏移民博物馆者，落于红寺堡小城中央也。其主体楼恢弘巍峨，四周绿翠环抱，相映成趣。尝闻癸巳十月开馆，至今已逾半载，余虽时时摩肩而过，然未近其身观焉，亦未入其门察焉。今阳春有暇，欲城北一游，半途遥望其门大开，思城北花未盛，遂改道入馆门。乃得细察二厅陈设，详读汗青传承，敬瞻本隅大笔墨宝，重睹农家旧时器物。心一时难平，遂为此联，聊释胸怀。

欲临城外觅春痕，孰料中途入此门。
图文细解渠田事，音像详说首领勋。
思接千载辨疆域，身入两厅分古今。
重睹儿时老物件，教人怎不倍加亲？

春夜即景

余居红寺堡小城，日往返家校间者三，中央大道乃必经之道也。其两边高柳撑伞、刺槐成片，道中刺柏小松高矮互逗，榆叶梅紫丁香夹于中，四时有景，春最引人。阳春三月，榆叶梅红艳欲滴，刺柏青翠如染。越十日，花颓梅青，簇簇紫丁香争奇斗妍，浓香四溢，沁人心脾。一日晚归，坐道边观丁香之盛貌，嗅浓郁之芬芳，欣然忘归。久之，因得此联，方归。

雨后道边独自吟，披风高柳马莲新。
一轮颓日彤云褂，半扇残桃绿叶裙。
抱团刺柏身姿翠，攒簇丁香花味馨。
闲看芳菲心底醉，舞声唤醒夜归人。

金水广场即景

金水广场者，地处红寺堡区政府正南也；因有渠水自东至西穿中而过，故名金水广场。自建成至今十余载，乃红寺堡区休闲文化交流场地也，其建筑和环境绿化均为小城之一景也，春夏之时，尤为美观。其渠岸以汉白玉石栏隔之，古朴典雅；东西各设一拱桥，登桥而望，渠水滚滚之势尽入眼底，心亦滚滚焉。其两旁缀以垂柳，千万柔条抚栏戏水；间以小国槐，其曲似伞，益显盘龙虬枝之美。广场之正中心，立中心柱参天，下以方台石碑举之，碑以汉白玉表之，刻对联“罗山缘聚八方人；黄河水富万顷田”，背有碑文为志。其北端左右各一亭，红柱碧瓦，飞檐斗拱，诚有古风，中为舞者孩童活动阔地也。东西两角设园林共二，周以柏墙，为垛口状。阳春之时，其曲径通幽，绿树成荫，马兰花遍布，榆叶梅、桃、杏、苹果、梨、紫丁香次第开放。余饭后常步至此，赏花之际遂有此联。

▲金水广场一角

金水盈渠滚滚来，晚临广场自徘徊。
玉桥仰望穿云柱，绦柳轻抚举伞槐。
双立亭头檐翼翘，九曲垛口柏墙排。
西园短径不思去，渐绿梅桃梨髻白。

游红寺堡生态公园

红寺堡生态公园者，落于红寺堡小城西北也，其东与红寺堡回中比邻，其南与红寺堡二中接壤，因其湖水溉城半之林，故该园名曰生态也。予观夫园之盛，尽在湖。其形以红寺堡区地图仿之，引黄河水蓄而湖。周以汉白玉雕栏围焉，古朴而美观，多以梅兰竹菊图刻其上；观湖台之栏多雕红寺堡之物，有葡萄、马铃薯、枸杞、玉米、苹果、太阳能发电、风力发电图，高雅而别致。春夏之际，湖水平岸，碧水清清，红日当空，则湖似明镜，蓝天白云尽映其中，绿益浓；万千小鱼游水面，如游天际，引人遐想。夜色才降，街灯车灯倒映湖中，湖面波光粼粼；又映小丘危亭于水中，如蓬莱仙境也。余日二游，兴未已，遂期友王先生翌日同游。二人步入其门，蹲其身于小榆树、小四季红丛中，细审黄叶圆圆白花点点；立于树侧摄桃之媚态，叹梅之颓姿，品梨之新绽；徜徉通幽曲径，悟奇石之画意；扶栏以饵引鱼，则十数围岸争食，咕然作响，煞是喧闹。归而成诗，以记其游。

一泓碧水弄轻柔，半媚春风半媚丘。
停身小道观花艳，注目奇石悟画幽。
山秀亭高波色聚，灯明夜重流光投。
湖畔栏杆拍欲扁，化归幻境伴鱼游。

▲ 红寺堡生态公园

赏送春之雪

甲午三月二十六日未时许，天骤变，风疾劲，沙尘遮天蔽日，衣单身冷。未几，暮色四合，归途细雨扑面，甚寒；忧青果不堪斯寒而落，今夏大快朵颐者不复也。夜阑听窗外叮当之声不绝，视屋顶亮白，盖雪光也；益忧青桃杏、梨李花之虞。晨旦，徐行于道，审丁香之叶，察桃梅之果，心少慰，遂赏暮春三月落雪之大观焉。但见浓云密布，厚绒盖地，乾坤皆白。左右高柳华发，银丝垂地，太白诗“白发三千丈”所云者是也；近之则“疑是银河落九天”所云者是也；摇之则雪前絮后纷纷焉。夹道刺柏分二色，其下尽绿，上则白绿环相间，愈高而环愈小；小矮松皆为雪所盖，卧其身，偶有枝出。折行三中东，左有荆条成林，其花方盛，为雪所覆，白孕黄，黄透白，蔚为壮观。登楼入室，嘱弟子近园而读，兼赏暮春雪景也。随之而行，又得览校园奇观也。归而即命诗文记之。午时日出，片刻间消融殆尽，而青果花萼无恙也，大欣，安能无诗哉！为诗一联，记之。

远道西风也送春，天山脚下片时临。
昨夜轩窗敲脆鼓，今晨故道耀柔巾。
盖山素被百痕裂，遮树银纱千倍沉。
笑颜青果谢归客，冷面无情心底仁。

（作者现供职于红寺堡区第三中学。）

昨天 今天 明天

——献给曾经参加、支持宁夏扶贫扬黄工程建设的人们

◎ 刘志强

春去又春来，一年又一年，

我们站在今天的门槛，
蓦然回首昨天的辉煌和沧桑，
依稀看到大罗山漫天的风沙里——
扬黄人艰难跋涉的身影。
红寺堡无垠的旷野中——
专家们孜孜以求的艰辛。
固海扩灌清水河渡槽工地上——
领导者们风尘仆仆的执着。
红崖基地彻夜不眠的灯光下——
决策者夜以继日地操心。

我们不会忘记，
风沙迷漫中，开拓者搭起的第一顶帐篷。
漫漫长夜里，红崖基地亮起的第一盏灯光。
不会忘记，
沙尘暴后，大家满身尘土互相对视犹如出土文物。
不会忘记，
为了 9・16 试水，同志们百日会战的豪情。
不会忘记，
红寺堡第一次灌溉农业收获时，
大家喜上眉梢的模样。
固海扩灌全线通水后，
我们欢呼雀跃的场景。

为了宁南百姓脱贫致富梦想成真，
我们总是和月亮做伴、与星星相约。
不断有离别的惆怅，

难免忍饥挨冻的困惑和呕心沥血的艰辛……
三千多日漫漫的岁月里，
挥洒着大家风雨兼程的汗水，
印记着“衣带渐宽终不悔，为伊消得人憔悴”的执着。

今天，
当大罗山的荒漠披上了绿装，
移民丰收的果实堆到了屋顶。
成群的牛羊挤满了圈棚，
历尽沧桑的脸上写满了富足的笑颜。
我们为能参加这一项工程无比骄傲，
为写下的一片片开发史诗无怨无悔，
为百姓迎来了幸福水而倍感欣慰。

走过扶贫扬黄建设的艰难历程，
感受践行“三个代表”的春夏秋冬，
扶贫扬黄人站在了新世纪的水平高程。
认清形势、理清思路，
跳出农业看水利，面向全局求发展。
以发展的理念，
重塑扶贫扬黄的事业。
用战略的眼光，
打造红寺堡、固海扩灌和谐新灌区的未来，
我们一定能够编织出更加绚丽的明天。

（作者现供职于宁夏水务投资集团红寺堡水务有限公司。）

▲王正鹏书法作品

黄河西部来

◎ 王国军

先人后辈的念想
把深入乡土的热情
融入黄沙新河
以脉络的姿态
拥抱着绵绵长长的眷恋
一如母亲温馨的胸脯
总让人
泛起感恩持久的缠绵

大支哗哗小支汩汩
搜寻一方宝地风水
扬黄在流淌里升级
用水文化的写意
渲染着斑斑驳驳的村落
追溯从南部走来的往事
哪一件
不醒着动人心扉的内涵

这座方圆
盛产红枸杞神话
奇迹经过每一寸土地
把丰收的指数
记录在歪歪斜斜的家长里短

宽宽窄窄的小巷擅长讲述
关于黄河水甜的真谛
以经营城市的理念
谋划山乡巨变

从一部创业史中翻开
她的昨天部分
一半是大漠孤烟的苍茫
一半是激情燃烧的澎湃
那是黄河到中部来的跋涉呀

▲黄河夕照

那些吃山芋蛋长大的故事
和那些瘦瘦弱弱的日子
曾经怎样
困惑了昨天的梦想
又是如何
搁浅了往日的企盼

渐行渐远的记忆
横亘于这方大地上的残垣秃堡
和消失在山岩河坡的羊圈
以及散落于沙丘与沙丘之间的传说

▲ 我爱新家园

咋也激不起让人怀旧的美感
曾经莎草墩和甘草根下的杂乱荒芜
张扬着灰头土脸的尴尬
那么委屈着过活的体面
……

终于，在一个复苏的春天
伴随一个坚定的手势
黄河从西部来
这块运足底气的土地
用吃奶的干劲
吮吸再吮吸
然后庄稼探出小脑袋
仰望天空被森林染绿
长河被旭日映红
于是整个光景
面朝大海，春暖花开
（作者现供职于红寺堡区第一中学。）

我要这样歌颂一个地方

杨丽琴

我要这样歌颂一个地方
一个逐渐繁华的地方
葡萄产业是人们的脊梁
中部交通枢纽城市地位业已形成

我要这样歌颂一个地方
人们从四面八方而来
有银川的、固原的、石嘴山的、吴忠的
喝着黄河和罗山水
用心品读着山水和土地篇

我要这样歌颂一个地方
拥有二十万为它添砖加瓦的人们
风干了的衣衫溢出汗香
走过的山和地留下美丽的影子

▲ 红寺堡美

我要这样歌颂一个地方
一群人不再沉默
他们用智慧慈善兴业
开启了从慈善“输血”到产业“造血”的创新之路

我要这样歌颂一个地方
人们用无数坚定的目光迁徙而来
用黄沙做帐篷
以大地为床铺
在这里自由的翱翔

我要歌颂这样一个地方
移民安居
大地育绿
饱藏着我们不曾退却的信念
吹起前进的号角
用心血和汗水谱写出团结拼搏的壮丽华章
一个盘踞大漠的塞上江南正在悄然升起
（作者现供职于红寺堡区人民法院。）

言不尽的眷恋

◎ 李丹丹

流云在天边，行囊在眼前，
一条通往太阳的路无边又无沿。
路上绿草茵茵，有青春为伴；

远方黄沙滚滚，同成熟相连。

怀抱着理想，在那悠长悠长的罗山脚下，

用生命祭起心中的圣坛。

也曾迷惘也曾困惑，

却都在这片充满生机的土地上生根发芽。

……

春来时，她摊开幸福的双手将绿色纳入怀抱；

夏至时，被繁花簇拥的她是那么妖娆动人；

秋到时，她拾起片片落叶纪念那些泛黄的回忆；

冬临时，不期而至的雪花覆盖了她沉默的身影。

我们走着，一天又一天，

▲《遐想》 马梅 / 作

那季节的色彩，终会被我们泼洒成斑斓的画卷。
每一个日子都过得寻常又不凡，
飞扬的思绪轻轻绾住绵绵长长的眷恋，
在风起的时候又一个深入乡土的热情，
把深深的念想流露在大地的字里行间。
……
蠡山叠翠，渠锁黄龙，
她泌出甘甜的乳汁将万物静静滋养，
以博大的胸怀包容着八方人聚，
即使受了伤，也不让泪水遮盖住了脸，
即使迷了路，也不把忧伤刻在额前。
我们走着，一年又一年，
听风传递着雨的消息，
那岁月的缆绳，终将蔓延在流淌不止的黄沙新河里。
我们的眼睛很黑很亮，
瞳孔里变换闪烁的是昔日旧貌换新颜的迷人光焰。
我们走过的足迹，
将会在这片广袤的土地上风化成
一个传说，一个风采，一句格言。
（作者现供职于红寺堡区人民法院。）

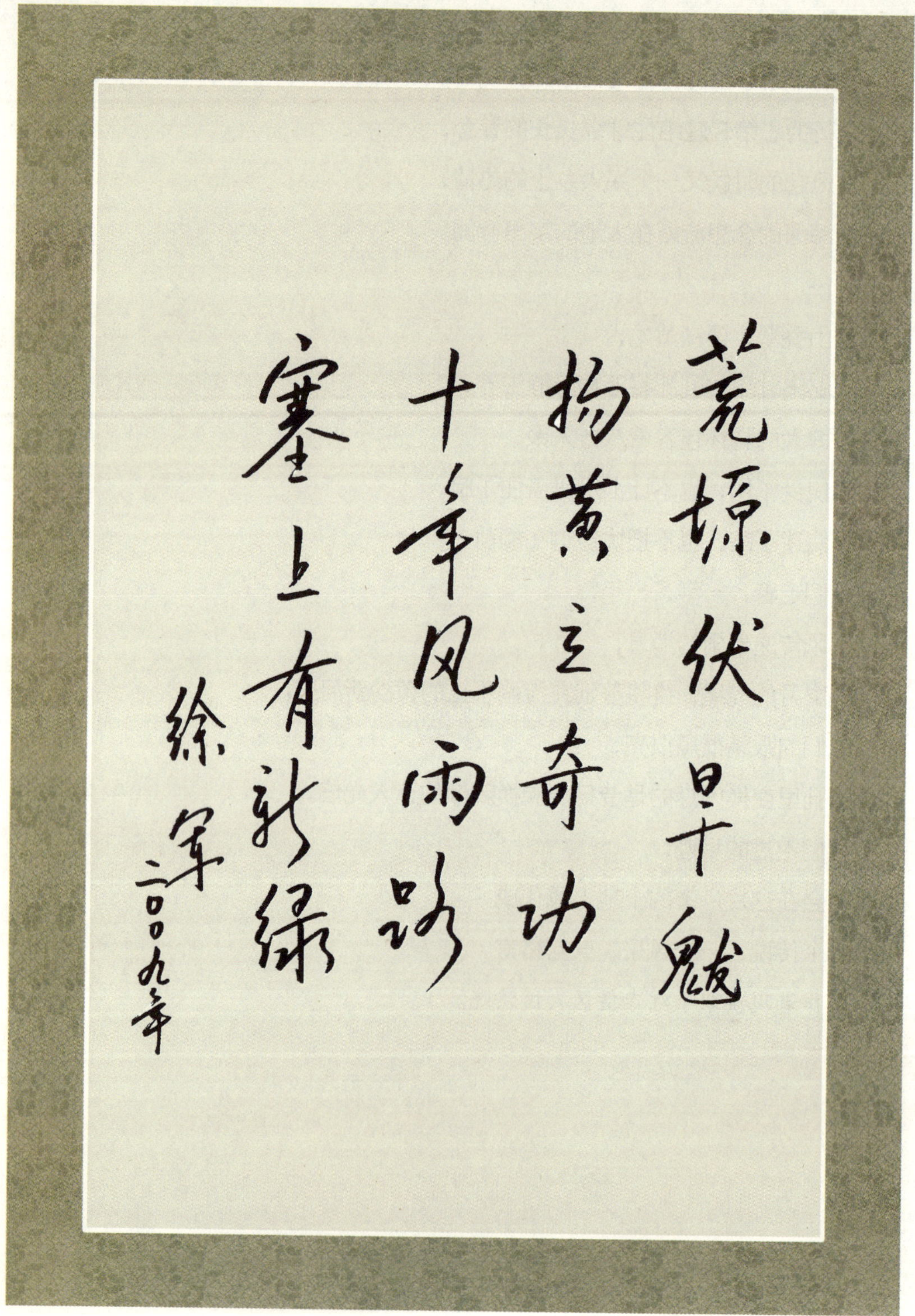

2009 年红寺堡开发区工委副书记、管委会主任徐军题词

附录 红寺堡开发建设史存

（2004.1~2009.10）

★2004年7月30日，自治区人民政府再次调整红寺堡开发区行政区划，至此，红寺堡开发区行政区划面积达1999.12平方公里。

★2004年9月25日，“升好祖国第一旗”天安门国旗护卫队红寺堡升旗仪式在中心广场隆重举行。

★2004年12月29日，罗山国家级自然保护区管理处正式挂牌成立。

★2005年9月27日，红寺堡开发区“两基”工作顺利通过了自治区人民政府的评估验收。

★2006年9月5日，全国人大常委会副委员长盛华仁考察红寺堡。

★2006年9月，红寺堡第一个万亩酿酒葡萄基地在中圈塘村开工建设。

★2006年10月26日，红寺堡风力发电项目一期工程奠基开工。

★2008年8月30日，宁夏中部干旱带（红寺堡）可持续发展论坛在红寺堡开发区隆重召开。

★2008年9月3日，全国人大常委会副委员长、民建中央主席陈昌智，十届全国人大常委会副委员长兼秘书长盛华仁考察红寺堡。

★2009年8月17日，全国政协副主席白立忱考察红寺堡。

★2009年10月22日，《红寺堡之光丛书》在银川举行首发仪式。

附录 红寺堡开发建设史存（2004.1~2009.10）

2004 年

3 月 3 日，水利部部长汪恕诚来红寺堡开发区调研水利工作。

4 月 5 日，自治区党委书记陈建国、自治区政府主席马启智一行来红寺堡开发区调研。

4 月 28 日，红寺堡开发区与科冕公司举行了万亩葡萄生态园项目签约仪式。该项目预计总投资 2.76 亿元，种植 3 万亩优质美国红提葡萄，规划建设年酿造 1 万吨的葡萄酒厂，揭开红寺堡建设史上由生态建设向葡萄产业转变的新篇章。

5 月 3~4 日，红寺堡开发区遭受霜冻灾害的侵袭，5.5 万亩玉米受损，受灾人口 4.2 万人，直接经济损失 382.8 万元。

5 月 7 日，中德财政合作造林项目地方专家卡尔·布鲁特到红寺堡开发区项目区进行实地考察。

5 月 15 日，自治区党委书记陈建国到红寺堡开发区调研城市建设情况，并为红寺堡人民医院选址。

5 月 19 日，自治区副主席刘仲一行到红寺堡开发区大河乡、沙泉乡调研教育教学工作。

6 月 2 日，中央统战部副部长胡德平来红寺堡开发区调研光彩事业发展情况。

6 月 6 日，国务院西部开发办副主任王志宝一行来红寺堡开发区调研扶贫开发工作。

6 月 14 日，全国政协常委黄璜来红寺堡开发区调研农业发展情况。

6 月 21 日，全国政协常委高占祥到红寺堡调研时，对开发区各项工作取得的成绩给予高度评价，并赋诗一首：红莲出淤无尘埃，寺寒草枯黄沙埋。堡区人民英雄汉，美景全从手中来。高度赞扬了红寺堡人民战风沙，锁黄龙，创造新家园的精神。

7 月 5 日，红寺堡开发区管委会邀请陕西城乡规划设计院修编开发区总体规划，当月设计院专家就开发区的城市等情况进行实地考察。

7 月 30 日，自治区人民政府第三次调整红寺堡开发区行政区划，同意以盐兴公路北约 3.5 公里处的山脊线为界，将同心县韦州镇巴庄村北部 27 平方公里的区域划归红寺堡开发区管辖；同意将盐池县惠安堡镇的小泉、乱山子、牛记圈、林小庄 4 个自然村共计 297 户 989 人，约 76.5 平方公里的区域划归红寺堡开发区管辖，两处区域共计 103.5 平方公里。至此，红寺堡开发区行政区划面积达 1999.12 平方公里。

8 月 3 日，经红寺堡开发区工委研究，决定成立中共太阳山镇工作委员会和中共太阳山镇沙泉办事处总支委员会，中共太阳山镇沙泉办事处总支委员会隶属中共太阳山镇工委管理，同时撤销沙泉乡党委。

8 月 16 日，自治区党委书记陈建国深入大河乡香园、开元、扬黄等村，实地考察农民生产生活及农村经济发展情况。

8 月 24 日，自治区人大常委会副主任刘兴中带领自治区人大常委会视察组来红寺堡开发区视察清真食品管理工作，自治区政府副主席刘仲陪同视察。

9 月 2~3 日，宁夏县域经济观摩交流会在红寺堡开发区召开。自治区党委书记陈建国、自治区政府主席马启智及自治区相关厅局主要负责人、各市县（区）党政一把手出席会议。会前，还实地参观了罗山商城、浙江正日集团桑蚕基地、美国大帝宁夏科冕公司葡萄园。

9 月 25 日，“升好祖国第一旗”天安门国旗护卫队红寺堡开发区升旗仪式在红寺堡中心广场隆重举行。自治区文明办副主任邓亚平，开发区工委、管委会全体领导，各乡镇、各部门干部职工、中小学校师生及广大人民群众 8000 多人参加了升旗仪式，接受一次神圣的爱国教育。

10 月 8 日，自治区党委书记陈建国带领自治区发改委、交通、水利、建设、

▲ “升好祖国第一旗”天安门国旗护卫队红寺堡开发区升旗仪式

“1236”工程指挥部等负责人，先后到太阳山开发区建设现场、大河乡红崖指挥部等地进行视察。

10 月 20 日，自治区政府副主席冯炯华带领督察组，对红寺堡开发区计划免疫工作进行现场督查。

10 月 29 日，自治区党委书记陈建国、政府主席马启智来红寺堡开发区就盐中高速公路建设有关事宜进行调研，交通厅负责人现场汇报了盐中高速公路建设方案，方案设计公路自东向西途经红寺堡开发区。

11 月 16 日，自治区“百万农民工培训工程”启动仪式暨现场观摩会在红寺堡开发区召开。自治区党委、人大、政府、政协，各县、市主管领导及相关部门负责人参加了会议。

11月30日，自治区政府主席马启智一行视察了红寺堡城东百座蔬菜温棚示范基地，走访了红寺堡镇富祥村养牛户马会忠和大河乡红河村劳务输出户于尕席。

12月29日，罗山国家级自然保护区管理处正式挂牌成立。红寺堡开发区工委、管委会在家领导参加了揭牌仪式。

2005年

2月19日，红寺堡开发区20514名农村初中、小学学生享受到“两免一补”政策。

3月8日，自治区中部干旱带生态建设暨产业开发会议在红寺堡开发区罗山宾馆召开。自治区党委副书记韩茂华、政府副主席赵廷杰出席会议。自治区有关厅局和各市县主要负责人参加了会议。自治区党委、政府决定，以生态建设、经济发展、农民增收为目标，实现由重点抓生态建设向生态建设与产业开发并重，突出产业开发转变。本次会议，加快了红寺堡产业结构的调整步伐，使生态建设向林果产业、葡萄优势产业方向转变。

同日，《人民日报》《光明日报》《农民日报》《中国妇女报》等中央媒体记者来红寺堡开发区采风。

3月21日，以厦德先生为组长的中外项目考察组的专家、教授一行，来红寺堡开发区考察中德合作造林项目。

3月22日，《人民日报》、新华社、《中国青年报》驻宁记者站、《宁夏日报》《吴忠日报》等媒体记者深入红寺堡各乡镇，就开发区生态林业建设、扶贫工作、城市建设等方面进行采访。

4月5日，《红寺堡开发区城市总体规划》经吴忠市人民政府审查通过。

4月17日，日本众议院东门美津子带领日本绿色之桥代表团，来红寺堡开发区参加“中日绿化交流基金”项目、“中日红寺堡生态绿化工程”2005年度项目植树交流活动，与中国青年志愿者共同栽种友谊之树。

4月19日，自治区党委书记、人大常委会主任陈建国来红寺堡开发区考察红寺堡镇城北防护林及城市建设等工作，并就开发区城市规划修编工作进行了指导。

5月4日，红寺堡开发区遭受冻灾、沙尘暴侵袭，5万亩玉米、油葵等秋季作物受到灾害影响，其中2万亩农作物绝产，造成经济损失86万元左右。

5月24日，红寺堡开发区农村饮水顺利通过了国家农村饮水安全复核评估验收组验收。

6月9日，德国复兴银行评估团来红寺堡开发区对中德合作中国北方荒漠化综合治理宁夏项目进行认定评估。

7月7日，自治区政府主席马启智带领自治区财政、民政等厅局负责人，就红寺堡农业开发及城镇建设进行全面调研。马启智指出，要切实转变政府职能，使红寺堡成为区域性扶贫开发的典范，要加大水利、教育、卫生等基础设施建设，调整种植业产业结构，加快移民新区的脱贫致富步伐。

同日，全国人大常委会委员、全国人大民族委员会副主任委员、中国人民解放军原副总参谋长隗福临一行对红寺堡开发区农业生产情况进行调研。

8月16日，中央马克思主义理论研究和建设工程首席专家考察团李慎明一行来红寺堡开发区，深入大河乡三村桑蚕养殖基地、四村农村示范种植园，红寺堡镇光彩移民新村等地，详细考察了开发区的扶贫开发工作情况。

8月28日，美国恒德控股集团董事长柯思儒率领考察团，来红寺堡考察开发区投资环境和投资政策，探讨合作建立危废垃圾处理厂的可行性。

9月8日，坦桑尼亚、肯尼亚、尼日利亚、南非等16个非洲国家主流媒体的负责人和记者组成的非洲新闻代表团，来红寺堡参观采访。就红寺堡扶贫、治沙防沙、节水灌溉、扫盲、特色种养殖等领域的经验和做法进行了详细的采访和考察后，对开发区短短6年多时间所取得的成就给予肯定，认为红寺堡的许多发展经验值得非洲国家借鉴。

9月16日，自治区党委书记陈建国率领县域经济观摩交流团，视察红寺堡开发区城市建设、城北防护林等，对开发区几年来的快速发展给予了充分肯定。

9月22日，自治区人民政府下发《关于同意划定红寺堡开发区与盐池县等六条调整后行政区划界限的批复》，对红寺堡开发区行政区划界限予以勘定。

9 月 25~27 日，自治区副主席刘仲、政协副主席金晓昀对红寺堡“两基”工作进行评估验收。经过严格考核，红寺堡“两基”工作中，5 个一级指标，22 个二级指标基本达到国家验收标准，顺利通过了自治区人民政府的评估验收。这是宁夏南部山区“两基”工作继盐池县之后第二个通过自治区人民政府评估验收的县区。

10 月 16 日，美国恒德控股集团董事长柯思儒先生一行来红寺堡开发区考察危废垃圾处理项目。

11 月 23 日，自治区政府副主席刘慧一行深入红寺堡开发区各危房改造点，调查核实危房改造情况。

11 月 24 日，红寺堡开发区与宁夏发电集团风力发电项目举行签约仪式。

12 月 1 日，根据《自治区人民政府关于调整红寺堡开发区乡镇行政区划的批复》文件中“红寺堡开发区 7 乡 1 镇调整为 3 乡 1 镇，撤销白墩乡、买河乡、红崖乡、石炭沟乡、新庄集乡”的决定，管委会研究决定将石炭沟开发区整建制并入大河乡。

12 月 7 日，宁夏中部干旱带农村工作座谈会在红寺堡开发区罗山宾馆召开。自治区领导韩茂华、赵廷杰出席会议，研究解决干旱带人畜饮水、发展特色产业、抗旱救灾等问题。

2006 年

1 月 9 日，自治区政府副主席郑小明一行来红寺堡开发区调研卫生与计划生育、劳务输出等工作。

3 月 20 日，自治区副主席齐同生一行调研红寺堡开发区城市建设工作。

4 月 4 日，红寺堡开发区公安局党委书记、局长汤生平执行公务时，乘坐的警车在盐兴公路 154km+800m 处和一辆面包车相撞，汤生平身受重伤，经抢救无效因公殉职，年仅 43 岁。

4 月 9 日，自治区党委书记陈建国在区市相关领导以及区市相关部门主要负责人的陪同下，到红寺堡开发区调研困难群众生产生活问题。

5 月 11 日，驻宁部队援建红寺堡社会主义新农村建设协调会在红寺堡召开。宁夏军区政治部、武警宁夏总队政治部、宁夏消防总队政治部、银川警备区和石嘴山、吴忠、固原、中卫军分区主要负责人参加了协调会。

6 月 2 日，阿拉伯国家联合新闻团来红寺堡开发区进行友好访问。新闻团由埃及的阿依沙·阿布杜·汉法尔等 4 人、叙利亚穆罕默德·哈米德等 3 人、也门的穆斯塔法·纳斯尔·阿利·哈亚吉姆等 2 人组成。主要就红寺堡水利、扶贫及教育等方面的工作进行了考察，并走访了两户贫困户，参观了大河中心学校。

6 月 12 日，国际计划考察团詹姆斯一行到红寺堡开发区就妇女儿童生活生存环境进行考察。先后深入大河、南川乡部分农户和学校，详细了解当地妇女在生产生活、医疗卫生保健以及儿童入学等方面存在的问题。

7 月 24 日，吴忠市召开第十三次常委会议，就太阳山工业园区管理事宜议定：将红寺堡园区、盐池园区、同心园区和吴忠园区合并为一个园区，直接由太阳山开发区管理；将红寺堡开发区太阳山镇小泉村移交太阳山开发区代管。

7 月 27 日，红寺堡风力发电项目开工奠基仪式在大河乡龙摆沟墩墩梁举行。自治区党委常委项宗西和吴忠市委书记肖云刚等区市相关领导和开发区工委、管委会全体领导出席了奠基仪式。

7 月 28 日，自治区各县、市（区）妇联主席工作会议在红寺堡开发区罗山宾馆召开。全国妇联书记处书记甄砚出席会议，各县、市妇联主席参加了会议。会后，与会人员分别前往红寺堡镇六村和科冕公司葡萄基地进行实地观摩。

8 月 9 日，中央军委副主席曹刚川在兰州军区、宁夏军区领导和自治区、吴忠市领导陈建国、马启智、刘慧、肖云刚、吴玉才的陪同下，到红寺堡开发区检查军民共建工作开展情况。检查组还先后视察了城北防护林、红寺堡镇中心小学，走访了红寺堡镇五村农户家。

9 月 5 日，全国人大常委会副委员长盛华仁在全国人大常委会委员、全国人大环资委主任委员毛如柏和区、市领导马启智、肖云刚、吴玉才等的陪同下，到红寺堡开发区调研扶贫扬黄工程建设情况，并走访了大河乡七村第一批移民马英成家。

9 月 20 日，红寺堡开发区第一个万亩酿酒葡萄基地在红寺堡镇中圈塘村开工建设，工委书记、管委会主任沈凡与各部门、单位及红寺堡镇、村两级干部群众 800 人参加农田建设会战，开启了红寺堡酿酒葡萄产业发展的先河。

10 月 11 日，亚洲开发银行执行董事长村・雅基先生和亚洲开发银行驻华高级项目官员牛志明先生来红寺堡开发区进行考察。考察团还先后走访了移民兰凤秀、刘全生、母生吉家。

10 月 21 日，红寺堡开发区工委决定撤销沙泉办事处。

10 月 26 日，自治区政府主席马启智在区市相关领导的陪同下，对红寺堡开发区风力发电、集中供热、南川乡生态移民搬迁等工作进行调研。并召开现场办公会，解决了开发区城市建设、农业生产、教育卫生等方面存在的问题。

同日，红寺堡风力发电项目一期工程奠基仪式在红寺堡隆重举行。自治区、吴忠市领导马启智、肖云刚、吴玉才等和区市有关厅局负责人，开发区工委、管委会领导参加了奠基仪式。

11 月 3 日，自治区副主席刘慧在自治区有关厅局负责人的陪同下，深入大河乡五村、南川乡调研危窑危房改造工作。

11 月 9 日，国家易地移民试点工程宁夏红寺堡开发区生态移民建设工作会议在红寺堡召开。自治区发改委、扬黄总指挥部负责人，宁南山区 7 县分管农业的主要领导及发改委、扬黄办负责人参加了会议。会上红寺堡开发区交流了红寺堡移民经验。

11 月 16 日，自治区政府主席马启智在自治区、吴忠市相关领导的陪同下，视察了大河至碱井公路，听取了全区工路建设情况汇报。

11 月 17 日，国家粮食局局长聂振邦在自治区政府副主席赵廷杰及自治区发改委、财政厅等部门主要负责人的陪同下，来红寺堡开发区调研粮食工作。

11 月 20 日，自治区政府副主席张来武在自治区发改委等部门负责人的陪同下，调研红寺堡开发区科技特派员工作。

2007 年

1 月 6 日，中国农科院研究中心专家刘英在自治区水利厅有关部门负责人的陪同下，来红寺堡开发区调研抗旱减灾成果情况。

3 月 16 日，自治区党委常委刘晓滨来红寺堡开发区调研风力发电项目建设、移民生产生活、葡萄基地建设、旱作农业发展情况。

3 月 25 日，自治区党委书记陈建国带领区发改、民政、卫生等厅局负责人，在吴忠市市委书记肖云刚、市长吴玉才的陪同下，前来红寺堡开发区视察风力发电项目和葡萄产业发展情况。

4 月 4 日，驻宁部队 3300 名官兵进驻红寺堡开发区和当地干部职工、农民群众并肩携手播绿，共建美好家园。

4 月 5 日，自治区党委常委、宣传部部长杨春光在吴忠市市委书记肖云刚等的陪同下，来红寺堡开发区调研宣传思想文化等工作开展情况。

4 月 16 日，日本绿色之桥代表团赴红寺堡开发区视察中日青年红寺堡开发区生态绿化示范等项目三期工程完成情况。

4 月 23 日，自治区党委书记陈建国带领区党委、人大、政府、政协四套班子的领导和组织、宣传等 44 个厅局负责人及各市县的党政主要领导，来红寺堡开发区观摩科冕公司葡萄基地和红寺堡风力发电项目建设情况。

5 月 12 日，国家发改委调研组在自治区、吴忠市相关领导的陪同下，来红寺堡开发区调研风力发电项目建设进展情况。

5 月 30 日，台湾威盛集团酒轩公司顾问、澳大利亚葡萄种植暨酿造资源专家司马特一行，在自治区、吴忠市林业等部门负责人的陪同下，来红寺堡开发区考察葡萄产业发展情况。

6 月 11 日，国务院扶贫开发领导小组副组长、国务院扶贫办党组书记、主任范小建一行，在自治区政府代主席王正伟的陪同下来红寺堡开发区视察扶贫开发工作。

6 月 18 日，中国社会科学院考察团来红寺堡开发区考察新农村建设情况，对红寺堡乡村建设规划科学、基础设施建设超前、社会效益与生态文明显著等成绩给予了高度评价。

6 月 24 日，自治区党委副书记于革胜一行在吴忠市领导肖云刚等的陪同下，来红寺堡开发区视察新农村建设、农业生产发展等情况。

7 月 4 日，中国民主建国会宁夏回族自治区委员会调研组来红寺堡开发区调研扬黄灌区产业结构调整和发展节水高效农业等情况。

7 月 6~7 日，最高人民法院、司法部联合在北京召开全国人民调解工作会议。红寺堡开发区首席人民调解员康伏海被授予全国模范人民调解员。

7 月 19 日，自治区人大常委会副主任韩有为一行来红寺堡开发区视察罗山自然保护区的管理建设情况。

8 月 9 日，国家发改委能源局局长赵小平一行，在自治区副主席齐同生、吴忠市委书记肖云刚、市长吴玉才的陪同下来红寺堡开发区考察风力发电项目。

9 月 23 日，日本绿色之桥代表团及团中央国际项目合作中心有关领导一行到红寺堡开发区考察“保护母亲河行动——中日青年红寺堡生态绿化示范林”工程。

10 月 9 日，自治区党委副书记于革胜、政府副主席郝林海，在吴忠市领导吴玉才等的陪同下，来红寺堡参加宁夏科冕实业有限公司红寺堡葡萄酒厂开工奠基仪式。

11 月 6 日，自治区党委常委、政府副主席刘慧一行来红寺堡开发区调研农村党建和农村社区工作。

11 月 20 日，国务院黄河委员会各成员单位负责人和水利专家来红寺堡开发区调研移民搬迁后的生产生活情况。

11 月 24 日，中国农业银行红寺堡开发区支行罗山分理处挂牌成立。

12 月 25 日，红寺堡风电场一期工程风机吊装启动仪式在鲁家窑举行。

2008 年

3 月 18 日，国家开发银行宁夏分行副行长池勇来红寺堡开发区考察葡萄产业种植及深加工投资贷款项目。

5月13日，自治区政府副主席张来武带领由自治区信息化产业办、宁夏科技创业协会、自治区党委组织部电教中心等部门负责人组成的调研组，来红寺堡开发区调研新农村信息化工程建设情况。

6月2日，中央党校区域经济发展课题组，在自治区、吴忠市有关领导及发改委等相关部门负责人的陪同下，调研红寺堡移民开发等工作。

6月10日，中国国际工程咨询公司评估组在自治区发改委、自治区林业局相关领导的陪同下，来红寺堡开发区调研退耕还林巩固工作。

6月11日，自治区党委副书记于革胜带领自治区农业、财政、林业、水利等厅局负责人和全区各市县农口负责人组成的设施农业观摩团，对红寺堡开发区的设施农业发展情况进行观摩。

6月18日，由国家水利部、国家发改委等部门有关人员组成的调研组，在自治区人大代表联络选举委员会、水利厅负责人以及吴忠市相关领导的陪同下，调研红寺堡开发区灰家窑高效节水项目建设工作。

6月20日，国家水利部规划计划司司长周学文一行，在自治区水利厅、扶贫扬黄灌溉总指挥部相关领导的陪同下，来红寺堡开发区调研扶贫、扬黄灌溉工作。

6月25日，全国政协副主席、民进中央常务副主席罗福和，在区市有关领导及区市文化、农牧等厅局负责人的陪同下，来红寺堡开发区调研农村文化及新农村建设等工作。

7月3日，自治区政协副主席张乐琴带领区发改、发电集团等部门负责人，来红寺堡开发区视察风力发电和葡萄产业发展等项目建设工作。

7月10日，国家防汛总办检查组来红寺堡开发区检查防汛抗旱工作。

7月26日，国家水利部农水司司长王晓东在自治区水利厅厅长吴洪相的陪同下，对红寺堡开发区节水灌溉工作进展情况进行了实地调研。

同日，中央电视台记者来红寺堡开发区采访生态移民开发建设情况。

7月29日，中国水利科学院专家就红寺堡开发区扬黄灌溉和人畜饮水工程建设情况进行实地调研。

7月31日，自治区百名省厅级离退休老干部莅临红寺堡开发区参观考察。吴忠市市长吴玉才及红寺堡开发区工委、管委会有关领导陪同考察。

8月1日，新华社高管信息总编辑王勇带领新华社记者来红寺堡开发区采访新农村建设工作。

8月6日，红寺堡开发区人民医院正式开业。国家卫生部和区市卫生、发改、财政等厅局处室负责人，红寺堡开发区工委、管委会所有在家领导出席开业庆典仪式。

▲ 红寺堡开发区人民医院正式开业

8月12日，中科院院士贺善安在自治区科技厅有关负责人的陪同下，对红寺堡开发区甘草种植情况进行实地调研。

8月12~13日，日本友人八岛继男在自治区科技厅相关负责人的陪同下，来红寺堡开发区调研种桑养羊实验项目建设情况。

8月13日，吴忠市市长吴玉才带领市委、人大、政府、政协四套班子全体领导、法检两院领导及市直部门和各市县党政主要负责人，来红寺堡开发区对全市确定的重点项目、重点工作进行观摩督查。

8 月 17 日，中纪委专员王燕华在自治区纪委有关领导的陪同下，来红寺堡开发区调研纪检监察工作进展情况。

同日，新华社、《人民日报》《光明日报》《经济日报》等 20 多家中央媒体的50多名资深记者，受党和国家的委托来红寺堡开发区采访移民生产生活情况，考察红寺堡社会经济发展情况。

8 月 18 日，国家黄河水利委员会建管局副局长汪强带领黄委会验收组专家，在自治区水利厅副厅长杜永发的陪同下，来红寺堡开发区验收宁夏扶贫扬黄灌溉一期水利骨干工程。

8 月 19 日，自治区政协副主席张乐琴来红寺堡开发区调研少数民族聚居区农民增收情况。

8 月 22 日，吴忠市组织工作创新推进会在红寺堡开发区召开。市领导马文娟及利通区、青铜峡、盐池、同心等市县区组织部门负责人出席会议。会上红寺堡交流了组织工作创新先进经验。

8 月 27 日，宁夏中部干旱带（红寺堡）可持续发展论坛新闻发布会在银川沙湖宾馆召开。来自新华社、《人民日报》、中央人民广播电台、《光明日报》《宁夏日报》等区内外 18 家媒体的 40 多名记者会聚新闻发布会会场，和专家学者共谋中部干旱带可持续发展，了解红寺堡节水农业发展经验、特色优势产业实施等情况。

8 月 30 日，宁夏中部干旱带（红寺堡）可持续发展论坛在红寺堡开发区中心广场隆重召开。国务院参事室主任、党组书记陈进玉，教育部、科技部、国家发改委相关司、处领导，自治区和吴忠市领导马金虎、何学清、郝林海、马国权、吴玉才、王有才、何旭东、马和清、冯德胜，自治区各厅局和各市县领导，区内外专家学者，中央、区市各媒体记者，红寺堡开发区工委、管委会所有领导和开发区乡镇、各部门全体干部职工、广大农民群众和社会各界人士 2 万多人参加了论坛开幕大会。

▲ 宁夏中部干旱带（红寺堡）可持续发展论坛新闻发布会

9 月 3 日，全国人大常委会副委员长、民建中央主席陈昌智，十届全国人大常委会副委员长兼秘书长盛华仁，在全国人大民族委员会主任委员马启智，全国人大财政经济委员会副主任委员陈希明和自治区、吴忠市领导于革胜、张小素、郝林海、吴玉才的陪同下，来红寺堡开发区视察高效节水补灌等项目实施情况。

9 月 11~12 日，宁夏农林科学院和红寺堡开发区联合举办“中国—以色列设施蔬菜先进栽培技术培训班”。培训班在红寺堡开发区农牧局举办，邀请邵曼诺博士（Shaul Manor）和瑞切尔女士（Ganz Shelly Rachel）两位以色列专家授课。

9 月 18 日，自治区政府副主席李锐带领自治区建设、发改等厅局相关处室负责人来红寺堡调研经济社会发展、城市建设、招商引资、法律援助等工作情况。

9 月 20 日，西北农林科技大学水利与建筑工程学院蔡焕杰院长及相关水利专家来红寺堡开发区调研。

9月24日，庆祝宁夏回族自治区成立50周年中央代表团副团长、中共中央政治局委员、国务院副总理回良玉在自治区、吴忠市领导于革胜、刘慧、徐松南、杨春光、吴玉才等的陪同下，率中央代表团二分团成员来红寺堡开发区看望慰问当地各族群众，与大家共同庆祝宁夏回族自治区成立50周年。

10月15日，北京燕山石油化工公司专家组，带着十届全国人大常委会副委员长盛华仁的重托，来红寺堡开发区考察发展设施农业所需农膜等情况。

10月21日，自治区政府主席王正伟带领自治区发改、财政等厅局负责人，在吴忠市市长吴玉才的陪同下，来红寺堡开发区对农业产业发展等工作进行调研。

10月30日，科威特社会慈善协会亚非部副部长拜德尔和慈善协会中国项目处处长阿伊德在宁夏友好爱心协会会长李江平的陪同下，来红寺堡开发区看望慰问多哈慈善一、二村全体村民。

11月9日，国务院检查组来红寺堡开发区检查耕地保护工作。

11月11日，宁夏军区参谋长田民洲在吴忠军分区司令员周建峰、参谋长王毅的陪同下，来红寺堡开发区检查指导冬季征兵体检等工作。

11月13日，自治区党委书记陈建国，在自治区领导刘晓滨、郝林海及发改、财政等厅局负责人的陪同下，来红寺堡开发区调研秋季农田水利基本建设工作。

11月18日，滚泉至红寺堡高速公路开工奠基仪式在鲁家窑隆重举行。自治区人大常委会副主任冯炯华、自治区政府副主席李锐、吴忠市市长吴玉才和开发区领导南武征、徐军以及区市各相关厅局负责人出席仪式，并为滚红高速路开工培土奠基。

12月5日，自治区加强农村道路交通安全管理工作现场会在红寺堡开发区召开。自治区副主席李锐、自治区预防道路交通事故领导小组成员单位及各市县领导参加会议。

▲ 时任自治区党委书记陈建国在红寺堡区调研

2009 年

1 月 14 日，最高人民检察院副检察长孙谦，在《检察日报》副总编王庆新、自治区检察院副检察长汪敬的陪同下，来红寺堡开发区检查指导检察院工作。

1 月 21 日，红寺堡开发区召开文艺协会成立大会，成立了文学民间文艺、美术书法摄影、音乐舞蹈戏剧等 3 个文艺协会。这是红寺堡开发区成立以来第一次文艺盛会，标志着红寺堡文艺活动由自发走向自觉。

2 月 13 日，自治区党委书记陈建国带领自治区四套班子有关领导及交通、水利等厅局负责人，在吴忠市领导吴玉才的陪同下，来红寺堡开发区检查滚红高速公路施工情况。

同日，红寺堡开发区举行首届移民秦腔大赛，同时成立了移民秦腔剧团。

2 月 24 日，韩国电视台记者来红寺堡开发区采访生态移民建设情况。

3月3日，红寺堡开发区在银川召开红寺堡历史文化研究座谈会。自治区党委常委、宣传部部长杨春光，吴忠市领导赵利宁、陈社育及开发区工委、管委会领导徐军等，与特邀的自治区历史文化研究方面的有关专家、学者白述礼、牛达生、鲁人勇、汪一鸣、孙生玉、王天顺、杨森翔等参加了会议。本次座谈会推动了红寺堡历史文化与移民文化研究的热潮。

3月13日，自治区党委常委、政法委书记、公安厅厅长苏德良，在吴忠市领导陈建军的陪同下，来红寺堡开发区检查指导公安工作。

3月24日，自治区主席王正伟带领发改、财政等相关厅局负责人，对红寺堡开发区工农业发展及建设情况进行视察。

4月6日，红寺堡开发区组织近万名干部职工、农民群众，在盐兴路红三干至乌沙塘路段两侧开展义务植树大会战活动。

4月7日，自治区政协副主席马国权带领区政协相关处室负责人，对红寺堡开发区国有土地承包经营权流转情况进行调研。

4月27日，宁夏作家采风团来红寺堡开发区采风。作家们深入田间地头和项目建设工地，感受红寺堡的发展节奏和时代强音。

4月29日，红寺堡开发区启动“和谐红寺堡”主题系列广场文化活动。

5月18日，由新华社、《人民日报》和韩国、日本等国家的媒体记者组成的采风团来红寺堡采访报道建区10年来经济社会各项事业建设中取得的主要成就。

6月3日，自治区党委副书记于革胜在吴忠市领导孔绍逊、何旭东的陪同下，对红寺堡开发区的农业生产工作进行调研。

6月8日，由国家农业部、发改委、财政部等部委领导组成的调研组，在自治区人大、农牧、财政等部门领导的陪同下，来红寺堡开发区调研马铃薯产业发展情况。

6月12~14日，十届全国人大常委会副委员长兼秘书长盛华仁在北京燕山石化公司董事长、总经理王永健，副总经理华炜的陪同下，来红寺堡开发区视察设施农业发展情况。与红寺堡开发区工委、管委会就开发区设施农业及优势产业发展用膜等项目建设进行座谈。

6月26日，宁夏大型太阳能光伏并网发电项目集中开工仪式在红寺堡光伏发电一站举行。国家发改委、能源局等领导，自治区主席王正伟、政协主席项宗西等出席开工仪式。

同日，自治区政协副主席解孟林带领由全区各市县党政负责人及农牧部门负责人组成的观摩团，来红寺堡开发区观摩设施农业建设情况。

7月3日，中国国电宁夏分公司与红寺堡开发区管委会共同建设的红寺堡300兆瓦光伏电站项目在银川正式签约。

7月28日，自治区政协副主席、民盟宁夏区委主委调研组组长安纯人带领民盟及相关部门负责人来红寺堡开发区调研风能、光电资源发展情况。

7月29日，由自治区水利厅、财政厅联合组织的全区抗旱补水机推广应用工作会议在红寺堡开发区召开。

8月17日，全国政协副主席白立忱在自治区主席王正伟的陪同下，来红寺

▲ 红寺堡风电

堡开发区对移民新区10年建设发展和20万移民的生产生活情况进行视察，为红寺堡发展之快、变化之大感到欣慰。

8月20日，由内蒙古《北方新报》、新疆《都市报》、西藏《商报》、广西《南国早报》和宁夏《现代生活报》主力记者组成的“向祖国生日献礼——中国五自治区行”采风团，来红寺堡开发区大河乡采访报道移民开发和新农村建设的惊人成绩。

同日，日本善邻协会20多名会员组成调研组，来红寺堡开发区调研种桑养羊实验项目建设情况，充分肯定了红寺堡桑羊产业。

8月26日，国家水利部建设与管理司原司长刘松深带领黄河水利委员会建设与管理司、中国水利工程协会有关领导组成调研组，在宁夏水利行业协会和宁夏扶贫扬黄工程建设总指挥部负责人的陪同下，来红寺堡开发区调研扶贫扬黄灌溉工作。

8月27日，全国政协人口与环境资源委员会副主任、宁夏慈善总会会长任启兴，来红寺堡开发区视察慈善福利等工作。

9月3日，自治区人民政府主席王正伟带领全区“保增长、保民生、保稳定”暨发展县域经济观摩交流会成员来红寺堡开发区观摩农业产业发展和重点项目建设工作。

9月14日，国家林业局三北防护林建设局副局长张伟来红寺堡开发区就生态环境建设和植树造林工作情况进行调研。

9月16日，自治区办公厅检查光伏发电项目建设进展情况总结会在红寺堡开发区召开。自治区副主席赵小平及吴忠市、石嘴山市、自治区区直相关厅局负责人出席了会议。

9月25日，国家水利部黄河水利委员会主任李国英来红寺堡开发区调研时指出，红寺堡是国家异地生态移民扶贫扬黄开发工作的成功典范，开发区制定的节水、高效、现代农业产业发展思路，符合开发区实际，前景光明。

同日，红寺堡开发区隆重举行城市公交开通剪彩仪式。南武征、徐军等领导出席开通剪彩仪式，标志着开发区城市公交正式运营。

9月27日，以集中收录反映原自治区高级法院院长邹献朝先生捐资助学事迹为主要内容的《大爱无疆》一书在红寺堡正式发行，在移民新区再次掀起爱心之风。

10月9日，红寺堡（太阳山）工业园区管委会在太阳山工业园区挂牌成立。红寺堡开发区各单位、各部门负责人参加挂牌仪式，园区管委会主任徐军同志为红寺堡（太阳山）工业园区管委会揭牌。

10月11日，自治区法院调解工作经验交流会在红寺堡开发区召开。自治区高级人民法院院长马三刚、全区各中级法院院长、基层法院院长出席会议。会上肯定了红寺堡开发区在司法调解工作中所取得的成绩。

10月21日，自治区副主席李锐带领观摩团来红寺堡开发区观摩红寺堡镇团

▲红寺堡光电

▲ 红寺堡地方史志、文学创作迈上了新台阶

结村危窑危房改造工程。

10 月 22 日，吴忠市红寺堡区设立暨红寺堡开发区成立 10 周年新闻发布会在银川沙湖宾馆隆重召开。会上指出，红寺堡开发区自成立以来，广大干部和群众发扬“宁可苦自己，绝不误移民”的红寺堡精神，“十年磨一剑”，在亘古荒原上创造了惊人的成绩，使昔日的荒原变成今日的移民新区。自治区党委宣传部新闻处负责人，吴忠市委常委、宣传部长张锋，红寺堡开发区南武征、徐军等领导及新华社、中央人民广播电台、《光明日报》等 23 家新闻媒体的 41 名记者参加了新闻发布会。

同日，《红寺堡之光丛书》首发仪式在银川举行。该套丛书包括《旱塬播绿》《拓荒者》《红寺堡移民开发史》《红寺堡历史文化研究文集》和《罗山神韵》共五卷，丛书收编了反映红寺堡开发建设历程、建设成就、经验总结、典型事迹的报告文学、理论文章、散文、诗歌等 435 篇文章 200 多万字和 1000 多幅照片，是红寺堡开发建设十年来所取得成就的集中展示，是十年来所创造的精神财富的汇集。